新编21世纪经济学系列教材

农业经济学

第三版

孔祥智　马九杰　朱信凯　主编

Agricultural Economics

中国人民大学出版社
·北京·

图书在版编目（CIP）数据

农业经济学/孔祥智，马九杰，朱信凯主编. --3版. --北京：中国人民大学出版社，2023.1
新编21世纪经济学系列教材
ISBN 978-7-300-31068-8

Ⅰ.①农… Ⅱ.①孔… ②马… ③朱… Ⅲ.①农业经济学-高等学校-教材 Ⅳ.①F30

中国版本图书馆CIP数据核字（2022）第183130号

新编21世纪经济学系列教材
农业经济学（第三版）
孔祥智　马九杰　朱信凯　主编
Nongye Jingjixue

出版发行	中国人民大学出版社		
社　　址	北京中关村大街31号	**邮政编码**	100080
电　　话	010－62511242（总编室）		010－62511770（质管部）
	010－82501766（邮购部）		010－62514148（门市部）
	010－62515195（发行公司）		010－62515275（盗版举报）
网　　址	http://www.crup.com.cn		
经　　销	新华书店		
印　　刷	北京七色印务有限公司	**版　　次**	2014年2月第1版
开　　本	787 mm×1092 mm　1/16		2023年1月第3版
印　　张	23.25 插页1	**印　　次**	2025年4月第3次印刷
字　　数	529 000	**定　　价**	52.00元

《农业经济学》编写人员

主　　编　孔祥智　马九杰　朱信凯

参编人员（按姓氏音序排列）

崔海兴　丁守海　董　翀　董筱丹　何安华
何欣玮　黄　斌　孔祥智　李　宾　李　愿
刘晓鸥　楼　栋　卢洋啸　吕　捷　吕亚荣
马九杰　毛　飞　毛学峰　阮荣平　王雨濛
辛　毅　杨晓婷　曾俊霞　张效榕　钟　真
朱乾宇　朱信凯

内容简介

本书从农业生产要素经济学、农业产业组织经济学、农业市场与贸易经济学、国家与农业四个维度讨论农业产业的经济问题。自本书第二版2019年出版以来，我国的工农城乡关系发生了转折性变化，即从党的十六大提出的城乡统筹、党的十七大提出的城乡一体化向城乡融合发展阶段转变。目前我国农业发展方式正在发生根本性转变，中国特色农业现代化道路的探索初见成效。本次修订旨在推动习近平新时代中国特色社会主义经济思想，尤其是有关“三农”问题的论述进教材、进课堂，并对第四、第五、第十三、第十四章予以重写，力图使本教材更加适合农业经济管理及相关专业学生的学习。

主编简介

孔祥智 男，1963年3月生，山东郯城人。现任中国人民大学农业与农村发展学院二级教授、学术委员会主任，中国人民大学首批“杰出学者”特聘教授（A岗）；兼任中国合作社研究院院长、《中国合作经济评论》杂志主编；曾任中华全国供销合作总社第六、第七届监事会专家监事，国家标准化专家委员会委员，国家标准技术评审专家咨询委员会委员，中国农业技术经济学会副会长（2007—2019年），中国合作经济学会副会长（2012—2022年），中国农村合作经济管理学会副理事长（2012—2020年）等。近年来公开发表学术论文400余篇，出版著作（含合著）50余部。曾获农业部软科学成果一等奖、高等学校科学研究优秀成果奖（人文社会科学）二等奖、北京市教学名师奖、北京市优秀教师奖、“北京市课程思政教学名师”称号等。

马九杰 男，1967年3月生，山东郯城人。现任中国人民大学农业与农村发展学院教授、中国人民大学农村经济与金融研究所常务副所长。2006年入选教育部“新世纪优秀人才支持计划”。主要研究领域：农村金融与乡村振兴投融资、农业农村数字化发展与电商价值链等。近年来主持国家社科重大/重点项目、北京社科重大项目、国家自然科学基金项目等20余项。发表学术论文150余篇，出版著作10余部。主要社会兼职包括中国农村金融学会副会长、北京市农村金融协会副会长。

朱信凯 男，1974年12月生，江苏沛县人，教授、博士生导师。现任中国人民大学党委常委、副校长，“长江学者奖励计划”特聘教授、国家“百千万人才工程”有突出贡献中青年专家。兼任国务院学位委员会农经学科评议组召集人，中央农办、农业农村部乡村振兴专家委员会委员，中国农业经济学会副会长，中国农村发展学会副会长，北京农业经济学会会长。

第三版前言

本书第二版修订时间是2019年。三年来，国家的农业政策发生了一系列变化，其背景是：第一，在2021年2月25日召开的全国脱贫攻坚表彰大会上，习近平总书记庄严宣布，脱贫攻坚战取得了全面胜利，到2020年底，中国如期完成新时代脱贫攻坚目标任务，现行标准下9 899万农村贫困人口全部脱贫，832个贫困县全部摘帽，12.8万个贫困村全部出列，区域性整体贫困得到解决，中国完成了消除绝对贫困的艰巨任务。第二，2021年7月1日，在庆祝中国共产党成立100周年大会上的讲话中，习近平总书记宣布，我国已经实现人民生活从温饱不足到总体小康、奔向全面小康的历史性跨越。第三，2019年4月15日，《中共中央、国务院关于建立健全城乡融合发展体制机制和政策体系的意见》（以下简称《意见》）发布，提出要“重塑新型城乡关系，走城乡融合发展之路，促进乡村振兴和农业农村现代化”。《意见》提出到2035年城乡融合的目标任务是：“城镇化进入成熟期，城乡发展差距和居民生活水平差距显著缩小。城乡有序流动的人口迁徙制度基本建立，城乡统一建设用地市场全面形成，城乡普惠金融服务体系全面建成，基本公共服务均等化基本实现，乡村治理体系更加完善，农业农村现代化基本实现。”这是在2018年中央一号文件基础上的具体化和深化。《意见》从城乡要素合理配置、城乡基本公共服务普惠共享、城乡基础设施一体化发展、乡村经济多元化发展和农民收入持续增长等五个方面构建了构建城乡融合发展体制机制的政策框架，是未来相当长时期内包括农业农村政策在内的各项政策制定的基础。

上述三大事件意义重大。首先，我国的工农城乡关系发生了转折性变化，即从党的十六大提出的城乡统筹、党的十七大提出的城乡一体化向城乡融合阶段转变。如果说党的十九大提出了城乡融合的理念，那么，整体脱贫和全面建成小康社会则为城乡融合政策体系的实施提供了必要条件。这就意味着农业政策的外部环境发生了根本性变化。

其次，农业发展方式正在发生根本性转变。2015年中央一号文件提出“转变农业发展方式”的命题，即“从主要追求产量和依赖资源消耗的粗放经营转到数量质量效益并重、注重提高竞争力、注重农业科技创新、注重可持续的集约发展上来，走产出高效、产品安全、资源节约、环境友好的现代农业发展道路”，经过多年的探索，农业发展方式正在发生变化。2015 年 2 月 17 日，农业部提出《到 2020 年化肥使用量零增长行动方案》《到 2020 年农药使用量零增长行动方案》。2021 年 1 月 7 日《人民日报》报道，截至 2019 年底，全国化肥、农药施用量实现负增长，畜禽粪污综合利用率达到 75%，秸秆综合利用率达到 86%，认定绿色、有机和地理标志农产品超过 4.92 万个。“十三五”时期以来，我国农产品质量安全监测合格率稳定在 97%以上。尽管前面的道路还很遥远，但只要在路上，就会距离目标越来越近。

最后，中国特色农业现代化道路的探索初见成效。2017 年 10 月召开的党的十九大提出“实现小农户与现代农业发展有机衔接”的时代命题，这是我党基于我国“大国小农”的基本国情农情的正确认识而作出的判断。2019 年 2 月，中共中央办公厅、国务院办公厅印发《关于促进小农户和现代农业发展有机衔接的意见》，提出要“大力培育适应小农户需求的多元化多层次农业生产性服务组织……重点发展小农户急需的农资供应、绿色生产技术、农业废弃物资源化利用、农机作业、农产品初加工等服务领域。搭建区域农业生产性服务综合平台。创新农业技术推广服务机制，促进公益性农技推广机构与经营性服务组织融合发展”。早在 2013 年，财政部就设立预算科目“农业生产社会化服务试点”，当年投资 5 亿元，在 8 个省开展农业生产全程社会化服务试点。2014 年 7 月，国务院发布《关于加快发展生产性服务业促进产业结构调整升级的指导意见》，提出：“以产业转型升级需求为导向，进一步加快生产性服务业发展，引导企业进一步打破‘大而全’、‘小而全’的格局，分离和外包非核心业务，向价值链高端延伸，促进我国产业逐步由生产制造型向生产服务型转变。”2017 年 9 月，农业部、国家发展改革委、财政部联合印发《关于加快发展农业生产性服务业的指导意见》，提出要以服务农业农民为根本，以推进农业供给侧结构性改革为主线，大力发展多元化多层次多类型的农业生产性服务，带动更多农户进入现代农业发展轨道，全面推进现代农业建设。从山东、山西等省的情况看，农业托管服务试点取得了良好的效果。从这些年的情况看，在农村“空心化”、农业劳动力老龄化的大背景下，粮食等主要农产品基本呈现逐年增长趋势，其背后的原因就是农业社会化服务体系日渐完善。可以说，经过 21 世纪以来尤其是党的十八大以来的探索，中国特色的农业现代化道路雏形基本显现。

2022 年 4 月 25 日，习近平总书记在考察中国人民大学的讲话中指出：我国有独特的历史、独特的文化、独特的国情，建设中国特色、世界一流大学不能跟在别人后面依样画葫芦，简单以国外大学作为标准和模式，而是要扎根中国大地，走出一条建设中国特色、世界一流大学的新路。提出要加快构建中国特色哲学社会科学，归根结底是建构中国自主的知识体系。作为建设世界一流大学的一流学科，中国特色的农业经济科学体系怎么建立？怎样构建农业经济学科的自主知识体系？这是当前农发人必须回答的问题。这就要立足中国“大国小农”的基本国情农情，认真梳理党的十八大以来的各项政策。根据我国的国情，党的主要领导人尤其是习近平总书记有关“三农”问题的讲话代表着这一时期农业政策变动的方向，是农业政策的“元政策”。因此，本次修订的目的主要在于习近平新时代中国特色社会主义经济思想，尤其是有关“三农”问题的论述进教材、进课堂，并对第四、第五、第十三、第十四章予以重写，力图使本教材更加适合农业经济管理及相关专业学生的学习。

由于编者水平有限，加之时间仓促，失误乃至谬误之处在所难免，希望同行们在使用本教材、同学们在学习本教材时如发现任何问题都能够及时告诉我或者编写组其他成员，我们会在下次修订时予以改正并致谢。

孔祥智

2022 年 5 月 21 日，时值小满节气

第一版前言

中国农业经济思想的产生已经有了几千年的历史，但农业经济学的产生仅仅是20世纪早期的事情。按照王秀清教授的考证，1913年夏，许璇教授从日本东京帝国大学留学归来，到国立北京大学校农科开设有关农业经济领域的课程，这可算作中国农业经济学科的滥觞。① 由于日本的现代科学是从欧美国家移植的，因而也可以说，许璇教授在日本所学习的农业经济学其实就是欧美国家的农业经济学。20世纪20年代，卜凯教授在金陵大学农学院教授的农业经济学当然也是欧美国家的学科体系。就许璇教授在1943年出版的《农业经济学》一书来看，其内容主要是介绍农业经济学原理。该书的各章标题分别为：第一章，农业经济学之意义及其应用；第二章，农业经济学之地位及其发达；第三章，农业之特性；第四章，最近世界各国农业状况之变迁；第五章，农业土地；第六章，农业经营；第七章，自耕农及佃农；第八章，农产物之价格；第九章，农业机械问题；第十章，农业金融；第十一章，农业关税。全书第五章以后（第八章除外）都有讨论中国农业经济问题的内容。② 可以说，许璇教授的《农业经济学》也是把中国农业经济问题纳入教学体系的最早尝试。可见，中国农业经济学在其发展的初期阶段就强调理论和现实的结合，强调经济学理论在农业领域尤其是在中国农业领域的运用，是典型的经世济用的学问。

1949年以后，中国的农业经济学完全摒弃了欧美国家经济学的理论体系，取而代之的是从苏联学习过来的马克思主义学科体系。在众多高校中，中国人民大学以其中华人民共和国成立后由我党亲手创建的第一所综合性大学的历史地位而在学科建设中起到了引领作用。我校的农业经济学科成立于1950年中国人民大学组建之时，1954年在此基础上成立了农业经济系（在人民公社化时期曾短期改为人民公社经济系，后又改回）。从

---

① 王秀清，谭向勇. 百年农经. 北京：中国农业出版社，2005：8.

② 王秀清，谭向勇. 百年农经. 北京：中国农业出版社，2005：1-95.

1959年起，我校陆续从苏联聘请了大批专家帮助改革学科，进行教学、教材编写、教师培养以及研究生的指导工作，使我校的教学水平在短期内大幅度提高。1954年农业经济系成立时，教研室和实验室的设置，甚至每一门课程的设置都是在苏联专家的指导下进行的。苏联专家撤走后，直到20世纪八九十年代，教研室和实验室的格局也没有发生大的变化，并一直延续到2004年组建农业与农村发展学院。

20世纪五六十年代，国内农业院校暂时停止了农业经济专业研究生的招收和培养工作（西北农学院自1960年起曾短期招收农业经济专业研究生），我校在1950—1954年间连续招收5届研究生①，1955年停招，1959年恢复招生，1959—1961年连续招收3届研究生。这样，在“文化大革命”前，我校共招收了8届、98名研究生。研究生（包括本科生）的培养采取的是苏联的教学体系。1952年，苏联专家开始为研究生讲授“社会主义农业经济学”课程，参加听课的还有进修教师、本校教师等。本校教师旁听了苏联专家的研究生课程后，很快就给本科生上课，采用的当然还是苏联的教学体系。当时，我校培养的研究生中相当大一部分（包括部分本科生）都分到了兄弟院校承担起农业经济学及相关课程的教学工作，实际上起到了传播苏联农业经济学教学体系（包括后来在此基础上构建的人大教学体系）的作用。

1959年，我校农业经济教研室在苏联教学体系的基础上，结合中国农业经济制度变迁的实践以及农村人民公社发展的需要，编写了《社会主义农业经济学》（上下册，农业出版社，1959年版），创建了具有中国特色的人大教学体系。1964年，在这本教材的基础上，中国人民大学农业经济系农业经济教研室出版了《农业经济学（初稿）》（中国人民大学出版社，1964年版），全书共分十三章，分别是：第一章，农业的社会主义所有制；第二章，农业在国民经济中的地位和作用；第三章，农业生产发展的速度和比例；第四章，农业生产布局；第五章，粮食生产与经济作物生产经济；第六章，畜牧业部门经济；第七章，城郊农业经济；第八章，农业现代化；第九章，土地利用与农业的集约经营；第十章，农业劳动；第十一章，农产品成本；第十二章，农产品收购；第十三章，农业中的收入分配。② 这本教材吸收了前一本教材的精华部分，构建了比较完整的中国农业经济学教学体系，对当时国内其他高校农业经济学教学体系的建设产生了重要影响。改革开放以后，新时期农业经济学教学体系的重新构建也主要是以这本教材为蓝本的。

改革开放以后，高等院校的教学秩序开始正常化，教材建设成为各个高校学科建设的首要任务。1980年，由赵天福、朱道华、刘崧生主编的全国高等农业院校统编教材《社会主义农业经济学》由中国人民大学出版社出版，该教材以20世纪60年代的教材体系为基础，以马克思主义为指导，结合20世纪80年代农村改革发展的需要，构建了新的农业经济学教学体系。进入20世纪90年代，很多高校都编写了自己的农业经济学教材，但在内容上大同小异。21世纪以来，有两本教材在全国高校农业经济管理专业中使用频率较高：一是全国高等农林院校“十一五”规划教材《现代农业经济学》（第一版由雷海章主编，第二版由王雅鹏主编，第一版和第二版分别由中国农业出版社于2003年、

---

① 当时的研究生有两年制的，也有三年制的，但都没有授予硕士学位，也不叫“硕士研究生”。

② 中国人民大学农业经济系农业经济教研室．农业经济学（初稿）．北京：中国人民大学出版社，1964．

2008 年出版）；二是面向 21 世纪课程教材《农业经济学》（李秉龙、薛兴利主编，中国农业大学出版社，2003 年第一版、2009 年第二版）。这两本教材的共同特点有：一是参加编写的院校多，因此使用的院校相应也会较多；二是既充分吸收了 21 世纪以来国内高校农业经济学教学改革的成果，又借鉴了欧美国家农业经济学教材的精华部分。因此，这两本教材都很受广大师生的欢迎。

近年来，在农村改革发展过程中新的概念、新的组织形态不断出现，如农民合作社、家庭农场、新型农业经营体系等，财政支农体系也在面临一场重大改革，这些内容都需要吸收到教材之中，都需要教给学生分析和解决这些问题的方法。为此，我们应中国人民大学出版社之邀，组织编写了这本《农业经济学》教材。本书充分吸收了以前各个时期的教材的优点，吸收了国内外农业经济学教学改革的成果，体现了 21 世纪以来农业政策的演变及最新动态，从农业生产要素、农业产业组织、农业市场与贸易、国家与农业等四个维度讨论农业产业的经济问题，并在论述中穿插着案例、专栏、知识链接等，使内容活泼、易于学习。本书不仅可供国内高校农业经济管理专业本科生教学使用，也可作为其他高校经济管理类专业的教材或教学参考书。

孔祥智

2014 年 1 月 20 日

目录

第一编
导论

第二编
农业生产要素经济学

PART ONE

1

|第一编|

导论

第一章
农业和农业经济学

本章要点

1. 掌握农业的概念、特点；
2. 了解农业的多功能性的内容；
3. 了解农业在国民经济中的基础地位的含义；
4. 掌握农业产业结构的概念，了解我国农业产业结构的演进趋势。

关键词

农业；农业的多功能性；农业产业结构；农业经济学

导入案例

目前中国的农业在全球百分之七的耕地上养活了世界人口的四分之一。中国的播种面积只有美国的百分之七十，但必须供养比美国多三四倍的人口。用20世纪西方的标准来衡量，中国的人民是吃得不好的。但事实是，他们在过去六个世纪中生存了下来并且使人口增长了好几倍。中国农民的干劲为世界的伟大文明奠基基础作出了贡献。今天，奠基者的后人们正在为中国的工业化和现代化提供积累。20世纪以前，实际上整个中国都是农业部门。其他部门不是为农业部门服务，就是从它那里取得原料。直到20世纪40—50年代，中国的工业主要是棉花、粮食和其他农产品加工业。商业主要是食品和衣着的分配。只有很小的矿业部门、政府服务部门，也许还有建筑业，才是不依赖农业原料的（工作人员所需的食物除外）。

资料来源：［美］德·希·珀金斯. 中国农业的发展（1368—1968年）. 上海：上海译文出版社，1984：1.

小思考

你认为农业在经济中的地位是怎样的？

第一节　农业与食物体系

一、农业的概念和特点

习近平总书记在十九届中央政治局第八次集体学习时的讲话中指出：“我国是农业大

国，重农固本是安民之基、治国之要。”① 农业作为国民经济的一个物质生产部门，在现代国民经济中被称为第一产业。农业作为一个产业概念，与工业、服务业等相对应，但在现代社会中，不少人也将农业看作一种职业，如“农民”一词就既包含职业的意思，也包含身份的意思。从本质上讲，农业是自然界中物质和能量转化的过程。我国最早在甲骨文里有“农（農）”字的记载。《汉书·食货志》中提到“辟土殖谷曰农”，其中“辟土”是指耕种土地，“殖谷”是指种植五谷。英文中，农业用的是 agriculture 一词，源自拉丁文，agri 有土地之意，culture 有养殖、培养、栽培之意，合起来的 agriculture 就是在土地上种植作物或养殖动物，其意义与我国的农业相同。因此，所谓农业，是指人们利用土地、水、气和太阳能等自然资源，依靠生物体的生长发育和转化，并通过投入人的劳动去促进和控制生物体的生命活动过程，以获得人类生活和生产所需产品的社会物质生产部门。一般来说，农业包括植物栽培业和动物饲养业。但在不同的国家、同一国家的不同时期，农业包括的内容、范围也不完全一致，如我国在改革开放以前，农业就存在狭义的农业和广义的农业之分。狭义的农业专指种植业，包括粮食作物、经济作物、果林、饲料作物、油料及能源作物等的种植。广义的农业则包括种植业、林业、牧业、副业和渔业，因而又称为大农业。随着社会经济的发展和农业生产分工分业的深化，农业演化为现代产业系统，与相关的工商业之间的联系日益密切。从横向看，农业生产分工分业使得一种或一类农产品也会发育成为一个产业部门，如水果业、蔬菜业、养牛业、养鸡业等等，且分工趋向精细化。从纵向看，农业又演化出产前部门（农业生产资料供应部门）、产中部门（动植物生产部门）、产后部门（包括农产品加工、储藏、运输、销售等部门）。

小思考

在你的认识中，农业与工业有哪些不同之处？

农业生产的对象是动植物和微生物，它们都是生命有机体，其生长和繁殖都依赖于一定的环境条件。因而，农业深受自然环境和生物体生长规律的影响。与工业等其他生产部门相比，农业具有自己的特点：

（1）土地是农业中最基本且不可替代的特殊生产资料。土地是农业生产利用各种自然资源的基础，既是动植物立足的场所，又是植物生长所需养分、水分的存储器和供给者。土地又具有自身的自然特性和经济特性，如数量的稀缺性、位置的固定性、用途的选择性、质量的差异性等等，从而产生一系列与工业不同的经济问题。

小思考

近年来，许多地方出现了无土栽培果蔬种植基地。所谓的“无土”栽培是否意味着土地对于农业生产的重要性在下降？

---

① 中共中央党史和文献研究院．习近平关于“三农”工作论述摘编．北京：中央文献出版社，2019：20．

（2）农业生产具有周期性和季节性特点。由于农业生产的主要劳动对象是有生命的动植物，而动植物的生长发育有其生命活动周期，因而，人们通常会根据农时安排农业生产。如二十四节气歌中的“芒种”节气在每年的6月6日前后，麦类等有芒作物开始成熟，可以收藏种子。古代农民日出而作、日落而息的生活规律也是与农作物的光合作用规律相适应的。关于农业生产的季节性，在现代农业生产方式得到大力推广之前，人们很难从事反季节生产，如冬瓜具有喜温、耐热不耐寒的特点，在较寒冷的季节不易生长。但大棚温室生产方式的推广，使得冬瓜种植可以常年进行。

小思考

二十四节气歌中每一个节气的含义是什么？

应用实例

山东省寿光市是中国蔬菜集聚基地，大棚蔬菜产业非常发达，过去在冬季不能生长的蔬菜如今也能在大棚里种植。你是怎么看待现代农业生产技术与农业季节性之间的关系的？

（3）农业生产具有在空间上的分散性和地域性。由于土地具有自然特性，不同区域的土地有着不同的气候、光照、水源、土质等条件，而一定生物只适合在一定的生态环境下生存，这就决定了农业生产的分散性和地域性，也决定了不同区域生产同一种类农产品在质量上的差异性。如新疆出产的哈密瓜要比北京的甜，椰子盛产于我国的海南省等。农产品地理标识制度就是基于这一特点而形成的。

即学即用

古人云：“橘生淮南则为橘，橘生淮北则为枳。”为什么会有这种差异？

（4）农业具有生产时间和劳动时间不一致的特点。生产时间指动植物经历生长、发育、成熟和繁殖全过程所需的时间。劳动时间指人们根据动植物生长实际需要而投入劳动的时间。不管白天还是黑夜，动植物都在生长，所以生产时间是持续的。而人们的劳动仅集中在动植物生长的部分时间，如农民劳作有农闲和农忙之分。

（5）农业生产具有自然和市场的双重风险。农业生产大多在自然环境中进行，而现阶段人类还无法控制诸如气候等自然条件，泥石流、干旱、水涝灾害等经常发生，使得农业生产的自然风险特别大。同时，农业生产的周期性特点、农产品供给弹性较小、农产品易腐不耐储藏的生物学特性，也使得农业经营具有较大的市场风险。

案例分析

2018年9月26日，超强台风“山竹”刚刚过去十天。羊城派记者巡城发现，广州不少菜市场菜价普遍上涨了一倍左右，藤类、瓜类受台风影响较为严重，供应量不足，白瓜、节瓜等更是一颗难求。受菜价上涨影响，整体市场销售有所下降。请结合所学知识，分析上述案例。

二、农业的多功能性

大多数农业经济学教材在提及农业对国民经济发展的贡献时，均会根据西蒙·库兹涅茨的经典分析，从农业的产品贡献、要素贡献、市场贡献和外汇贡献四个方面讨论。但这些仅仅触及了农业的传统经济功能。随着人类社会的发展和人类认识的深入，人类越来越深刻地意识到，农业具有多功能性。农业的多功能性的概念最早出现在日本新修订的《粮食·农业·农村基本法》中，指的是农业产业除了提供粮食等农产品外，还具有国土保全、水源涵养、自然环境保护、良好景观形成和文化传承等功能。我国是从2007年中央一号文件开始使用“农业多功能性”这一概念的，该文件指出：“农业不仅具有食品保障功能，而且具有原料供给、就业增收、生态保护、观光休闲、文化传承等功能。建设现代农业，必须注重开发农业的多种功能，向农业的广度和深度进军，促进农业结构不断优化升级。”2022年中央一号文件指出：“鼓励各地拓展农业多种功能、挖掘乡村多元价值，重点发展农产品加工、乡村休闲旅游、农村电商等产业。”发挥农业的多功能性，借以提升农业、农村的多元价值，提高农民收入，是2007年以来中央一号文件一以贯之的精神之一。习近平总书记说：“随着时代的发展，乡村价值要重新审视。现如今，乡村不再是单一从事农业的地方，还有重要的生态涵养功能，令人向往的休闲观光功能，独具魅力的文化体验功能。”① 从中国的实际情况看，农业的多功能性是指农业除了具有产品产出功能外，还有经济、社会、文化和环境等其他方面的非产品产出功能。而这些功能所产生的有形结果和无形结果的价值无法通过市场交易和产品价格来体现。

（一）农业的经济功能

农业的传统经济功能包括四个方面。

1. 产品贡献

农业的原始功能和基础功能是供给人类必需的食物。当非农业部门从农业部门分化出来以后，非农业部门的食物消费主要来源于农业部门。只有农业部门的生产效率不断提高，农业生产者生产的食品数量超过维持其自身生存所需要的量且出现剩余的时候，其他部门才会出现和发展。从理论上讲，一个国家国内食品生产不足时可通过加大进口来加以解决，但实际上大量进口食品会受到经济、政治和社会等多种因素的制约，这就使得一个国家食品供给严重依赖国际市场将会面临较大的风险。不少学者抛出粮食战争论，就是担心一个人口大国的食物供给严重依赖于他国，将会导致这个人口大国的经济、政治受制于人，逐渐成为某个（些）富粮国的附庸。除食品供应外，农业也为工业提供

① 中共中央党史和文献研究院. 习近平关于“三农”工作论述摘编. 北京：中央文献出版社，2019：99.

原料。在工业化早期阶段，一个国家的工业一般是以农业原料加工业为主，所以工业的发展在相当大程度上取决于农业的发展状况，如食品加工业、造纸业、纺织业等都需要农业为其提供大量的农产品作为原材料。随着化工产业的进一步发展，人类逐渐使用化工产品（如人造纤维、人造皮革、人造橡胶等）替代农产品原料，但这些替代原料大多应用在非食用产品加工上，且只起到部分替代作用。目前，我国已处于工业化中期阶段，但农产品加工业仍然比较落后。随着农副产品加工业的进一步发展，我国农业的产品贡献还会继续提高。

2. 要素贡献

农业的要素贡献是指农业部门的要素转移到非农产业部门，从而推动非农产业部门的发展。农业部门所提供的生产要素主要是土地、资金和劳动力。

农业的土地要素贡献是指农业用地转化为非农业用地，进而为非农产业部门的发展提供地理空间。一般来说，国家的发展，尤其是非农产业的发展必然会对土地产生需求。城区的扩大、道路的修建、厂房的建设等实际用地需求都会刺激政府或其他主体将农业用地转变为非农业用地。在我国，随着工业化和城镇化的快速发展，非农用地需求急剧上升，各地征地现象普遍出现，甚至引发了一系列征地纠纷和群众冲突。客观上讲，如果在土地利用上完全由市场机制发挥作用，将不利于农业和整个社会经济的持续发展。因为土地资源是有限的、稀缺的，完全的市场化运作必然会加快土地非农化的进程。因此，有限的土地必须首先满足农业用地基本需要，非农产业的用地需求则需要通过宏观调控来加以调节。

农业的资金要素贡献是指农业为工业等其他非农产业的发展积累资金。在经济发展的初始阶段，农业是最主要的物质生产部门，而社会资本的积累主要靠农业来实现。因为在这一时期，非农产业部门的基础非常薄弱，自身积累能力很弱，而外部援助和外来投资也只能起到补充作用。在这一阶段，资金从农业部门转移到非农业部门常常需借助于行政力量。转移的基本途径有两种：一是显性的征税方式①，二是隐性的工农业产品价格“剪刀差”② 方式。1952—1997 年的 46 年间，国家通过工农业产品价格“剪刀差”的方式为国家工业化提供资金积累 12 638 亿元，平均每年 274.7 亿元。③ 随着经济的进一步发展，非农产业部门自身的资金积累能力不断增强，但农业部门资金仍会持续向非农产业部门转移。其原因在于农业的比较收益较低，资本总是具有向高收益产业部门流动的倾向。在这一阶段，资金从农业部门转移到非农业部门则主要借助于市场机制的力量。转移的基本途径有两种：一是储蓄，农村地区广布的储蓄网点以存款形式吸纳农村资金，再将这些资金中的大部分贷给非农企业使用或用于支持城市建设；二是农民直接投资非农产业，如乡镇企业的兴起就是农民直接投资非农产业的例子。

农业的劳动力要素贡献是指随着农业劳动生产力的提高，农业部门出现了富余劳动

---

① 中国自 1958 年规定 15.5%的农业税率以后，税率一直在下降，从 2006 年起，中国全面取消了农业税。

② 工农业产品价格“剪刀差”，指在工农业产品交换时，工业品价格高于其价值、农产品价格低于其价值所出现的差额。将一定时期内的工农业产品价格变动情况用统计图表示出来，呈现出工业品价格呈上升趋势、农业品价格呈下降趋势，二者的组合恰如剪刀状，故此得名。

③ 孔祥智，何安华. 新中国成立 60 年来农民对国家建设的贡献分析. 教学与研究，2009 (9).

力，使得农业劳动力能够向非农业部门转移，从而为非农产业的发展提供了劳动力生产要素。1978年以后，随着我国户籍制度改革的日渐深化，人口转移的限制逐步减少，大规模的劳动力转移由此出现，形成了所谓的“民工潮”。对大多数国家特别是发展中国家来说，农村地区存在着大量剩余劳动力，而非农产业能否有效吸纳这么多的剩余劳动力就成为这些劳动力能否顺利转移的关键。对非农产业的发展来说，从农村转移出来的剩余劳动力能否达到非农产业的技术要求，即转移出来的劳动力是否符合非农产业发展的人才需求是至关重要的。目前，我国的劳动力市场已呈现出总量过剩和结构失衡并存的状态。

3. 市场贡献

农业的市场贡献来源于农业与其他部门的交换，包括农民购买日用工业品和购买农业生产资料两个方面。一方面，农民生活中所需的服装、家具、家用电器、日用工业品、耐用消费品等，都需要通过市场来购买，也就是说，农村也是工业品的基本市场之一。在经济发展的初期阶段，农业部门是经济中的主要部门，这时新兴产业部门就业人员的人均收入可能高于农民的人均收入，但由于农业部门的绝对规模和相对规模都较大，农民必然仍是国内工业品的主要消费群体。随着经济的进一步发展，农业劳动力逐步向非农业部门转移，农村人口也逐渐向城镇迁移，农业人口比重不断下降；但与此同时，伴随着农民人均收入水平和消费水平的不断提高，农村仍然是巨大的消费市场。另一方面，农业现代化的推进也会使农业对农药、化肥、农膜、机械、电力、能源等工业品的需求日趋增加。农民对这些农用工业品的投入会刺激农用生产资料工业和其他相关产业的扩张。消费是促进一国经济增长的“三驾马车”之一，但在我国，农村消费市场一直被认为处于疲软状态，但其开发潜力巨大。如何提高农民的消费水平，落脚点主要还在于如何加快农民的增收步伐。

4. 外汇贡献

农业的外汇贡献是指国家通过出口农产品及其加工品为国家赚取外汇收入，或通过发展农产品进口替代品为国家减少外汇支出，从而为国家平衡国际收支作出贡献。在发展中国家经济发展的初期阶段，农业的外汇贡献十分重要。在这一时期，发展中国家科学技术落后，工业基础薄弱，工业品不具有国际竞争力，难以出口创汇，但国家工业化建设又需要外汇以换取国外的先进技术、机器设备和原材料。这就使得具有出口创汇功能的农业部门往往在发展中国家工业化建设的初期阶段扮演着重要角色。随着发展中国家经济的进一步发展，农业的外汇贡献一般会逐步下降。这是由于随着工业不断壮大，工业品的出口创汇能力日趋增强，逐渐超过并取代农业成为主要创汇力量。从我国的农产品国际贸易状况来看，2004年以前，我国农产品进出口一直处于贸易顺差状态，即农业存在创汇能力。但自2004年以来，我国农产品进出口持续处于贸易逆差状态，即农业的外汇贡献呈现出负状态。

除上述四项传统的经济功能之外，农业还具有其他经济方面的非产品产出功能，例如，保障劳动力就业和缓冲经济波动的作用。为农业劳动力提供就业机会成为农业非产品产出功能之一，如果没有农业的就业贡献，许多国家会背上沉重的就业负担。《中国统计年鉴2018》的数据显示，2017年底，中国第一产业从业人员数量仍达到20 944万人，占全国就业人员总数的27.0%，仍是三大产业中从业人员数量最多的部门，农业对保障劳动力就业的作用由此可见一斑。另外，乡村旅游业的发展也为农业劳动力提供了越来越多的就业机会。需要指出的是，对于大多数发展中国家来说，农业还具有隐蔽性失业保障的功能。例如，近年来受国际经济宏观形势的影响，不少农民工被迫失业。滞留城镇可能带来的较高生活风险促使他们大多数人暂时返回农村从事农业，等待经济形势好转后再外出务工。在这种情况下，农业为他们提供了最后的就业保障功能。

（二）农业的社会功能

农业具有社会保障功能，具体表现为：（1）农业的稳定发展可以为社会提供充足的农产品，可以满足城乡居民对基本生活资料的需要，从而使人民安居乐业。（2）对农村不完善的社会保障有补充功能。在广大发展中国家，大量的贫困人口集中在农村地区，他们缺乏必要的社会保障，而拥有的土地为他们提供了最基本的社会保障。可以说，在发展中国家的贫困地区，土地起到了最基本的生活保障功能。它不仅为农民提供了就业机会，还为农民提供了生活和社交的基本条件与场所，保证了农村社会的稳定。（3）保障国家自立自强。一国的自立自强很大程度上取决于农业的发展。如果一国的主要农产品，尤其是粮食不能实现基本自给而过多地依赖进口，不仅会给世界农产品市场带来压力，而且会在政治上受制于人，不利于本国屹立于世界民族之林，甚至还会危及本国国家安全。

（三）农业的文化功能

随着生活水平的不断提高，人们对精神文化层面的需求日趋增加，农业的文化功能也日益凸显。由于农业生产活动与农村生活是紧密相连的，而农村又具有相对的封闭性和独立性，因此农业得以形成和保持独特的传统文化。发挥农业的文化功能，就要传承、发展和提升农耕文明。习近平总书记说："农耕文化是我国农业的宝贵财富，是中华文化的重要组成部分，不仅不能丢，而且要不断发扬光大。"① 中国的二十四节气和许多节日都和农业密切相关。许多国家的传统文化深深植根于农业生产和农民生活，形成了富有乡土气息和地方特色的文化。日本的"勤劳感谢节"是提倡勤劳、庆祝生产发展和国民之间相互感谢的节日；柬埔寨的"送水节"是感谢雨季结束、河水消退给农业生产带来丰富水源和天然肥料的传统节日；马里的"播种节"、安哥拉的"渔民岛节"、埃及的"丰收喜庆木薯节"都是与农业相关的传统节日。在中国，最热闹的传统节日"春节"是一个与农业生产关系密切的节日，意味着寒冬将去，新一年农业生产的春天即将到来。我国许多少数民族的节日，如鄂温克族的"米阔鲁节"、佤族的"播种节"、瑶族的"尝新节"等也都是具有浓厚农业气息的节日。可见，农业具有传承文化传统的功能。

（四）农业的环境功能

农业的环境功能包括生态环境保护和农业景观两个方面。农作物通过光合作用，可

① 中共中央党史和文献研究院．习近平关于"三农"工作论述摘编．北京：中央文献出版社，2019：121.

吸收二氧化碳，增加氧气；通过植树造林，可防风固沙、保持水土、防止农地荒漠化，可改善气候和降低温室气体效应，并可保护野生动物栖息地等；许多动植物还能处理人类生活中产生的废物，不仅可以净化环境，还可以将一些废物转化为人类需要的生物物质；微生物能分解环境中的有害物质，从而有助于生物链维持循环。可见，农业能产生很大的环境收益。但是，农业对环境也会有负面影响，如不科学的农业生产行为可能会造成化肥农药污染、土壤板结、水土流失和生物多样性的消失等。另外，随着城镇化进程的不断加快，城市拥挤问题日趋彰显，“城市病”也逐渐加剧。此时，农业提供农业景观的功能显得日益重要起来。例如园林和绿地成为装点城市的一个重要元素，也成为影响房价的重要因素。又例如周末或假期，越来越多的城镇居民愿意到郊区农村游玩，享受田园风光，亲近大自然。

三、 农业的发展阶段

人类农业生产的历史经历了原始农业、传统农业和现代农业三个发展阶段。它们之间由于生产力水平不同而具有质的差异。这种差异是通过劳动者的生产工具、生产技能以及生产要素的配置方式的不同而表现出来的。

（一）原始农业

原始农业是农业发展的初始阶段，指人类从直接利用天然动植物到开始圈养驯化动物、栽种植物的农业活动阶段，始于史前文化后期的新石器时代，距今八九千年。在新石器时代以前，人类以采集和狩猎为主要方式来获得生活资料。随着生产经验的积累和生产工具的改进，人类逐渐掌握和了解了一些动植物的生活习性与生长发育过程，开始懂得栽种植物和驯养动物。这一时期的基本特征是以人力为作业动力，以石器、棍棒、骨器和树木等为生产工具，以传统的直接经验为生产技术，只能利用自然而不能改造自然，采用刀耕火种、广种薄收的耕作方法，生产力非常落后，生产效率极端低下，只能获得有限的生活资料来维持低水平的生活需要。

（二）传统农业

传统农业是相对于原始农业和后来的现代农业而言的。从时间上看，传统农业始于石器时代末期和铁器时代初期，并在发达国家一直持续到 18 世纪 60 年代的一种农业生产经营方式。它是在原始采集农业和狩猎农业的基础上发展而来的，基本特征包括：大规模使用人类有意识制造的符合科学原理的生产工具；劳作动力除了人力以外，畜力的使用大量增加并逐渐成为主要动力；逐步形成了一整套农业技术体系，但仍主要依靠农民世代积累的传统经验来耕作。传统农业是发展中国家二元经济结构中的一个组成部分，即使到现在，发展中国家仍有不少地方还处于传统农业发展阶段。就我国而言，较多的观点认为我国正处于从传统农业向现代农业过渡阶段。

（三）现代农业

现代农业大体是指从资本主义产业革命到 20 世纪初，尤其是第二次世界大战以来经济发达国家的农业，属于农业发展的最新阶段。它的基本特点是：现代农业机器体系的形成和农业机器的广泛使用，以机器动力代替人力、畜力；农业科学技术建立在现代自然科学基础之上，农业生产越来越依靠深入揭示客观规律的科学；现代管理方法和技术应用于农业经营管理活动；农业生产的社会化、专业化和商品化程度大大提高，形成了社会化大农业；在农业发展理念上，农产品数量不再是被追逐的唯一目标，农产品质量要求越来越受到重视；新的科技成果，如营养液培植、转基因作物种植等应用于农业生产。现代农业的产生和发展，使农业生产力水平大幅度提高，农产品商品率也随之提高，进而农村面貌也发生了翻天覆地的变化。

知识拓展

2007 年中央一号文件对现代农业作出了如下概括：要用现代物质条件装备农业，用现代科学技术改造农业，用现代产业体系提升农业，用现代经营形式推进农业，用现代发展理念引领农业，用培养新型农民发展农业，提高农业水利化、机械化和信息化水平，提高土地产出率、资源利用率和农业劳动生产率，提高农业素质、效益和竞争力。建设现代农业的过程，就是改造传统农业、不断发展农村生产力的过程，就是转变农业增长方式、促进农业又好又快发展的过程。

小思考

2017 年 10 月召开的中国共产党第十九次全国代表大会提出了乡村振兴战略，其总体要求是“产业兴旺、生态宜居、乡风文明、治理有效、生活富裕”。你是怎样理解这个战略的？

四、食物体系转型

随着社会生产的发展和生活水平的提高，人们的生活方式也发生了改变。人们要求食物不仅能够填饱肚子，还能进一步满足营养与舒适要求，这必然会引发食物消费体系的转型。就我国来看，传统的植物性产品一统天下的消费格局已开始改变，直接粮食消费逐渐减量，肉、奶、蛋及水果蔬菜类产品消费量稳步增加。此外，从城镇居民消费支出构成来看，粮食、油脂支出在居民食品支出中所占比重持续下降，蔬菜和水产品支出所占比重日趋平稳，而奶及奶制品、在外饮食所占比重则迅速提高。具体来说，20 世纪 90 年代，我国出现了城镇居民谷物消费减少、动物性食品消费增加这一转折，实现了类似于国外食品革命的消费结构升级。《中国统计年鉴》的数据显示，1990 年，城镇居民家庭平均每人全年消费粮食 130.72 千克、蔬菜和食用菌 138.70 千克、猪肉 18.46 千克、家禽 3.42 千克、奶类 4.63 千克、干鲜瓜果 41.11 千克；到了 2020 年，平均每人全年消费粮食 120.2 千克、蔬菜和食用菌 109.8 千克、猪肉 19.0 千克、家禽 13.0 千克、奶类 17.3 千克、干鲜瓜果 65.9 千克，即肉、禽、奶、水果等营养食物的消费量增加了，粮食等食物的消费量相应减少。农村居民的食物革命在21世纪初才开始发生这种转折，如农村居民家庭平均每人的奶及奶制品消费量在1995年仅为0.60千克，到了2000年为1.06千克，随后消费增长速度加快，到2020年达到7.4千克。当然，中国城市目前的食品消费变革只是初步的，而中国农村食品消费变革才刚刚开始。中国城乡食品消费结构变迁还有很长的路要走，城乡食品消费结构高级化、现代化的进程仍将持续。

五、粮食安全：农业的永恒任务

根据联合国粮农组织（FAO）的定义，food security（食物安全）是指所有人在任何时候都可以获取充足、安全和有营养的食物。food security在中国被普遍译为粮食安全，粮食安全关系到一个国家的安定和发展，是国家安全的重要组成部分。近年来，由气候变化引起的如干旱、洪涝等自然灾害的频繁发生，以及由能源危机驱动的各国生物燃料的大力推广，对全球粮食生产产生了很大影响。据FAO估计，目前全球粮食储备已降至1980年以来的最低水平，2017年全世界食物不足人口总数预计达到8.21亿，世界食物安全问题日益凸显。中国堪称人口和土地的世界大国，食物消费和生产在世界上占据重要份额，其波动将影响到世界食物安全，因此中国的食物安全问题令世界瞩目。美国学者莱斯特·布朗1994年的报告《谁来养活中国》震惊了中国和世界。随后，中国的粮食安全问题一直是国内外学者关注的热点话题。21世纪以来中共中央发布的19个一号文件，除了2011年专注于水利建设外，其余18个无不高度重视粮食问题。习近平总书记在2013年中央农村工作会议的讲话中指出："保障国家粮食安全是一个永恒课题，任何时候这根弦都不能松。要坚持以我为主、立足国内、确保产能、适度进口、科技支撑的国家粮食安全战略。抓农村工作，首先要抓好粮食生产。""中国人的饭碗任何时候都要牢牢端在自己手上。……我们的饭碗应该主要装中国粮。"① 由于新冠肺炎疫情的影响和国际形势的变化，2022年中央一号文件更加高度重视粮食问题，提出："坚持中国人的饭碗任何时候都要牢牢端在自己手中，饭碗主要装中国粮，全面落实粮食安全党政同责，严格粮食安全责任制考核，确保粮食播种面积稳定、产量保持在1.3万亿斤以上。"同时提出粮食主产区、主销区、产销平衡区都要保面积、保产量，确保不发生粮食安全问题。

新闻链接 世界眼中的中国农业60年：养活了自己，帮助了别人

如果中国人不能养活自己，那么他们将使全世界挨饿。曾几何时，西方人对中国粮食生产能否自给忧心忡忡。但今天的现实证明：中国人不但养活了自己，而且帮助了世界！

中华人民共和国成立后的60年，中国人结束了食不果腹的饥困生活，中国的粮食自给率多年来一直保持在95%以上；中国农民的年人均纯收入2007年已增至4 140元，比1978年翻了约5番；中国粮食的总产量2008年达到5.25亿吨，而1949年时仅为1.13

① 习近平．在中央农村工作会议上的讲话（2013年12月23日）//十八大以来重要文献选编（上）．北京：中央文献出版社，2014：660-661.

亿吨。

…………

以三大粮食作物的单产为例：玉米单产从 1961 年的 1.18 吨/公顷增加到 2007 年的 5.15 吨/公顷；水稻单产从 2 吨/公顷增加到 6.43 吨/公顷；小麦单产则从 0.56 吨/公顷增加到 4.61 吨/公顷。单产的大幅提高无疑与中国具有雄厚的农业技术力量密不可分。

美国宾夕法尼亚州立大学农业和环境经济学教授戴维·布兰福德持有相同的观点。他说，健康的粮食系统具有三大因素：农业研发资金投入、基础设施建设和粮食定价机制，“中国在这三方面都取得了显著成绩”。

中国政府将“人人粮食安全”视为基本人权，正在采取一些政策促进农业从自给半自给经济向较大规模的商品化生产转化，从传统农业向现代化农业转化。中国政府提出的新目标是，到 2020 年粮食综合生产能力达到 5.4 亿吨，农民人均年纯收入在 2008 年的基础上再翻一番。

…………

今天，中国人均营养摄入量已高于世界平均水平，而中国农村贫困人口也从 1978 年的 2.5 亿下降至 1 479 万，是世界上少有的几个贫困人口数量正在下降的国家之一。在 2009 年 5 月的一次新闻发布会上，世界粮食计划署经济政策高级顾问亨克-扬·布林克曼直言，在消除贫困和饥饿方面，中国“堪称榜样”。

…………

目前，中国在国外已建成或正在建设 20 多个农业技术示范中心，并已决定使对外派遣的农业专家和技术人员数量翻番。中国播下的粮食自给的种子，正在世界其他发展中国家生根发芽。

资料来源：中国政府网，2009-08-12.

第二节 农业经济及其结构

一、农业在国民经济中的地位

“民以食为天”是一条具有普遍意义的规律，也正因此，农业成为国民经济的基础。“中国要强，农业必须强；中国要美，农村必须美；中国要富，农民必须富。农业基础稳固，农村和谐稳定，农民安居乐业，整个大局就有保障，各项工作都会比较主动。”①

第一，农业是人类的衣食之源和生存之本，是提供人类生存必需品的生产部门。任何社会，人类要生存都需要有生活资料，而生活资料特别是食物是由农业生产出来的。迄今为止，人类生存所需的最基本的生活资料主要由农业中的动植物生产来提供，尽管

① 习近平. 在中央农村工作会议上的讲话（2013 年 12 月 23 日）//十八大以来重要文献选编（上），北京：中央文献出版社，2014：658.

工业合成品已然出现，但以目前的科技水平，仍无法取代农业农产品供给的主体位置。

第二，农业的发展是社会分工和国民经济其他部门得以独立和进一步发展的基础。在人类社会的历史长河中，农业是第一个出现的社会生产部门。在农业生产力水平比较低的时候，人们为了生存，不得不以几乎全部劳动力去从事农业生产，几乎没有什么社会分工。随着农业生产力的发展，农业劳动生产率提高，农业剩余产品增多，一部分劳动力脱离农业、专门从事农业以外的生产活动，至此出现了农业和手工业的分离。随着农业劳动生产率的进一步提高，工业、商业和其他各业逐渐分离，成为相互独立的国民经济部门。国民经济其他部门从农业中独立出来以后，发展规模和速度仍然受到农业生产水平的制约，因为这些部门进一步发展所需要的土地和劳动力都是从农业部门转移出来的。可见，没有农业的发展，其他经济部门就不能从农业中完全分离出来；即使能够分离出来，它们的进一步发展也需要农业发展的支撑。

第三，农业在国民经济中的基础地位不因农业在国民经济产值中的比重下降而发生改变。随着第二、第三产业的发展和社会分工的深化，非农产业的产值必然会追上和超过农业产值，即农业在国民经济产值中的比重逐渐下降。从世界各国各地区的发展轨迹看，农业产值比重下降是必然的现象，也是非常正常和普遍的。统计数据显示，中国第一产业增加值占GDP的比重自改革开放以来基本处于持续下降状态，1982年为33.4%，2018年为7.2%。毫无疑问，农业产值比重的下降并不能改变农业的国民经济基础地位，因为农业的基础地位不能以产值比重和从业人员数量去衡量。只要人类生存所需的食物仍然由农业提供，农业的基础地位就不会被撼动。

小思考

随着一国经济的发展，农业占国民经济产值的比重逐渐下降，基于此，有人怀疑农业不再是国民经济的基础，甚至以新加坡为例去论证农业不一定是国民经济的基础。你怎么看这种观点？

小思考

在农业为工业积累资金的时期，可以明显看出，农业在支持工业。这时候，人们比较容易接受农业是国民经济的基础这一说法。当前我国已进入工业反哺农业、城镇支持农村的阶段，这是否可以说明在我国农业的国民经济基础地位已不复存在？

二、农业产业结构

（一）农业产业结构的概念和特点

农业产业结构又称农业生产结构，是指在一定区域范围内（国家、地区或农业企业）农业系统各产业、各部门的构成情况，包括它们的比例关系、结合形式和地位作用，即种植业、林业、畜牧业和渔业的组成及所占比重。农业产业结构具有质和量的规定性。它不但要从投入和产出的角度反映农业产业结构内部各组成部分之间的数量关系及变化趋势，还要从相互联系的角度反映各组成部分在整个系统中的主从地位、结合形式和相互作用。

农业产业结构具有以下特点：

1. 整体性

农业自然再生产过程和经济再生产过程相互交织。尽管农业产业结构可以分解为多个层次和侧面，但作为结构，它是一个有机整体。这要求我们从整体概念出发，加强对农业产业结构的系统性研究，促使农业系统内各部门之间的关系日趋协调，从而发挥其最大的整体功能。

2. 多层次性

农业产业结构具有多层次性。一般把大农业中的种植业、林业、畜牧业、渔业和副业称为一级结构。在一级结构的每个产业部门内部，可根据产品性质和生产过程的差异划分为若干小的生产部门，称为二级结构，例如种植业内部包括粮食作物、经济作物、油料作物、其他作物等。在二级结构内部，又可根据产品种类和经济用途的不同划分为若干种类，称为三级结构，例如粮食作物可以分为玉米、水稻、小麦、薯类等。依此类推，还可以分为四级结构、五级结构。农业产业结构随着社会生产力的发展和社会分工的深化，划分将越来越细。

3. 动态性

具有多层次性的农业产业结构不是一成不变的，它受一定的时间、空间条件的影响，随着时间、空间条件的变化而变化。这个特点要求我们在调整农业产业结构时，要充分注意农业产业结构的稳定性和动态性之间的关系。

（二）农业产业结构的演进趋势

农业产业结构处于经常变动之中。总体来说，我国农业产业结构正处于调整阶段。在传统农业向现代农业转变的过程中，农业产业结构的优化更趋向于深层次的结构调整，以实现产业结构的升级。随着经济社会发展和城乡居民收入水平的提高，“老百姓的食物需求更加多样化了，这就要求我们转变观念，树立大农业观、大食物观，向耕地草原森林海洋、向植物动物微生物要热量、要蛋白，全方位多途径开发食物资源”[①]。受多种因素影响，我国农业产业结构的变动具有如下趋势：

（1）畜牧业在农业产业结构中所占比重逐步增大。由于植物类产品的需求收入弹性较小，而动物类产品的需求收入弹性较大，随着收入水平的提高，人们对动物类产品的需求增长超过对植物类产品的需求增长。需求变化必然引起农业产业结构变化，即从种植业为主，到种植业和畜牧业并重，再到以畜牧业为主。发达国家的农业现代化进程也表明，畜牧业生产所占比重越来越大，且发展速度远远超过种植业的发展速度。与此同

---

① 中共中央党史和文献研究院. 习近平关于“三农”工作论述摘编. 北京：中央文献出版社，2019：98.

时，在畜牧业中，提供低脂肪、高蛋白畜产品的畜牧业比重日益增大。

（2）种植业中饲料生产所占比重逐步增大。随着人们对动物类产品需求的快速增长，畜牧业得以快速发展，进而导致人们对饲料需求的增长，在种植业生产的粮食越来越多地被用作饲料的同时，饲料作物的栽培也迅速增加。目前在世界粮食总产量中，居民口粮只占60%，饲料粮达40%，发达国家饲料粮甚至占到70%～80%。在我国，近几年玉米进口量已超过出口量，且进口量呈增长态势，这种变化也主要是由于饲料生产发展需要大量消费玉米的缘故。目前，我国进口大豆已经占消费总量的85%，大豆榨油后的豆粕也用来做饲料。

（3）种植业中经济作物所占比重逐步增大。随着社会经济的发展，工业对棉花、天然橡胶、糖料、药材等原料性经济作物的需求逐步增大，城乡居民对蔬菜、水果、花卉等的需求也在逐渐增加。这就使得种植经济作物的效益好于种植一般粮食作物的效益，从而引起经济作物在种植业中所占比重日趋增大。

（4）粮食生产的基础性地位日益受到国家更多的政策保护。在所有的农业生产部门中，粮食生产部门具有特殊的重要地位。这是因为粮食是最基本的生活资料，人们只有在粮食需求得到满足，耕地、劳动力和生产资料还有富余的情况下，才可能发展粮食以外的其他生产部门。此外，畜牧业和渔业的发展也必须建立在粮食和饲料发展的基础上。而且，粮食安全关系到整个社会经济的稳定。因此，很多国家都对粮食生产采取了保护性政策措施，如价格保护、农业投入要素和农业基础设施建设补贴、进口限制、粮食储备等。

（5）林业越来越受到国家的特别支持和保护。森林具有经济、生态和社会文化功能。例如，森林可为人类提供多种林产品，可调节气候、涵养水源、防风固沙、净化大气、保持水土、改善环境，可为人类提供休闲和旅游的重要去处等。因此，很多国家对林业进行支持和保护，以稳定和提高森林覆盖率，使森林所有者和经营者的生产经营行为符合社会和生态发展的需要。在我国，以“均山分林，确权确股”为主要特征的新一轮集体林权制度改革既保障了林农的营林积极性，又维护了林农对林地的产权利益。同时，很多地方还出台措施鼓励金融机构开展林权抵押贷款业务，将林木资源变成“绿色银行”，在一定程度上缓解了林农的资金困难。

（三）农业产业结构调整

调整和优化农业产业结构，是农业和农村经济发展的本质要求，也是农业增产、农民增收、农村稳定的必然趋势。调整和优化农业产业结构，就是使农业产业结构与农副产品的消费需求相适应。在一定时空条件下，判断农业产业结构调整是否合理可依据四个原则，即资源利用最大化、部门配合协调化、需求满足最大化、经济社会生态效益统一化。科学技术是农业产业结构调整的强大推动力。我们必须将科技进步作为产业结构调整的重要技术基础，准确预测科学技术的发展对未来人们消费观念、消费结构、种植养殖技术以及农副新产品发展的影响力，积极促进科技成果向现实生产力转化，促进农业产业结构调整、优化和升级。

三、农业的垂直一体化

垂直一体化是指一个企业在同一产业链条内，将企业的活动范围向产前诸环节和产后诸环节延伸，囊括了从原料到最终产品的全部或主要生产过程。有的文献称之为“农工商一体化”。事实上，现实中很少有企业真正实行完全的一体化经营，并且这样做也不经济。

在我国，农业垂直一体化经营的具体实现模式是农业产业化模式。这一起源于山东省潍坊市的具有中国特色的农业发展战略已有10余年的实施历史，并在很大程度上促进了中国传统农业向现代农业的转变。目前，中国的农业产业化组织形式呈多元化发展态势，如“公司+农户”“合作社（公司）+农户”“专业协会+农户”“龙头企业+合作社+农户”“公司+合作社+基地+农户”等。按照带动作用的性质又可将上述模式划分为龙头企业带动型、市场带动型、中介组织带动型、合作经济组织带动型、主导产业带动型、综合开发集团带动型。区域经济的非均衡性以及产业之间的差异性，决定了中国农业产业化模式不能“一刀切”。例如，在农户牵涉面较小的产业中可以选择龙头企业带动型模式，在农户牵涉面较广的产业中可以选择中介组织或合作经济组织带动型模式。

小思考

2015年中央一号文件提出“促进粮食、经济作物、饲草料三元种植结构协调发展”，你是如何理解的？

新闻链接 “公司+合作社+基地+农户”大家一起来致富

嘉兴市绿晨蔬菜食品有限公司发展农业产业化经营，创新“公司+合作社+基地+农户”的产业化经营模式，带动农民致富，增加就业岗位。南湖区有种植青菜的历史，近年来，市场对脱水青菜薹的需求量越来越大，脱水青菜薹的销售收入也是当地广大农村妇女的主要收入来源。由于当地没有上规模的蔬菜生产厂家，一直以来都是由外地的客商、生产厂家来压价收购，农村妇女利益得不到保障。为了使当地的蔬菜能在当地加工、销售、提升农产品档次，虞凤珍创办了绿晨蔬菜食品有限公司，专业生产脱水蔬菜，原料直接向当地农户收购，把运输费、场地费、中介费、损耗费让利给农民，将菜心加工后放进冷库保鲜，逐步提高菜心的档次，实行全年销售。合作社与农户签订种植合同，对所有订单农户发放绿叶合作社“一卡通”，实行免费提供种子、秧苗、收购、结算一条龙服务，方便农户投售并对签约农户实行最低保护价收购，让农民得到实惠。

公司的良性发展有效解决了一部分失业、失地城乡农村妇女再就业难的问题，为农村失业、失地的40～60岁的妇女解决再就业46名、临时工56名。对新种植的农户，公司邀请专家对她们进行莴笋等作物栽培技术培训，通过学习培训，增强了她们奔小康生活的信心。2008 年以来公司还扶持了 62 户残疾贫困户，面积 125 亩，为他们免费提供种子、秧苗、复合肥和上门技术服务，把输血改为造血，使扶贫对象早日脱贫。

2010 年在区、镇妇联领导的关心和指导下，公司在原有的基地上建立了“巾帼创业园”，划出 46 亩为城乡妇女提供创业机会，目前已落实 2 个城市妇女、1 个农村妇女的就业，种植的蔬菜全部回收，取得了较好的收益。

资料来源：嘉兴在线新闻网，2011－11－23.

第三节 农业经济学的形成和发展

一、西方农业经济学的形成和发展

西方的农业经济思想至少可以追溯到古希腊和古罗马时代。随着奴隶制生产关系的产生和发展，当时许多思想家在其论著中都曾对农业进行过论述。古希腊思想家色诺芬（Xenophon）在公元前 400 年前后写的《经济论》（又译《家政论》），是古希腊流传至今的第一部经济学著作。公元前 2 世纪到 4 世纪的 600 年间，罗马先后有 4 部著作涉及农业问题，分别是加图（Cato）的《农业志》、瓦罗（Varro）的《论农业》、科鲁麦拉（Columella）的《论农业》、帕拉狄乌斯（Palladius）的《农业论》。古希腊和古罗马时代的农业经济思想虽然没有形成完整的体系，却是农业经济思想和理论的发展源头。

近代农业经济思想主要产生于英国、法国和德国，包含在古典政治经济学研究中。1770 年，英国经济学家阿瑟·扬（Arthur Young）出版了《农业经济论》，比较详细地论述了农业生产要素配合比例、生产费用和经营效率的关系。阿瑟·扬被认为是农业经济学的创始人之一。农业经济学更大的发展是在德国，而且形成了农业经营学派。1809—1821 年期间，德国经济学家泰尔（Thaer）出版了《合理的农业原理》，明确提出了农业经营目标是追求利润最大化。泰尔的学生杜能（Thünen）继承和发展了泰尔的思想，于 1826 年出版了《孤立国同农业和国民经济的关系》，提出了农业集约理论和农业区位理论，对级差地租理论作出了很大贡献，被认为是德国农业经营学派的奠基者。

19 世纪末 20 世纪初，农业经济学科从经济学体系中独立出来。艾瑞葆（Aereboe）和布林克曼（Brinkmann）将农业经济学发展成为一个完整的理论体系。其中布林克曼于 1914 年出版的《农业经营经济学》围绕农业集约化和农业经营制度两大主题，论述了边际收益递减规律、投资收益界限、部门配合理论和生产规模问题，奠定了现代农业经济学的基础。

进入 20 世纪以后，美国的农业经济学科也得到了快速发展，泰勒（Taglot）的《农业经济学概论》和博伊尔（Boyle）的《农业经济学》都是 20 世纪 20 年代运用微观经济学原理研究农业经济问题的重要著作。20 世纪 50 年代以后，农业经济理论进一步深化并建立起比较完整的学科体系。这一阶段的农业经济学研究更加系统地运用了一般经济学原理和方法去研究农业经济问题，并强化了定量分析，扩大了研究领域。总体来说，现代农业经济学研究涉及农业经济系统的各个方面，已发展成一个有基础理论和科学方法的比较完整的学科体系。

二、中国农业经济学的形成和发展

中国是一个古老的农业大国，精耕细作的农业经营体系自春秋后期已经形成并延续至今，但农业经济学作为一门学科在中国形成较晚。在中国历代经济思想中，农业经济思想非常丰富。如土地问题，西周盛行“井田制”；春秋时期提出“均分地力”，让农民拥有一定的农田，使农民安心生产以稳定社会；西汉时期董仲舒提出“限田”主张；北魏时期实行“均田制”；明代丘濬提出“配丁田法”，以解决“民多田少”的矛盾和土地占有不均的问题；清代王源主张“有田者必自耕”。由于我国长期处于封建社会，农业中的商品经济不发达，决定了当时的农业经济思想尚不能形成科学的体系。

到了20世纪20年代，一些西方学者开始用西方的观点考察和研究中国的农业和农村经济问题。如泰勒的《中国农村经济研究》（1924年）和卜凯的《中国农家经济》（1936年）。马克思主义理论传到中国之后，一批学者以马克思主义思想为指导开展了中国农村经济问题研究，如毛泽东的《湖南农民运动考察报告》、中国农村经济研究会创办的《中国农村》杂志（1934—1943年）等。近代中国第一个开讲农业经济学课程的是许璇。1913年，许璇留日归国，开讲农业经济方面的课程并撰写农业经济学教材，任职的学校有北京大学、北京农业大学和浙江大学等。

中华人民共和国成立后，理论界开始逐步建设社会主义农业经济学。20世纪50年代初引进了苏联的社会主义农业经济学，并结合我国实践加以发展，努力使之中国化，到50年代末才有了国内自己编写的农业经济学教科书。如中国人民大学农业经济教研室编写的《社会主义农业经济学》（上下册，农业出版社，1959年版）、中国人民大学农业经济系农业经济教研室编写的《农业经济学（初稿）》（中国人民大学出版社，1964年版）等。“文化大革命”期间，农业经济学的发展遭到几次大的挫折，直到20世纪70年代末才逐渐恢复。改革开放以后，我国进入了传统计划经济向社会主义市场经济转型的新时期，农业经济制度、农业生产方式、工农关系等也发生了重大变化。针对新时期、新形势，学术界对我国的农业经济问题进行了全面、系统、深入的研究，并在研究方法上逐步与西方农业经济学科接轨。由此，经济学的一般理论和定量分析方法在我国农业经济学研究领域日渐普遍，农业经济学的学科体系也日臻完善。20世纪80年代以后，中国农业出版社出版了全国统编的农业经济学教材，很多高校也根据自己的教学要求编写了地区性或本校内部使用的教材，教学体系不断完善。其中，中国人民大学农业经济系根据教学需要，先后编写了两本教材，即1985年由中国农业出版社出版（中国人民大学农业经济系编，周诚主编）的《社会主义农业经济管理问题》和1995年由中国人民大学出版社出版（罗伟雄主编）的《中国农业经济学教程》，对农业经济学教材体系建设起到了重要的推动作用。

第四节　本书的结构

为了给农林经济管理专业的学生、研究者及农业部门决策者提供学习和参考上的便利，本书对农业经济学理论和方法的介绍是按照问题进行的，并按照其内在的逻辑进行分类。本书先讨论各个生产要素的经济问题，在此基础上讨论要素的组织管理，目的是使每个要素都发挥最大效用，然后讨论利用各个要素及其生产产品的市场交换问题，包括国内贸易和国际贸易。至此，本书的任务似乎已经完成，但在现代社会，农业发展离不开国家的支持，因此，本书最后讨论了国家和农业的关系。遵循着这样一个逻辑框架，全书内容共分为五个部分。

第一编是导论篇（第一、二章），从农业的概念、功能、发展阶段入手，从总体上描述了农业在国民经济中的地位，探讨了农业的产业结构及其演变规律，简要介绍了西方和中国农业经济学科的形成与发展历程，讨论了我国农业经济制度的形成、演变及特点。本编的内容为以后各编的分析和讲授提供了概念和制度基础。

第二编是要素篇，着重讨论了农业自然资源的概念、分类及特性，农业自然资源开发与利用之间的关系；土地资源的特征、功能及其利用与保护；水资源的概念、特征及开发利用；农业与气候资源；农业劳动力资源开发及转移的经济规律；农业资金要素的经济学问题，农村合作金融、农业资本市场和农业保险。最后，把这些要素纳入农业生产函数中进行综合讨论。

第三编是产业组织篇，首先讨论了农户经济与家庭决策模型，这是我国最基础的农业资源配置组织。接着讨论了农业价值链的概念、特点、治理结构及其管理，农业价值链的盈利能力及其分配，农业价值链和食品安全之间的关系。最后讨论了农民合作组织的概念、发展状况、农民专业合作社的制度安排和治理结构，农民专业合作社的运营及管理等。

第四编为市场与贸易篇，旨在探讨在全球化的大背景下中国农业的发展问题。本编首先讨论农产品供给和需求的一般规律，然后讨论农产品国内、国际贸易问题。前者涉及农产品价格的形成机制、波动特点，农产品市场和流通，农产品期货和期权，农产品市场监测和预警等；后者涉及国际贸易理论与农产品国际贸易，技术性贸易措施与国际贸易规则，国际贸易趋势与农产品国际贸易前景等。

第五编为国家篇，讨论国家和农业之间的关系。主要内容有国家粮食安全，包括：粮食安全的概念及沿革，我国粮食安全政策的沿革等；政府的公共政策与农业发展。讨论了在政策调节过程中“看得见的手”和“看不见的手”的作用，并介绍了当前我国的农业政策框架。

本章小结

农业是指人们利用土地、水、气和太阳能等自然资源，依靠生物体的生长发育和转化，并通过投入人的劳动去促进和控制生物体的生命活动过程，以获得人类生活和生产所需要产品的社会物质生产部门。农业具有经济、社会、文化和环境功能，其中经济功能中的基本贡献是产品贡献、要素贡献、市场贡献和外汇贡献。农业经历了原始农业、传统农业和现代农业三个发展阶段。农业是人类的衣食之源和生存之本，是提供人类生存必需品的生产部门，是社会分工和国民经济其他部门得以独立和进一步发展的基础，农业的地位不因其在国民经济产值中的比重下降而发生改变，因而，农业是国民经济发展的基础。农业产业结构是一个动态概念，具有整体性、多层次性和动态性的特点。受多种因素的影响，我国农业产业结构正处于调整和优化进程中。

本章习题

1. 什么是农业?
2. 农业的基础地位体现在哪些方面?
3. 试分析农业的多功能性。
4. 了解和掌握农业产业结构的内容及其演进趋势。

参考文献

1. 西奥多·W. 舒尔茨. 改造传统农业. 北京：商务印书馆，1987.
2. 中国人民大学农业经济教研室. 社会主义农业经济学. 北京：农业出版社，1959.
3. 中国人民大学农业经济系农业经济教研室. 农业经济学（初稿）. 北京：中国人民大学出版社，1964.
4. 中国人民大学农业经济系. 社会主义农业经济管理问题. 北京：农业出版社，1985.
5. 罗伟雄. 中国农业经济学教程. 北京：中国人民大学出版社，1995.
6. A. J. 雷纳，D. 科尔曼. 农业经济学前沿问题. 北京：中国税务出版社，北京腾图电子出版社，2000.
7. 德布拉吉·瑞. 发展经济学. 北京：北京大学出版社，1998.
8. 迈克尔·P. 托达罗，斯蒂芬·C. 史密斯. 发展经济学. 北京：机械工业出版社，2009.
9. 谭向勇，辛贤. 农业经济学. 2 版. 太原：山西经济出版社，2005.
10. 雷海章. 现代农业经济学. 北京：中国农业出版社，2003.
11. 程漱兰. 中国农村发展：理论和实践. 北京：中国人民大学出版社，1999.
12. 孔祥智，钟真，柯水发. 农业经济管理导论. 北京：中国人民大学出版社，2021.

第二章

农业经济制度及其演变

本章要点

1. 掌握农业经济制度的概念和作用；
2. 了解新中国成立以来农业经济制度的演变历程；
3. 了解家庭联产承包责任制建立的必然性和存在的长期性；
4. 了解新时期农业经济制度的发展趋势。

关键词

农业经济制度；土地改革；农业合作化；人民公社；家庭联产承包责任制

导入案例

我们从广为流传的鲁滨逊的故事开始对制度的分析。由于与世隔绝，鲁滨逊根据自己的消费决策作出相应的生产决策，而不管世界上其他人在干什么。在这种情况下无须制度，但是人们很容易想象出把鲁滨逊与外部世界联系起来会产生的结果。在这种情形下，他的生产和消费决策将依赖于他所处的制度类型，比如，如果他面临的是一个竞争型的产品市场，鲁滨逊的生产决策将完全独立于他的消费决策。而且，只要了解一系列商品的价格，他的行为就与外部世界人们的行为密切协调起来。而其结果将与基本的福利经济学定理相一致。这个实验说明了对制度的需求是怎样产生的，以及制度会如何显著地影响世界其他地方以及鲁滨逊小岛的福利。当然，产品市场仅是一项制度，并且可能不是最重要的制度，但它足以说明制度的重要性。

资料来源：林毅夫. 再论制度、技术与中国农业发展. 北京：北京大学出版社，2000：15.

第一节　农业经济制度产生与演变的理论基础

一、马克思主义经济学有关经济制度的理论

马克思主义经济学理论认为，社会制度由经济基础和上层建筑构成。经济基础即社会的经济结构，主要包括生产资料所有制、社会生产组织制度和生产成果分配制度，其

中生产资料所有制处于基础地位和具有导向性作用。上层建筑是指建立在一定经济基础之上的社会意识形态以及相应的政治法律制度、组织和设施的总和。经济基础决定上层建筑，上层建筑在一定条件下反作用于经济基础，但上层建筑必须适合经济基础发展状况，一切社会形态都是上层建筑和经济基础具体历史的统一。

马克思主义认为，制度的本质就是在社会分工协作体中不同集团、阶层和阶级之间的利益关系。对制度的研究，首先要理解作为整个社会制度基础的生产力及与之相适应的生产关系，然后才能对建立在这个基础上的道德和法律等上层建筑作出说明。上层建筑作为一种有形的、通过人们的生活方式可以识别的制度形式，是经济基础这种深层次的、难以直接识别的制度形式的反映；上层建筑的产生、发展和变革，都不能从它本身来解释，而只能由它的经济基础来说明。

二、习近平新时代中国特色社会主义思想关于农业经济制度的论述

习近平新时代中国特色社会主义思想是对马克思列宁主义、毛泽东思想、邓小平理论、“三个代表”重要思想、科学发展观的继承和发展，是马克思主义中国化的最新成果，是党和人民实践经验和集体智慧的结晶，是中国特色社会主义理论体系的重要组成部分，是全党全国人民为实现中华民族伟大复兴而奋斗的行动指南。习近平新时代中国特色社会主义思想中关于中国农业经济制度的论述，对于新时代发展农村经济、进行农村社会经济改革有着极为重要的指导意义。

习近平指出，农村基本经营制度是乡村振兴的制度基础；要巩固和完善农村基本经营制度，走共同富裕之路；农村基本经营制度是党的农村政策的基石，坚持党的农村政策，首要的就是坚持农村基本经营制度，要从以下三个方面做到坚持农村基本经营制度：

第一，坚持农村土地农民集体所有。这是坚持农村基本经营制度的“魂”。农村土地属于农民集体所有，这是农村最大的制度。农村基本经营制度是农村土地集体所有制的实现形式，农村土地集体所有权是土地承包经营权的基础和本位。坚持农村基本经营制度，就要坚持农村土地集体所有。

第二，坚持集体经营的基础性地位。家庭经营在农业生产经营中居于基础性地位，集中体现为农民家庭是集体土地承包经营的法定主体。农村集体土地应该由作为集体经济组织成员的农民家庭承包，其他任何主体都不能取代农民家庭的土地承包地位。无论承包经营权如何流转，集体土地承包权始终属于农民家庭。这是农民土地承包经营权的根本，也是农村基本经营制度的根本。

第三，坚持稳定土地承包关系。现有农村土地承包关系保持稳定并长久不变，这是维护农民土地承包经营权的关键。任何组织和个人都不得剥夺和非法限制农民承包土地的权利。要强化对土地承包经营权的物权保护，完善土地承包经营权权能，依法保障农民对承包地占有、使用、收益、流转及承包经营权抵押、担保权利。

习近平指出，要在巩固和完善农村基本经营制度的基础上，完善农村承包地“三权分置”办法，发展多种形式农业适度规模经营，突出抓好家庭农场和农民合作社两类农业经营主体发展，支持小农户和现代农业发展有机衔接，建立健全集体资产各项管理制

度，完善农村集体产权权能，发展壮大新型集体经济，赋予双层经营体制新的内涵。

习近平上述关于新时代中国特色社会主义的农村基本经营制度、农村集体土地所有制和发展农业适度规模经营等内容的重要论述，是当前和今后一个时期指导农业经济制度改革进程的根本理论基础。

三、制度经济学理论有关经济制度的主要理论观点

制度经济学认为，制度涉及社会、政治和经济等人类社会的各个方面，是集体行动控制个人行动的一系列行动准则或规范，包括一定社会形态的全部规则、守法秩序和行为道德、伦理规范，其作用是合理约束片面追求个体福利最大化或者效用最大化的个人行为，规范人们的相互关系。

按照形式，可以把制度分为正式规则和非正式规则。正式规则是指一个特定的社会形态中以法律和政策等国家权力意志工具呈现的政治规则、经济规则和契约等，这些可视为有形的制度；非正式规则是一个特定社会形态中人们因为文化传统和历史原因形成的道德规范、宗教信仰、惯例和习俗等，这些可视为无形的制度。

按照功能，可以把制度分为以下几类：(1) 用于降低交易费用的制度，如货币和期货市场等；(2) 用于影响生产要素的所有者之间配置风险的制度，如合约、分成制、合作社、公司、保险和社会安全计划等；(3) 用于提供职能组织与个人收入流之间的联系的制度，如财产法，包括遗产法、资历和劳动者的其他权利等；(4) 用于确定公共产品和服务的生产与分配的框架的制度，如高速公路、机场、学校和农业试验站等。

四、经济制度对农业经济发展的作用

马克思主义认为，生产力决定生产关系是一切社会形态发展的基本规律，生产关系应当适应社会生产力进一步发展的潜在要求而进行相应的改变。具体而言，生产资料所有制、社会生产组织制度和生产成果分配制度要适应进一步发展社会生产力的要求而改变，一定程度的社会生产力发展水平对应着特定形式的生产资料所有制、社会生产组织制度和生产成果分配制度。反言之，要进一步推动社会生产力发展，就要对生产资料所有制、社会生产组织制度和生产成果分配制度进行主动变革，以调动作为社会生产力能动因素的劳动者的积极性和创造性，在更高水平上提高社会分工效率和社会成员协作效率。因此，制度是社会经济发展的一个内生变量。制度发展的基本规律适用于一切社会经济形态的变革过程，也适用于国民经济各部门的变革过程，包括农业部门。

制度经济学认为，制度的主要作用是为经济发展服务。在一定条件下，即使没有投入要素的增加，仅有制度创新也可以产生经济增长，据此，制度经济学甚至认为，在一定程度上制度是经济增长的决定性因素，制度是经济增长的内生变量。

制度经济学使用交易成本、经济组织和产权等理论工具来解释制度与经济发展的关系。由于交易费用的存在，制度安排与资源配置及经济表现是相关的，因此解决市

场失灵的关键在于制度安排。制度的建立是要减少交易成本，缩小个人收益与社会效益之间的差距，激励个人和组织从事生产性活动，最终实现经济增长。新制度经济学认为，有效率的经济组织是增长的关键因素，有效率的经济组织要求建立产权关系清晰的新制度，将个人经济效益最大化和社会公众经济效益最大化结合起来，使个人收益率不断接近社会收益率，从而实现社会总体的经济增长。新制度经济学认为，制度主要是指产权制度，其中最重要和最基本的产权形式则是所有权。产权制度演进规律可以解释经济增长的原因。一种产权制度只有先创新产生足够的激励机制和降低交易费用，然后才有总产出的提高，经济增长的过程就是不断出现新的降低交易费用的产权制度的过程。

综上所述，将制度经济学理论应用于农业部门经济发展规律的研究，要从建立和变革适应农业生产力进一步发展需要的产权制度尤其是农业主要生产资料所有制、建立和变革促进农业生产力发展的有效率的经济组织形式入手，以有效减少农业生产力进一步发展过程中的交易费用，从而有效推动农业生产力发展。上述制度经济学意义上的农业主要生产资料所有制和农业部门有效率的经济组织，具体体现为农业土地所有权制度和农业基本经营制度。顺应农业生产力进一步发展需要而产生的农业部门的制度变迁，即农业土地所有权制度变迁和农业基本经营制度变迁能够减少农业发展的交易费用。根据对农业生产力发展方向、水平和潜力的判断，以革命、政策、法律等形式引入和实现的制度变迁是强制性制度变迁，如土地改革和农业基本经营制度变革等主要农村产权制度改革；以农民群体和各类农村基层组织自发倡导、组织和实行的制度变迁是诱致性制度变迁，如先进农业产业化和农业技术引进与应用等。

五、制度经济学理论在农业经济制度研究领域的新进展

制度经济学理论是基于一系列重要的核心经济学概念建立起来的经济学研究范式，主要包括四个方面的基本理论，即交易费用理论、产权理论、企业理论和制度变迁理论。制度经济学在理论发展上的生命力，就在于上述分析范式被广泛用于分析社会经济发展进程中出现的新事物、新现象的发生发展规律以及需要解决的问题。中国农业经济学领域的学者们应用制度经济学的研究范式，对中国“三农”领域出现的新事物、新现象和新问题进行了卓有成效的深入研究，获得了具有创新性和实际效果的研究发现。

在农村基本经济制度方面，周振和孔祥智（2019）① 利用制度变迁理论分析范式，指出新型组织出现实质上是制度从无到有的过程，将预期概念引入制度成本和制度收益比较分析框架，对新中国农业经营体制的历史变迁进行了理论逻辑分析。孔祥智（2020）② 利用产权理论范式，构建了“产权清晰＋制度激励”的分析框架，对新型农村

---

① 周振，孔祥智. 新中国70年农业经营体制的历史变迁与政策启示. 管理世界，2019，35（10）.

② 孔祥智. 产权制度改革与农村集体经济发展——基于“产权清晰＋制度激励”理论框架的研究. 经济纵横，2020（7）.

集体经济实现有效发展壮大的规律进行了探讨。

在合作社等农业经营组织形式的发展演变规律研究方面，孔祥智和周振（2017）[①]在交易成本范式下，借用资产专用性和要素匹配等理论提出了“规模扩张—要素匹配—合作社演进”的研究框架，对从元合作社到多样化发展的合作社演变路径和规律进行了刻画和分析。张琛和孔祥智（2018）[②]结合制度经济学理论与组织生态学理论，从组织惯性、组织合法性和组织生态位等维度分析了合作社成长演化路径。

在新型农业经营主体问题研究方面，楼栋和孔祥智（2013）[③]运用新制度经济学的间接定价理论模型，对家庭农场、农民专业合作社和农业企业等多种形式新型农业经营主体的产生原因进行了理论解释。孔祥智等（2018）[④]、张琛等（2019）[⑤]利用交易成本理论范式、契约理论和制度净收益原理，对合作社联合社的本质和产生原因进行了剖析。黄斌和孔祥智（2020）[⑥]在制度变迁理论的研究范式下，识别和比较了制度变迁的成本与收益，对土地托管合作社这一新型农业生产经营组织形式的产生原因进行了理论分析。孟庆国等（2021）[⑦]在产权理论的基础上，提出了制度关系、制度关系不可化约性、关系嵌入结构和产出通用性等制度经济学新概念，对供销合作社农业生产托管这种新型农业规模化经营形式的发生原理作了有效解释。

第二节　1978 年以前的农业经济制度

一、土地改革

（一）土地改革的必要性

新中国的土地改革，特指在新中国成立前后，由中国共产党领导的以贫下中农为主体的农民群众消灭封建土地所有制和建立农民个人土地所有制的农村基本经济制度改革，是一次具有深远历史意义的强制性制度变迁。

封建土地所有制造成的土地占有的严重不平等及相应的农业生产成果分配的严重不平等，是影响农业生产力发展和国家工业化进程的重大障碍。马克思主义理论和社会历史实践经验表明，传统农业占国民经济最大比重和以封建地主土地所有制作为农村基本经济制度的发展中国家，要想摆脱贫困地位并成为现代化国家，首先要对封建土地所有制进行彻底革命。

---

① 孔祥智，周振．规模扩张、要素匹配与合作社演进．东岳论丛，2017，38（1）．

② 张琛，孔祥智．农民专业合作社成长演化机制分析——基于组织生态学视角．中国农村观察，2018（3）．

③ 楼栋，孔祥智．新型农业经营主体的多维发展形式和现实观照．改革，2013（2）．

④ 张琛，赵昶，孔祥智．资源整合、价值增值与农民专业合作社的再联合．中国合作经济评论，2018（1）．

⑤ 张琛，赵昶，孔祥智．农民专业合作社的再联合．西北农林科技大学学报（社会科学版），2019，19（3）．

⑥ 黄斌，孔祥智．深化土地托管合作 推动城乡要素融合．中国合作经济评论，2020（2）．

⑦ 孟庆国，董玄，孔祥智．嵌入性组织为何存在？供销合作社农业生产托管的案例研究．管理世界，2021，37（2）．

资料小贴士

1949 年以前的中国农村经济状况

据统计，在封建土地所有制占统治地位的中国，占农村人口 90%左右的贫农、雇农和中农只占有耕地的 20%～30%，不到农村人口 10%的地主和富农却占有耕地的 70%～80%。地主和富农把土地租给无地和少地的农民耕种，收取高额地租，进行残酷剥削。程漱兰（1997）① 指出，不合理的高额地租侵蚀了直接生产者创造的全部剩余价值，甚至必要劳动价值。这些经济剩余被地主用于继续兼并土地以及自身挥霍。占人数最大部分的农民缺乏起码的生产激励，陷于贫困境地，生产率极度低下，这种土地制度成为阻碍中国农业生产力发展的直接的、基本的障碍。

(二) 土地改革的简要历程

1947 年 9 月中共中央召开全国土地会议，制定了以没收地主土地、废除封建土地所有制为主要内容的《中国土地法大纲》，在 1.5 亿人口的解放区开始了大规模的土地革命运动。中华人民共和国成立后，1950 年 6 月 30 日中央人民政府主席毛泽东发布命令公布施行《中华人民共和国土地改革法》，在新解放区开展了大规模的土地改革运动。

到 1952 年冬，除台湾和一些少数民族地区外，全国其他地区基本完成土改，3 亿多无地少地的农民分得了 4 600 万公顷（约 7 亿亩）土地和大批耕畜、农具等生产资料，摆脱了每年向地主缴纳 350 亿公斤粮食地租的重负，彻底摧毁了在中国延续了 2 000 多年的封建土地所有制，全面建立了农民私有的农村土地所有制。

(三) 土地改革的主要内容

土地改革的基本目的是废除地主阶级封建剥削的土地所有制，实行农民所有的土地所有制，借以解放农村生产力，发展农业生产，为新中国的工业化开辟道路。其主要内容包括：(1) 没收地主的土地、耕畜、农具、多余的粮食及其在农村中多余的房屋等财产，没收工商业家在农村的土地和原由农民居住的房屋，废除土地改革以前的土地契约，从而彻底消灭封建土地所有制；(2) 对所有没收和征收来的土地和其他生产资料，除收归国家所有者外，均要统一地、公平合理地分配给无地少地及缺乏其他生产资料的贫苦农民所有，对地主分给同样一份土地，使之成为自食其力的劳动者；(3) 人民政府给分地农民颁发土地所有证，承认一切土地所有者自由经营、买卖及出租其土地的权利，从而建立起农民土地所有制。

(四) 土地改革的即期效果和深远历史意义

1. 土地改革的政治效果和经济效果

土地改革彻底改变了中国人心向背的局面，成为对国民党反动政权进行毁灭性打击

① 程漱兰. 论粮食流通体制改革的政府动力机制. 经济研究，1997 (8).

的主要政策武器，使广大中国农民空前忠诚地团结在中国共产党的领导下，以摧枯拉朽的巨大力量，埋葬了使中国长期陷于半殖民地半封建社会而停滞不前状态的国民党反动政权，建立了中华人民共和国。此后为保卫新生共和国政权和国家主权独立的抗美援朝战争，也是在保家卫国的口号下，动员和组织了广大数量的农村青年子弟义无反顾地投入战争并取得了历史性的伟大胜利。

中国共产党领导的土地改革，是中国几千年历史上一次翻天覆地的社会大革命。它从根本上颠覆了严重制约农业生产力发展的封建土地所有制，使广大农民得以免除向封建地主阶级缴纳巨额地租的负担，并可将其生产剩余用于农业扩大再生产。新制度极大地激发了农民的生产积极性，土地改革实施后短短几年间，中国农业生产取得了显著发展。

资料小贴士

土地改革的政治效果和经济效果

土地改革使广大农民群众的根本利益和中国共产党的历史使命紧密结合起来。为了保卫土地改革的胜利果实，广大农民群众踊跃参军和支前，以大无畏的牺牲精神投入到推翻代表封建地主阶级利益的旧政权的解放战争中。据统计，解放战争期间，华北晋冀鲁豫解放区先后有148万翻身农民参加人民解放军，东北解放区有150万翻身农民参军。仅三大战役中，解放区出动民工539万，出动牲畜1 036 300头，支援粮食95 000万斤。土地改革还对同样主要是农民组成的国民党反动政权军队起到了显著的瓦解作用，截至1949年7月，人民解放军就俘虏了国民党军415万，而俘虏中又有280万人变成了解放战士，以至在人民军队里，解放战士占半数以上。

从表2-1可见，1952年与1949年相比，粮食产量增长了44.79%，年均增长13.1%；棉花产量增长了195.45%，年均增长43.1%；耕地面积增加了1.5亿亩，年均增长3.3%；作为传统农业主要动力来源的大牲畜数量增加了1 643万头，年均增长8.4%。这样的农业发展速度是此前中国历史上任何一个新政权在初建时期都无法相比的。

表2-1 土地改革对于农业生产的巨大促进

	粮食产量	棉花产量	农业产值	林业产值	牧业产值	渔业产值	副业产值	耕地面积	大牲畜数
1949年	11 320万吨	44万吨	100	100	100	100	100	15亿亩	6 002万头
1952年	16 390万吨	130万吨	149	171	138	217	151	16.5亿亩	7 645万头
年增（%）	13.1	43.1	14.2	19.6	11.3	29.5	14.7	3.3	8.4
解放战争前最高数及年份	15 000万吨 1936年	85万吨 1936年							7 151万头 1935年
1952年/解放战争前	1.093	1.535							1.069

资料来源：程漱兰. 中国农村发展：理论和实践. 北京：中国人民大学出版社，1999：69.

注：农业产值、林业产值、牧业产值、渔业产值、副业产值均为指数值，其中1949年=100。

2. 土地改革为国家工业化奠定了基础

反映中国共产党建立新中国思想的《中国人民政治协商会议共同纲领》指出，土地改革是发展生产力和实现国家工业化的必要条件。土地改革极大地解放了农村生产力，使广大农民群众的生产积极性空前提高，改良土地、应用和推广新技术以提高土地产出率，组织劳动互助以最大限度地提高农业劳动生产率，使得农业生产力水平显著提高。实施了土地改革的广大农村地区，开始走向经济富裕和文化进步的新社会。农业发展和农村进步也为工业发展提供了更多的原料，开拓了国内工业品市场，从而创造了中国工业化的必要前提条件。

(五) 土地改革的不彻底性

土地改革后，农民获得人民政府授予的土地所有证，人民政府承认一切土地所有者拥有可以自由经营、买卖及出租其土地的权利。因此，土地改革建立了农村全面的自耕农土地私有制度，使新中国成立初期的中国农村呈现出“小农经济的汪洋大海”的突出特征。

农民享有土地买卖和租赁自由、雇工自由、借贷自由、贸易自由等“四大自由”，使农村形成了经济学意义上的完全竞争市场，个体农民要依靠自身的家庭资源和生产经营能力进行农户之间广泛的生产经营竞争，以达到维持家庭生存和发家致富的目的。这样就不可避免地出现由于农户先天资源禀赋的差异和市场竞争风险而使多数农户成为市场竞争中的失败者，导致农民中的市场失败者们与旧社会一样卖房典地、破产流亡的凄惨景象。新政权通过强制性制度变迁赋予农民的土地权利又被市场竞争的力量剥夺，这就使得耕者有其田的理想流于空谈，不能从根本上改变广大农民群众被压迫、被剥削的历史地位。从更为长远的角度看，如果不能改变这种中国历史上反复出现的新政权建始农民获得土地而随后土地被掠夺和兼并的历史循环，国家将不能摆脱失地农民成为致乱之源和推动政权更替的主要社会力量的潜在巨大风险。因此，这样的土地改革是不彻底的，它不能起到保护广大农民阶级的根本利益的历史作用，只能为今后更为深刻的农村基本经济制度变革即农业合作化历史进程创造条件。

二、农业合作化

(一) 农业合作化的历史必然

《中国共产党第七届中央委员会第二次全体会议决议》（以下简称《决议》）和《中国人民政治协商会议共同纲领》（以下简称《共同纲领》）均对新中国的基本农业经济制度的非私有化发展方向作了明确规定。《决议》规定：占国民经济总产值90%的分散的个体的农业经济和手工业经济，是可能和必须谨慎地、逐步地而又积极地引导它们向着现代化和集体化的方向发展的，必须组织生产的、消费的和信用的合作社及其各级领导机关。《共同纲领》指出，合作社经济是半社会主义性质的经济，为整个国民经济的一个重要组成部分，人民政府应当扶助其发展。这些具有建国纲领性质的重要政策文件使农村基本经济制度在土地改革完成后向集体化方向发展具有必然性。

从社会实践看，1953 年春中国大陆的土地改革基本完成后，农业生产迅速发展，大部分农民经济上升为中农，但同时各地也出现了农户间贫富差距扩大的“两极分化”现象，即一小部分因各种原因而生活日趋艰难的农民开始卖地、借债和成为佃农，另外一小部分经济上升较快的农民开始从前一小部分农民那里买地、向其放债和雇用其来工作。因此，将当时的社会现实情况与中国历史经验相联系，以农民私人所有制为主要内容的平均地权的开国政策，并没能阻止中国历史上反复发生的土地所有权从平均化到兼并再到形成大地主的轮回。这是新生的人民政权必须依靠制度创新来解决的重大问题。

（二）农业合作化运动的历史进程

1. 农业生产互助组发展阶段

农业生产互助组是农民生产互助组织的初级形式，是农民在个体经济的基础上，为了解决劳力、耕畜、农具缺乏的困难，按照自愿互利原则组织起来的劳动互助组织。它一般由几户至十几户组成，实行共同劳动、分散经营。土地、耕畜、农具等生产资料和收获的农产品仍归私人所有，但由于换工互助，在一定程度上提高了劳动生产率，产量一般高于个体农户。农业生产互助组分为季节性的临时互助组和长年互助组两种。有的长年互助组还积累了少量的公共财产。中国共产党领导下的互助组织具有半社会主义的萌芽性质，在农业合作化运动中，互助组进一步发展成为初级农业合作社。

1951 年 9 月，全国第一次互助合作会议在北京召开，形成了《中共中央关于农业生产互助合作的决议（草案）》，这是中共中央关于农业互助合作运动的第一个指导性文件，并于当年 12 月 15 日正式颁布，此后农业生产互助组建设速度开始加快。自此至 1953 年底，农业合作化运动以发展农业生产互助组为主。1953 年全国农业生产互助组数量为 745 万个，比 1950 年增加 173.49%。参加互助组的农户占全国农户的比重为 43%，而 1950 年则仅为 10.71%。

2. 初级农业生产合作社发展阶段

到 1953 年下半年，中共中央正式提出过渡时期总路线政策，使农业互助合作运动有了更加明确的指导思想。1953 年 10 月 26 日—11 月 5 日，全国第三次互助合作会议在北京召开。会议讨论并通过了《中共中央关于发展农业生产合作社的决议（草案）》，并于当年 12 月 16 日正式颁布实施。这次会议使中国农业互助合作运动从以发展生产互助组为中心转向以发展农业生产合作社为主，并提出了 1953 年底至 1954 年秋收期间和第一个五年计划时期的农业生产合作社发展指标，即到“一五”末期，全国农业生产合作社应争取发展到 80 万个左右，参加的农户应争取达到农村农户总数的 20%左右。该决议总结了农业生产合作社的优越性，规定了分阶段发展农业生产合作社的具体数量指标，大大加快了中国农业合作化运动的发展速度。

初级农业生产合作社是半社会主义性质的集体经济组织。社员以私有的土地作股入社，实行统一经营，取得土地报酬。耕畜、大型农具等主要生产资料入社统一使用，由合作社付给适当报酬，或按自愿互利原则，采取作价入社、由社分期付给价款的办法，逐步转为合作社集体所有。社员集体劳动，按照社员的劳动付出和入社土地的多少进行劳动成果分配。与互助组相比，入社农民尽管享有入股土地分红，但具体耕地的产出情况与其所有者之间已没有直接的经济联系，因此入社农民已经失去了对其所有土地的大部分产权，这是初级农业生产合作社与互助组有深刻不同的地方。

到1954年春，全国农业生产合作社发展到9.5万个，参加农户达170万户，大大超过了《中共中央关于发展农业生产合作社的决议（草案）》规定的到1954年秋收发展3.58万个农业生产合作社的既定目标。

1955年10月4—11日，中共中央七届六中全会（扩大）通过了《关于农业合作化问题的决议》，要求到1958年春在全国大多数地方基本上普及初级农业生产合作，实现半社会主义合作化。当年农业合作化运动急速发展，仅3个月左右的时间就在全国基本实现了农业合作化。

3. 高级农业生产合作社发展阶段

高级农业生产合作社是社会主义性质的集体经济组织。入社农民自愿放弃其土地所有权，其土地无偿转为合作社集体所有，分配劳动成果时不计土地报酬。耕畜、大型农机具等主要生产资料，按照自愿互利原则，采取折价入社、由社分期付给价款的办法，逐步转为集体所有。社员集体劳动，实行按劳分配。由于农业生产互助组和初级农业生产合作社并没有改变农民土地所有制，即土地还是农民私有，但高级农业生产合作社则改变了土地的所有权性质，将农民土地所有制转变为农村集体土地所有制，因此高级农业生产合作社的普遍建立是改革开放前中国农村集体化农业基本经营制度形成的标志。

1956年1月，中共中央办公厅编辑出版了《中国农村的社会主义高潮》一书，成为加速推动农业合作化进程的主要政策文件。到1956年2月中旬，全国加入农业生产合作社的农户已占全国农户总数的85%，其中加入高级农业生产合作社的农户已占全国农户总数的48%。到1956年年底，参加农业生产合作社的农户已占全国农户总数的96.3%，其中参加高级农业生产合作社的农户占全国农户总数的88%。

（三）农业合作化运动的历史意义和效果

中国共产党领导的农业合作化运动，使5亿多农民从沿袭几千年的家庭生产经营模式转变为农村集体经济生产经营模式，将独立、分散和细小规模的千千万万农户家庭组织成农村集体经济组织，这在中国历史上和人类历史上都是前无古人的巨大规模的制度创新，是中国和世界农业史上的一场伟大而深刻的制度革命。它不仅将当时人类历史上最大规模的个体——农民带入社会主义新社会，避免了刚刚获得胜利果实的绝大多数农民重新走上两极分化、破产流亡的历史老路，也极大地促进了当时的农业生产力发展。

1956年是农业合作化运动的高潮期，当年在遭受严重自然灾害的情况下，农业总产值仍然增长4.9%；1957年再次遭受严重自然灾害，粮食产量仍然比上年增产50亿斤；1958年开始的“大跃进”对国民经济发展产生了消极影响，但当年农业生产还是获得了大幅度增产。

农业合作化运动的迅速发展，表面上看是政策强力干预造成的强制性制度变迁的结果，但从更深层次的社会历史背景来看，在20世纪50年代前半期加快实现全面农业合作化是由中国工业化主导的现代化经济建设的需要决定的。1952 年 7 月—1953 年 6 月，国家收购的粮食比供应的商品粮少 20 亿千克。1953 年夏，因自然灾害，夏粮减产 35 亿千克，收购难以完成，粮食形势更加紧张。以上问题充分说明，分散、独立经营的小规模农户无法满足为国家现代化建设提供足够的农产品原材料和粮食产量的要求，因此，选择一种生产效率更高、抗风险能力更强、更能适应国家现代化建设对农业生产需要的新型农业基本经营制度和新型农业生产经营组织就成为历史的必然。

三、人民公社

（一）人民公社体制的建立

人民公社是农业合作化发展到一定阶段，为适应生产发展的需要，在高级农业生产合作社的基础上联合组成的具有社会主义性质的互助、互利的政社合一的集体经济组织，实行各尽所能、按劳分配、多劳多得的分配原则。所谓政社合一，是指人民公社既是社会主义农村的经济主体，又是我国社会主义政权在农村中的基层单位。人民公社的特点是“一大二公”。所谓“大”，表现为公社的规模比原农业生产合作社大。所谓“公”，表现在三个方面：一是人民公社已与农村基层政权组织合而为一，即政社合一，是包括工、农、商、学（文化教育）、兵（民兵）在内的社会基层行政组织。在生产组织上，全社统一生产、集中劳动、统一核算、统一分配，后改为较成熟的“三级所有，队为基础”。二是公有制成分增加，即社员的私有财产比例减少，公有财产比例和公共积累增加，社员不凭借入社资产分红，而是按劳取酬。三是文化、教育、卫生、养老等公益事业和公共福利增加。

人民公社是新中国农村经济建设需要的产物。随着农业合作社和农村生产力的发展，1957 年冬到 1958 年春，全国农村开展了大规模的农田水利基本建设活动。兴修水库和治理小流域，往往涉及几个、十几个甚至几十个村庄。进行大规模水利建设，必须实行统一规划、集中动员、组织和指挥整个区域高级农业合作社的力量，协调它们的利益。因此，突破高级农业合作社局部利益的限制、并小社为大社，便成为迫切的需要。

1958 年 4 月 8 日，《中共中央关于把小型的农业合作社适当地合并为大社的意见》正式颁发，提出当前农业正在实现水利化，几年内还将逐步实现耕作机械化。在这种情况下，农业生产合作社如果规模过小，在生产的组织和发展方面势必产生很多不便，因此有必要将小型合作社合并成大型合作社。小社并为大社，不仅在规模上扩大了，也使生产经营范围超出了单纯农业的界限，这就为人民公社的形成创造了条件。

1958 年 9 月 10 日，《中共中央关于在农村建立人民公社问题的决议》正式发布，提出人民公社是形势发展的必然产物，人民公社发展的主要基础是国家农业生产全面的不断跃进和 5 亿农民越来越高的政治觉悟，建立人民公社是指导农民加速社会主义建设、提前建成社会主义并逐步过渡到共产主义所必须采取的方针。该决议还对人民公社的规模标准、性质、组织管理制度、所有制形式、分配制度和经济政策等问题进行了规定。到 1958 年 9 月底，全国已基本实现了人民公社化：全国共建立起人民公社 23 397 个，加入农户 112 174 651 户，占农户总量的 90.4%，每社平均 4 797 户。

(二) 人民公社的调整与巩固发展

人民公社发展速度极快，几个月的时间内就在全国全面实现了农村人民公社化。这既反映了广大农民群众对执政党政策的至诚拥护和促进农业生产大发展的迫切愿望，也有一些从中央到地方的重要领导干部将人民公社化作为个人政绩表现的不良倾向，出现了为数不少的不符合条件的地方也仓促建成人民公社的情况。早期的人民公社的建设内容也有很多不符合实际的空想社会主义成分，如大食堂取代家庭生活、“组织军事化、行动战斗化、生活集体化”等错误的做法。这些做法被后起的人民公社化普遍盲目仿效推广，对农民群众的生活造成了很多不便和困难。造成上述问题的制度性深层次原因在于，人民公社制度在所有制性质、社内各级组织之间及其与社员之间的财产关系、生产成果的分配制度等设计上存在严重的错误。这导致了损害农民利益，破坏农村生产力的共产风、浮夸风、干部特殊风和对生产的瞎指挥风等恶劣现象的出现，农业生产也受到了严重影响。

鉴于人民公社化存在上述问题，1960 年 11 月 3 日，中共中央发出《关于农村人民公社当前政策问题的紧急指示信》，对人民公社所有制形式进行调整，要求将“三级所有，队为基础”的核算制度作为现阶段人民公社的基本经济制度。此后的实践表明，将基本核算单位下放到生产小队的做法有效保护了农民利益并提高了农民的生产积极性，因此，1962 年 2 月 13 日，中共中央又发出《关于改变农村人民公社基本核算单位问题的指示》，把基本核算单位从大队下放到生产小队，等于恢复到了在原初级社的规模范围内进行统一核算、统一分配。1962 年 9 月 27 日，在中国共产党第八届中央委员会第十次全体会议上通过的《关于农村人民公社工作条例（修正草案）》，再一次肯定了人民公社这种以生产队为基本核算单位的“三级所有，队为基础”的制度。在这以后，以生产队为基本核算单位的“三级所有，队为基础”的农村经济体制，就一直比较稳定地实行至农村改革之前。

(三) 人民公社的绩效评价

从实现了高级生产合作社之后的 1957 年到改革开放之前的 1978 年，在这 21 年间，在耕地面积总量下降了 11.12%和播种面积下降了 4.54%的情况下，我国粮食总产量增长了 58.1%，年均增长 2.2%；棉花总产量增长了 50.0%，年均增长 1.95%；油料总产量增长了 2.6%，年均增长 0.12%。很显然，上述主要农产品增长主要依靠农业生产力水平的提高。

从农业生产条件的变化来看，农业机械总动力从 1962 年的 757 万千瓦增加到 1978 年的 11 749.9 万千瓦，增长了 1 452%；有效灌溉面积从 1957 年的 27 339 千公顷增加到 1978 年的 44 695 千公顷，增长了 63.5%；化肥施用量从 1957 年的 37.3 万吨增加到 1978 年的 884 万吨，增长了 2 270%；农村用电量从 1957 年的 1.4 亿千瓦小时增加到 1978 年的 253.1 亿千瓦小时，增长了 17 978.57%。

从上述情况看，在人民公社存续期间，中国的农业生产条件发生了巨大的变化，为后来的农业发展和新中国实现初步工业化奠定了坚实的物质基础。

但是，随着经济的发展和国内外形势的变化，人民公社体制在制度上的先天缺陷逐渐暴露出来。首先，高度集中的统一的集体经济体制与农业生产特征存在先天矛盾：农业生产特征是以有生命的动植物为主要劳动对象，以有肥力特征的土地为经常性生产资料，需要劳动者在整个生产过程中自始至终给予关怀。人均耕地资源占有量少、劳动力较充裕的现实又决定了我国农业只能走劳动密集、耗能低和土地生产率高的道路，因此，以家庭为单位进行农业生产的经营和管理是最合适的。其次，农产品价格过低和工农业产品价格"剪刀差"过大，严重削弱了农业的扩大再生产能力，阻碍了农业的正常发展，还容易造成农产品的浪费，势必加剧本已相当紧张的粮食等主要农产品的供给压力。再次，传统的户籍制度的基本内涵是按照"农业"和"非农业"两个标准将全体中国公民划分为两大群体，没有特殊原因，农业人口不得迁移为非农业人口，从而使最重要的生产要素——劳动力的流动陷于停滞，最终造成全社会劳动效率低下。最后，新中国成立后近三十年的传统经济体制在保证我国工业化低水平资本原始积累的同时，也让农民付出了沉重的代价。"倾斜战略"使农业生产剩余的相当大部分被转移到工业产业，使农民的劳动报酬不能与其生产率正相关，只能获得大致均等的基本生活保障。农民提高生活水平的要求长期得不到满足，在一定程度上也压抑了农民的生产积极性。①

因此，综上所述，农业基本经济制度改革成为必然。

第三节　农村改革及"双层经营"制度的形成与发展

一、逐步建立家庭联产承包责任制（1978—1983年）

中国农村经济改革率先从基本经营制度方面取得突破，农村基本经营制度从人民公社体制下的农村集体经济制度转变为家庭联产承包责任制。

（一）从理论上肯定家庭联产承包责任制的社会主义性质

1980年9月中共中央颁布的《关于进一步加强和完善农业生产责任制的几个问题》指出，凡有利于鼓励生产者最大限度地关心集体生产，有利于增加生产、增加收入、增加商品的责任制形式，如包产到户等，都应予以支持。

1982年中央一号文件即《全国农村工作会议纪要》指出，包产到户、包干到户或大包干都是社会主义生产责任制。该文件充分肯定了包产到户、包干到户的社会主义性质，从而大大推进了包产到户和包干到户的发展。1983年中央一号文件即《当前农业经济政策的若干问题》认为，家庭联产承包责任制具有广泛的适应性，是在党的领导下中国农民的伟大创造，是马克思主义农业合作化理论在我国实践中的新发展。这是在理论上高度肯定了家庭联产承包责任制属于社会主义经济制度范畴。

---

① 孔祥智，程漱兰．中国农村经济体制变迁及其绩效的经济分析．教学与研究．1997（10）．

(二) 初步建立家庭联产承包责任制

1983 年 10 月 12 日，中共中央、国务院在《关于实行政社分开建立乡政府的通知》中要求，在 1984 年底之前取消人民公社，成立乡镇政府，将全国 5.6 万个人民公社改为 9.2 万个乡镇人民政府，从而为农村基本经营制度改革奠定了体制基础。

据统计，到 1980 年秋，全国实行双包到户的生产队已占总数的 20%；1981 年底，发展到占 50%；1982 年夏，发展到占 78.2%；1983 年春，发展到占 95%以上。至此，以土地承包经营为核心的家庭联产承包责任制，就取代了原有的人民公社体制从而成为中国农村的基本经营制度。家庭联产承包责任制赋予了农民充分的生产经营自主权，重新构造了农村经济组织的微观基础，由此引发了中国农村经济社会的一场历史性大变革。

二、稳定家庭联产承包责任制（1984—1997 年）

1984 年中央一号文件即《关于一九八四年农村工作的通知》要求，继续稳定和完善家庭联产承包责任制，规定土地承包期一般应在 15 年以上；生产周期长和开发性的项目，承包期应当更长，从而保证了土地承包经营在较长时间内的稳定。

1991 年 11 月 29 日，《中共中央关于进一步加强农业和农村工作的决定》要求把以家庭联产承包为主的责任制、统分结合的双层经营体制，作为我国乡村集体经济组织的一项基本制度稳定下来，并不断充实完善。1993 年 11 月 5 日，《中共中央、国务院关于当前农业和农村经济发展的若干政策措施》指出，以家庭联产承包为主的责任制和统分结合的双层经营体制要长期稳定，并不断完善；原定的耕地承包期到期后，再延长 30 年不变。1997 年 8 月 27 日，中共中央办公厅、国务院办公厅发布的《关于进一步稳定和完善农村土地承包关系的通知》指出，在第一轮土地承包到期后，土地承包期再延长 30 年，指的是家庭土地承包经营的期限，在第一轮土地承包的基础上进行。

三、将农村基本经营制度建设纳入法制化轨道（1998—2004 年）

在这一阶段，国家为稳定农民的土地承包经营关系，将农村基本经营制度建设纳入法制化轨道，使农民的土地承包经营权成为农户的合法权益，受到法律保护。

1998 年修正的《中华人民共和国土地管理法》规定，土地承包期限为 30 年，农民的土地承包经营权受法律保护。1984 年 10 月 14 日，中共中央十五届三中全会通过的《中共中央关于农业和农村工作若干重大问题的决定》发布，要求坚定不移地贯彻土地承包期再延长 30 年的政策，抓紧制定确保农村土地承包关系长期稳定的法律法规。

1999 年 3 月 15 日，第九届全国人民代表大会常务委员会第二次会议通过的《中华人民共和国宪法修正案》规定，农村集体经济组织实行家庭承包经营为基础、统分结合的双层经营体制，从而将家庭联产承包责任制纳入国家根本大法。2002 年第九届全国人民代表大会常务委员会第二十九次会议通过的《中华人民共和国农村土地承包法》规定，农村集体经济组织成员有权依法承包由本集体经济组织发包的农村土地；任何组织和个人不得剥夺和非法限制农村集体经济组织成员承包土地的权利；农村土地承包后，土地的所有权性质不变；承包地不得买卖。《中华人民共和国农村土地承包法》使农村土地经营制度、土地承包方式、农民在本集体经济组织中对土地的基本权利和保持长期稳定的土地承包关系都得到国家法律的有力保障。

四、在家庭联产承包责任制长久不变的基本框架下，探索土地适度规模经营的实现方式（2005—2012 年）

2005 年至今，国家在明确现行农村基本经营制度长期不变的条件下，探索土地适度规模经营的实现方式，以克服小规模农户分散生产经营造成的市场竞争力低下的弊病，为进一步提高农业生产力创造有利条件。

2005 年 12 月 31 日，《中共中央、国务院关于推进社会主义新农村建设的若干意见》指出，要稳定和完善以家庭承包经营为基础、统分结合的双层经营体制，健全在依法、自愿、有偿基础上的土地承包经营权流转机制，有条件的地方可发展多种形式的适度规模经营。

2006 年 12 月 31 日，《中共中央、国务院关于积极发展现代农业 扎实推进社会主义新农村建设的若干意见》要求，坚持农村基本经营制度，稳定土地承包关系，规范土地承包经营权流转。

2007 年 3 月 16 日，第十届全国人民代表大会第五次会议通过了《中华人民共和国物权法》，将土地承包权界定为用益物权，标志着中国农地物权制度正式确立，从而为农村基本经营制度的稳定进一步提供了有力的法律保障。

2008 年 10 月 12 日，中共中央十七届三中全会通过了《中共中央关于推进农村改革发展若干重大问题的决定》颁布，要求稳定和完善农村基本经营制度，赋予农民更加充分而有保障的土地承包经营权，现有土地承包关系要保持稳定并长久不变。

2008 年 12 月 31 日，《中共中央、国务院关于 2009 年促进农业稳定发展农民持续增收的若干意见》提出：稳定农村土地承包关系；抓紧修订、完善相关法律法规和政策，赋予农民更加充分而有保障的土地承包经营权，现有土地承包关系保持稳定并长久不变；建立健全土地承包经营权流转市场。土地承包经营权流转不得改变土地集体所有性质，不得改变土地用途，不得损害农民土地承包权益。

2009 年 12 月 31 日，《中共中央、国务院关于加大统筹城乡发展力度 进一步夯实农业农村发展基础的若干意见》要求：稳定和完善农村基本经营制度；完善农村土地承包法律法规和政策，加快制定具体办法，确保农村现有土地承包关系保持稳定并长久不变。加强土地承包经营权流转管理和服务，健全流转市场，在依法自愿有偿流转的基础上发展多种形式的适度规模经营。

2011 年 12 月 31 日，《中共中央、国务院关于加快推进农业科技创新 持续增强农产品供给保障能力的若干意见》要求：稳定和完善农村土地政策；加快修改完善相关法律，落实现有土地承包关系保持稳定并长久不变的政策；按照依法自愿有偿原则，引导土地承包经营权流转，发展多种形式的适度规模经营，促进农业生产经营模式创新；加快推进农村地籍调查，2012 年基本完成覆盖农村集体各类土地的所有权确权登记颁证，推进包括农户宅基地在内的农村集体建设用地使用权确权登记颁证工作，稳步扩大农村土地承包经营权登记试点，财政适当补助工作经费；加强土地承包经营权流转管理和服务，健全土地承包经营纠纷调解仲裁制度；加快修改土地管理法，完善农村集体土地征收有关条款，健全严格规范的农村土地管理制度；加快推进牧区草原承包工作；深化集体林权制度改革，稳定林地家庭承包关系，2012 年基本完成明晰产权、承包到户的改革任务，完善相关配套政策。

五、对现行农村基本经营制度的评价

国家力图建设和稳定的农村基本经营制度的基本模式是"分散经营、统分结合"，发挥农户和农村集体经济组织两个层面的积极性，促进农业生产力发展。

从目前的情况看，农户"分散经营"的层面取得了较好的效果，农户因能够直接享有其生产成果，从而在较大程度上激发了农业生产积极性。在农户平均承包土地和分散生产经营决策的基本农业生产经营模式下，农户能够及时根据市场信息进行生产决策，以在市场经济条件下追求农户家庭利益最大化。同时，其长期承包的土地也具有基本社会保障的功能，对于稳定农民的生产积极性有一定的作用。

特别需要指出的是，"分散经营、统分结合"的农村基本经营制度建立以后，农民拥有了自主支配农业生产时间的自由，从而使大多数青壮年农民从农业生产中解放出来，得以在城镇地区的非农产业实现就业，为改革开放以后的国家工业化和城市化发展创造和长期保持了一大批劳动力大军。但这个农村基本经营制度也存在一定的弊病，主要表现在中国农户数量众多，大量小规模农户分散独立生产经营，造成农户的小生产与大市场之间的矛盾十分突出，小农户抗市场风险能力弱，从而难以确保获得足够的生产经营效益；过于分散的生产经营模式也容易造成农产品市场波动剧烈，增加了国家对市场经济的调控难度，不利于维护消费者和生产者的利益。

农村集体经济组织的"统一经营"层面并未取得预期效果，突出表现在农村基本生产和生活公共设施建设严重不足，如农村道路、农田水利、土地整理、中低产田成片改造和新技术推广等均存在直接的建设主体和管理主体缺位的情况，小农户无力承担，而农村集体经济组织也没有很好地发挥作用。

第四节　"三权分置"制度框架下的农业基本经营制度的发展趋向

农民集体土地所有制"三权分置"是指将土地承包经营权进一步分为承包权和经营权，实行所有权、承包权、经营权（以下简称"三权"）分置并行，这三种土地权利既相互依存，从而构成农民集体土地所有制下的土地产权整体，同时也存在一定的独立性，具有各自特定的功能。

“三权分置”是继家庭联产承包责任制后农村改革的又一重大制度创新，是农村基本经营制度的自我完善，符合生产关系适应生产力发展的客观规律，展现了农村基本经营制度的持久活力，有利于明晰土地产权关系，更好地维护农民集体、承包农户、经营主体的权益。①

一、形成“三权分置”制度政策的演进过程（2013年至今）

“三权分置”制度形成是建立在农村土地流转的实践经验积累以及相应的政策理论总结提炼的基础上的，是一个渐进的历史过程。

2013年11月12日颁发的《中共中央关于全面深化改革若干重大问题的决定》文件提出：“坚持农村土地集体所有权，依法维护农民土地承包经营权，发展壮大集体经济”，以及“赋予农民对承包地占有、使用、收益、流转及承包经营权抵押、担保权能，允许农民以承包经营权入股发展农业产业化经营。鼓励承包经营权在公开市场上向专业大户、家庭农场、农民合作社、农业企业流转，发展多种形式规模经营”。上述表述虽然还没有将承包权和经营权明确分开，但实际上对农民集体土地所有制下的土地所有权、农户承包权和土地经营权的各自内涵进行了有明显区别的界定，这可以看作是政策层面对“三权分置”制度的早期酝酿。

2014年1月19日颁发的《中共中央、国务院关于全面深化农村改革 加快推进农业现代化的若干意见》文件（即2014年中央一号文件）提出：“在落实农村土地集体所有权的基础上，稳定农户承包权、放活土地经营权。”这是中央政策文件第一次明确提出“三权分置”的基本概念和内涵，第一次将土地经营权从承包经营权中剥离出来，从而形成了农民集体土地所有制下土地集体所有权、承包权和经营权的三种产权格局。

2015年11月2日中共中央办公厅、国务院办公厅颁发的《深化农村改革综合性实施方案》提出：“把握好土地集体所有制和家庭承包经营的关系，现有农村土地承包关系保持稳定并长久不变，落实集体所有权，稳定农户承包权，放活土地经营权，实行‘三权分置’。”并进一步提出：“落实集体所有权，稳定农户承包权，放活土地经营权。落实集体所有权，就是落实‘农民集体所有的不动产和动产，属于本集体成员集体所有’的法律规定，明确界定农民的集体成员权，明晰集体土地产权归属，实现集体产权主体清晰。稳定农户承包权，就是要依法公正地将集体土地的承包经营权落实到本集体组织的每个农户。放活土地经营权，就是允许承包农户将土地经营权依法自愿配置给有经营意愿和经营能力的主体，发展多种形式的适度规模经营。”这是第一次提出“三权分置”的概念，并且对“三权分置”制度的内涵进行了明确阐述。

2016年10月30日中共中央办公厅、国务院办公厅颁发的《关于完善农村土地所有权承包权经营权分置办法的意见》是一部专门对“三权分置”制度进行全面阐述的政策文件，提出“三权分置”是农村基本经营制度的自我改革和进一步完善。文件对“三权

① 中共中央办公厅、国务院办公厅印发《关于完善农村土地所有权承包权经营权分置办法的意见》. 中国政府网，2016-10-30.

分置”政策的实施原则进行了规定：“始终坚持农村土地集体所有权的根本地位、严格保护农户承包权、加快放活土地经营权。”对三种权利的内涵进行了明确界定：“土地集体所有权人对集体土地依法享有占有、使用、收益和处分的权利；土地承包权人对承包土地依法享有占有、使用和收益的权利；土地经营权人对流转土地依法享有在一定期限内占有、耕作并取得相应收益的权利。”文件还对三种权利的关系进行了界定：“农村土地集体所有权是土地承包权的前提，农户享有承包经营权是集体所有的具体实现形式，在土地流转中，农户承包经营权派生出土地经营权。”

2018 年 12 月 29 日，第十三届全国人民代表大会常务委员会第七次会议通过了《关于修改〈中华人民共和国农村土地承包法〉的决定》。修订后的《中华人民共和国农村土地承包法》规定：国家实行农村土地承包经营制度；农村土地承包后，土地的所有权性质不变；承包地不得买卖；农村集体经济组织成员有权依法承包由本集体经济组织发包的农村土地，任何组织和个人不得剥夺和非法限制农村集体经济组织成员承包土地的权利；国家保护集体土地所有者的合法权益，保护承包方的土地承包经营权，任何组织和个人不得侵犯；承包方承包土地后，享有土地承包经营权，可以自己经营，也可以保留土地承包权，流转其承包地的土地经营权，由他人经营；国家保护承包方依法、自愿、有偿流转土地经营权，保护土地经营权人的合法权益，任何组织和个人不得侵犯；承包方可以自主决定依法采取出租（转包）、入股或者其他方式向他人流转土地经营权，并向发包方备案；土地经营权人有权在合同约定的期限内占有农村土地，自主开展农业生产经营并取得收益。

2019 年 8 月 26 日，第十三届全国人民代表大会常务委员会第十二次会议通过了《关于修改〈中华人民共和国土地管理法〉、〈中华人民共和国城市房地产管理法〉的决定》，修订后的《中华人民共和国土地管理法》规定：农村和城市郊区的土地，除由法律规定属于国家所有的以外，属于农民集体所有；宅基地和自留地、自留山，属于农民集体所有。农民集体所有的土地依法属于村农民集体所有的，由村集体经济组织或者村民委员会经营、管理；已经分别属于村内两个以上农村集体经济组织的农民集体所有的，由村内各该农村集体经济组织或者村民小组经营、管理；已经属于乡（镇）农民集体所有的，由乡（镇）农村集体经济组织经营、管理。农民集体所有和国家所有依法由农民集体使用的耕地、林地、草地，以及其他依法用于农业的土地，采取农村集体经济组织内部的家庭承包方式承包，不宜采取家庭承包方式的荒山、荒沟、荒丘、荒滩等，可以采取招标、拍卖、公开协商等方式承包，从事种植业、林业、畜牧业、渔业生产。家庭承包的耕地的承包期为三十年，草地的承包期为三十年至五十年，林地的承包期为三十年至七十年；耕地承包期届满后再延长三十年，草地、林地承包期届满后依法相应延长。

至此，在农村基本经营制度框架下，农村土地的“三权分置”制度在法律上和政策上已经形成了较为完善的基本制度框架，此后主要是在实践中依法依规有效落实的问题。

资料小贴士

土地流转的类型

根据目前农村土地流转的实践经验，中华人民共和国农业农村部将土地流转分为以下几种主要模式，具体见表 2-2。

表 2-2　当前农村土地流转的主要模式

土地流转模式	概念	特征
转包	承包农户将自家承包地流转给本村其他农户	土地承包权不发生变化
转让	承包农户经发包方同意将土地承包经营权全部或部分让渡给第三方	土地承包权发生变化
互换	同一村集体组织的承包农户之间自愿交换承包土地以及相应的土地承包经营权	土地承包权发生变化
出租	承包农户将自家承包地全部或部分出租给村外其他生产经营主体	土地承包权不发生变化
股份合作	承包农户将自家承包地量化为股权，与其他生产经营主体形成股份合作经营方式	土地承包权不发生变化

二、“三权分置”制度框架下农村基本经营制度的发展趋向

1. 坚持农村土地集体所有权的根本地位不动摇是农村基本经营制度改革的根本原则

《深化农村改革综合性实施方案》指出：“以土地集体所有为基础的农村集体所有制，是社会主义公有制的重要形式，是实现农民共同富裕的制度保障。”深化农村土地制度改革要“坚守土地公有性质不改变、耕地红线不突破、农民利益不受损‘三条底线’，防止犯颠覆性错误”。

《关于完善农村土地所有权承包权经营权分置办法的意见》着重指出：“农村土地农民集体所有，是农村基本经营制度的根本，必须得到充分体现和保障，不能虚置。”“农民集体是土地集体所有权的权利主体，在完善‘三权分置’办法过程中，要充分维护农民集体对承包地发包、调整、监督、收回等各项权能，发挥土地集体所有的优势和作用。”

上述政策规定明确指出，农村基本经营制度在不断改革完善的进程中，始终要坚持农民集体土地所有制不能变，农村土地集体所有权的根本地位不能变，假改革之名进行土地集体所有制的私有化主张是要颠覆农民土地集体所有制的公有制性质，是对中国农民的根本利益的极大损害。

2. “长久不变”是农村基本经营制度稳定的保障

关于我国的农村土地承包期，1984 年中央一号文件规定“一般应在 15 年以上”，1993 年中央一号文件规定“再延长 30 年不变”，中共中央十七届三中全会提出“长久不变”，这是中央适应农业发展需要和广大农民的要求而作出的科学决策。2010 年中央一号文件明确指出：“完善农村土地承包法律法规和政策，加快制定具体办法，确保农村现

有土地承包关系保持稳定并长久不变。"《关于完善农村土地所有权承包权经营权分置办法的意见》指出："农户享有土地承包权是农村基本经营制度的基础，要稳定现有土地承包关系并保持长久不变。"

所谓"长久不变"，就是在"30年不变"的基础上继续延长，包括作为我国农村基本制度的核心——家庭联产承包责任制长久不变，也应该包括广大农民对第二轮承包以后承包经营的耕地（包括面积和具体地块）应拥有的权利和承担的义务长久不变，所承包的地块不应该再有所调整，这是完善我国农村基本经营制度的重大举措，具有深远的现实意义。

3. "两个转变" 是农村基本经营制度稳定的基础

2010年中央一号文件指出："着力提高农业生产经营组织化程度。推动家庭经营向采用先进科技和生产手段的方向转变，推动统一经营向发展农户联合与合作，形成多元化、多层次、多形式经营服务体系的方向转变。""两个转变"指明了中国农业现代化的道路。

为了推动"两个转变"，尤其是第一个转变的实现，应在以下方面作出努力：第一，改革政府农业服务机构体制，以公共服务机构为依托完善其公益型服务职能。要按照实现城乡基本公共服务均等化的目标，加快推进体制机制创新，大力发展农村公共事业，不断提高农村基本公共服务水平，促进农村社会全面进步。第二，壮大村级集体经济实力，进一步提高其农业社会化服务能力。村级服务机构在发挥农业社会化服务功能上处于特殊地位，起着直接作用。第三，进一步加强龙头企业在农业社会化服务中的骨干作用。国际经验表明，发展农业产业化经营，是实现传统农业向现代农业转型的必由之路。第四，不断完善个体形式的民间服务组织，强化民间服务主体在农业社会化服务中的补充力量。第五，改革农村金融机构的服务机制和服务方式，提高其资金供给能力和服务能力。

4. 进一步推动和规范土地经营权流转是农村基本经营制度稳定的前提

2007年生效的《中华人民共和国物权法》，把农村土地承包经营权界定为用益物权，用益物权是物权的一种，是指非所有人"对他人所有的不动产或者动产，依法享有占有、使用和收益的权利"。既然是用益物权，承包人当然享有包括流转权在内的各项权益，即"土地承包经营权人依照农村土地承包法的规定，有权将土地承包经营权采取转包、互换、转让等方式流转"。2010年中央一号文件指出："加强土地承包经营权流转管理和服务，健全流转市场，在依法自愿有偿流转的基础上发展多种形式的适度规模经营。"2008年10月中共中央十七届三中全会通过的《中共中央关于推进农村改革发展若干重大问题的决定》指出："加强土地承包经营权流转管理和服务，建立健全土地承包经营权流转市场，按照依法自愿有偿原则，允许农民以转包、出租、互换、转让、股份合作等形式流转土地承包经营权，发展多种形式的适度规模经营。有条件的地方可以发展专业大户、家庭农场、农民专业合作社等规模经营主体。"

正是2008年10月中共中央十七届三中全会精神和2007年生效的《中华人民共和国物权法》相结合，才使我国的农村土地承包经营权流转得以迅速发展起来。也正是日渐活跃的农村土地承包经营权流转市场的建立和完善，才使以家庭承包经营为核心的农村基本经营制度不断趋于稳定。《关于完善农村土地所有权承包权经营权分置办法的意见》指出："赋予经营主体更有保障的土地经营权，是完善农村基本经营制度的关键。"

必须认识到，在长期内，我国仍会以小规模经营农户为主，但土地流转形成的专业大户、家庭农场、农民专业合作社和农业企业（包括农业产业化龙头企业）等新型农业经营主体，将是我国商品农产品生产的主体，是我国农业现代化的主体。土地流转、新型农业经营主体的形成和发展提高了我国农业现代化水平。

5. 农民专业合作社建设是农村基本经营制度稳定的核心

大力发展农民专业合作社是实现"两个转变"的中心环节，也是稳定农村基本经营制度的核心。根据农业部门的数据，截至 2018 年 6 月底，全国依法在工商行政管理部门登记的农民专业合作社达 210.2 万家，全国近一半农户成为合作社成员。农民专业合作社涉及产业广，主要分布在种植业、畜牧业，在服务内容上，逐步从起步时的技术互助、信息传播扩展到资金、技术、劳动等多方面的合作，从生产领域逐步向生产、流通、加工一体化经营发展。实践证明，农民专业合作社的蓬勃发展，很好地发挥了"统"的功能，在很多地区有效地填补了县、乡、村三级组织"统"的功能发挥不够的空白，已经成为稳定农村基本经营制度的核心环节。

本章小结

将制度经济学理论应用于农业部门经济发展规律的研究，要从建立和变革适应农业生产力进一步发展需要的产权制度尤其是农业主要生产资料所有制、建立和变革促进农业生产力发展的有效率的经济组织形式入手，以有效减少农业生产力进一步发展过程中的交易费用，从而有效推动农业生产力发展。上述制度经济学意义上的农业主要生产资料所有制和农业部门有效率的经济组织，具体体现为农业土地所有权制度和农业基本经营制度。为顺应农业生产力进一步发展需要而产生的农业部门的制度变迁，即农业土地所有权制度变迁和农业基本经营制度变迁能够减少农业发展的交易费用。新中国成立以后，从土地改革开始对封建土地地主土地所有制进行历史性变革，建立了以农村集体土地所有为基础的农业基本经济制度框架。在经历了以农业合作化和人民公社为核心内容的集体农业经营制度探索以后，改革开放伊始建立了以农村家庭联产承包责任制为核心内容的新型农业基本经济制度。

本章习题

1. 什么是农业经济制度？
2. 简述新中国成立以来农业经济制度的演变历程。
3. 简述习近平新时代中国特色社会主义思想关于农业经济制度的主要论点。
4. 阐述家庭联产承包责任制的内涵，并分析其适用于中国农村现实情况的主要原因。

5. 了解和掌握农业经济制度在新时期的演进趋势。

参考文献

1. 周振，孔祥智. 新中国 70 年农业经营体制的历史变迁与政策启示. 管理世界，2019，35 (10).

2. 孔祥智. 产权制度改革与农村集体经济发展——基于"产权清晰＋制度激励"理论框架的研究. 经济纵横，2020 (7).

3. 孔祥智，周振. 规模扩张、要素匹配与合作社演进. 东岳论丛，2017，38 (1).

4. 张琛，孔祥智. 农民专业合作社成长演化机制分析——基于组织生态学视角. 中国农村观察，2018 (3).

5. 楼栋，孔祥智. 新型农业经营主体的多维发展形式和现实观照. 改革，2013 (2).

6. 张琛，赵昶，孔祥智. 资源整合、价值增值与农民专业合作社的再联合. 中国合作经济评论，2018 (1).

7. 张琛，赵昶，孔祥智. 农民专业合作社的再联合. 西北农林科技大学学报（社会科学版），2019，19 (3).

8. 黄斌，孔祥智. 深化土地托管合作 推动城乡要素融合. 中国合作经济评论，2020 (2).

9. 孟庆国，董玄，孔祥智. 嵌入性组织为何存在？供销合作社农业生产托管的案例研究. 管理世界，2021，37 (2).

10. 程漱兰. 论粮食流通体制改革的政府动力机制. 经济研究，1997 (8).

11. 孔祥智，程漱兰. 中国农村经济体制变迁及其绩效的经济分析. 教学与研究，1997 (10).

12. 中共中央办公厅，国务院办公厅印发《关于完善农村土地所有权承包权经营权分置办法的意见》. 中国政府网，2016-10-30.

2

PART TWO

|第二编|

农业生产要素经济学

第三章

农业自然资源的开发与利用

本章要点

1. 掌握农业自然资源的概念及分类，农业自然资源开发与利用之间的关系；
2. 掌握土地资源的特征与功能，土地资源的利用与保护；
3. 掌握水资源的概念、特征、面临的挑战以及开发与利用；
4. 了解农业与气候资源。

关键词

自然资源；土地资源；水资源；农业气候资源；开发与利用；保护

导入案例

内蒙古水权改革实践

内蒙古地域辽阔，地形复杂，造成水资源时空分布非常不均匀：空间分布上由东向西递减，时间分布上水量大部分集中在6—9月，一般可占到全年水量的60%～85%，且以洪水形式出现，利用难度大。内蒙古黄河流域矿产资源丰富，经济发展较快，其GDP占全区的65%，在内蒙古经济社会发展中占有重要地位，但其水资源可利用量约为89亿立方米，其中，黄河年度干流分水基本在50亿立方米左右，资源性缺水严重。同时，内蒙古黄河流域农业用水占总用水量的92.83%，结构性缺水严重，灌区渠系水利用系数仅为0.4左右，输水损失明显。

在水利部和黄河水利委员会的大力支持和指导下，内蒙古于2003年率先在黄河流域开展了盟市内水权转让试点工作，在全国建设项目水资源论证刚施行之际，鄂尔多斯市率先开展盟市内水权转换，取得了积极成效，积累了一定的经验。2014年12月，内蒙古自治区被水利部列为全国7个水权试点省份之一，主要包括开展跨盟市水权交易、建立健全水权交易中心、构建水权交易制度和探索相关改革等4个方面的14项任务。领导机构成员单位与沿黄盟市建立了分工协作机制，落实责任，合力推进。通过强化组织领导、建立协调机制、创新水利投融资体制、补齐工程短板、调整用水结构、完善制度体系、培育水权市场、深化灌区改革、牢守生态底线、加强总结宣传等做法，内蒙古水权试点工作有序推进、试点任务圆满完成，2018年先后通过了工程竣工验收、技术评估、工程核验和试点验收。

小思考

我国农业用水存在哪些困难？如何合理利用农业水资源？你还能想到哪些重要的农业自然资源？

第一节 农业自然资源开发与利用之间的关系

一、自然资源的概念及特征

自然资源是文明的基石，是人类生存发展的物质基础和根本保证。由于人们对广泛存在于自然界中的自然资源的理解角度不同，深度、广度各异，因而对自然资源的定义有所区别。联合国环境规划署对自然资源的定义为："在一定的时间和技术条件下，能够产生经济价值、提高人类当前和未来福利的自然环境因素的总称"。2000 年，《中国资源科学百科全书》给出的自然资源的定义为："自然资源是人类可以利用的、自然生成的物质和能量。"

自然资源有狭义和广义之分。狭义的自然资源只包括实物性资源，即在一定社会经济技术条件下能够产生生态价值或经济价值，从而提高人类当前或可预见的未来的生存质量的天然物质和自然能量的总和；广义的自然资源则包括实物性自然资源和舒适性自然资源。自然资源按照形态的不同分为有形自然资源和无形自然资源，其中有形自然资源主要包括土地资源、矿产资源、森林资源、水资源等；无形自然资源主要包括气候资源、光资源、热量资源等。

自然资源的特征主要有：（1）共生性和整体性。自然资源系统内不同资源之间的存在是相互关联和相互影响的。人类在改变一种自然资源的数量或成分时，对其周围的环境也会有所影响，进而影响到其他资源。自然资源的共生性和整体性决定了资源合理利用的综合性。（2）分布的地域性。自然资源在分布上呈现不均匀特征，具有一定的空间范围和分布规律，如气候、土地、水资源的空间分布，表现出不同经度和纬度的差别及不同海拔高度的差别。（3）功能多样性。无论是单项自然资源还是复合型自然资源，都具有多功能、多效益和多用途的特点。

小思考

作为自然资源的一种，森林资源的多功能性表现在哪些方面？

二、农业自然资源的概念及分类

农业生产是人类生存和发展最基本的活动形式，农业自然资源对农业生产起着母体性作用，是农业生产所依赖的物质基础。农业自然资源是指存在于地球表层自然系统中的参与农业生产过程的物质和能量，主要包括土地、水、气候、生物、农用矿物等。如果说资源是人类从事一切物质和生存活动的必要条件，那么，农业自然资源就是为农事活动或农业生产提供原料或能量的自然资源。

按照在农业生产过程中的作用和角色的不同，农业自然资源可以分为两大类。一类是作为农业经营对象的生物资源，如森林资源、草地资源、农作物资源、动物资源、水产渔业和遗传资源等，它们都具有可更新的特征。通过自然生长和发育的过程，可周而复始地完成生物的繁衍过程，不断产生新的生命体，同时在这个过程中产生人类生存和发展所需要的物质与能量，满足人类社会的需要。另一类就是仅为农用生物提供生存载体或生长环境，其本身没有生命体征及物质生产能力的农业自然资源，比如土地资源、水资源、气候资源等。它们是农业生产的必备条件，如果提高它们的质量或增加其数量，均有利于农用生物的生长发育或增加生物量的积累。在本章我们将重点讲述农业自然资源中的土地资源、水资源和气候资源。

小思考

土地资源本身是可再生自然资源还是不可再生自然资源？当把它归属于农业自然资源时，土地又属于可再生自然资源还是不可再生自然资源？为什么？

三、农业与自然资源之间的关系

农业生产和自然资源作为两个独立的系统，同时存在于自然界。它们之间既有相互依存的一面，也有相互竞争的一面。

农业生产就其本质而言是人类利用动植物的生理机能来转换物质能量的过程。在这个过程中，自然资源要么作为动植物的营养被动植物直接吸收、转化，如水资源、牧草资源等，要么作为辅助动植物生长发育的环境和载体而存在，如土地资源、光热资源等。所以，农业生产离不开自然资源的存在。同时，农业生产发展了，也可以创造良好的自然资源和环境。如人工草地的建设使昔日的荒漠变得郁郁葱葱，农产品产量增加；农产品产量的增加使得秸秆等生物质能源资源得到了丰富；农业生产的集约化、现代化水平提高，可以节约资源，使土地资源得到修复。

但是，在传统农业生产经营阶段，人们为了获得自己所需要的产品，不惜牺牲自然环境，直接走了一条资源置换式农业发展道路。毁林开荒、围湖造田，扩大农业生产耕作、播种面积，农业生产发展了，农产品产量增加了，但自然资源却被破坏了，林草资源和淡水资源减少了。今天，随着经济的发展、生态环境危机的到来以及可持续发展理念的形成，人们进一步认识到了自然资源环境系统对人类永续生存和发展的重要性，开始对人类的农业生产活动行为进行控制，退耕还林还草、退田还湖行动的开始，在某种程度上使自然资源系统得到了修复和强化，而农业生产系统则受到了相应的约束和弱化。

四、农业自然资源的开发与利用

农业生产过程中的自然再生产，即生物的生长、发育和繁殖的过程，与农业自然资源有着紧密的联系，如果离开了自然环境条件和自然资源，农业生产就不存在了。资源的数量、开发利用效率和管理水平直接影响到农业生产的发展水平。在我国，农业自然资源呈现出以下特征：资源总量丰富，但人均资源占有量小；资源时空分布不均衡；质量低劣资源比重较大；资源开发强度大，后备资源不足；等等。因此，要想获得农业的可持续发展，必须走节约合理利用资源、集约化经营的道路。

（一）我国农业自然资源开发利用中存在的问题

1. 资源利用率低，浪费严重

我国经济发展一直是资源消耗型模式，由于技术力量薄弱，资源的利用率和回收率很低。

2. 经营粗放，生产率低

由于我国农业生产力水平较低，资源利用的集约化程度不高，在农业生产中，尤其是在森林和草地的生产中，存在着重用轻养、经营粗放的现象。

3. 资源数量减少，退化严重

我国农业自然资源自 20 世纪 50 年代末开始进入衰退期，耕地总量下降严重。1958—1985 年间，全国耕地年均净减少 50 万公顷，20 世纪 80 年代中期到 20 世纪末，全国耕地减少的年均幅度超过 60 万公顷，1978—1997 年全国累计耕地净减少 465 万公顷，1997—2002 年期间全国耕地净减少 418.9 万公顷，随后耕地减少速度有所放缓。截至 2020 年年底，第三次全国国土调查数据显示全国耕地面积为 12 786.19 万公顷（约合 19.179 亿亩）。① 伴随着耕地数量的减少，耕地质量下降严重。2019 年，农业农村部依据《耕地质量调查监测与评价办法》，组织完成全国耕地质量等级调查评价工作。结果显示，全国耕地平均质量等别为 4.76 等，其中优等地和高等地面积占全国耕地评定总面积的 31.24%。②

4. 农业环境污染严重，资源质量降低

工业“三废”的不合理排放、农业生产过程中农用化学物质的大量使用以及农业资源的不合理利用对农业环境造成了严重影响。比如过度施用化肥、农药造成的土壤污染，焚烧秸秆造成的环境污染和土壤氮、磷、钾的缺失，大量畜禽粪便对水体的污染，新兴的温室农业产生的塑料等废弃物对环境的污染等对土地和水体造成了严重污染。农业环境污染一方面降低了农业自然资源质量，使农业生产遭受损失；另一方面，人们摄入被

---

① 根据历年《中国国土资源年鉴》《中国国土资源公报》数据整理。

② 全国耕地评定为 15 个等别，1 等耕地质量最好，15 等耕地质量最差。1～4 等、5～8 等、9～12 等、13～15 等耕地分别划为优等地、高等地、中等地、低等地。

污染的农产品后，人体健康受到危害。

(二) 农业自然资源开发利用的原则

1. 保持生态平衡的原则

对生态系统中生物资源开发利用的数量应小于资源生长更新量，以保持生态系统的平衡。如果从该生态系统中取走的物质和能量超出了维持资源更新的界限，生态系统就会失衡，资源就会衰退。为了合理利用和有效保护自然资源，国家必须制定有关法规，做到资源利用和保护有法可依，保护资源的不断更新和永续利用。

2. 兼顾经济效益、社会效益和生态效益的原则

经济效益是指消耗较少的资源来生产出较多的可供人类消费的财富和使用价值；而生态效益是指从生态学角度衡量利用自然资源对生命系统的影响，利用各种自然资源进行生产和对各种自然资源的改造，都要以不破坏生态系统为行为标准。习近平总书记指出："农业发展不仅要杜绝生态环境欠新账，而且要逐步还旧账。要推行农业标准化清洁生产，完善节水、节肥、节药的激励约束机制，发展生态循环农业，更好保障农畜产品安全。对山水林田湖实施更严格的保护，加快生态脆弱区、地下水漏斗区、土壤重金属污染区治理，打好农业面源污染治理攻坚战。"① 实现农业自然资源的集约经营和利用，提高资源的利用效率，做到低投入、高产出。优先开发社会急需的资源，还要考虑到环境效益。如果对生态环境有较大影响，即使有很高的经济效益或很大的社会效益也不应该进行开发。

3. 因地制宜、合理布局的原则

农业自然资源的经济利用价值不仅取决于它的数量、质量，而且取决于它的时空分布和组合特点。各种生物及农作物在漫长的系统发育过程中都形成了一定的自然生态环境的适应性。要提高农业生产力，必须保持农作物与环境以及人为因素的最佳组合，发挥资源的优势和环境的最高生产力，以求达到合理利用资源的目的。习近平总书记在2014年中央经济工作会议上指出："生态功能和农业地位重要的地区，要着力保护好生态，增强农业综合生产能力，因地制宜发展优势特色产业。"② 要因地制宜发挥资源优势，根据自然资源合理布局、扬长避短，把资源优势变成生产优势。

4. 综合利用的原则

农业自然资源是一个有机的综合体，资源间相互联系、相互制约。资源的单一开发不仅会造成资源浪费，还会危害生态平衡。因此，无论是区域的资源开发还是某种资源的开发利用，都必须遵循资源综合利用的原则。综合利用的结果，既能产生巨大的经济效益，又能产生良好的社会效益和生态效益，减少资源浪费和环境污染。

5. 优化配置的原则

农业自然资源优化配置包括区域优化配置和时间优化配置。农业自然资源区域优化

---

① 中共中央党史和文献研究院. 习近平关于"三农"工作论述摘编. 北京：中央文献出版社，2019：107.

② 中共中央党史和文献研究院. 习近平关于"三农"工作论述摘编. 北京：中央文献出版社，2019：107.

配置是由资源的属性和特点决定的。它的层次包括：区域内部企业之间的各种生产活动所需资源的优化配置，区域内部各产业之间的资源优化配置，区域之间经济发展趋向与优化配置和区域参加国际经济活动的资源优化配置。农业自然资源时间优化配置是根据资源的动态特征，求出资源在不同时段的最优分布，实现资源动态优化。

第二节　土地资源的开发与利用

一、土地的概念

土地是人类社会生产中重要的自然资源和生产资料，也是劳动的对象。土地资源除了包含本身固有的自然属性以外，同时又具有可供人类发展生产的社会经济特性，即自然与社会经济的二重性。

如果仅从自然属性来看，土地是地球的某个特定的部分，但它究竟是地球的哪个部分、由哪些要素构成，长期以来人们的认知和理解并不一致。随着社会生产力的发展、土地利用范围的扩大、土地利用强度的增加及土地功能的日益多样化，人们对土地的认知也在不断发展和深化。现实生活中，绝大部分土地都经过了人类的长期开发、改造与利用，投入了大量的人类劳动，因此，土地应该是由土壤、岩石、矿藏、水文、大气和植被等要素构成并综合了人类正反面活动成果的自然-经济综合体。

二、土地资源的基本特征

土地是一种自然-经济综合体，具有自然和经济的双重属性。自然属性是将土地作为一种自然资源来看待；经济属性是将土地作为一种社会资产来看待，即土地是人类通过劳动对土地资源加以利用所产生的社会财富。

（一）土地的自然特性

土地与气候资源、水资源、生物资源、矿产资源等单项资源相比，既具有一般自然资源的共同特性，如区域性等，也具有自己独特的性质。土地的资源特性主要体现在具有生产性、位置的固定性、区域性、动态性和多功能性几个方面。

其中，土地具有使生物生产的能力，决定了土地资源特性的本质具有生产性；土地的空间位置是固定和不可移动的，因而具有固定性；由于受水热条件支配的地带性规律以及地质、地貌因素决定的非地带性规律的共同影响和制约，土地的空间分布往往表现出明显的区域性；随着时间的推移和季节的变化，土壤、附着于土地上的动植物和自然地物都会发生改变，因而土地具有动态性的特点；土地可以被用于各种不同的用途，如农用地、工业用地、交通用地等，而同一种用途的土地又可以选择不同的利用方式，如农用地既可以是水田，也可以是旱地，决定了土地具有多功能性。

(二) 土地的经济特性

土地不仅具有自然资源的属性，而且具有社会资产的特性，是一切财富的源泉。正如威廉·配第所述，“劳动是财富之父，土地是财富之母。”随着社会经济的发展，土地作为社会资产的经济特性也表现得日益明显。土地的经济特性主要集中体现在土地供给的稀缺性、土地利用方式的相对分散性、土地利用方向变更的相对困难性、土地报酬递减的可能性和土地利用后果的社会性等方面。

1. 土地供给的稀缺性

由于人口数量的不断增加和社会经济文化的迅速发展，人类对土地的需求不断扩大，而可供人类利用的土地又是有限的，因而产生了土地供给的稀缺性且供需矛盾日益尖锐。土地供给的稀缺性不仅表现在土地供给总量与需求总量的矛盾上，还表现在由于土地位置的固定性和质量差异性导致的某些地区（如城镇地区和经济文化发达、人口密集地区）和某种用途的土地（如农业用地）供给的特别稀缺上。

2. 土地利用方式的相对分散性

由于土地位置的固定性，土地只能就地分别加以利用，因而土地利用方式是相对分散的。这一特点在农用地的利用上表现得更为明显。种植业利用绿色植物从土地中吸取的营养物质，将太阳的光、热能转化为生物能，进而生产出农产品。没有一定面积的土地就不能转化一定量的光、热能，也不能生产足够人们需要的农产品。因此，农业生产必须分散在广大面积的土地上进行。即使在非农产业中，由于土地位置的固定性，人们只能对非农产业进行相对集中和实现产业集聚，提高单位土地面积上的产业容积率，或按产业分类分别加以利用，因而相对来说仍然是分散的。

3. 土地利用方向变更的相对困难性

一块土地往往有多种用途，当土地被投入某项用途之后，欲改变其利用方向，往往比较困难，会造成较大的甚至巨大的经济损失。首先，受土地自然条件的制约，现有的用途往往会与现有的土地自然条件相互匹配。其次，由于土地利用要根据某种用途的需要进行专项开发，需投入大量的资金和劳动，因而这些投入往往与土地资源结合为一个整体，难以分离。如果改变土地用途，前一用途的土地开发投资不仅会失去价值，甚至会成为另一用途使用的“障碍”。

4. 土地报酬递减的可能性

由于土地报酬递减规律的存在，在技术水平不变的条件下对土地的投入超过一定限度，就会产生报酬递减的后果。这就要求人们在增加土地投入时，必须寻找一定的技术、经济条件下投资的适合度，确定适当的投资结构，并不断改进技术，以便提高土地利用的经济效果。

5. 土地利用后果的社会性

土地是自然生态系统的基础因子，互相联结在一起，不能移动和分割。每一片区域土地利用的后果，不仅影响本区域土地的自然生态环境和经济效益，还会影响邻近区域甚至整个区域或国家的生态环境和经济效益，产生巨大的社会后果。如在一块土地上建设一座污染性的工厂，不仅会给周围环境带来污染，同时会影响周围的农业生产和农作物的种植、牲畜的养殖等。

三、土地的功能

土地是农业生产不可代替的生产资料，同时也是人类生活不可缺少和物质生产活动必需的物质条件。土地的开发利用，对于任何社会和生产部门都具有重大的意义，而不仅限于农业部门。土地具有多种功能，主要表现在以下几个方面。

1. 养育功能

“万物土中生”，具有肥力的土地是农作物吸收营养的主要源泉，是农作物正常生长发育不可缺少的水分、养分、空气和热量的供应者与调节者。土地的养育功能可为人类生存提供必需的农畜产品。土地农用首先体现的是土地的养育功能，人类社会对农业用地的需求实质上就是对养育功能的需求。

2. 承载功能

土地在非农业部门如建筑业、交通运输业、工业中作为地基、场地和操作基础发挥作用，是人类修建的一切建筑物（住宅、工厂等）和构筑物（交通设施、工程管道等）的载体，为人类提供居住、休息、娱乐和工业生产的场所。居民点及交通、水利用地是土地承载功能的具体体现。

3. 仓储功能

土地蕴藏着丰富的矿产资源，这些资源蕴藏在地下，视土地为其仓库。富含矿产资源的土地即工矿地，不仅为矿产资源提供仓储场所，也为矿产资源的开采、加工和运输以及矿产资源开采完毕以后的复垦利用提供空间，创建特殊的土地利用方式。

4. 景观功能

土地自然形成的各种景观，如秀丽的山川、浩瀚的江河、无垠的沃野等，都为人类提供了丰富的风景资源，提供了舒适性和美学价值。风景旅游用地、自然保护区用地就是发挥土地景观功能的土地利用方式。

5. 保值增值功能

由于土地供给的有限性和社会经济发展对土地需求的不断扩大，土地作为资产，价格从长期看呈上升趋势，因此，投资于土地能获得保值增值的功效。

四、土地的利用

土地利用的实质是人类劳动与土地结合获得物质产品和服务的经济活动，这一活动表现为人类与土地之间进行的物质、能量以及价值、信息的交流和交换。下面我们仅从土地分区利用和集约利用两个方面加以讨论。

(一) 土地分区利用

1. 土地分区利用的原理

所谓区位是客观物体分布的地区和地点。区位理论是关于自然物体和人类活动的空间分布及其在空间中的相互关系的学说，是指导土地分区利用的基本原理。它产生于19世纪20—30年代，标志是1826年德国农业经济和农业地理学家杜能出版的著作《孤立国同农业和国民经济的关系》。在这部著作中，杜能提出了农业区位理论。在此之后，人们开始研究各种经济实体的动态空间布局关系，从而使区位理论逐步走向成熟。农业区位理论的基本内容是：农业土地利用类型和农业土地经营集约化程度，不仅取决于土地的天然特性，更重要的是依赖于当时的经济状况和生产力发展水平，尤其是农业生产用地到农产品消费地（市场）的距离。

罗伯特·辛克莱尔（Robert Sinclair）于1964年提出了同杜能圈完全不同的城市周围土地利用模式，即所谓的“逆杜能圈”。辛克莱尔假设，农民能自由选择土地利用活动并能根据情况的变化调整其生产行为；城市日趋膨胀并不断吞噬周围的农地；城市扩张对其周围各个方向的农地影响均等。通过对美国中西部许多大城市周围的土地利用进行实证研究，他得出了与杜能相反的结论，即在工业化、城市化迅速发展的城市地区，由期待地价上升的投机者、开发商以及农民所形成的土地无序开发状况随处可见。在城市近处的农民，由于农用地可以随时转化为住宅等城市用地，因此对农用地的资本和劳动投入少，甚至放弃耕种或采取临时性耕作；而远离城市的农民，农用地难以转换为城市用地，因此对农用地的投入较多，从事相对集约化的经营。

杜能理论所描述的规律与发展中国家的现实基本吻合，而辛克莱尔模型充分考虑了现代城市化发展的特点，更适合于发达国家的大城市周围地区的实际情况，辛克莱尔模型可以说是对杜能理论的一种补充和修正。

2. 农业土地分区利用的原理

(1) 农业区位地租。

农业布局理论的核心是以区位地租作为分析手段，探求农业生产合理布局问题。区位地租是指经营不同区位的土地所获得的收益差额。单从土地收益角度分析，农业土地布局合理与否，取决于能否把每一块土地都用于发展可提供最大区位地租的作物（或生产项目）。

为此，可建立计算农业区位地租的公式：

$$L=Y(m-c)-Ytd$$

式中，L 为区位地租；Y 为总产量；m 为农产品的市场价格，假定它完全取决于市场供求关系；c 为单位农产品的生产成本；t 为单位农产品单位距离的运费；d 为农作物产地与市场的距离。

根据这一公式，在坐标图上标出各种农作物的区位地租曲线，就可分别计算出它们各自的合理分布范围。如果在坐标图上用 O 表示市场所在地的位置，用纵轴表示区位地租，用横轴表示农作物产地与市场的距离，就可描绘出数条在纵轴上的截距为 $Y_i(m_i-c_i)$、

在横轴上的截距为 $(m_i-c_i)/t_i$、斜率为 $K_i=-Y_it_i$ 的直线，即区位地租曲线。每条线表示一种农作物分布距中心市场的距离与它可提供的区位地租间的函数关系。相邻两条区位地租曲线交叉点的横坐标，即为两种农作物的合理分布范围的分界线，见图 3－1。

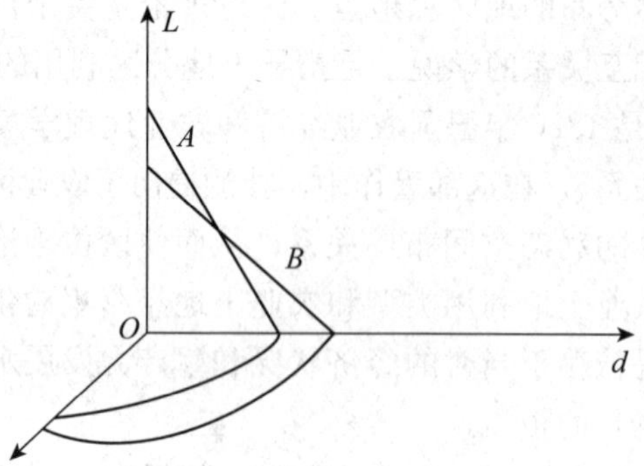

图 3－1　城郊不同农作物的区位地租曲线示意图

这里所指的是单一农作物的分布圈，但实际上农作物总是按一定的组合方式分布在各个圈带内的，不过我们仍可以按照相同的原理计算多种农作物的组合区位地租，从而推算出农业的合理布局模型。当然，这种分析只是假设仅存在一个中心城市的情况下农业的合理布局模型。现实的情况是，城市的分布越来越多地交织在一起，形成了团、带。另外，土壤肥沃程度等自然因素也会影响区位地租，进而影响农作物的布局，使规则的圈层因自然条件的影响而发生不规则的变化。

（2）农业地区专业化理论。

生产力的迅猛发展和城市带的形成，是农业生产专业化地区形成的直接动力。在一些发达国家，许多城市扩展相连成为城市带，形成了巨大的消费市场，这就需要建立大规模的农业专业生产基地来满足需求。与此同时，现代化物流体系的建立，使得农业生产用地与中心市场的相对位置对农业生产布局的影响不再是压倒一切的因素。人们开始综合分析影响农业生产布局的多种条件和所有因素，研究并预测农业布局的最终经济效果，并以此为依据来划分农业生产专业化地区，建立全国性的农业生产区分工体系，使得各个地区都有可能最大限度地发挥自己在农业生产上的优势，以此推进大规模、高效率的专业化生产体系的建立。

与一般的农业布局理论类似，农业地区专业化理论以单位土地面积上可能获得的纯收益作为分析标准来确定农业地区专业化方向。具体分析可用以下公式：

$$R=Y(P-C)$$

式中，R 为单位土地面积上可能获得的纯收益；Y 为单位面积产量；P 为单位农产品产地收购价格；C 为单位农产品生产成本。

这个公式说明，在决定农业地区专业化方向时，考虑的是如何能从单位面积的土地上获得最大的纯收益，而不仅仅只是考虑其中的级差地租。确定农业地区专业化方向，要采用 R 这个综合指标，而不像传统的农业布局理论那样只考虑距离因素。比如有的地方自然资源与劳动力等条件均适合某种农作物的生产，因此，它的单位面积产量高且生产成本低。但如果当地该种农产品的收购价格极低，以致 P 与 C 的差额很小，甚至接近于零，那就显然不可能在此地建立这种农作物的专业化产区。反之，有的地方生产条件虽然不太好，产品成本较高，单位面积产量也低，但由于距市场近，运输条件好，可以节约运费；而该市场上对该种农产品的需求量又大于目前可能达到的供给量，以致此地收购价格高，P 与 C 之差较大，该种农产品的生产仍然可带来较大的收益，这里就会成为可能的农业专业化生产区。

3. 中国农业土地综合分区利用

农业土地综合分区利用是为了充分发挥各地区的优势，在合理进行农业区划的基础上，因地制宜地综合利用各地区的土地。2017 年通过的《全国国土规划纲要（2016—2030 年）》强调要按照国家产业发展总体战略部署，立足各地区产业发展基础和比较优势，分类分区引导重点产业结构调整和布局优化，促进形成区域间分工合理、优势互补、联动发展的产业格局。

（二）土地集约利用

土地的稀缺以及对土地生产的产品需求量越来越大使得只有转变经营方式，放弃对土地的粗放经营，在有限的土地上增加更多的物质和活劳动投入，才能生产更多的农产品，实现土地集约经营和可持续利用，满足人类日益增长的农产品需求。

1. 土地集约利用的含义

土地集约利用，即土地集约经营，是指在一定土地面积上投入较多的生产资料和劳动，以提高土地收益的经营方式。比如在农业生产时，应用先进农业技术装备和技术措施进行精耕细作，从而提高土地生产率来增加农产品产量和收入；在城市建设时，由于土地价值昂贵，利用现在建高层建筑的先进技术，加大单位面积土地的资本投入，使用少量的土地获得更多的建筑面积。

土地集约利用是在土地合理利用的前提下，通过增加尚未充分利用的存量土地的投入、转变利用方式和空间布局，通过改善经营管理，充分发挥土地使用潜力，兼顾当前利益和长远目标，不断提高土地的使用效率和利用效益，使土地的经济效益、社会效益和生态效益协调统一，促进城乡土地利用结构优化和功能提升的动态过程与状态。

集约利用是相对于粗放利用而言的，一个是较多投入，一个是较少投入，离开投入的相对方式，都无法给人们以明确的解释。从某种意义上讲，集约利用也是一个动态变化的概念，过去被认为是集约利用的方式，随着社会经济的发展、技术的进步及资本的增多，实际上可能已经变成了粗放利用。也就是说，土地资源集约利用的判别标准是随着社会、经济、技术水平和人类的认知水平而变化的。

2. 土地利用集约度与土地集约利用的类型

所谓土地利用集约度，就是指单位面积土地上所投资本和劳动的数量。所投资本和劳动越多，集约度越高；反之则越低。集约度直接反映了土地利用的水平。

目前我国学术界对土地集约利用按集约内容的分类还存在着不同的意见。一种意见依据马克思主义关于土地集约利用是“资本”在同一块土地上的集中的理论，认为土地集约利用只能分为劳动集约和资金集约两种，而土地利用科学技术必须通过劳动集约或资金集约才能实施，离开了一定的物质基础，科学技术不可能在土地利用中很好地运用，因此不存在技术集约方式；另一种意见认为，劳动集约和资金集约离开了先进的科学技术不能单独发展，不会很好地发挥增产作用。现代技术迅猛发展，先进科学技术在土地利用上大量应用，科学技术在土地集约利用中已占重要位置，形成了许多技术密集型土地利用，土地增产在很大程度上依靠科学技术，在土地集约利用中研究技术集约问题已经是当务之急，因此，土地集约利用类型可划分为劳动集约利用、资金集约利用和技术集约利用三种。

劳动集约利用指在单位面积土地上投入更多的劳动去获得更多的产量和收入的土地利用方式。具体来讲，可以实行精耕细作，提高复种指数和土地利用率，也可以平整土地、兴修农田水利，改良土壤，提高土地质量，改善土地利用条件。资金集约利用指通过在单位面积土地上投入更多的生产资料代替劳动或是较少的劳动力拥有较多的生产资料进行高度现代化的生产。它通常适合在经济比较发达、农业投资较为宽裕或农业劳动力工资水平较高的条件下采用。技术集约利用指在单位面积土地上采用更先进的科学技术来实现产品的增加，提高土地生产率。技术集约利用又分为基础技术集约利用、应用技术集约利用和管理技术集约利用等。基础技术集约利用既包括遗传育种、生物工程、农业工程设施等投入的增加，也包括对农民进行的技术知识和理论培训等智力投资活动的增加。应用技术集约利用则是采用更先进的实用技术，如综合防治病虫害、节水灌溉、农业机械等的技术投入增加。管理技术集约利用是采用更先进的经营管理制度和方法，加强经济管理，节约成本支出，获得更高的纯收益。

还有一部分人认为土地集约利用按土地集约利用方式的不同分为平面型土地集约利用、立体型土地集约利用、时间紧凑型土地集约利用、价值附加型土地集约利用和综合型土地集约利用。平面型土地集约利用是指在同一利用空间上，对土地增加生产要素和劳动投入，以此来提高土地生产率。立体型土地集约利用是将农业生产活动向空中发展，在同一面积的土地上同时经营几个处于不同空间层次的生产项目，从而多层次地增加土地投入和产出。此种集约利用方式主要是利用不同农业生产项目在空间利用上的层次性差别，通过提高空间利用率来提高土地投入和产出水平。时间紧凑型土地集约利用是通过优化安排在同一块土地上的不同生产项目的衔接时间，使前后项目衔接紧凑，以安排更多茬次来增加土地投入和产出。价值附加型土地集约利用是对土地产品进行进一步的加工、转化，在土地产品中追加更多的劳动投入，实现土地产出的价值增值。综合型土地集约利用是指综合采取上述措施，既追加每一利用层次的生产项目的劳动投入和产品产出，同时又增加利用层次的优化前后茬生产项目的衔接时间使其更紧凑，另外，还对各种农产品沿食物链及物质、能量、价值循环方向增加饲养、加工等环节，最终实现产值增加。

另外，从土地利用类型的角度来看，土地有农业用地和城市用地，相应地土地集约利用可分为农业用地集约利用和城市用地集约利用。

3. 耕地的集约利用

耕地的集约利用就是在一定面积的耕地上，集中投入较多的生产资料和劳动，使用先进的农业技术和管理方法，以求在较小的土地面积上获得高额的农产品和收入的一种土地经营方式。耕地集约利用按照生产要素投入的构成不同，可以分为劳动密集型集约利用、资金密集型集约利用和技术密集型集约利用。劳动密集型耕地集约利用就是以多投入劳动来提高土地生产率，使有限的耕地发挥最大的效力。资金密集型耕地集约利用就是多投入资金来进行生产经营，以达到耕地集约利用的目的。技术密集型耕地集约利用就是提高生产经营活动的科技含量，以达到增加收益、节约土地的目的。习近平总书记在2013年中央农村经济工作会议上指出："耕地红线不仅是数量上的，而且是质量上的。"并指出："十八亿亩耕地红线仍然必须坚守，同时还要提出现有耕地面积必须保持基本稳定。极而言之，保护耕地要像保护文物那样来做，甚至要像保护大熊猫那样来做。坚守十八亿亩耕地红线，大家立了军令状，必须做到，没有一点点讨价还价的余地！"① 要协调好劳动、资金和技术要素在耕地中的投入，从而实现耕地保护和集约利用中的数量和质量并举。

小思考

在我国不同地区农业用地集约利用程度为什么会有很大差异？提高我国的农业用地集约利用度，可以采取哪些具体措施？

第三节　水资源的开发与利用

一、水资源的概念

联合国教科文组织在1977年提出了水资源的概念，即"可利用或有可能被利用的水源，这个水源应具有足够的数量和可用的质量，并能在某一地点为满足某种用途而可被利用"。从经济学的角度来看，水资源应具有如下内涵：首先，并不是所有水资源都具有经济物品（economic goods）属性。在经济学中，经济物品是可替代的，其边际收益为无穷大。因此，并不是所有的水资源都应视为经济物品而由市场配置。其次，水资源并不是某一种单一的经济物品。水资源的使用价值是多维度的，不同的使用价值应视为不同的经济物品。

水资源通常是指对一个国家或地区来说具有经济利用价值并可以不断更新的那部分淡水，包括地表水、土壤水和地下水。大气降水是恢复和更新水资源的基本来源。水资源虽然是一种可再生资源，但在一定的时空范围内有一定限量，特别是可被人类利用的淡水资源，通常是无法替代且极易被污染和破坏的。随着经济的发展和人口的增加，人类对水资源的耗费日益增长，水资源短缺的矛盾已引起世界各国的普遍关注，被视作与粮食短缺、能源短缺等相提并论的一个严重的社会经济问题。

---

① 中共中央党史和文献研究院．习近平关于"三农"工作论述摘编．北京：中央文献出版社，2019：74－75．

水是农业的命脉。它既是农业生物生理组成的不可缺少的物质，又是农业生产中物质和能量转化的重要因素，而且对包括地貌、植被、土壤等与农业生产息息相关的自然地理环境的形成具有决定性的影响，以至制约着农业布局、农业生产结构及生产发展方向。

二、水资源的经济特征

1. 水资源通过降雨、降雪等方式可以自然循环补充

在自然蒸发、植物吸收利用和人类开发利用等消耗后，只要该地区的水文、地质、大气状况不变，水资源的总存量尽管随时间的推移而有波动，但它是不会枯竭的。水资源可以自然补充、重复利用，其经济收益可以随时间坐标无限延续。

2. 水资源同其他矿产资源相比，其利用只能是自然状态，不能通过人工提炼而在体积上或经济价值上得到浓缩

从市场流动状况看，具有开采价值的化石能源或其他矿产资源都已经过自然浓缩过程，而且可以人工加以浓缩使其经济价值不断增大，进而远距离市场配置的运输成本相对其经过浓缩的产品价值来说较为低廉，而且便于运输。而对水的利用只能是其自然状态，体积上不能浓缩，经过加工的饮用水虽然经济价值有所提高，但非常有限。这样运输成本就相对较高。水作为自然赐予物，如同空气一样，尽管重要，但自然界中的水是不用付费利用的，其最初和最基本的利用是为了水源区域内生物与人类的生存，而不是为了经济利益。而矿产资源则不同，尽管也是自然赐予的，但其最初的利用就是为了经济利益，所考虑的市场远大于矿区范围，因而其远距离运输在经济上也必然可行。

3. 水资源既是生产对象的主体，又是生产对象的载体或媒体

不论是矿产资源还是生物资源，它们都是生产对象的主体，即从生产资源到最终产品。水资源不仅是生产对象的主体，如自来水、矿泉水的生产，而且是生产的载体或媒体，如动植物生产、水能、航运等。

4. 人类在水资源循环上不能实施有效的人工控制

水资源在给人类带来许多正效应的同时，还会带来负效应。由于自然循环的不规则性，水往往会在一定时间和空间范围内形成自然供给不足或过量，造成干旱或洪涝灾害，人类不能对其实行完全有效的控制。这显然是一种经济负效应，不仅其自身的主体与载体功能发挥不出来，而且会对其他经济资源带来破坏。

5. 水资源的自然供给无弹性，需求呈刚性

水资源的自然供给与市场需求及价格无关，不随人们的主观意志而转移。然而人类的生存离不开水，人类所食用的动植物也都依赖水而生存。缺少水，矿产和生物资源的开发利用就要受到限制，人类的经济活动就会受阻，所以水资源的开发利用不仅是一个经济问题，而且是一个社会和生态问题。水资源的这一特性要求人口数量、经济规模和农业生产必须考虑水的可供性，否则过大的无弹性需求会导致整个经济系统的崩溃。

三、中国水资源状况及农业用水面临的挑战

（一）中国水资源状况

中国大部分地区受季风环境影响，水资源年际变化显著。2015 年，（大陆）水资源总量为 27 962.6 亿立方米，其中地表水资源量为 26 900.8 亿立方米，地下水资源量为7 797.0 亿立方米，地表水与地下水资源重复量为 6 735.2 亿立方米。2015 年人均水资源量只有 2 039.2 立方米，仅相当于世界人均水资源量的 1/5，是世界上 40 多个缺水国之一。

中国水资源分布很不平衡。从时间分布看，中国大部分地区夏秋多雨、春冬少雨雪，年降水量的 1/3～1/2 集中在夏秋之交，同时不同年份之间的降水量差别比较大，尤其是北方，这种情况更加突出。从空间分布看，受季风气候的影响，各地降水量差距很大。东南沿海地区的年降水量达 1 600 毫米以上，西北内陆地区的年降水量不足 400 毫米，有相当大部分地区的年降水量不足 200 毫米。此外，水资源与土地、耕地的分布也很不协调。南方四区（包括长江、华南诸河、东南诸河和西南诸河流域）水资源总量占全国的 81%，而土地面积却只占全国的 36.4%，耕地面积占 35.9%；北方四区（包括东北诸河、海河、淮河和山东诸河、黄河流域）占全国土地面积的 28.2%、耕地面积的 58.3%，但水资源只占 14.4%。这种不协调的状况对工农业的发展都带来了不利影响。

（二）中国农业用水面临的挑战

1. 水资源严重短缺，农业用水缺口大

农业是地球淡水资源的主要用户。习近平总书记在中央财经领导小组第五次会议上的讲话中指出："农业是用水大户，也是节水潜力所在，更是水价改革难点。提高农业水价会增加种地成本，但不提价、用水成本过低，就难以实现农业节水。现在做好人，不增加农民负担，以后地下水采光后，就不只是一个负担增不增加的问题了。要敢于碰一些禁区，拓宽思路，通过精准补贴等办法，既总体上不增加农民负担，又促进农业节水。"① 我国是世界上严重缺水的国家之一：2015 年人均水资源量仅 2 039.2 立方米，只相当于世界平均水平的 1/5；单位耕地面积水资源量约为 1 440 立方米，仅为世界平均水平的 67%。随着工业化、城镇化进程的加快，生活和工业用水呈持续增加态势。根据国家统计局发布的《中华人民共和国 2021 年国民经济和社会发展统计公报》，截至 2021 年末，我国城镇化率已经达到 64.72%。② 可以预见，未来城镇生活和工业用水等非农业用

① 中共中央党史和文献研究院. 习近平关于"三农"工作论述摘编. 北京：中央文献出版社，2019：106.

② 中华人民共和国 2021 年国民经济和社会发展统计公报. 国家统计局网站，2022-02-28.

水还将大幅度增加。而1999—2020年，我国农业用水已从3 900亿立方米下降到3 612.4亿立方米，但未来农业用水量只能是零增长甚至是负增长，这将导致农业水资源的供需矛盾进一步加大。①

2. 农业生产和用水之间的区域不平衡

受季风气候和地形条件的影响，我国的水资源时空分布极不均衡。除此之外，农业生产和用水之间的区域不平衡也是我国农业用水中面临的突出问题。1949—1990年，北方地区（京、津、冀、鲁、豫、晋、陕、蒙、宁、甘、青、新、辽、吉、黑15个省份）人均粮食占有量总体小于南方地区（苏、浙、皖、沪、湘、鄂、赣、闽、粤、桂、琼、云、贵、川、渝、藏16个省份）②；1990年以后，我国的产粮中心已从南方逐渐移向北方。1990—2008年，从北方地区调入南方地区粮食年平均为2 689万吨，约占我国北方历年粮食平均总产量的12%。按照北方地区多年平均粮食生产水分利用效率（water use efficiency，WUE）1.15千克/立方米计算，1990—2008年，我国北方平均每年约有233.8亿立方米水“随粮南运”，约为黄河年均流量（580亿立方米）的40%，接近“南水北调”东线与中线调水的总量（278立方米）。③ 国家花费巨额资金和巨大人力进行“南水北调”，北水又“随粮南运”，导致缺水的北方更缺水；北方一些地区不得不利用地下水进行灌溉，华北平原因严重超采已形成7.33万平方公里的世界面积最大的地下水开采漏斗区。④ 这一南北粮食生产和水资源结构性失衡的矛盾，从长远来看难以持续。

3. 水生态环境恶化，加剧了农业用水短缺

农业与自然环境具有相互依存和竞争排斥的关系。在我国农业取得举世瞩目成就的同时，我们也要看到，由于发展方式粗放带来的农业面源污染等问题，我国江河湖泊普遍受到污染。主要是由于农田化肥、农药过量投入使氮、磷等有机物随农田径流进入水体，畜禽养殖业排放的废水、废物以及农村生活污水的任意排放造成水体富营养化，地下水源地硝酸盐严重超标。2018年，对全国26.2万平方公里的河流水质状况进行了评价，显示Ⅰ～Ⅲ类河长占比为81.6%，劣Ⅴ类河长占比为5.5%；对124个湖泊共3.3万平方公里水面进行了水质评价，全年总体水质为Ⅰ～Ⅲ类、Ⅳ～Ⅴ类、劣Ⅴ类的湖泊分别占评价湖泊总数的25.0%、58.9%和16.1%。⑤《第二次全国污染源普查公报》显示，2017年我国农业源排放化学需氧量（COD）1 067.13万吨，氨氮21.62万吨，总氮141.49万吨，总磷21.20万吨，对水生态环境造成了严重的污染和威胁。⑥ 水体污染加剧了农业水资源短缺，严重影响了农业生产和农产品安全，直接威胁农村饮用水安全和人民健康。

---

① 根据历年《中国水资源公报》统计数据整理。

② 王建生，徐子恺，姚建文．单位水量粮食生产能力分析．水科学进展，1999（10）．

③ 吴普特，赵西宁，操信春，等．中国“农业北水南调虚拟工程”现状及思考．农业工程学报，2010（6）．

④ 费宇红，苗晋祥，张兆吉，等．华北平原地下水降落漏斗演变及主导因素分析．资源科学，2009（3）．

⑤ 2018年中国水资源公报．中国水利部政府网站，2019-07-11．

⑥ 第二次全国污染源普查公报．中华人民共和国生态环境部网站，2020-06-16．

四、水资源的合理配置与利用

水既是一种重要的自然资源，又是一种重要的经济资源。水资源的配置与利用不仅关系到农业的可持续发展，而且关系到国计民生的各个方面。因此，单纯任何一种措施都难以全面解决水资源的配置和利用问题，必须采取综合治理的办法，建立水资源配置和利用的市场机制、利益调节或补偿机制、国家宏观调控机制、技术创新和推广机制等多种运行机制。

即学即用

请查阅 2011 年中央一号文件，归纳在该文件中我国对水资源的合理配置与利用方面提出了哪些措施。

第四节 农业与气候资源

一、农业气候与农业气候资源

气候是自然环境的一个重要组成部分，称为气候环境。对于农业来讲，气候环境是农业生态环境的重要组成部分，又称为农业气候生态环境。农业气候生态环境可分为两部分：一部分为农业气候条件，另一部分为农业气候资源。农业气候条件是指那些只属于生态环境条件而非某种物质或能量的农业气候要素，它们只影响农业生产而不参与农业生产过程，例如温度、湿度、气压以及虹、晕等天气现象；农业气候资源是指那些属于某种物质或能量的农业气候要素，它们不仅影响而且直接参与农业生产过程，能为农业生产对象所利用，例如太阳辐射（光能）、二氧化碳、氧和水等。作为农业生态环境的农业气候，可能是有利的，也可能是有害的。有害者则成为灾害，即农业气候灾害，如大风、暴雨、冰雹、低温、霜冻等；农业气候资源的极限值也可成为灾害，如水分过多成为雨涝、水分过少成为干旱等。农业气候资源一旦超过农业生产可利用和可承载的极限值而造成农业灾害，就已不再属于农业气候资源。农业气候条件形成的灾害和农业气候资源达到极限值构成的灾害，均影响农业气候资源的数量、质量及其利用。

小思考

作为农业生态环境的农业气候包括哪几个部分？

二、农业气候资源及其利用方式

资源通常是指可以利用的物质或能量。农业气候资源中的光、气、水等均为物质或能量。光即太阳辐射，既是一种能量，也是一种物质，它是农作物、林果木、牧草等绿色植物进行光合作用的唯一能量来源。空气中的二氧化碳是一种物质，是光合作用的主要原料。空气中的氧是一种物质，是动植物包括人类进行代谢活动、维持生命不可缺少的物质。水是一种物质，是光合作用的原料，是动植物体的主要组成物质，也是养分和有机物质的输送者。显然，农业气候资源是一种实实在在的资源。但是，温度、干湿度，包括气温、地温、水温、湿度、干燥度等，不是物质，也不是一种能量，它只是物质运动状态的一个表征量，只影响光合作用和代谢活动，而不直接参与光合有机物质生产和代谢过程。严格地讲，温度和由温度引申出来的积温、生长期等，均不能称为资源。鉴于它们在农业生产中的作用，人们习惯把它们称为热量资源。约定俗成地，我们也把它们作为农业气候资源看待。在农业气候资源中，除光、水、气和热量资源以外，还包括风能、雷电能等资源。

农业气候资源的利用包括两个方面：一是直接利用，即作为能源和物质直接利用，例如利用太阳能、风能发电、供热和作为机械动力，利用空气制氧、制氮以及将来的雷电能利用等。二是间接利用，即利用绿色植物同化二氧化碳和水，固定太阳能，生产有机物质。在这两种农业气候资源利用中，最主要的是间接利用，即绿色植物的利用。这是一种最广泛、最大量的利用。

三、农业气候资源的特点

1. 无穷尽性

通常把农业气候资源称为可更新性资源或再生性资源，这是因为农业气候资源中的水、气资源循环往复、无穷无尽，可永续利用。例如，绿色植物通过光合作用吸收二氧化碳、放出氧气，使空气中的氧气增加、二氧化碳减少；而有机物质的燃烧和腐烂分解、动植物的呼吸则吸收氧气、放出二氧化碳，使空气中的氧气减少、二氧化碳增加。这种循环使得空气中的氧和二氧化碳保持一个相对稳定的状态。光资源与水、气资源不同。光资源来自太阳，从人类纪元至今，太阳辐射能虽有一定变化，但永不枯竭。光资源是一种较为恒定且永不枯竭的资源。

2. 变化性

变化性是农业气候资源的最大特点之一。农业气候资源不仅有区域之间的差异即变化，同一区域还有时间的变化，如年温有高有低、四季有冷有热、降水有多有少、日照有长有短、太阳辐射有强有弱、氧和二氧化碳密度有大有小等。我国大部分地区属于大陆性季风气候，其特点决定了农业气候资源地区差异更大且随时间变化更甚。

新闻链接 气候变化致传统节气“失效”？

厄尔尼诺影响下的“似夏非夏”，数十年罕见的“暖冬”，3月鲜见暴雪破历史极值……千百年来，依靠二十四节气开展生产生活的中国民众，在近年的气候变化中深感传统节气似乎“失效”。气象专家认为，异常气候条件影响下气候与二十四节气或有出入，但

"整体吻合"。

18日上午，甘肃省气象局和甘肃省气象学会在兰州联合举办了主题为"观云识天"的世界气象日纪念活动，以期借此"窗口"展示气象现代化建设成果，加强气象科普宣传，提升公众科学素质。

在活动现场，气象专家结合气象防灾减灾、应对气候变化等热点问题，回应了公众关注的气象热点问题。兰州大学大气科学学院党委书记张大伟向中新社记者分析称，正如"观云识天"等气象谚语一样，传统二十四节气从未"失效"，也不存在"过时"之说。

张大伟说，传统节气到今天为止还是跟现实相吻合的，只不过在一些个别年份会有所变化，尤其是在像厄尔尼诺、拉尼娜等异常气候条件的影响下，传统节气的规律与民众现实体感可能会有所出入，但整体吻合还是非常好的。

"在传统节气中，定量化的东西相对比较少，精确度也没有那么高，但提供了一个大的范围和趋势，而现代气象学则更精准一些。"张大伟认为，二者之间可以互相作为一种借鉴或支撑，像"观云识天"这样的"古法"依然被广泛用于现代气象学研究中，只是随生产生活方式的改变不再面面俱到。

张大伟表示，现代人了解气象知识的手段和方式更多了，但是基本的依据还是通过如"观云识天"等"古法"得出。以前古人靠肉眼，现在是通过一些先进仪器设备，结合云层变化、湿度、水汽等方面，综合得出数字化的信息，更直观地提供给民众，但它基本的来源是不变的。

不久前，中国二十四节气被列入联合国教科文组织人类非物质文化遗产代表作名录。"春雨惊春清谷天，夏满芒夏暑相连；秋处露秋寒霜降，冬雪雪冬小大寒"，这首中国人熟知的"节气歌"已沿用了2 000多年。

对于民众感知到的节气渐变，甘肃省气象局副局长陶健红当日接受中新社记者采访时认为"值得商榷"。他说，节气是几千年中华文明的重要组成部分，它反映了随着气候变化，每年什么时候该做什么事情。现在虽有如冬季变暖等异常气候出现，但传统节气总体上尚能反映当前的"气候变化"。

"近年暖的时间提前了，冬天的温度没有以前那么低了，因此传统节气和现在的气候变化不可能是'一一对应'。"陶健红表示，如何更好地将传统节气和现代气象学结合起来，这应该是未来气象学方面重要的研究内容。

资料来源：冯志军. 气候变化致传统节气"失效"？专家称"整体吻合". 央视网，2017-03-18.

小思考

气候变化对农业生产会产生哪些影响？在面对这些正面和负面影响时，我国在农业生产发展过程中应该做哪些准备？

3. 适度性

农业气候资源的质量优劣以其自身的量值大小、随时间的变化表示，但量值越大并非表示质量越好，农业气候资源有一定的适度范围，在这一特定的范围内，根据资源对农作物、林果树木、牧草等的有利程度确定其质量等级。在适度范围以外，量值过大、过小、过多、过少均不利，会成为灾害。自然状态下的光、气资源量值极少危及农作物、林果树木、牧草的生长发育而成为灾害，所以，光、气资源的质量等级即以自身量值的大小确定。而自然状态下的水、热资源，常因量值在农作物适度范围以外而危及农业生产对象，成为灾害，所以，水、热资源的适度性明显，其质量等级以特定范围和时间内的适宜程度确定。

4. 资源密度低

农业气候资源总量均较大，但密度都很低，且不易自然汇集。例如太阳能，以年平均太阳总辐射能量 6 000 WJ/立方米计算，中国陆地面积上的太阳总辐射能量为 1 830 TW（太瓦），中国水能的蕴藏量只为 0.676 TW，太阳能是水能的 2 700 多倍。太阳辐射能的总量虽然很大，但能量密度即单位面积上的能量很低，全国年平均只有 190 瓦/立方米；空气资源也一样，总量很大但密度却很低，平原地区近底层空气中的氧气密度约为 280 克/立方米，二氧化碳密度在海平面大约只有 0.6 克/立方米。尽管单位面积上的年平均水能量很小，全国平均只有 0.7 瓦/立方米，但水能可以自然汇集，局部地区能量密度很大。农业气候资源密度较低和不能天然汇集的特点以及在农业生产中利用率很低的现实，决定了农业气候资源的利用必须是大规模、长时间的，因为只有这样才能获得较多的产量和产生较大的效益。

5. 有价无值

农业气候资源是由各种物质和能量组成的，是一种可以利用的有价值的资源。但由于它的流动性和无边界性，无法大面积人为加以控制，无所归属，所以农业气候资源具有公共产品的属性，即很难被归属且无法形成商品和市场价值。

即学即用

根据农业气候资源的特点，思考为什么农业气候资源重要但并不被重视。

四、农业气候资源的合理配置和使用

（一）开发气候生产潜力，提高作物单产

中国各地主要农作物的光、温生产潜力为现有产量水平的 4～5 倍、为气候生产潜力的 2～3 倍，继续增产的余地还很大。分析差距形成的因子，找出主要的障碍因素特别是瓶颈因素的克服途径，也就找到了影响生产潜力深度开发的症结。

（二）根据气候规律安排农业生产，实现减灾增产

要根据气候区划和气候资源的分布特点决定一个地区的农业结构和种植制度。如复种指数过高，或使用生育期过长的品种，试图对热量超量使用，结果事与愿违，导致冷害或霜冻而减产。在种植业中一般按 80％的气候资源保证率并计算农耗时间来安排农作物的播种、移栽和收获期。

(三) 开发利用山区的立体气候

山区气候最大的特点就是立体性，不同海拔、部位的气温、降水、光照、湿度和风力都不尽相同，因地制宜开发利用的潜力很大。要充分利用山区气候立体的特性，按照山区农业气候资源的特点，对农业结构和作物、品种进行合理布局。这么做不仅可以达到生态治理的目的，也能够增加农业生产收益。这是许多贫困山区脱贫致富的途径。

(四) 利用气候相似原理引进优良品种

任何良种都是与一定的生态气候环境相适应的，其生长要求只适合于一定的气候区。在此地为良种，到彼地因气候不适应，就可能成为劣种。要想引种成功，必须遵循气候相似原理，至少要使作物生育期间相似，或稍加调节后在农业设施内使之相似，才能成功。

本章小结

农业自然资源是农业生产经营活动赖以存在的物质基础，农业自然资源状况的优劣程度直接作用于农业生产。拥有优质的农业自然资源，可以提高农业生产效率、降低农业生产成本。在农业生产过程中，农业生产活动也会对农业自然资源产生正面或负面的影响。本章重点介绍了农业自然资源对农业生产的影响，并介绍了我国目前各项农业自然资源开发与合理利用的基本情况。

本章习题

1. 农业自然资源的基本特征有哪些？
2. 土地资源分区利用的原理是什么？
3. 如何提高我国水资源的利用效率？
4. 为应对全球气候变化，我国农业生产应如何实现气候资源的合理配置和使用？

参考文献

1. 谭向勇，辛贤. 农业经济学. 2版. 太原：山西经济出版社，2005.
2. 毕宝德，柴强，李玲. 土地经济学. 6版. 北京：中国人民大学出版社，2011.
3. 黄贤金，张安录. 土地经济学. 北京：中国农业出版社，2008.
4. 丁长发. 农业和农村经济学. 厦门：厦门大学出版社，2006.
5. 李秉龙，薛兴利. 农业经济学. 2版. 北京：中国农业大学出版社，2009.
6. 黄文秀. 农业自然资源. 北京：科学出版社，1998.
7. 姚洋. 土地、制度和农业发展. 北京：北京大学出版社，2004.

8. 崔延松. 水资源经济学与水资源管理：理论、政策和运用. 北京：中国社会科学出版社，2008.

9. 沈满洪. 水资源经济学. 北京：中国环境科学出版社，2008.

10. 卢新海，黄善林. 土地估价. 上海：复旦大学出版社，2010.

11. 中共中央党史和文献研究院. 习近平关于“三农”工作论述摘编. 北京：中央文献出版社，2019.

第四章

农业劳动力与人力资源开发

本章要点

1. 掌握农业劳动力供给理论；
2. 了解农业劳动力转移政策目标；
3. 了解农业劳动力素质提升政策。

关键词

刘易斯拐点　农业劳动力转移　农业劳动力培育

导入案例

长江三角洲的水稻经济的劳动密集度和精细度，早在宋代便已达到（甚至超越了）吉尔茨研究的19—20世纪的爪哇水稻，但其土地在明清时期所面对的人口压力要远远超过爪哇。其农业经济因此而从已经是非常精细、复杂和劳动密集的水稻种植，越来越多地转入更高一层次劳动密集度的棉花-纱-布和植桑-养蚕-缫丝（手工丝织机较复杂和昂贵，不见于农村，仅可见于城镇中）的生产。根据国内积累的优越社会经济史研究，特别是吴承明和徐新吾及其团队的权威性实地调查与文献研究，一亩棉花-纱-布的生产需要180天的劳动投入（包括植棉、摘花、纺纱和织布等），一亩蚕桑和缫丝则需约90天，两者都远远超过生产一亩水稻所需的10天。那样的演变，尤其是棉花-纱-布的生产的扩展（1350年，中国没有人穿着棉衣，而到1800年，几乎所有的平民都穿着棉衣），使长三角的松江府成为全国棉花生产最多的地方，号称“衣被天下”。但无论是棉花-纱-布还是蚕丝，其产值都才三四倍于一亩水稻，远远达不到18倍或9倍的劳动投入的幅度。那是劳均产出严重缩减了的农业内卷化。

资料来源：黄宗智. 农业内卷和官僚内卷：类型、概念、经验概括、运作机制. 中国乡村研究，2021年第18辑.

小思考

农业内卷化背后的原因是什么？为什么要促进农业劳动力的转移？

第一节　农业劳动力供给与需求的特点

一、农业劳动力的概念

劳动力有狭义和广义之分，狭义的农业劳动力是人的劳动能力，是其体力和智力的总和。广义的劳动力是指具有劳动能力的人口或劳动资源，是一定区域内具有劳动能力的人的数量和质量。

农业劳动力是指在一定时间内农业劳动力的数量及质量。农业劳动力主要来自农村人口资源，人口资源的状况则由社会经济、文化、历史等综合决定。

二、农业劳动力供给的特点

农业劳动力供给主要受农村人口及其结构、农业劳动的经济效益、作物生产特点等影响。

一是农村人口规模构成直接决定了农业劳动力供给的规模。农业劳动力由农村人口资源当中适宜劳动的人口资源构成，农村各年龄组人口数量的分布决定着农业劳动力变动的趋势。二是农业部门的经济效益决定了农业劳动力的供给数量。劳动是人们谋生的手段，为了提高生活质量，人们就业选择时就偏爱劳动报酬较高的产业部门。因此，农业部门经济效益的高低决定着农业劳动力供给。三是农业劳动的季节性决定了农业劳动力供给。劳动工作量、劳动紧张程度都会影响农业劳动力的供给。此外，经营规模、农业机械化水平、土地托管等社会化服务水平也会对农业劳动力的供给产生影响。

三、农业劳动力的需求

农业劳动力的数量需求是指农业部门为了维持再生产所必需的农业劳动力达到的一定数量和质量。

一是农业劳动力需求具有季节性。在农业生产过程当中，不同季节和不同生产时期对农业劳动力的数量需求和农业劳动时间的长短需求存在相当大的差异。二是社会人口和经济状况决定着农业劳动力的宏观需求。一方面，人口规模越大，农产品需求越多，相应的对农业劳动力的需求越多。另一方面，食品结构对农业劳动力的宏观需求也存在着较为明显的影响。当人们更多消费动物产品时，就需要更多的农业劳动力。畜牧业生产比种植业生产多一次生产转化，并且能量转化率较低，因此生产畜牧业产品比生产种植业产品需要更多的农业劳动力。三是相关政策对农业劳动力的需求的影响。2021 年中央农村工作会议指出：“保障好初级产品供给是一个重大战略性问题，中国人的饭碗任何时候都要牢牢端在自己手中，饭碗主要装中国粮。”保障粮食生产的政策导向会对农业劳动力需求产生重要影响。

第二节　农业劳动力供给理论

农业劳动力转移是指农业劳动力从农业向非农产业或城市流动。农业劳动力转移的方式主要有两种：一是部门的转移，由农业部门向非农产业部门流动；二是空间的转移，由农村向城市流动。在经济结构转变过程当中，农业劳动力由传统的农业部门向现代工业部门转移，或者由农村向城市转移，是一个必然发生的现象。发展经济学家对此进行了大量研究，提出了许多著名的理论模型。

一、恰亚诺夫理论

1924 年，苏联农业经济学家恰亚诺夫，对当时苏联四个县的家计调查进行了材料整理，他认为农业劳动力投入与家庭消费需求有关，当家庭消费需求出现增长时，劳动力自我开发的程度随之加深，但开发程度受劳动本身辛苦程度的制约。恰亚诺夫认为，农民的劳动完全是为了维持家庭的基本生存需要，不在于追求利润。农业劳动力的投入处在家庭需求的满足程度与主观感受到的劳动辛苦程度相等的平衡点上。因此，这一均衡水平决定了农民外出务工的年总收入、外出务工所付出的劳动量或劳动时间。

受限于统计资料，恰亚诺夫的理论分析未充分考虑劳动力利用率、劳动时间、劳动力受教育程度、技术辅助作用等影响因素，未充分考虑市场、技术、资金等经济活动影响因素等等。尽管存在以上不足，但恰亚诺夫的家庭发展分析法，不仅适用于对农家经济的分析，而且适用于对所有家庭的经济行为的分析，适用于以家庭决策为基础的各种社会经济活动的分析。

二、刘易斯的二元结构人口流动模型

1954 年，美国经济学家刘易斯在《劳动力无限供给条件下的经济发展》中提出了著名的二元结构人口流动模型，即刘易斯模型，如图 4-1 所示。

刘易斯把欠发达国家的经济部门分为两个部门，即利用再生产性资本进行生产的

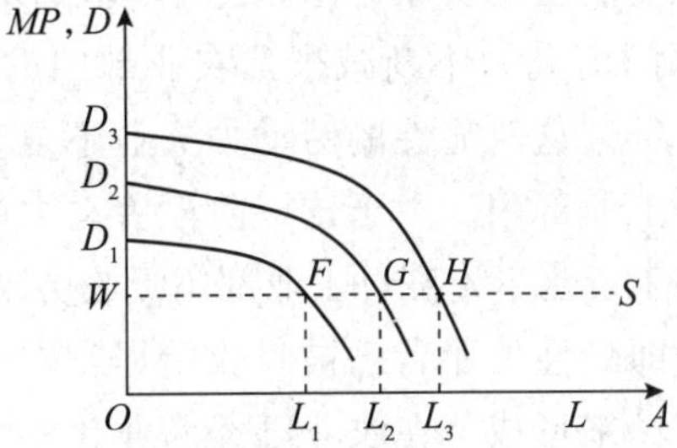

图 4-1　刘易斯模型

“资本主义”部门和不利用再生产性资本进行生产的“维持生计”部门。“资本主义”部门通常是指工业部门，它使用先进的生产设备和方法，生产率较高，收入水平也比较高。而“维持生计”部门通常代表传统的农业部门，使用落后的生产设备和生产方法，因此生产率和收入处于非常低的水平。

由于工业部门位居主导地位，随着资本积累扩大实现自我发展，吸引了农业部门的剩余劳动力，进而推动了经济的整体快速发展。刘易斯认为，农业部门的边际生产率较低，造成农村大量的剩余劳动力，由于两个部门工资水平的差异，工业部门可以在维持较低工资水平的条件下源源不断地吸引农业剩余劳动力，这一过程直到剩余劳动力被吸收完毕为止。

图4-1中，OMP 和 OD 分别表示劳动的边际产品和劳动的工资，OA 表示传统农业部门的生存收入，WS 表示具有无限弹性的劳动供给曲线，D_1F、D_2G、D_3H 分别表示不同资本积累水平下的劳动边际生产率。D_1FL_1O 表示产品总产量，其中，D_1FW 为资本家剩余，WFL_1O 为工人所得工资。当资本家把剩余的一部分用于投资时，固定资本增加，D_1F 上升到 D_2G、D_3H……这样以不变的工资吸收越来越多的剩余劳动力，这个过程一直持续到资本积累赶上劳动力过度供给，剩余劳动力被吸收完毕。

刘易斯模型强调欠发达经济中现代部门与传统部门间的结构差异，把经济发展过程与工业化过程以及劳动力转移过程紧密地结合起来，由此开辟了发展经济学结构主义分析方法。但该模型也存在诸多缺陷，如过于关注工业部门的发展，而忽视了农业的发展；只强调农业部门的剩余劳动力问题，却忽视了城市劳动剩余和失业问题；等等。

三、费景汉和拉尼斯的农业劳动力转移模型

在刘易斯模型的基础上，1961年美国经济学家费景汉和拉尼斯提出了一个新的劳动力转移模型（即拉尼斯-费模型）。他们认为，刘易斯模型存在两个缺陷：一是农业在推动工业发展中的作用没有受到足够重视；二是忽视了农业生产率的提高是农业劳动力转移的前提条件。

费景汉和拉尼斯把经济发展过程中农业劳动力的转移划分成了三个阶段：第一阶段，传统农业部门存在大量的显性失业，农业部门劳动力的边际生产率为零。对此，他们认为，在这一阶段剩余劳动力转移并不会减少农业生产总量。在维持农业人口生存下去、由习惯和道德因素决定的不变制度工资条件下，工业部门不断吸收农业部门的剩余劳动力。第二阶段，由于农业部门劳动力不断减少，农业部门的劳动边际生产率不断升高，大于零但仍低于不变制度工资。这时显性的劳动力失业不复存在，但隐性的劳动力失业仍然存在，劳动力继续流向工业部门。由于这一阶段劳动力的边际生产率大于零，农业劳动力流失引起了工业部门工资水平上涨，工业部门吸收劳动力的规模趋小、速度趋缓。第三阶段，农业剩余劳动力即隐性失业者已被吸收殆尽，农业劳动力工资已不再由不变制度工资决定，而是根据市场来形成。在农业已经商业化的情况下，工业部门要吸收农业劳动力，必须付出较高的工资，即由劳动边际生产率决定的工资。

费景汉和拉尼斯的贡献在于修正了刘易斯模型，强调提高农业生产率的重要性，给

予农业部门在经济发展中的合理地位，指出了工业和农业平衡增长在二元经济中的重要性，提出农业劳动力的转移取决于农业技术进步、人口增长和工业资本的存量增长等。作为古典主义模型，拉尼斯-费模型也存在着与刘易斯模型一样的一些缺陷，如假设农业部门存在零值剩余劳动力；工业工资水平由农业收入和贸易条件决定；只强调农业就业不足，忽视了城市失业问题；等等。

四、乔根森模型

1961 年，乔根森首次提出了基于新古典主义传统的二元经济发展模型，并在否定古典主义关于劳动剩余和工资不变假设条件的基础上，提出了自己对欠发达国家工业化实现过程的构想。该模型自提出以后，被 Zarembka（1970）[①] 等人拓展，成为发展经济学新古典理论的种子文献。

乔根森模型吸纳了古典主义模型的结构分析方法，它首先把发展中国家的经济部门划分为以工业为代表的现代部门和以农业为代表的传统部门，并假设农业部门只有劳动投入，而没有资本投入。由于土地是固定的，因此农业产出唯一地取决于劳动投入量。与此相对，工业部门的要素投入既包括劳动投入，也包括资本投入，因此工业产出既取决于资本投入量，也取决于劳动投入量。乔根森进一步假设，两部门均存在技术进步，并且都是中性的。

乔根森模型得出了两个重要结论：第一，只要有正的农业剩余，工业投资就会以一个不断增加的速度增长，并引导工业化不断推进。这一进程取决于资本存量和初始人口，由于资本存量不断被折旧，所以有持久影响的是初始人口规模。第二，经济增长并不需要最小的临界资本存量，只要有农业剩余，无论初始资本存量多小，持续的积累和增长都可以进行下去。所以，工业化的关键是在初始时期缔造出农业剩余，用农业剩余启动工业化，工业化一旦发轫，市场机制的自发作用就能保证它持续地推进下去。

乔根森进一步讨论了工业部门的发展路径，得出长期中，产出增长率与资本增长率趋于一致，并且工资增长率取决于技术进步率和劳动的产出弹性。一方面，当存在工业技术进步时，实际工资将是上涨的，并且技术进步越快，工资上涨得越快。另一方面，工资上涨率与劳动产出弹性成反比，而后者与资本分配份额成反比，因此资本积累越快，工资上涨得越快。由于工业扩张总是伴随着技术进步和资本积累，因此工资也是不断上涨的。

乔根森模型对二元经济发展理论具有重大贡献，它使我们第一次摆脱了古典理论的束缚，用一种新的视角来考察欠发达经济的发展过程。但是该模型存在两个缺陷：首先，乔根森模型对消费结构的假设过于简单，它假设在人均收入达到临界值之前，人们对粮食需求的收入弹性为 1，而一旦达到临界值之后，这一弹性就突然降为 0。如何对粮食需求弹性做出更接近现实的假设，是乔根森模型面临的主要问题。其次，该模型关于工业

---

① Paul Zarembka. Capital Heterogeneity, Aggregation, and the Two-Sector Model. *The Quarterly Journal of Economics*, 1975, 89 (1): 103 - 114.

产出、资本积累、就业、工资的演变趋势的结论，都是在较长时间内利用渐近分析得出的，疏于考察短期内各变量的变化。

五、托达罗人口迁移模型

1969 年，美国经济学家托达罗发表了《欠发达国家的劳动力迁移模式和城市失业问题》。1970 年，托达罗发表了《人口流动、失业和发展：两部门分析》，建立了城乡劳动力迁移模型。

刘易斯、费景汉和拉尼斯模型都没有考虑到城市的失业现象。他们认为，只要非农业部门转移支付高于农业的实际工资，只要两者的工资差额能够补偿城市较高的生活费用以及背井离乡的心理成本，农业剩余劳动力就会源源不断地流向非农产业。但这种理论并不适用于发展中国家的实际。在发展中国家，不仅农村存在失业或就业不足，城市也存在失业或就业不足。对此，托达罗对模型进行了补充与完善。托达罗认为，农业劳动力向城市非农业部门迁移是由对城乡收入差距的预期决定的。农业劳动力的这种取向主要依据两个方面的情况：一是城乡实际的工资差距，这在发展中国家十分普遍；二是农业劳动力在城市能够寻找到的就业岗位概率。引进概率变量是托达罗模型的重要贡献，由此可以解释农民为何在城市存在高失业率的情况下还会选择迁移。农民的迁移决策是根据预期的城乡收入差距而不是实际的收入差距作出的。只要城市的就业预期收益高于农村预期收益，作出迁移的决策就是合理的。

托达罗的劳动力迁移模型可表示为：

$$M=f(d)f'>0$$

$$D=W\pi-r$$

$$\pi=\frac{\lambda n}{s}-n$$

$$\lambda=\mu-p$$

式中，M 为从农村迁往城市的劳动力数量；d 为预期的城乡收入差距；W 为城市部门的工资水平；π 为农业劳动力流向城市的就业概率；r 为农村实际收入水平；λ 为城市现代就业部门的新就业岗位创造率；n 为城市现代就业部门的就业总人数；s 为城市劳动力总规模；μ 为工业产出增长率；p 为工业产出增长率或劳动生产增长率。

在通常情况下，$f'>0$，这说明从农村迁移到城市就业的人数是预期收入差距的增函数，城乡预期收入差距越大，迁移到城市的农业劳动力人数就越多。

托达罗认为，刘易斯模型的假定——农业劳动力能够直接进入城市现代部门就业是不现实的。在发展中国家，农业劳动力向城市迁移，应是先进入城市的传统部门（又称非正规部门，即小型私企且为劳动密集型）就业。因此，他提出了城市化进程中的农民迁移就业会经历农业传统部门—城市传统部门—城市现代部门这样一个过程。同时，他认为发展中国家应该主要通过扩大农村就业机会来缩小城乡之间的不平衡。他以拉美国家为研究背景得出的结论是：拓展少量的城市就业机会可能会引来更多的农村剩余劳动力供给，导致更多人失业。拓展城市就业机会无助于解决城市就业问题。农业劳动力受教育水平越高，其迁移到城市就业的预期收入越高，就可能进一步加剧农业劳动力的迁移和城市的失业。在城市部门，如果政府保障城市就业人口的最低工资水平，并且对城市失业人口给予最低生活补贴，会导致要素供给的价格扭曲，这会进一步扩大城乡差距，吸引更多的农业劳动力进入城市，使城市失业率更高。因此，他提出应重视农业和农村发展，鼓励农村综合开发，增加农村就业机会，增加农村公共产品供给，改善农村生活条件等，从而缓解农村人口向城市流动。

托达罗的模型和理论比刘易斯的更接近发展中国家的现实，有一定的借鉴意义。但由于中国与拉美地区发展中国家的国情不同，因此他提出的一些理论还不具有广泛的实践意义。20 世纪 80 年代以来，斯塔克和布卢姆等人对托达罗的模型又进行了较大的改进。

六、 新劳动力迁移理论

新劳动力迁移理论是在 20 世纪 80 年代中期以后陆续提出的，主要代表人物是斯塔克、布卢姆和爱德华·泰勒等人。该理论的前提与以往农业劳动力转移理论的主要不同之处在于：一是迁移决策不是由独立的个体作出的，而是由相关联的群体，即家庭决定的；二是农业劳动力迁移的必要条件不是城乡之间的实际收入（或预期收入）差异，而是其风险最小化；三是如果市场体系和金融制度是完善的和完全的，大量的迁移现象就不会发生。由此可以得出的政策建议是：政府可以通过劳动力市场政策、金融支持政策、收入分配政策和保障政策影响劳动力的迁移速度和迁移动机。

近年来，中国农民工工资步入了上涨的快车道，但工资上涨未能有效缓解用工短缺问题。对于上述问题，有学者提出了刘易斯拐点论，并认为劳动供给从过剩转向短缺是工资上涨的根本原因。整体而言，传统理论并不能很好地解释发展中国家的工资现象，特别是今天中国农民工工资上涨现象，原因就在于它们过于简化了发展中国家的劳动供给问题：古典理论把劳动剩余与供给剩余天然地画上等号，忽视了劳动剩余条件下可能发生的供给不足问题；新古典理论正好相反，意识到了供给不足问题，却将其归咎于劳动短缺，忽视了发展中国家劳动剩余的普遍事实。因此，对传统理论修正的一个重要出发点就是，劳动供给是一种家庭行为，同时要受到时间禀赋在工农业部门之间有限分割的制约，这一约束条件内生于中国城乡二元制度体系以及特殊的劳动力迁移模式，它使劳动供给强烈受制于家庭分工。随着劳动供给的增长以及留守劳动力的减少，家庭分工的约束不断强化，并使保留工资以递增的幅度上涨。在这种情况下，劳动供给对工资的反应是非连续的：在达到新的保留工资水平前，工资上涨并不能刺激劳动供给增长。与这种劳动供给形态相对应，工业劳动需求扩张成为工资上涨的主要驱动力。

我国学者借助这一理论进行的讨论具有独创性，具体体现在以下几方面。第一，刘易斯拐点与人口转变阶段的结合。我国学者综合考虑经济增长吸纳剩余劳动力和人口迁移减少劳动力供给，揭示出中国经济增长和人口迁移的超常表现，以及由此导致的刘易斯拐点的快速到来，从而使得理论与实际更加吻合。第二，对农业或农村剩余劳动力不能实现市场出清给出了解释。刘易斯认为，难以实现市场出清的可能原因在于工会制度的阻碍，但我国学者在分析中认为，计划经济体制下的人民公社、统购统销和户籍制度共同形成的制度体系是我国现实中阻碍劳动力流动、剩余劳动力难以实现市场出清的强有力原因。这一观点提供了对为什么剩余劳动力持续存在，或者经济发展如何能够具有劳动力无限供给特征的理论解释。第三，我国学者将围绕刘易斯拐点的研究拓展到更为广泛的领域，远远超过判断拐点是否到来，并且将研究的成果反映到实际政策演变过程中。总体而言，二元经济理论在中国经济发展的一定阶段具有适用性，结合国家发展特征能够提高理论的解释力。刘易斯拐点引起的一系列与发展阶段相伴的经济变化，具有显著的政策含义。

第三节 农业劳动力转移

农业劳动力供给理论能够在各类约束中推断出剩余劳动力的转移能够促进经济增长，但是现实中农业劳动力的转移面临复杂多变的挑战，并非简单地出台一项促进农业劳动力转移的政策即可实现目标。

实践过程中，我国农业劳动力政策的放开经历了由紧到松、由无序到规范、由歧视到公平的过程，经过几十年间的政策调整与优化，农业剩余劳动力的转移成为我国经济增长的有利条件和生产率提高的重要源泉，是经济史上罕见的资源重新配置过程。习近平总书记在十九届中央政治局第八次集体学习时的讲话中指出："特别是几亿农民工在城乡之间长时间、大范围有序有效转移，不仅没有带来社会动荡，而且成为经济社会发展的重要支撑。"①

一、限制流动阶段

改革开放前，我国农村便存在大量剩余劳动力。按照杜润生的估计，即使在生产队体制下，劳动力剩余也已达到了三分之一。② 实行家庭联产承包责任制以后，劳动力的剩余问题更加突出。据白南生等人估算，改革初期的安徽省滁县地区（后改为滁州市），按耕地计算，劳动力剩余量可达到30%左右，多的达35%～40%。③ 这么多劳动力必然要从农村流向城镇寻找就业出路。但是，由于当时城市物资供应还是实行计划体制，城市无法在短期内提升粮食和副产品的供应能力，无法满足农村劳动力的就业需求；加之大批知青返城，城镇就业压力较大。为了缓解城镇就业压力，1980年我国出台了《国务院关于严格控制农村劳动力进城做工和农业人口转移转为非农业人口的通知》，采取措施严格控制"农转非"。

---

① 中共中央党史和文献研究院. 习近平关于"三农"工作论述摘编. 北京：中央文献出版社，2019：43.

② 杜润生. 杜润生自述：中国农村体制变革重大决策纪实. 北京：人民出版社，2005：133.

③ 中国农村发展问题研究组. 试析劳动力和资金的状况及使用方向. 农业经济丛刊，1982.

在这个过程当中，我国政府采取了诸多措施，总体可以分为以下三类：一是针对城市招工的措施。在城市招工过程中，严格控制从农村招工，对从农村招工进行统一管理、统一审批，审批权限上升到省（自治区、直辖市）一级的人民政府，以及只有特定行业、特定工种，在招工不足时方可经审批从农村招工。二是针对城内现有农业劳动力的措施。着眼于清理企事业单位使用的农村劳动力，其中计划外用工动员其回到农村参与农业生产，对于留下的人员，限制其转为国家固定职工或非农业人口。此外，进城的农村建筑队、运输队等，同样鼓励其回到农村参与农业生产。三是针对人口的监测。加强户口和粮食管理：一方面，迁转户口要由公安机关统一办理；另一方面，粮食部门需严格遵照政策规定，不符合规定的不供应商品粮。此外，地方每年检查一次户口、粮食管理和招收职工政策的执行情况，确保政策落细落实。

除了上述限制农业劳动力进城的政策外，政府针对农村剩余劳动力还出台了多项政策，如通过发展多种经营方式和兴办社区，吸纳安置农业劳动力，形成了当时“离土不离乡”的特色。

二、允许流动阶段

在限制农村劳动力流动的这段时间，家庭联产承包责任制在全国范围内普遍推行，农业生产力得到了显著提升。我国粮食产量从 1978 年的 6 095 亿斤增加到 1984 年的 8 146 亿斤，解决了当时的粮食供给问题。此外，我国通过扩大企业经营自主权、搞活企业劳动用工制度、改革企业财税制度、鼓励多种所有制形式和多种经营方式共同发展等一系列措施，不断深化经济体制改革。在这个过程中，乡镇企业异军突起，对劳动力的需求迅速增加，同时城市各项建设事业空前高涨，也需要大量劳动力。为了适应当时经济形势的变化，国家逐步放宽了农村劳动力进城的条件。

改革开放初期的政策在不同程度上消除了农村劳动力流动的体制性障碍，为农村劳动力重新进城奠定了基础。1984 年 1 月，我国出台了《中共中央关于一九八四年农村工作的通知》，允许务工、经商、办服务业的农民自理口粮到集镇落户，这意味着农村劳动力可以流动。1984 年 2 月，我国出台了《国务院关于合作商业组织和个人贩运农副产品若干问题的规定》，允许农村集体和农民个人从事长途贩运，销售“三类农副产品”和统派购任务以外允许上市的农副产品。同年 10 月，我国出台了《国务院关于农民进入集镇落户问题的通知》，明确对于申请到集镇务工、经商、办服务的农民和家属，在集镇有固定的住所、有经营能力或在乡镇企业、事业单位长期务工的，地方政府在落常住户口、加价粮油供应、建房、买房、租房、工商登记发证和管理工作等方面要为其提供便利。此外，鼓励国营企业招收农村工人。

随着时间的推移，农村劳动力政策进一步放宽，政府允许农民进城开设店面、兴办服务业、提供各种劳务等等。在上述政策措施的推动下，农村劳动力进入了一个流动较快的时期。

三、控制盲流阶段

20 世纪 80 年代末，我国经济发展过热，引发了较为严重的通货膨胀。中央为此作出了治理经济环境、整顿经济秩序的决定。在治理整顿过程中，国家采取了压缩基本建设投资规模、加强财税控制等经济措施，导致许多建设项目下马或停建，企业开工不足。但与此同时，农村劳动力流动规模迅速扩大，农村劳动力大规模向城市流动。1989 年我国出现了第一次“民工潮”。“民工潮”的出现给铁路运输以及城市管理等方面带来了巨大压力，一时成为各界关注的焦点。

此时，我国农业劳动力政策的重点开始向控制农业劳动力盲目流动方向转移。1989 年，国务院办公厅发出《关于严格控制民工盲目外出的紧急通知》，要求各地政府严格控制民工盲目外出。1990 年，国务院出台《关于做好劳动就业工作的通知》，强调合理控制农村劳动力的转移，减轻城镇就业压力。这一时期，我国对农村劳动力进城务工的问题采用了法律、经济、行政等多重手段，建立了临时务工许可证和就业登记制度，对现有计划外员工进行了清退，使其返回农村劳动，并将严格控制“农转非”纳入国民经济和社会发展规划。

在农业剩余劳动力需要转移且城镇劳动力就业压力较大的背景下，为就地转移和消化农村剩余劳动力，我国一方面出台了控制劳动力流动的相关政策，另一方面鼓励发展乡镇企业和小城镇。如出台政策引导农村富余劳动力“离土不离乡”，因地制宜地发展林牧渔业，发展多种副业，搞好农村建设。

上述政策措施对农村劳动力的流动起到了调控作用，滞留在城市的农村劳动力流动人口大幅减少。在这一时期，我国流动人口管理体制也发生了积极变化，部分大城市开始制定流动人口的综合性管理法规，尝试建立综合性管理机构。这些尝试为未来统一开发和利用城乡劳动力资源，逐步建立健全城乡统一的劳动力市场打下了良好的基础。总体而言，1978—1991 年间我国农业劳动力转移政策的主要特点可以概括为：鼓励多种经营，对农业劳动力流动从严格限制到允许流动，但控制盲目流动。

四、规范跨地区流动阶段

20 世纪 90 年代前后，我国改革开放进入了新阶段，国民经济发展进入新一轮的增长期，但此时城乡差距和地区差距不断拉大，农村劳动力向城镇和东部地区转移就业的趋势已难以抑制。同时，我国农村吸纳劳动力就业不足，乡镇企业吸纳新增就业能力下降，使得农村剩余劳动力问题凸显。在多重挤压下，部分农村劳动力自发地、大规模地向外转移。面对劳动力的跨区域流动，过去以“堵”为主的政策显然无法从根源上解决问题，借助劳动力市场采取疏导的办法成为缓解“民工潮”压力的重要措施。

1992 年后，我国农业劳动力流动的政策出现了从“堵”到“疏”的重大改变，国家开始放宽农民进城务工的条件，对农民工的管理政策也由“控制盲目流动”调整为“鼓励、引导和实行宏观调控下的有序流动”。1994 年我国出台了《农村劳动力跨省流动就业管理暂行规定》，规范了农村劳动力有序流动的各种措施。如农村劳动力外出前，持身份证和其他证明在本人户口所在地的劳动就业服务机构进行登记，领取外出人员的救济登记卡，到达用人单位后领取当地劳动部门颁发的外来人员就业证，即“流动就业证”。同时，户籍制度改革的尝试及新就业制度的探索也吸引着更多的农民工进入城市。

1992—1996 年间我国农业劳动力转移政策的重点在于完善法律法规建设、规范农业劳动力转移、开展小城镇试点工作以及探索户籍制度改革。一是完善法律法规。当时经济体制改革的基本思路是将企业推入市场，确立国有企业独立的法人地位，建立“产权清晰、权责明确、政企分开、管理科学”的现代企业制度，其目标是建立社会主义市场经济体制。二是规范农业劳动力转移。从 1992 年起，非国有部门和乡镇企业得到了巨大发展，经济的快速发展刺激了对廉价劳动力的强烈需求，进而导致农业劳动力涌入城镇的数量不断增加。三是开展小城镇试点工作，探索户籍制度改革。1995 年，为深化农村改革，促进国民经济全面发展，根据我国农村小城镇发展的特点和现实条件，国家十一部委联合研究制定了《小城镇综合改革试点指导意见》，明确了试点工作的目标和原则并提出了十二项综合改革试点内容。

五、强调有序流动阶段

20 世纪 90 年代后期，我国正面临着激烈的经济体制转变和经济结构调整，农业劳动力流动面临着恶劣的市场环境。一系列的内外因素导致农民收入增幅持续下降，严重影响了农村和农业的稳定，提高农民收入成为摆在党和政府面前的重要任务。同时，我国农村的经济和就业形势都发生了新变化。一方面，家庭经营性收入对农民增收的贡献越来越小；另一方面，乡镇企业吸纳就业能力严重不足，农民就业不充分和收入增长缓慢问题进一步加剧。

1997—2002 年我国农业劳动力转移政策的重点在于组织农村富余劳动力有序流动及开展城镇制度改革。2000 年颁布的《关于做好农村富余劳动力流动就业工作的意见》明确提出，要按照形成市场导向就业机制的要求，坚持城乡统筹，进一步做好农村富余劳动力流动就业工作。其中，针对农业劳动力转移问题采取的对策包括突出重点、分类指导，建立流动就业信息预测预报制度，提高流动就业农业劳动力职业技能，加强区域劳务协作，保障就业农业劳动力合法权益以及规范乡镇劳动就业服务工作。

在这个时期，农村劳动力外出规模保持了逐年稳定增长的势头。中央政府及有关部门在改革城乡分割体制、推动城乡劳动力市场一体化方面也开始了新探索，农村劳动力的转移和流动正在进入一个新的发展时期。

六、促进公平流动阶段

伴随着我国一系列市场经济改革政策的出台，大量农村剩余劳动力从农业和农村中转移出来。作为一个特殊的群体，农民工扮演了特殊的角色，为深化改革、扩大开放、加快工业化和城镇化的进程作出了巨大贡献，农民工已然成为中国产业工人的重要组成部分。

2003年国务院办公厅颁布了《关于做好农民进城务工就业管理和服务工作的通知》，明确提出农村富余劳动力向城市转移，是工业化和现代化发展的必然趋势。该通知在赋予农民工流转合理合规的同时，明确了“六项措施”，包括取消对农村剩余劳动力进城务工就业的不合理限制、切实解决拖欠和克扣农村剩余劳动力工资问题、改善农村剩余劳动力的生活生产条件、做好农村剩余劳动力培训工作、多渠道安排农村剩余劳动力子女就学、加强对农村剩余劳动力管理等内容。2008年1月1日实施的《中华人民共和国就业促进法》明确规定：“农村劳动者进城就业享有与城镇劳动者平等的劳动权利，不得对农村劳动者进城就业设置歧视性限制”。

2013年，《中共中央关于全面深化改革若干重大问题的决定》提出了健全城乡发展一体化体制机制的改革举措，并强调要推进城乡要素平等交换和公共资源均衡配置。主要是保障农民工同工同酬，保障农民公平分享土地增值收益；完善农业保险制度；鼓励社会资本投向农村建设，允许企业和社会组织在农村兴办各类事业；统筹城乡义务教育资源均衡配置，整合城乡居民基本养老保险制度、基本医疗保险制度，推进城乡最低生活保障制度统筹发展，稳步推进城镇基本公共服务常住人口全覆盖，把进城落户农民完全纳入城镇住房和社会保障体系。

习近平总书记在多个重要会议及场合强调农民工的权益。如2015年4月，习近平总书记在十八届中央政治局第二十二次集体学习时强调：“要加快推进户籍制度改革，完善城乡劳动者平等就业制度，逐步让农业转移人口在城镇进得来、住得下、融得进、能就业、可创业，维护好农民工合法权益，保障城乡劳动者平等就业权利。”① 2016年5月，在中央财经领导小组第十三次会议上强调，“从事制造业的农民工达到八千六百多万人，只有让他们长期专注于某一领域的专业技能，才能不断提升技能，也才能成为中等收入者，为此要大力推进农民工市民化。”② 2021年2月，在中共中央政治局第二十八次集体学习时强调：“我国社会保障制度改革已进入系统集成、协同高效的阶段……要把农村社会救助纳入乡村振兴战略统筹谋划，健全农村社会救助制度，完善日常性帮扶措施。要健全农民工、灵活就业人员、新业态就业人员参加社会保险制度，健全退役军人保障制度，健全老年人关爱服务体系，完善帮扶残疾人、孤儿等社会福利制度。”③ 2021年4月，在广西考察时强调：“要提高人民生活品质，落实就业优先战略和积极就业政策，做好高校毕业生、退役军人、农民工和城镇困难人员等重点群体就业工作。”④

此外，2021年7月，中共中央政治局召开会议分析研究当前经济形势和经济工作，会议强调“要做好民生保障和安全生产，坚持巩固拓展脱贫攻坚成果与乡村振兴有效衔接，强化高校毕业生就业服务，畅通农民工外出就业渠道，改进对灵活就业人员的劳动者权益保障”。

促进公平流动是当前农业劳动力转移的重要方向，习近平总书记指出：“进城农民工

---

① 中共中央党史和文献研究院. 习近平关于“三农”工作论述摘编. 北京：中央文献出版社，2019：35.

② 中共中央党史和文献研究院. 习近平关于“三农”工作论述摘编. 北京：中央文献出版社，2019：147.

③ 习近平主持中共中央政治局第二十八次集体学习. 中国人大网，2021-02-27.

④ 解放思想深化改革凝心聚力担当实干建设新时代中国特色社会主义壮美广西. 人民网，2021-04-28.

是中等收入群体的重要来源，要深化户籍制度改革，解决好农业转移人口随迁子女教育等问题，让他们安心进城，稳定就业。”[①] 未来我国将继续深化农业劳动力政策，促进农村劳动力转移，保障进城农民工的权益。

第四节　农业劳动力的素质提升

在农业劳动力转移政策的变化过程中，我国实现了从限制流动、允许与控制流动转变为规范流动，从为解决经济社会矛盾限制劳动力流动到促进公平有序流动的跨越式发展。然而，随着农村大量劳动力外流，尤其是青壮劳动力涌入城镇，农业劳动力老龄化、妇女化已成为中国经济发展过程中一个不可避免的趋势，即“三八六一九九部队”。这可能会带来一系列负面影响，制约了农村经济社会发展，对农业生产造成了不利冲击。

习近平总书记指出：“提高农民，就要提高农民素质，培养造就新型农民队伍。”[②] 为有效改善现状，推进农业劳动力领域健康发展，国家制定了农业劳动力素质提升、职业农民等政策，以此提高农村人力资源的水平。

一、人力资本理论

舒尔茨首次系统地论述了人力资本与经济增长的关系，认为人力资本是对劳动者教育培训、卫生保健、在国内外流动等方面的投资形成的能力部分，可提高国民收入与经济增长。贝克尔大力推动人力资本理论的发展，他注重从微观角度的研究，分析了正规教育、在职培训的成本收益以及个人人力资本投资与收入分配的关系，认为人力资本的提升可增加个人收入，解释经济增长。

在索洛提出著名的索洛模型之后，大批经济学家开始关注以人力资本为核心的经济增长。罗默提出以人力资本为核心的收益递增增长模型，罗默指出，内生的技术进步是经济能够不依赖外力而保持持续增长的决定因素。人力资本作为经济增长的主要因素，不仅自身能形成递增的收益，而且能使资本等要素投入也产生递增收益，整个经济收益的递增维系了长期的经济增长。罗默认为经济增长率随着投入研发的人力资本的增加而得到提高，引起经济增长的主要因素不是经济规模而是人力资本的规模，经济发展落后的国家一般人力资本水平较低，投入研发中的人力资本少使得经济增长缓慢。罗默论证了人力资本数量和质量对经济增长率的决定性作用，是新经济增长理论的重要创始人之一。

卢卡斯在罗默模型的基础上构建了人力资本积累的经济增长模型，用人力资本解释了经济的持续增长，论证了人力资本积累是经济长期增长的根本动力。他提出了两个经济增长模型：一是两资本模型，从个人和专业化两方面将人力资本化作技术进步增长的

---

① 习近平．扎实推动共同富裕．求是，2021（20）．

② 中共中央党史和文献研究院．习近平关于“三农”工作论述摘编．北京：中央文献出版社，2019：142．

另一种动力形式，提出劳动者从正规教育中所积累的人力资本对经济增长起到了决定作用，产生了内部效应；二是两商品模型，提出劳动者的时间全部用于商品生产，表明人力资本是通过“干中学”形成的，并产生了外部效应。

知识拓展

人力资源指在一个国家或地区中，处于劳动年龄、未到劳动年龄和超过劳动年龄但具有劳动能力的人口总量。人力资源也指一定时期内组织中的人所拥有的能够被企业所用，且对价值创造起到贡献作用的教育、能力、技能、经验、体力等的总称。关于农村人力资源，不同的学者提出了各种不同的观点。较为普遍的说法认为，农村人力资源就是在农村范围内，经过一定时间和教育后，能够将体能和智慧发挥出来，并进行生产和服务的适龄人口总体所具有的劳动能力的总和，它是推动农村社会经济发展的基础资源。

小思考

你是怎样理解我国农村人力资源的？

二、新型职业农民政策

虽然人力资本理论存在多种学术观点，但毫无疑问的是，人力资本的积累与提高能够促进经济增长。当前，我国农村人力资源水平较低，其主要原因在于教育投入不足、农村生产力水平落后以及人力资源开发缺乏计划和组织。农村人力资本的严重不足，很大程度上影响甚至威胁着我国农村社会和经济的发展。这种低水平的人力资本严重影响了农业科学技术的推广和运用，阻碍了农村剩余劳动力的有效转移，制约了非农产业的发展，难以适应农业产业结构的优化、农业增长方式的转型以及农业产业结构的调整与优化。如何提升农业劳动力的素质，是制定政策的重点。

习近平总书记强调：“只有在建设农村、发展农业的同时，用现代文明、先进理念武装农民、提高农民，努力使农民成为具有新理念、新思想、新知识、新文化、新精神、新技能、新素质、新能力的新型农民，新农村建设才具有更加深远的意义和更加长久的活力，才能取得真正的成效。”① 习近平总书记在谈主动适应、把握、引领经济发展新常态中，再次强调，“农村经济社会发展，说到底，关键在人。……‘谁来种地’这个问题，说到底，是愿不愿意种地、会不会种地、什么人来种地、怎样种地的问题。核心是要解决好人的问题，通过富裕农民、提高农民、扶持农民，让农业经营有效益，让农业成为有奔头的产业，让农民成为体面的职业，让农村成为安居乐业的美丽家园。”②

进入21世纪后，我国提出了职业农民、新型农民、农村实用人才等概念，对变化发

① 习近平. 之江新语. 杭州：浙江人民出版社，2007：198.

② 习近平. 在中央农村工作会议上的讲话（2013年12月23日）//十八大以来重要文献选编（上）. 北京：中央文献出版社，2014：678.

展中的农民进行了多种角度的培育。2005年农业部在《关于实施农村实用人才培养“百万中专生计划”的意见》中首次提出培养职业农民。该文件指出，农村实用人才培养“百万中专生计划”的培养对象是农村劳动力中具有初中（或相当于初中）及以上文化程度，从事农业生产、经营、服务以及农村经济社会发展等领域的职业农民。2006年年初，农业部进一步提出招收10万名具有初中以上文化程度，从事农业生产、经营、服务以及农村经济社会发展等领域的职业农民，把他们培养成有文化、懂技术、会经营的农村专业人才。2007年《中共中央、国务院关于积极发展现代农业扎实推进社会主义新农村建设的若干意见》首次提出培养“有文化、懂技术、会经营”的新型农民。党的十七大报告指出要培育新型农民。此后，多部门强调开展农村实用人才培训、发展新型农民，并将其列入发展规划。① 在新型农民的概念被提出后，农业农村部、教育部、财政部等部委开展了农民的培育、农村人力资源开发等工作，并实施了新型农村人才培养工程。②职业农民的发展和教育培养成为我国农业劳动力发展的重要方向。

（一）发展阶段：2012—2015年

自2012年中央一号文件提倡发展新型职业农民后，2013年、2014年与2015年中央一号文件继续提出大力培育新型职业农民，相比2012年一号文件，这三年的一号文件细化了培训对象和培训目标。

“新型职业农民”一词首次出现于2012年中央一号文件中。该文件从加快农业科技创新、促进农业科技成果推广应用的角度出发，明确指出“大力培育新型职业农民”。2013年中央一号文件强调，要“大力培育新型农民和农村实用人才，着力加强农业职业教育和职业培训。充分利用各类培训资源，加大专业大户、家庭农场经营者培训力度，提高他们的生产技能和经营管理水平。制订专门计划，对符合条件的中高等学校毕业生、退役军人、返乡农民工务农创业给予补助和贷款支持”。同年，农业农村部对新型职业农民进行了定义，即以农业为职业、具有一定的专业技能、收入主要来自农业的现代农业从业者。③ 具体包括以下三类人群：第一，生产经营型职业农民。包括以农业为职业、占有一定的资源、具有一定的专业技能、有一定的资金投入能力、收入主要来自农业的农业劳动力。第二，专业技能型职业农民。包括在农民合作社、家庭农场、专业大户、农业企业等新型生产经营主体中较为稳定地从事农业劳动作业，并以此为主要收入来源，具有一定专业技能的农业劳动力，主要是农业工人、农业雇员（一年6个月以上）等。第三，社会服务型职业农民。包括在社会化服务组织中或个体直接从事农业产前、产中、产后服务，并以此为主要收入来源，具有相应服务能力的农业社会化服务人员。

2013年11月，习近平总书记在山东省农科院召开的座谈会上表示：“农业出路在现代化，农业现代化关键在科技进步。我们必须比以往任何时候都更加重视和依靠农业科

---

① 《中共中央办公厅、国务院办公厅关于加强农村实用人才队伍建设和农村人力资源开发的意见》《国家中长期人才发展规划纲要（2010—2020年）》《农村实用人才和农业科技人才队伍建设中长期规划（2010—2020年）》《现代农业人才支撑计划实施方案》《全国农业和农村经济发展第十二个五年规划》。

② 《全国现代农业发展规划（2011—2015年）》《关于加快发展面向农村的职业教育的意见》。

③ 《农业部办公厅关于新型职业农民培育试点工作的指导意见》。

技进步，走内涵式发展道路。矛盾和问题是科技创新的导向。要适时调整农业技术进步路线，加强农业科技人才队伍建设，培养新型职业农民”。[①] 2015 年 12 月，习近平总书记在中央经济工作会议上强调：“要加大投资于人的力度，全面加强教育事业，深化教育综合改革，提升教育质量，加快推进中西部教育发展，高度重视对农民工、职业农民、退役军人等的培训，及时对下岗失业人员进行技能再培训，使劳动者更好适应变化了的市场环境。”[②]

2013 年 12 月，中央农村工作会议强调：“要把加快培育新型农业经营主体作为一项重大战略，以吸引年轻人务农、培育职业农民为重点，建立专门政策机制，构建职业农民队伍，为农业现代化建设和农业持续健康发展提供坚实人力基础和保障。与此同时，也要继续重视普通农户的生产发展。”同时，该会议强调：“要提高农民素质，培养造就新型农民队伍，把培养青年农民纳入国家实用人才培养计划，确保农业后继有人。”

2014 年中央一号文件在扶持发展新型农业经营主体部分提出，要“加大对新型职业农民和新型农业经营主体领办人的教育培训力度”。2015 年中央一号文件在提升农村公共服务水平部分指出，要“积极发展农业职业教育，大力培养新型职业农民”。从 2012 年中央一号文件“培育新型职业农民”的提出至 2015 年中央一号文件的“大力培养新型职业农民”，国家始终将新型职业农民培育放在重要位置。新型职业农民的培育仍处于摸索阶段。

（二）成熟阶段：2016—2019 年

2016 年中央一号文件明确提出“加快培育新型职业农民”的国家战略，并强调“将职业农民培育纳入国家教育培训发展规划，基本形成职业农民教育培训体系，把职业农民培养成建设现代农业的主导力量。办好农业职业教育，将全日制农业中等职业教育纳入国家资助政策范围。依托高等教育、中等职业教育资源，鼓励农民通过‘半农半读’等方式就地就近接受职业教育。开展新型农业经营主体带头人培育行动，通过 5 年努力使他们基本得到培训。加强涉农专业全日制学历教育，支持农业院校办好涉农专业，健全农业广播电视学校体系，定向培养职业农民。引导有志投身现代农业建设的农村青年、返乡农民工、农技推广人员、农村大中专毕业生和退役军人等加入职业农民队伍。优化财政支农资金使用，把一部分资金用于培养职业农民。总结各地经验，建立健全职业农民扶持制度，相关政策向符合条件的职业农民倾斜。鼓励有条件的地方探索职业农民养老保险办法”。至此，我国形成了新型职业农民培育的国家战略。

2017 年后，国家出台的多个重要文件均强调了培育新型职业农民。如 2017 年中央一号文件在开发农村人力资源部分指出：“重点围绕新型职业农民培育、农民工职业技能提升，整合各渠道培训资金资源，建立政府主导、部门协作、统筹安排、产业带动的培训机制。”2018 年中央一号文件提出：“大力培育新型职业农民。全面建立职业农民制度，完善配套政策体系。实施新型职业农民培育工程。支持新型职业农民通过弹性学制

① 习近平牵挂的十一件农事. 新华网，2014-12-23.

② 习近平：教育是对中华民族伟大复兴具有决定性意义的事业. 人民网-中国共产党新闻网，2018-02-01.

参加中高等农业职业教育。”各部委相继出台文件强调发展新型职业农民培育，积极发展现代农业职业教育，大力培育新型职业农民、加强民族地区职业教育、建立公益性农民培养培训制度，造就高素质的新型农业生产经营者队伍，为农业可持续发展提供坚实的人才保障。其中，2017 年 1 月农业部出台《“十三五”全国新型职业农民培育发展规划》，提出“到 2020 年，新型职业农民队伍不断壮大，总量超过 2 000 万人，务农农民职业化程度明显提高”。2017 年 5 月农业部印发《关于加快构建政策体系培育新型农业经营主体的意见》，强调农业部与多部门实施新型农业经营主体培育工程，提出到 2018 年培养 100 万以上新型职业农民。此外，2018 年《农业农村部关于大力实施乡村振兴战略加快推进农业转型升级的意见》指出：“实施新型职业农民培育工程，每年培训 100 万人次；支持以新型职业农民为主体的农村实用人才通过弹性学制参加中高等农业职业教育。”①

习近平总书记在多个场合强调了培育新型职业农民。2016 年 4 月，习近平总书记在安徽凤阳县小岗村主持召开农村改革座谈会，强调“加快农村发展，要紧紧扭住发展现代农业、增加农民收入、建设社会主义新农村 3 大任务。发展现代农业，要在稳定粮食生产、确保国家粮食安全基础上，着力构建现代农业产业体系、生产体系、经营体系，加快构建职业农民队伍，形成一支高素质农业生产经营者队伍”②。2016 年 5 月，习近平总书记在中央财经领导小组第十三次会议上强调：“我国经济发展进入新常态，处于爬坡过坎的重要窗口期、跨越‘中等收入陷阱’的关键节点。转方式调结构和扩大中等收入群体是同一个过程的两个侧面。转方式调结构是从主要依靠简单劳动、扩大投资、大量投入能源资源等转向更多依靠创新驱动发展的过程，是从主要依靠制造业转向更多依靠现代服务业的过程，又是从主要依靠传统产业转向更多依靠新兴产业的过程，因而是企业家、科技人员、技术工人队伍发挥更大作用的过程，是教师、医生、律师、金融从业人员、信息服务人员、社会组织管理者等队伍扩大的过程。转方式调结构还是新型农业经营主体、新型职业农民成长的过程。”③ 2016 年 12 月，习近平总书记在中央财经领导小组第十四次会议上强调：“各地发展水平不同，补短板重点不同。从全国来看，要在以下几方面下大气力……四是加大人力资本投入力度，培养更多优秀企业家、创新人才、高技能人才和新型职业农民，提高劳动者素质……”④ 2017 年 3 月，习近平总书记参加十二届全国人大五次会议四川代表团的审议，强调“要坚持市场需求导向，主攻农业供给质量，注重可持续发展，加强绿色、有机、无公害农产品供给，提高全要素生产率，优化农业产业体系、生产体系、经营体系，形成农业农村改革综合效应，推进城乡发展一体化，就地培养更多爱农业、懂技术、善经营的新型职业农民”⑤。2017 年 4 月，习近平总书记在广西考察工作时指出：“解决好十几亿人口的吃饭问题，始终是我们党治国理政的头等大事。要以构建现代农业产业体系、生产体系、经营体系为抓手，加强农田水

① 农业部关于大力实施乡村振兴战略加快推进农业转型升级的意见. 中国政府网，2018 - 02 - 19.

② 习近平：加大推进新形势下农村改革力度 促进农业基础稳固农民安居乐业. 新华社，2016 - 04 - 28.

③ 习近平：推进供给侧结构性改革是一场硬仗. 人民网-中国共产党新闻网，2017 - 06 - 21.

④ 习近平：推进供给侧结构性改革是一场硬仗. 人民网-中国共产党新闻网，2017 - 06 - 21.

⑤ 中共中央党史和文献研究院. 习近平关于“三农”工作论述摘编. 北京：中央文献出版社，2019：95 - 96.

利等农业基础设施建设，严格落实耕地保护制度，加强农业科技创新和推广，夯实粮食安全基础，延伸农业产业链，着力发展高附加值、高品质农产品，提高农业综合素质、效益、竞争力。”① 2017 年 10 月，习近平总书记在中国共产党第十九次全国代表大会上强调：“促进农村一二三产业融合发展，支持和鼓励农民就业创业，拓宽增收渠道。加强农村基层基础工作，健全自治、法治、德治相结合的乡村治理体系。培养造就一支懂农业、爱农村、爱农民的‘三农’工作队伍。”②

从以上文件、会议讲话可以看出，我国对新型职业农民培育政策的变化从阶段性、局部性向长期性、全面性转变，从原则性向目标具体和任务明确转变。新型职业农民培育问题已经上升为国家战略。

知识拓展

这些年，我国农业劳动力老龄化很快。我到农村调研，在很多村子看到的多是老年人和小孩，年轻人不多，青壮年男性寥寥无几，留在农村的是“三八六一九九部队”。出去的不愿回乡干农活，留下的不安心搞农业，再过十年、二十年，谁来种地？这的确不是杞人忧天！要把加快培育新型农业经营主体作为一项重大战略，以吸引年轻人务农、培育职业农民为重点，加快构建职业农民队伍，形成一支高素质农业生产经营者队伍，为农业现代化建设提供坚实人力基础和保障。要加大对农业的支持力度，通过富裕农民、提高农民、扶持农民，让农业经营有效益，让农业成为有奔头的产业，让农民成为体面的职业。

资料来源：习近平. 在农村改革座谈会上的讲话（2016 年 4 月 25 日），论坚持全面深化改革. 北京：中央文献出版社，2018：262.

小思考

你认为我国未来将由谁来种地？

三、高素质农民政策

2019 年 8 月，我国颁布实施的《中国共产党农村工作条例》明确提出：“培养一支有文化、懂技术、善经营、会管理的高素质农民队伍，造就更多乡土人才。”“高素质农民”一词更加明确了职业农民政策的未来方向。培养造就高素质农民队伍，是乡村振兴战略背景下提出的新任务新要求。

2019 年，农业农村部办公厅、教育部办公厅印发的《关于做好高职扩招培养高素质农民有关工作的通知》指出：“全面完成 2019 年高职扩招培养高素质农民任务，在此基础上经过 5 年的努力，培养 100 万名接受学历职业教育、具备市场开拓意识、能推动农

① 中共中央党史和文献研究院. 习近平关于“三农”工作论述摘编. 北京：中央文献出版社，2019：86-87.

② 中共中央党史和文献研究院. 习近平关于“三农”工作论述摘编. 北京：中央文献出版社，2019：6.

业农村发展、带领农民增收致富的高素质农民，形成一支留得住、用得上、干得好、带得动的'永久牌'乡村振兴带头人队伍。”2020 年中央一号文件明确指出加快构建高素质农民教育培训体系。2021 年颁布实施的《关于加快推进乡村人才振兴的意见》明确提出：“深入实施现代农民培育计划，重点面向从事适度规模经营的农民，分层分类开展全产业链培训，加强训后技术指导和跟踪服务，支持创办领办新型农业经营主。”

为加强农业农村人才队伍建设，培养造就一支高素质农业农村人才队伍，2021 年农业农村部编制了《“十四五”农业农村人才队伍建设发展规划》。该文件强调培育高素质农民，要按照“需求导向、产业主线、分层实施、全程培育”的思路，重点面向从事适度规模经营的农民，分层分类开展全产业链培训，“十四五”期间培育 500 万高素质农民。纵观我国农业劳动力素质提升政策、职业农民政策，农民职业化发展主线始终不变。

新闻链接

实施高素质农民政策后，农业农村部对全国 30 个省、164 个区县、近万名高素质农民开展了问卷调查，并出版了《2020 年全国高素质农民发展报告》。该报告指出，高质素农民发展呈现以下特点。

一是高素质农民发展总体稳中向好。2020 年全国高素质农民发展指数得分为 0.487 2，与 2019 年矫正结果相比提高 0.81%，说明全国高素质农民发展水平稳中有升。二是高素质农民队伍质量结构持续优化。全国 90%以上高素质农民从业时间在 5 年以上，并接受了农业相关培训，农业生产经营经验丰富；近 50%的高素质农民为新生力量，其中进城务工返乡人员和大中专毕业生为主体，高素质农民后备力量较为充足。三是高素质农民产业发展水平不断提高。超过 50%的高素质农民为规模经营农户，家庭土地平均经营规模为 140 亩，远远高于第三次全国农业普查规模经营农户占比。近 25%的高素质农民拥有绿色农产品标识，高素质农民在“一控两减三基本”、绿色发展等方面表现较好。四是高素质农民收入水平有所提升。2019 年高素质农民的农业生产经营人均纯收入达到 3.30 万元，相当于同期城镇居民人均可支配收入（4.24 万元）的 78%，是农村居民人均可支配收入（1.60 万元）的 2.06 倍。27.76%的高素质农民农业生产经营纯收入大于等于同期城镇居民人均可支配收入。相比 2018 年，高素质农民人均农业纯收入提高了 5.43%。

资料来源：汪学军.《2020 年全国高素质农民发展报告》发布词. 第三届（2020）全国农民教育培训发展论坛，2020-12-15.

本章小结

农业劳动力一般是指能参加农业劳动的劳动力的数量和质量。农业劳动力的数量是指农村中符合劳动年龄并有劳动能力的人的数量和不到劳动年龄或已超过劳动年龄，但实际参加农业劳动的数量。农业劳动力质量是指农业劳动力的体力强弱、技术熟练程度和科学文化水平的高低。农业劳动力的数量和质量受自然、社会、经济、文化教育等各种因素的影响而处于不断变化之中。本章第二、三节介绍了关于农业劳动力数量的相关内容，尤其是理论层面的劳动力供给和我国农业劳动力转移的历程。第四节则侧重介绍了农业劳动力质量的内容，从人力资本理论与农民素质提升的政策角度进行梳理。

本章习题

1. 什么是农业剩余劳动力？
2. 农业劳动力转移的主要理论模型有哪些？其主要内容是什么？
3. 如何理解刘易斯拐点？
4. 我国农业劳动力转移都经历了哪些阶段？
5. 如何提升农业劳动力素质？

参考文献

1. Becker，G. S. *Human Capital*. Columbia University Press，New York，1964；2nd ed.，1975.

2. Lucas，Robert E. Why Doesn't Capital Flow from Rich to Poor Countries?. *American Economic Review*，1990，80 (2)：92 - 96.

3. Romer，P. M. Endogenous Technological Change. *Journal of Political Economy*，1990，98 (8)：32 - 36.

4. Schultz，T. W. Investment in Human Capital. *American Economic Review*，1961，51 (5)：1026 - 1043.

5. Solow，R. M. Growth Theory and After. *American Economic Review*，1988，78 (3)：307 - 317.

6. 蔡昉. 刘易斯转折点——中国经济发展阶段的标识性变化. 经济研究. 2022 (1)：16 - 22.

7. 李秉龙，薛兴利. 农业经济学. 4 版. 北京：中国农业大学出版社，2021.

8. A. 恰亚诺夫. 农民经济组织. 北京：中央编译出版社，1996.

第五章

农业产业金融

本章要点

1. 掌握农业投资、资本形成及其对农业生产率和产出提升的作用机制；
2. 掌握农业资金的特点和运动规律；
3. 掌握农业证券市场的概念和分类，农业借贷市场的资金来源及分类；
4. 掌握农村金融体系的主要构成、主要特征和发展方向；
5. 了解中国农村合作金融的发展历程及发展趋势。
6. 了解农业价值链金融的主要模式、产品和风险控制机制。

关键词

农业投资；资本形成；农业资本市场；农村金融；农村合作金融；农业价值链金融

导入案例

城商行服务乡村振兴模式创新

巩固拓展脱贫攻坚成果、全面推进乡村振兴，是新时期“三农”工作的重中之重。金融机构作为接续推进脱贫地区乡村振兴的重要力量，也将继续发挥举足轻重的作用。桂林银行作为广西的三家城商行之一，自2019年10月以来响应国家乡村振兴战略，在金融服务乡村振兴方面先行先试，通过下沉金融服务和优化村级公共服务数字化转型逐步形成了同时兼顾社会责任和商业可持续的农村普惠金融助力乡村振兴的创新模式，取得了显著的成效。

一是通过网络体系创新，夯实金融服务的基础设施。桂林银行于2020年设立乡村振兴工作部，对全行服务乡村振兴工作进行统筹管理，科学布局。与一般商业银行的网络架构有所不同，桂林银行搭建了“市—县—乡—村”四级服务网络，具体为在地市设立分行、在县域设立支行、在乡镇设立小微支行并在村一级设立农村普惠金融服务点。截至2021年11月，桂林银行已在广西全区设立了11家地市级分行、56家县级支行、421家社区小微支行（其中乡镇小微支行203家）和6 200余家村级农村普惠金融综合服务点，通过四级服务网络为全区2 000多万农村人口提供服务，提高了金融服务在农村的可得性、便利性和可及性，真正打通了金融服务“三农”的“最后一公里”。与此同时，桂林银行通过深化银政企合作，围绕民生为农村服务点搭建赋能平台，依据其安置在村级普惠金融服务点的智能化服务终端，助推公共服务资源下沉，为农民提供社保代缴、养老保险待遇领取资格认证、灵活就业人员公积金缴纳、预约挂号、远程视频问诊、创业就业咨询等“一揽子”服务，在大大降低了银行的交易成本的同时提高了农民的生活便利程度。

二是通过支付及信用体系创新，构建良好的信贷环境。桂林银行一方面依托服务点构建助农取款服务网络，深入推进农村支付环境建设，围绕农村商户、市集、学校、医院和公共事业缴费等方面，助力农村支付结算体系下沉，推进移动支付和手机银行在农村地区的广泛应用。另一方面合理运用技术和产品创新，逐步建立起农村信用体系，改善诚信环境，助力乡村建设和乡村治理。此外，桂林银行还通过成立研培中心，搭建“线上＋线下”服务乡村振兴培训体系，加强乡村振兴人才培养和农村金融知识宣传普及。具体表现为：在继续扩大村级农村普惠金融综合服务点建设的同时，将有威望、有意愿、有能力的村民选拔为服务点站长。持续完善服务点站长培训成长体系，把服务站长培养成为助力乡村振兴的重要力量；积极开展金融知识下乡、金融夜校等活动，开展农村征信基础知识和消费者权益保护知识普及，通过宣讲鼓励村民远离非法集资，警惕电信诈骗，提高风险防范能力。

三是通过金融生态体系创新，加大“三农”信贷投入。桂林银行一方面通过县域攻坚的方式深入广西30多个县调研，制定特色产业帮扶的全产业链金融服务方案，让小农户嵌入产业链、融入大市场。按照广西壮族自治区加快推进农业全产业链发展工作要求，加强金融产品创新设计，针对不同经营主体和特色产业设计出“微链贷”“桂惠贷”等创新性信贷产品，为广西农业“建链补链强链扩链”提供优质金融服务。另一方面，桂林银行依托四级服务网络，通过供应链帮助农户实现产供销对接，通过搭建生活服务平台和微信小程序打造“银行＋商户＋农户”的农产品上行模式，将全区特色农产品从“小乡村”搬上“大平台”，助力农民增收致富。此外，桂林银行还全力服务碳达峰、碳中和的整体目标，通过与区域性的碳排交易所合作，积极推动开展碳排放权抵押、碳账户等绿色金融创新，引导企业开展绿色经营，不断改善区域内自然环境和企业经营生态。

经过两年多的推进与沉淀，桂林银行服务乡村振兴战略的持续推进有效弥补了广西农村地区的金融服务短板以及村镇一级的农村金融服务空白，极大地推动了普惠金融在农村地区的发展和区域内的乡村振兴进程。

资料来源：朱乾宇，祁江，马九杰．城商行服务乡村振兴模式创新．中国金融，2022（2）．

小思考

你怎样理解农村金融对农村经济发展的作用？

第一节　农业投资与资本形成

一、农业投资、资本形成与生产率改进

资本是决定农业增长的一个重要因素，而资本存量的增减是农业净投资逐渐累积的结果。农业投资促进农业生产经营主体的资本形成（capital formation），也会加快农业技术进步，改善人力资源水平和土地质量，进而促进农业生产率的改进和农业产出的增加。

小思考

在经济增长理论中，资本、劳动和技术进步如何影响一国的经济增长？如何测度它们对经济增长的贡献率？

（一）农业投资与技术进步

技术创新是农业增长的重要源泉已成为共识，但实际上，资本是技术变迁的载体，农业部门的技术变迁过程必然与新型资本投资有关，技术变迁必然涉及跨期的资本投资（包括物质资本和人力资本）决策。在某种程度上可以说，技术变迁过程就是用新型资本投入（包括机械类的或生物、化学类的）去替代劳动或土地等要素的过程。

速水与拉坦（Hayami and Ruttan，1985）将农业发展理论进行梳理后分为资源开发模型、肥力保持模型、城市工业影响农业发展的区位模型、扩散模型、高收益投入模型等，并从农业增长的长期可持续性方面对每种模型进行了评论。实质上，对每种模型评论的角度就是是否进行农业投资、是否提高生产率和产出水平。比如：（1）对于资源开发模型，速水和拉坦认为，该模型下的农业增长在长期内不可持续，而要实现和维持农业增长，必须开发资源保持型或增进型技术（如作物轮作、施肥、灌溉等涉及土地更加集约利用、水资源管理等的技术），同时采用现代工业投入品（如化肥）和现代作物品种。而这需要对土地和水利基础设施、生产现代农业投入品所需的工业能力，以及开发和有效利用新技术所需的科学研究和人力资本进行投资。（2）对于肥力保持模型，速水和拉坦认为，该模型更强调农业内部投入，如依靠动植物和人肥料的再循环，是一种追求能源节约、资源可持续的农业发展方式，但是若不提倡工业投入的作用，则难以获得足够的农业增长率来满足人们对农产品日益增长的需求。（3）对于城市工业影响农业发展的区位模型，速水和拉坦认为，该模型在欠发达国家最贫穷地区没有太大的政策含义，但是对于新兴工业化国家来说，可以通过分散化工业发展政策，利用城市工业部门作为农业的生产性投入来源，同时也强调政府对研究能力和农业服务进行投资的必要性。（4）对于扩散模型，速水和拉坦认同该模型将知识、技术和制度的扩散作为经济发展的重要源泉，以及更好的耕作方法及作物与畜禽品种的扩散是农业生产率增长的主要源泉

的观点。农业生产者之间具有土地或劳动生产率方面的差异，通过有效的技术知识的传播，这种差距会缩小，从而农业增长得以实现。但是，速水和拉坦也质疑了该模型的一些假设前提，如农业技术能够容易地从生产率高的国家向生产率低的国家扩散，发展中国家技术先进农民向落后农民进行技术转移。速水和拉坦指出，技术转移的有效性越来越依赖于转入国或地区自身研发能力的提高，而适应自身农业气候与资源禀赋条件的新知识、新技术的创造能力提高依赖于相应的投资。（5）对于高收益投入模型，速水和拉坦认同舒尔茨的观点，即传统农业转变成经济增长的生产性源泉的关键就是投资，应通过公共和私人投资创造出穷国农民可得的、适合于穷国的现代高收益技术投入品；要想获得相对高的生产率，必须进行三类投资，即对培育农业科学研究机构创造新的、适于本地特点的技术知识能力的投资；对培育开发、生产和营销新技术投入品的工业部门的投资；对农村人口的学历教育和非正式的推广教育的投资。但速水和拉坦也指出，这个模型没有解释一个特定社会农业部门的经济条件如何诱导了有效的农业技术变迁路径。

在上述评论的基础上，速水和拉坦提出了一个将农业增长动态化的模型，即诱致创新模型。该模型将农业发展描述为投入要素（如农业机械、种子、化肥等）的动态替代过程。[①] 技术变迁过程就是不断地开发出能够有利于用相对充裕（因而比较廉价）的投入要素来代替相对短缺（因而相对昂贵）的投入要素的技术。也就是说，新技术一般是为了节约相对短缺的生产要素而开发的（或节约土地，或节约劳动）。不同国家的资源禀赋不同，因而技术变迁路径不同，即特定的资源禀赋结构诱致了特定的技术变迁路径，因而该理论也被称为“诱致性创新理论”。新的技术往往嵌入在有形的投入要素中，如新的作物品种、新农业机械设备、新型肥料等的引入。或者说，农业技术进步是以有形的物质资本投入为载体的。可以说，农业发展中的技术变迁过程，就是投入要素质与量的变迁过程。相应地，根据农业生产物质资本投入的类型，技术进步一般可分为机械型技术进步（以节约劳动为主要驱动力）和化学及生物技术进步（以节约土地为主要驱动力）。[②]托达罗与史密斯（2020）进一步指出，劳动力丰裕、资本稀缺的国家则需要资本节约型技术进步。美国经常被看作地广人稀、开展节约劳动的机械化技术进步的代表性例证，而日本土地稀缺、劳动力相对充裕，则经常被看作特有资源禀赋条件诱导出以生物技术为主的节约土地型技术进步的例证。[③]

2020 年发表在《美国农业经济学杂志》上的比较新的一篇文献中，作者奥姆斯特德（Olmstead）基于对美国农业发展历史的考察，对拉坦的诱致性技术变迁理论提出了质疑和修正视角，认为对美国农业发展历史的认识，不能主要集中在引入一系列机械技术发明上，而必须注意到一系列复杂的生物技术创新，这些创新使农民能够应对病虫害的影响。劳动力丰富和土地匮乏国家的农民相比劳动力稀缺和土地丰富国家的

---

① Hayami，Yujiro，Vernon W. Ruttan. *Agricultural Development*：*An International Perspective*. Johns Hopkins Studies in Development. Johns Hopkins University Press，1985. Ruttan，Vernon W. Productivity Growth in World Agriculture：Sources and Constraints. *Journal of Economic Perspectives*，2002，16（4）：161－184.

② 关于机械技术变迁和生物及化学技术变迁经济分析的介绍，还可参见 Stevens and Jabara（1988）等。

③ Todaro，Michael，Stephen Smith. *Economic Development*. 13th Edition. Pearson，2020.

农民，在生物技术进步方面的投资从相对意义上讲是多的，而从绝对意义上讲，劳动力稀缺和土地丰富国家在生物技术与机械技术两类创新方面的投资都增加了。而且，奥姆斯特德特别强调了农业技术创新投资中政府发挥着重要的作用，指出美国农民在政府和私营部门技术研发盟友的助力下，对生物技术创新的投资要远远超过对机械技术的投资。①

(二) 资本形成对农业生产率提升的作用机制

新增投资可以提高资本积累水平，而资本积累可以是原有资源量上的增加（如开垦未利用土地），也可以是提高现有资源的质量和性能（改善灌溉条件的土地、具有更高性能的农机设备等）。农业要素质量的改进是技术进步的体现，新的技术需要有形的投入要素作为载体，技术进步将提高劳动质量、改善资本性能、提高土地生产力等。农业投资能形成新的资本，新形成的资本性能改善了、生产率提高了。因而，农业技术进步可以是如托达罗与史密斯所称的劳动扩增型技术进步（labor-augmenting technology）、资本扩增型技术进步（capital-augmenting technology）。劳动扩增型技术进步，就是通过加大人力资源投资，改善教育、健康、医疗条件来改进人力资本，使得劳动质量和性能提高，起到类似于增加劳动力数量的效果，最终提高劳动生产率。资本扩增型技术进步意味着新的资本品具有更高的生产率，如农业生产工具性能的改进、地力的提高等。

联合国粮农组织（FAO）2013年发布了一份关于促进农业投资和资本形成的专门报告②，试图更深入了解发展中国家农业生产主体层面的储蓄和投资、农业和涉农工业部门中国内外企业私营投资以及公共部门投资之间的关系。农业生产主体、上下游涉农经营主体以及相关政府公共部门投资决定了农业产业要素投入与生产率的增加，决定了农业产出水平的增长潜力。其中，任何投资要想对农业生产和生产率产生积极影响，都必须有助于农户或其他类型生产主体层面的资本形成。一般地讲，资本是一组“为生产服务的产品”或一组“生产资料”，如农业生产过程中使用的农业机械、工具、农用建筑物、车辆等，而资本形成指一定时期内资本存量的增加。投资促进新的资本形成，这一新的资本将具有更高的技术含量。农业生产中，资本将与土地和劳动力两个不可或缺的生产要素结合，会影响劳动力和土地的性能，提高劳动生产率和土地生产率。资本形成带来农业生产率的提高，可通过劳动扩增型技术进步和土地扩增型技术进步来实现。

关于土地扩增型技术进步，就是通过施肥和土地改良的资本利用形式建立对土地使用中养分流失的补偿机制，保持和提高土地肥力，提高土地生产率和产出数量。这类技术相当于增加了土地数量，故被称为“土地扩增型”技术，实际上也是“土地节约型”技术的另一侧面的表述。关于劳动扩增型技术进步，就是通过利用农机、工具以及农机设备操作技能等，扩展人类原始劳动的自然极限，提高劳动生产率和产量。这类资本形

① Olmstead, Alan L., Historical and Institutional Perspectives on American Agricultural Development. *American Journal of Agricultural Economics*. 2020, Vol. 102 Issue 2, pp. 400-418.

② Syed, Saifullah, Masahiro Miyazako, *Promoting Investment in Agriculture for Increased Production and Productivity*. CABI Publishing, 2013.

成相当于增加了劳动力数量，故被称为劳动扩增型技术进步。

投资、资本形成与技术进步对农业生产率与产出的影响机制如图 5－1 所示。原初劳动力、土地、基于资本的扩增劳动力技术和基于资本的扩增土地技术的组合，决定了不同的生产率和产出水平。如果没有资本形成和技术使用，仅仅使用原初的劳动和土地，生产率是低下的，特别是随着劳动力的增加，农业劳动生产率还会下降。而劳动扩增型技术进步和土地扩增型技术进步的资本组合，决定了最高的农业生产率，这也是现代发达农业的特征。Vander Donckt 等人 2021 年利用 FAO 新的全球农业投资与资本数据库给出了农业投资、资本形成与农业生产率之间存在正向关系的证据。

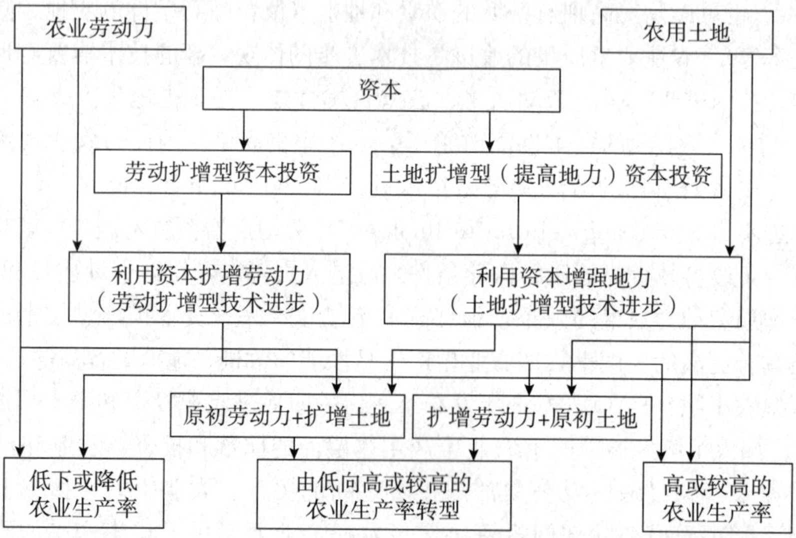

图 5－1　资本投资对劳动力质量、土地质量和农业生产率提升的作用

资料来源：Syed，Saifullah，Masahiro Miyazako. *Promoting Investment in Agriculture for Increased Production and Productivity*. CABI Publishing，2013.

二、多元化农业投资主体与农业生产性投资的影响因素

（一）农业投资的多元化来源

农业投资的主要主体是农户及其他农业生产者，而农业生产经营主体投资的来源包括储蓄和信贷融资。自家储蓄是农户投资的主要来源。农户将收入的一部分作为消费支出，将另一部分作为储蓄。积累的储蓄可用来进行农业投资。农户也可通过信贷方式获取融资来源。一些规模较大的农业生产经营主体还可以通过资本市场融资。

农业投资的第二个来源是公共部门投资。政府公共部门可以对农户等生产经营主体进行补贴性、奖励性直接投资，或通过政策性金融手段撬动资金进入农业。同时，政府也可通过公共性基础设施投资、农业科技研发投资等，引导和激励农户投资。

农业价值链融资成为农业生产投资的来源之一。农业生产，农业投入品，农产品加工、储存、分销、批发、零售以至农产品出口等环节构成了农业价值链。农业价值链的

成长为农业生产提供了更好的市场机会，通过紧密的市场连接，也可以用适当的价值链金融形式为农户提供投资支持。

(二) 农业微观生产主体投资的影响因素

投资能力和农业营商环境是影响农业生产主体投资的两类主要因素。农业投资是农业微观经营主体在权衡利益得失的基础上选择的结果，农业投资决策与农业微观主体的投资能力和农业营商环境有关。

1. 投资能力

对农户而言，其投资能力取决于他们自己的储蓄和信贷融资能力，而储蓄又取决于其收入来源结构和水平。农民外出务工收入、非农经营收入的增加，也为增加农业生产投资提供了可能。信贷融资可得能力也决定着农户投资的可能边界，而农户信贷可得能力又与农村金融市场发展、抵质押制度创新有关。

2. 农业营商环境

农业营商环境将影响农业的盈利性，进而影响农业投资决策。良好的营商环境，如发育良好且有序运行的农业投入品市场、农业社会化服务市场、畅通的农产品销售渠道和有利的农产品价格行情、对农户友好的信贷及保险市场、稳定的支持政策等，以及完善的基础设施、基本公共产品供给，都有利于促进农户进行农业投资。

三、 农业资金运用的特点与运动规律

(一) 农业资金的特点

各种投资主体投入农业领域的货币资金可称为农业资金。货币资金具有很好的流动性，能够很容易地转化为其他形式的资金，可以用来购买良种、农药、化肥等农资产品，也可以用来购买收割机、农用车等机械设备和运输车辆等。农业生产经营相对于其他行业而言，不仅受到一般经济规律的影响，而且在很大程度上受到自然环境条件和生物生长规律的约束。农业资金循环周转于农业生产经营过程中，也相应地具有自己的特点。

1. 农业资金的运动具有季节性和周期性

由于农业生产受到农时季节和生物生命活动周期的影响，农业资金的运动也具有较强的季节性和周期性。根据我国农业春种秋收的农时特点，在农户农业生产经营过程中运动的农业资金一般是在生产季节大量投入、在收获季节集中收回。因此，农业资金的使用在时间上是不均衡的。

2. 农业资金的使用具有分散性

由于我国农业生产单位具有规模小、数量多、分布广、项目繁杂的特点，农户和农业企业从事农业生产经营对资金的需求在空间上和内容上都比较分散，因此，农业相关部门提供公共服务、建设农业公共设施以及投放农业财政资金也相应地具有一定的分散性。

3. 农业资金的流通具有不完全性

农产品具有生活资料和生产资料的双重用途。比如小麦成熟后，既可以作为生活资料留作粮食自己食用，又可以作为农产品销售到市场上，还可以留作麦种成为再生产过程的生产资料。因此，农业资金中的货币资金和实物资产在生产经营中的流通是不完全的。

4. 农业资金的运动具有较大的风险性和不稳定性

农业生产周期长、农产品供给弹性小、农作物易腐不耐储的特点决定了农业资金周转较慢。随着经济发展和产业升级，农业的相对效益降低，这导致了农业资金投资报酬率偏低、投入风险较大。相对于其他产业，农业生产经营不仅要承担市场风险，而且要应对自然风险。农业生产深受自然环境影响，经济效益不稳定，农业资金的运动也会表现出不稳定性。

小思考

农业资金与非农资金最大的区别在哪里？这些区别使得农业资金在资金融通过程中具有什么特征？

（二）农业资金的运动规律

农业资金运动一般会经过三个阶段，即准备阶段、生产阶段和销售阶段，且在每个阶段均会有不同的表现形态和职能。

在准备阶段，即在农业生产开始之前，农业资金以生产资料或货币资金的形态存在。此时货币资金可以被用来购买生产所需的实物资本和劳动力，从而转变为生产资金，为农业生产投入做好准备。

在生产阶段，农业劳动力利用生产资料从事种植养殖等农业生产活动，新的社会财富在生产过程中被创造出来。此时农业资金及其新增价值以固定资本、流动资本和农业产品等实物形式存在，农业生产资金转变为商品资金。

在销售阶段，农业生产者将农产品销售到市场上或留作再生产使用。农业资金形态转化为出售产品得到的货币资金以及作为生产资料和生活资料的实物资金。农业资金进入流通环节，会成为再生产准备阶段的农业资金，至此完成一个运动周期。

第二节　资本市场与农业长期融资渠道体系

农业长期融资可通过资本市场实现。资本市场是政府、企业、个人筹措长期资金的市场，包括长期借贷市场和长期证券市场。农业资本市场包括农业证券市场和农业借贷市场，其中证券市场主要包括股票市场和债券市场；借贷市场一般是金融机构或组织对农户、农牧企业等提供的长期信贷。

一、农业证券市场

1. 证券市场的概念

狭义的证券市场是指证券发行和交易的场所。广义的证券市场是指一切以证券为对象的交易关系的总和。在发达的市场经济中，证券市场是完整的市场体系的重要组成部分。它不仅反映和调节货币资金的运动，而且对整个经济的运行具有重要影响。

2. 证券市场的分类

根据有价证券的品种，证券市场可分为股票市场、债券市场、基金市场以及衍生证券市场等子市场。股票市场是专门对股票进行公开交易的市场，包括股票的发行和转让。股票是股份公司发行的权益凭证，代表持有者对公司资产和收益的剩余要求权。债券市场是专门对政府债券、公司债券等债券进行交易的市场，我国债券交易集中在证券交易所市场和银行间市场进行。基金市场是指对基金进行交易的市场。基金是指集合一群人的资金，由经理人集中管理投资。基金所投资的证券包括股票、债券外汇、货币、金融衍生品等。衍生证券市场是指以衍生证券为发行和交易对象的证券市场，主要包括期货市场、期权市场以及其他衍生证券市场，其中包括农产品期货市场。狭义的农产品期货市场指进行农产品期货交易的场所，通常指农产品期货交易所。

3. 证券市场对农业的作用

一是拓展农业发展融资渠道。融通资金是证券市场的首要功能。证券市场一方面为资金需求者筹集资金，另一方面为资金供给者提供投资对象。符合证券市场要求的农业企业可以通过在证券市场上发行股票和债券，把分散在社会上的闲散货币集中起来，形成大额的可供长期使用的资本，用于农业生产和经营，从而开辟不同于间接融资的直接融资渠道，有利于克服农业发展的资金约束。

二是推动农业资本合理定价。证券市场的第二个基本功能就是为资本决定价格。符合证券市场要求的农业资本可以通过证券市场提供的市场机制获得定价。由于不同的农业资本在同一个市场中竞争，不同类型的资本也在同一个市场中竞争，这就会推动农业资本获得相对合理的定价。具有良好投资回报预期的优质农业资本将会获得较高的价格；反之会获得较低的价格。

三是促进农业资本优化配置。证券市场的第三个基本功能是通过证券价格引导资本的流动，从而实现资本的合理配置。证券投资者对证券的收益十分敏感，而证券收益率很大程度上取决于企业的经济效益。从长期来看，经济效益高的企业的证券拥有较多的投资者，证券交易也会更加活跃。因此，证券市场会引导社会资金逐渐汇集到经济效益较好的农业企业，使农业资本配置得到优化。

4. 农业证券市场存在的主要问题

一是农业证券市场结构有待优化。中国的证券市场经过 30 多年的发展，股票市场和债券市场的交易品种不断增加，市价总值和交易规模也有了快速提升，但其他市场如基金市场、衍生品市场等还处于初级发展阶段，多层次的资本市场体系尚未形成。这不但限制了农业企业选择不同类型的证券市场，也限制了农业企业选择合适的证券交易产品，整体而言不利于农业证券市场的发展。

二是农业上市公司整体规模较小。截至 2021 年底，我国股票市场总体上市公司共 4 697 家，而农业板块上市公司仅 216 家，占比仅为 4.60%。在 216 家农业上市公司中，其中在主板上市的有 54 家，占比为 25%；在创业板上市的有 11 家，占比为 5.1%；在新三板上市的有 151 家，占比为 69.9%（见表 5-1）。截至 2020 年底，全部上市公司的总资产规模为 297 811.85 亿元，而农业上市公司的总资产规模为 8 230.98 亿元，占比仅为 2.76%。这说明农业上市公司的资产规模总体水平与上市公司平均规模还有较大的差距。

表 5-1　2021 年上市公司数量与规模

	主板		创业板		科创板		新三板	
	企业数量（家）	市值（万亿元）	企业数量（家）	市值（万亿元）	企业数量（家）	市值（万亿元）	企业数量（家）	市值（万亿元）
上市公司	4 214	71.86	1 142	14.02	377	5.64	6 767	0.45
农业上市公司	54	1.12	11	0.05	0	0	151	0.06

资料来源：根据上交所、深交所、全国中小企业股份转让系统官网披露数据及 Wind 数据库整理。

三是农业上市公司背农现象严重。农业上市公司背农现象是指一些本来属于农业板块的上市公司擅自改变行业属性，将存量或增量资金投向非农产业。农业上市公司的主营业务包括种植业、禽业养殖及加工、饲料的生产及销售、农药生产及销售等。农业上市公司非农产业投资的主要领域包括生物制药、金融证券、创业投资、电子通信、互联网、房地产等。目前，农业上市公司中约 2/3 的企业有从事非农产业的相关投资，还有一部分上市公司在上市之后把主营业务放在与农业无关的经营项目上，致使企业的主营业务收入在与农业相关的收入中占比严重不足。

5. 我国农业证券市场的发展方向

一是培育更多的证券市场主体。首先，培育更多符合条件的从事农业经营的企业上市，提高其资产质量和盈利能力。其次，培育更多熟悉农业的投资人，鼓励居民、企业、保险基金、养老基金、共同基金等社会法人机构参与投资农业企业。最后，培育更多的机构投资者，发挥其资金雄厚、专家理财的优势，使投资主体多样化。

二是发展和规范证券市场客体。首先，扩充市场容量，丰富融资品种，迎合满足不同的投资偏好。其次，积极发展项目融资、地方政府债券、企业债券、可转换债券以及抵押债券融资。再次，在适当的时候，进一步开放国有股、法人股上市，逐步加大国有和集体资产上市流通的力度。最后，参照国际经验，结合我国国情，不断进行金融创新，增加新的融资工具。

三是建立多层次的资本市场体系。首先，我国直接融资在全社会融资总额中的比重还比较低，应进一步加大直接融资比重，优化融资结构，使资本市场发挥更大作用。其次，完善场内、场外相互协调促进的多层次资本市场体系，既要深化沪深交易所主板、科创板、创业板改革，增强包容性、适应性和创新性，激发市场主体依法公平竞争的活力，也要深化新三板改革，鼓励区域性股权交易市场、柜台市场规范发展。再次，加快推进债券市场互联互通，丰富债券品种。最后，大力推动长期资金入市，塑造多层次、多元化的资本形成体系。

四是推进资本市场的国际化进程。首先，我国农业企业可以创造条件赴国际证券市场发行股票或债券。其次，我国农业企业可与境外资金共同设立中外合资的农业发展基金。再次，允许外商投资农业企业在国内与国外上市发行股票。最后，在加强监督、控制风险和逐步实现金融开放的前提下，允许国际资本有步骤地并以适当方式进入国内证券市场投资中国农业股票，推动我们证券市场的国际化进程。

二、农业借贷市场

1. 借贷市场的概念

借贷市场是货币借贷资本融通的场所。根据融通资金的期限不同，可分为办理短期借贷业务的货币市场，即短期借贷市场；经营中长期借贷资本业务的资本市场，即长期借贷市场。近年来，我国中长期贷款规模不断扩大，截至2021年，中长期借贷市场已成为我国资本市场中最主要的融资市场，见表5-2。

表5-2 2014—2021年我国股票市场、债券市场与借贷市场规模 单位：亿元

年份	股票市场总规模	债券市场余额	中长期贷款余额
2014	372 547	353 231	5 193 933
2015	531 304	487796	5 970 700
2016	507 686	637 950	6 963 677
2017	567 086	744 104	8 362 511
2018	434 924	859 807	9 675 855
2019	592 935	989 950	11 013 957
2020	797 238	1 167 200	12 801 152
2021	916 088	1 331 106	14 765 057

资料来源：根据中国人民银行历年公布的数据整理。

2. 借贷市场的资金来源及分类

农业借贷资金按照资金的供给主体和来源不同，可以分为五种类型：

一是政策性农业信贷资金。政策性农业信贷资金是指由政策性农业信贷机构提供的农业信贷资金。政策性农业信贷机构是由政府出资成立、专门为农业提供政策性信贷服务的金融机构。政策性农业信贷机构一般不直接吸收存款，其信贷资金来自政府提供的信贷资本金及其公积金，并且不以盈利为目标，因此提供的贷款利率一般比较优惠。在市场经济条件下，由于农业信贷的特殊性（低收益、高风险、高交易成本等），商业性的农业信贷供给往往不足。因此，通过政策性农业信贷为农业发展提供资金是纠正信贷市场失灵、支持农业发展的一种政策工具。中国农业发展银行提供的大部分信贷资金属于

这种性质。

二是商业性农业信贷资金。商业性农业信贷资金是指由商业性信贷机构提供的农业信贷资金。商业性信贷机构是依法注册成立的以营利为目的的金融中介组织。商业性信贷机构吸收存款、发放贷款，从存款贷款利率差中获取盈利，贷款的资金主要来自吸收的存款。商业性信贷机构提供的信贷资金的利率一般较高，常常用于盈利性较强的农业项目。中国农业银行和各地的农村商业银行等提供的农业信贷资金大部分属于这一类。

三是合作性农业信贷资金。合作性农业信贷资金是由农业合作信贷组织提供的农业信贷资金。农业合作信贷组织一般由农业信贷的需求者按照合作制原则和国家有关政策组建。一些有信贷需求的农业生产经营者共同出资组成信贷资本金，一般只在合作信贷组织内部提供信贷服务。合作性农业信贷资金的优点在于通过合作信贷组织，使资金需求者间达到相互融通，从而提高农业资金的使用效率，并且降低农业信贷的使用成本。农村信用社在2003年开始实施产权制度和管理体制改革之前提供的信贷资金大多具有这种合作性质，但商业化改革后的农村信用社已不再具有合作金融的性质。目前中国的合作性农业信贷资金主要来源于农民合作社和供销合作社开展的内部信用合作提供的资金。

四是民间农业信贷资金。民间农业信贷资金是指由民间个人信贷供给者利用其自有资金提供的农业信贷资金。民间的农业借款情况较为复杂，但大致上可以分为两种：一种是在亲朋邻里之间进行的“友情借贷”，一般不收取利息，借贷的范围仅限于互相了解、互相信任的亲戚、朋友或邻里之间。资金出借人的动机主要是出于人情，获得的收益也主要是人情。另外一种是以营利为目的由个人发放的贷款，民间借贷者将其自有资金贷给他人使用，获取利息收益。这里的民间借贷实际是一种风险投资，所以利率一般高于正规金融机构。

五是国外农业信贷资金。国外农业信贷资金通常通过委托国内金融机构以长期农业贷款的形式进行投资，如世界银行的农业贷款等；也有小部分国外基金以小额信贷的方式进行投资。因此，国外的农业资金也是构成农业信贷资金的一个组成部分。

3. 借贷市场对“三农” 的作用

一是全面推进农业产业振兴。“十三五”时期，我国农业现代化建设取得了重大进展，脱贫攻坚战取得全面胜利，乡村振兴实现了良好开局。同时，也要看到，全面建设社会主义现代化国家，实现中华民族伟大复兴，最艰巨最繁重的任务依然在农村，最广泛最深厚的基础依然在农村。立足新发展阶段，一项重要任务就是抓紧抓实“三农”工作，特别是要切实做好巩固拓展脱贫攻坚成果同乡村振兴有效衔接，让脱贫基础更加稳固、成效更可持续，进而加快农业农村现代化步伐，全面推进农业产业振兴和乡村振兴。而这一切都离不开农业信贷的有力支撑。

二是推动金融资源更多向“三农”倾斜。习近平总书记2017年12月在中央农村工作会议上的讲话中提出“把更多金融资源配置到农村经济社会发展的重点领域和薄弱环节，更好满足乡村振兴多样化金融需求”①。推动金融资源更多向“三农”倾斜的一个重要体现，就是加大对“三农”的信贷支持。推进农业信贷、担保、投融资等方面产品和

① 中共中央党史和文献研究院. 习近平关于“三农”工作论述摘编. 北京：中央文献出版社，2019：17.

服务的创新，既能更好地满足乡村振兴多样化融资需求的现实需要，也是深入推进金融供给侧结构性改革的内在要求。

三是改善农业产业结构调整，促进新型农业经营主体的发展。农业产业结构的调整需要资金投入。农业信贷不仅可以通过对农业基础设施投入提供资金，加大水利建设，扩大灌溉覆盖范围，发展设施农业，降低极端风险对农民造成的损失，而且可以通过为农业机械化操作提供资金，增加机械化农机的使用，加大对农业良种的培育，提高农业单产、提升农业经济增长和农民增收。在此基础上，大力培育和促进专业大户、家庭农场、农民合作社、农业企业等新型农业经营主体的发展，提高“三农”的整体竞争力。

小思考

你认为根据中国现阶段证券市场和借贷市场的发展现状，哪个市场对于农业和农村发展能够发挥更大的作用？为什么？

第三节　农村金融体系

一、中国农村金融体系和主要机构

改革开放以来，经过 40 多年的不断改革和发展，中国农村金融取得了明显成效。目前，我国已初步建立起政策性金融、商业性金融与合作性金融为主，农业保险、担保、期货、证券等非银行金融机构为辅，功能各异、层次分明、互助补充的农村金融体系，农村地区的金融服务水平稳步提高。中国农村金融体系由正规金融机构与非（准）正规金融机构（组织）构成。正规金融机构主要包括中国农村发展银行这一政策性金融机构，中国农业银行、邮政储蓄银行、农村商业银行、农村信用社和农村合作银行、村镇银行等商业性金融机构以及农村资金互助社等合作性金融机构。非（准）金融机构（组织）主要包括金融科技公司提供的农业信贷、非政府组织提供的农业信贷、农民合作社和供销合作社通过内部信用合作提供的农业信贷和民间信贷。

小思考

你认为农村金融体系中，正规金融和非正规金融之间是替代关系还是互补关系？

（一）中国农业发展银行

1994 年 4 月，国务院批准成立中国农业发展银行，专门负责农业政策性金融业务。从中国农业发展银行成立以来，随着中国粮食流通体制改革的不断深化和农业农村发展改革的调整，中国农业发展银行的支农功能和业务范围也几经调整。2004 年 7 月至今，中国农业发展银行牢牢抓住新农村建设和乡村振兴的重大历史机遇，着力拓展业务领域和业务范围，强化支农功能，逐步形成了以粮棉油收购贷款业务为主体、以农业产业化经营和农业农村中长期贷款业务为两翼、以中介业务为补充的“一体两翼”的支农格局。

2013 年中央一号文件指出，要充分发挥政策性金融的作用，强化中国农业发展银行的政策性职能定位。2015 年中央一号文件再次指出：“农业发展银行要在强化政策性功能定位的同时，加大对水利、贫困地区公路等农业农村基础设施建设的贷款力度，审慎发展自营性业务。”2018 年，在《中共中央、国务院关于实施乡村振兴战略的意见》中继续重申：“明确中国农业发展银行在乡村振兴中的职责定位，强化金融服务方式创新，加大对乡村振兴中长期信贷支持。”在此背景下，中国农业发展银行紧紧围绕着包括办理粮食、棉花、油料、猪肉、化肥等重要农产品收购、储备、调控和调销贷款，办理农业农村基础设施和水利建设、流通体系建设贷款，办理农业综合开发、生产资料和农业科技贷款，办理农业小企业、产业化龙头企业贷款，办理易地扶贫搬迁、棚户区改造和农民集中住房建设贷款等惠及“三农”各领域的扶持性贷款业务，积极推进金融服务创新，加大信贷投放力度，促进金融资源有效配置，弥补“三农”资金短板，为现代农业提质增效提供有力支持，普惠金融实践成绩突出。

如图 5－2 所示，从 2013 年到 2020 年，中国农业发展银行全年累放贷款从 0.31 万亿元增长至 2.01 万亿元，年均增长率为 26.32%，年末贷款余额从 2013 年的 2.5 万亿元增长至 2020 年的 6.15 万亿元，年均增长率为 11.91%。根据中国农业发展银行最新年度报告，2020 年累计发放支农贷款 6.15 万亿元，为服务粮食安全、脱贫攻坚和乡村振兴等国家战略作出了积极贡献。

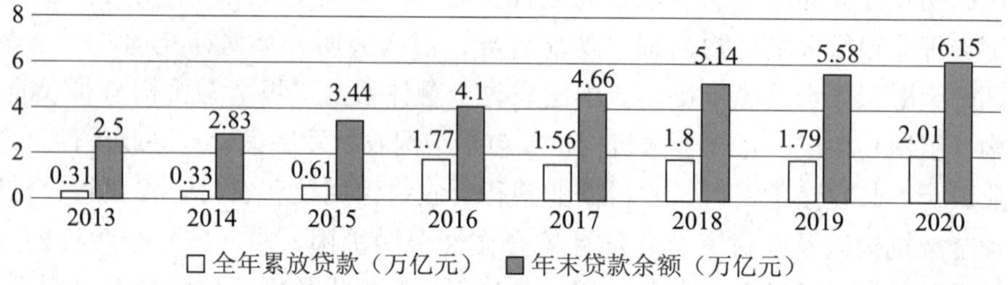

图 5－2　2013—2020 年中国农业发展银行支农贷款发放余额

资料来源：根据中国农业发展银行各年的年度报告整理。

（二）中国农业银行

1978 年改革开放后，中国农业银行总行于 1979 年 3 月 13 日正式恢复建立，这是农业银行在 1965 年第三次撤并后，第四次站在农村金融的历史舞台。自此，中国农业银行的金融机构地位正式确定并稳固下来，开始认真履行专业银行的职责，全面恢复农村金融工作并领导和推动农村信用社的改革。

1992 年，党的十四大首次将建立社会主义市场经济体制确定为我国经济体制改革的目标。围绕这一目标，国务院在 1993 年 12 月 25 日发布了《关于金融体制改革的决定》，改革的第一项任务就是组建中国农业发展银行、国家开发银行和中国进出口银行三大政策性银行，将原有四大专业银行的商业性金融业务与政策性金融业务相分离。1996 年 8 月，国务院颁布《关于农村金融体制改革的决定》，农村信用社与农业银行脱离了行政隶属关系。然而，面对 1997 年爆发的亚洲金融危机和中国通货紧缩的冲击，国家在强调继续深化金融体制改革的同时，也开始高度重视金融风险控制问题。1997 年，中央召开了第一次全国金融工作会议，制定了一系列防范和化解金融风险的重大政策。根据全国金融工作会议精神，包括农业银行在内的国有商业银行开始逐步收缩县域及县域以下机构，业务重点向大城市、大企业、大项目集中。从 1998 年至 2002 年初，四大国有商业银行共撤并了 3.1 万个乡镇乃至县级经营机构和营业网点。随着国有商业银行逐步撤出县域以下区域后，农村金融资源日益向农村信用社和邮政储蓄集中。

2003 年，我国国有独资商业银行股份制改革进入实施阶段。2007 年 1 月，第三次全国金融工作会议召开，明确提出了中国农业银行股份制改革的总体思路，要求中国农业银行进一步强化为“三农”服务的市场定位和责任，充分利用在县域的资金、网络和专业等方面的优势，更好地为“三农”和县域经济服务。2008 年 3 月，中国农业银行选择了甘肃、四川、广西、福建、浙江、山东、重庆 7 家分行开始进行“三农”金融事业部改革试点。随后，中国农业银行创造性地提出了“地域为界，条块结合、有统有分、多方协同”的“三农”金融事业部改革思路，有力地促进了“三农”服务工作的进展，初步扭转了多年来涉农贷款徘徊不前的局面。

从 2013 年中国共产党第十八届三中全会正式提出“发展普惠金融，鼓励金融创新，丰富金融市场层次和产品”开始，工、农、中、建、交等传统大型商业银行近年来涉农贷款余额逐年上升。但在传统的大型商业银行中，中国农业银行仍然是服务农村普惠金融的核心力量。从 2013 年至 2020 年，中国农业银行占金融机构涉农贷款余额的比重从 9.57％稳步提高至 13.30％（见表 5－3）。2017 年 6 月，中国农业银行根据自身特色和已有的业务体系基础，设立普惠金融事业部，建成了“普惠金融事业部＋‘三农’金融事业部”双轮驱动的普惠金融服务体系。

表 5－3　2013—2020 年中国农业银行涉农贷款余额及其占比

	2013 年	2014 年	2015 年	2016 年	2017 年	2018 年	2019 年	2020 年
中国农业银行县域贷款余额（万亿元）	2	2.37	2.58	2.76	3.08	3.75	4.41	5.18
金融机构涉农贷款余额（万亿元）	20.89	23.60	26.35	28.23	30.95	32.68	35.19	38.95
占比（％）	9.57	10.04	9.79	9.78	9.95	11.47	12.53	13.30

资料来源：根据中国人民银行公布的数据及中国农业银行各年年度报告整理。

（三）邮政储蓄银行

1986 年，中国人民银行与邮电部联合下发了《关于开办邮政储蓄的协议》，邮政储蓄业务获准开办。1986 年年底，《中华人民共和国邮政法》通过，邮政储蓄业务遂成为邮政企业的法定业务之一。从邮政储蓄设立以后，其业务发展非常迅速，2002年年底，邮政储蓄已联网覆盖全国31个省（自治区、直辖市），98%的县市实现了活期邮政储蓄的通存通取。由于邮储机构三分之二的网点分布在农村地区，而且"只存不贷"，邮政机构巨大的吸储能力被称为农村金融的"抽水机"，为农村信用社的发展也带来了一定的压力。2006年6月22日，银监会发布《关于批准筹建中国邮政储蓄银行的函》，同意批准筹建中国邮政储蓄银行。2007年3月20日，中国邮政储蓄银行正式挂牌成立，银监会批准邮政储蓄银行在全国筹建36家一级分行（包括31家省级分行和5家计划单列市分行）及其所属的分支机构，全面放宽其业务范围，允许其经营《商业银行法》规定的各项业务。2008年中国邮政储蓄银行分支机构组建工作基本完成，截至2008年底，36家一级分行、312家二级分行和19 564家支行全部核准开业。

中国邮政储蓄银行成立后的市场定位是：充分依托和发挥邮政储蓄的网络优势，完善城乡金融服务功能，以零售业务和中间业务为主，办理零售类信贷业务和公司业务，为国民经济和社会发展提供金融服务，为广大居民群众提供金融服务，与国内其他商业银行形成良好的互补关系，有力地支持社会主义新农村建设和乡村振兴。中国邮政储蓄银行的成立，打破了我国邮政储蓄多年来"只存不贷"的格局，引导了邮政储蓄资金返还农村，为服务"三农"提供了资金支持。作为全国网点规模最大、覆盖面最广、服务客户数量最多的商业银行，截至2020年末，邮政储蓄银行拥有营业网点近4万个，其中70%以上分布在县及县以下农村地区，服务客户超过6.22亿户，目前也是我国农村金融服务体系的重要组成部分。

（四）农村信用社、农村合作银行和农村商业银行

1996年8月，国务院颁发了《关于农村金融体制改革的决定》，提出"建立和完善以合作金融为基础，商业性金融、政策性金融分工协作的农村金融体系"，明确了信用社管理体制改革的方向。该决定提出，农村信用社与中国农业银行脱离行政隶属关系，中国农业银行不再领导管理农村信用社；同时要把农村信用合作社逐步改革为由农民入股、由社员民主管理、主要为入股社员服务的合作性金融组织，由农村信用社县联社负责农村信用社的业务管理，人民银行负责农村信用社的金融监管。

农村信用社自与农业银行"脱钩"以后逐步成为服务农村金融的主力军，但由于法人治理结构不完善、经营机制和内控制度不健全，从而使得信用社经营不善，出现了大面积的亏损。2003年6月27日，国务院正式发布了《深化农村信用社改革试点实施方案》（国发〔2003〕15号），提出要按照"明晰产权关系、强化约束机制、增强服务功能、国家适当支持、地方政府负责"的总体要求，加快农村信用社产权制度和管理体制改革。改革内容主要有两方面：一是以法人为单位，改革农村信用社产权制度，明晰产权关系，完善法人治理，区别各类情况，确定农村商业银行、农村合作银行与保持合作制的农村信用社等三种不同的产权形式，由县乡两级法人体制转变为以县为单位的统一法人；二是改革农村信用社管理体制，将对农村信用社的管理交由省政府负责。同时国家将从补贴、税收、资金和利率四方面为纳入改革试点地区的农村信用社提供政策优惠支持。

农村信用社的改革方向是农村商业银行，农村合作银行只是改革过程中暂时存在的一种中间形态。2011 年，银监会在农村信用社体制问题上作出了最终选择，明确“去合作化”，今后将不再组建新的农村合作银行，现有农村合作银行也要全部改制为农村商业银行。此外，全面取消资格股，鼓励符合条件的农村信用社改制组建为农村商业银行，稳步推进省联社改革，形成省联社与基层法人社的利益共同体。通过公司制改革，农村信用社能够有效改善其治理结构，增强抗风险能力，有利于更好地发挥农村金融机构普惠金融的作用。根据银保监会相关资料，2013 年末，农村信用社数量为 1 803 家，农村合作银行为 122 家，农村商业银行为 468 家；截至 2020 年 12 月末，农村信用社数量为 641 家，农村合作银行为 27 家，农村商业银行为 1 539 家。2013—2020 年三类银行的比例如图 5 - 3 所示。根据 Wind 数据，截至 2020 年，农村商业银行涉农贷款余额为 18 595 亿元，农村合作银行涉农贷款余额为 429 亿元，农村信用合作社涉农贷款余额为 15 620 亿元。

图 5 - 3　2013—2020 年农村合作金融机构数量变化趋势

资料来源：根据中国银保监会发布的各年《银行业金融机构法人名单》整理。

(五) 新型农村金融机构

2006 年 12 月 20 日，银监会发布了《关于扩大调整放宽农村地区银行业金融机构准入政策 更好支持社会主义新农村建设的若干意见》，稳步推进农村金融机构试点工作。随后，村镇银行、贷款公司和农村资金互助社等一大批新型农村金融机构相继成立。

根据农村金融新政，村镇银行是指经银行业监督管理机构依据有关法律、法规批准，由境内外金融机构、境内非金融机构企业法人、境内自然人出资，在农村地区设立的主要为当地农民、农业和农村经济发展提供金融服务的银行业金融机构；贷款公司是指经银行业监督管理机构依据有关法律、法规批准，由境内商业银行或农村合作银行在农村地区设立的专门为县域农民、农业和农村经济发展提供贷款服务的非银行业金融机构；农村资金互助社是指经银行业监督管理机构批准，由乡（镇）、行政村农民和农村小企业自愿入股组成，为社员提供存款、贷款、结算等业务的社区互助性银行业金融机构。三种新型农村金融机构在出资主体、资金性质、法律地位、首要目标、所有者地位和监管等方面的比较如表 5 - 4 所示。

表 5-4 三种新型农村金融机构的比较

机构	出资主体	资金性质	法律地位	首要目标	所有者地位	监管
村镇银行	境内非金融企业法人、机构境内自然人	商业性投资	商业银行，企业法人	盈利	所有者清晰	审慎
贷款公司	境内商业银行、境内农村合作银行、外资金融机构	商业性投资	非银行金融机构，企业法人	盈利	所有者清晰	审慎
农村资金互助社	乡（镇）、行政村农民、农村小企业	互助、互益	社区互助性银行业金融机构，企业法人	互助，解决资金困难	所有者清晰	审慎

资料来源：孙同全. 农村金融新政中非政府小额信贷的发展方向探析. 农业经济问题（月刊），2007（5）.

农村新型金融机构的建立是解决我国现有农村地区银行业金融机构覆盖率低、金融供给不足、竞争不充分、金融服务缺位等“金融抑制”问题的创新之举，其建立对于促进中国农村金融市场的资金供给主体多元化、农村金融机构的产权结构和治理结构规范化及推进农村金融改革的整体进程具有十分重要的意义。但在实践中，除了村镇银行，其他两种新型农村金融机构对农村金融发展的作用却依然有限。例如，2012 年底三类新型农村金融机构各项贷款余额为 2 347 亿元，即使把它们都算作涉农贷款，也只占全部金融机构涉农贷款的 1.3%。2019 年 12 月，银保监会出台《关于推动村镇银行坚守定位提升服务乡村振兴战略能力的通知》（银保监办发〔2019〕233 号），督促村镇银行更好坚守定位，有效提升金融服务乡村振兴战略的能力。根据银保监会的数据，截至 2021 年，全国已组建村镇银行 1 643 家，中西部占比为 65.8%，覆盖全国 31 个省份的 1 306 个县（市、旗），县域覆盖率为 71.2%。村镇银行贷款主要投向县域农户和小微企业，村镇银行调整后存贷比为 80.3%，农户和小微企业的贷款占比为 90.4%，户均贷款余额为 30.5 万元。

小思考

在新型农村金融机构中，贷款公司和农村资金互助社在实践发展中主要面临哪些困境？

二、中国农村金融的主要特征

2013 年 11 月，党的十八届三中全会通过《中共中央关于全面深化改革若干重大问题的决定》，习近平总书记在会议中提出要“发展普惠金融，鼓励金融创新，丰富金融市场层次和产品”①。2015 年 12 月，国务院又颁布了《推进普惠金融发展规划（2016—2020 年）》，确立了推进普惠金融发展的指导思想、基本原则和发展目标，对普惠金

① 中共中央关于全面深化改革若干重大问题的决定. 中国政府网，2013-11-15.

融服务机构、产品创新、基础设施、法律法规和教育宣传等方面提出了一系列政策措施和保障手段。在2017年3月召开的国务院常务会议上，国务院总理李克强发言，要求“大型商业银行要在2017年完成普惠金融事业部的设立，成为发展普惠金融的骨干力量。”党的十九大之后，针对复杂的农业农村农民问题，中国政府提出“全面实施乡村振兴战略”作为未来更为系统性的解决方案。在普惠金融战略和乡村振兴战略的有力推动之下，以政策性金融、商业性金融和合作性金融为主的中国农村金融格局进一步优化。

（一）商业性金融是推动农村普惠金融发展的主力军

中国农村金融体系中商业性金融主要由中国农业银行、中国邮政储蓄银行以及股份制商业银行和城市商业银行，以及经历了股份制改革后的农村信用社、农村商业银行、农村合作银行等农村中小型金融机构组成。其中，又以中国农业银行和中国邮政储蓄银行为主。自2009年在银监会印发的《中国农业银行三农金融事业部制改革与监管指引》的要求下，中国农业银行对其“三农”金融事业部的治理机制和组织结构进行改善之后，2015年1月在国务院的进一步要求下，中国农业银行将“三农”金融事业部的改革试点覆盖全部县域支行。到2015年11月，党中央和国务院进一步支持中国邮政储蓄银行建立“三农”金融事业部。中国农业银行和中国邮政储蓄银行成为大型商业银行中的支农第一梯队。到2017年，中央层面进一步部署普惠金融工作，在银监会发布的《大中型商业设立普惠金融事业部实施方案》的要求下，工、农、中、建、交等国有大型商业银行纷纷完成普惠金融事业部的筹建工作。大型商业银行支持普惠金融的制度建设呈开局之势。

（二）农村合作金融是推动农村普惠金融发展的重要力量

合作金融的主要特征是信息获取成本低、管理成本低、金融服务供给成本低等。与商业金融、政策金融相对应，合作金融更多体现的是互助目的和社会效益。目前我国农村合作金融主要有以下几种形态：一是银保监会批准的农民合作金融机构即农村资金互助社；二是在农民合作社和供销合作社开展的内部信用合作和“三位一体”的新型农村合作金融试点，这也是目前最主要的形态；三是各类社会组织开展的农民村社合作金融试点。随着2007年7月《中华人民共和国农民专业合作社法》的正式颁布和农民专业合作社的快速发展，2008年10月，党的十七届三中全会允许有条件的农民专业合作社开展信用合作。随后，在“三位一体”理论思想指导下的农民合作社和供销合作社开展的内部信用合作的实践越来越普及并逐步发展成为新型农村合作金融的重要组成内容和最主要的一种形式。

（三）政策性金融是推动农村普惠金融的重要补充

政策性金融顺应国家政策指导，在支持农村农业生产、基础设施建设、脱贫攻坚专项工作等方面积极发挥着政策性金融的优势与作用，带头引流金融资金支持农村发展建设，发挥着政策性金融促进农村金融普惠的重要作用。例如，中国农业发展银行在支持特色农业、加强农业基础设施建设等方面的工作成效显著。中国农业发展银行还建立了粮食收购资金管理模式，保障农民能够及时收到卖粮款，解决了农民过去面临的“卖粮难”“打白条”等问题。此外，其他政策性银行也在支持农村发展和乡村振兴中发挥了重要补充作用。例如，国家开发银行与财政部合作，将财政资金和社会资金结合，通过贷款贴息和财政补助两种方式，积极支持国有农场、家庭农场等各类农业经营主体开展高标准农田建设。国家开发银行还积极探索在现代农业示范区创新融资模式等。

除此之外，在互联网金融迅速发展的背景下，一些互联网金融公司和农业龙头企业也开始纷纷布局农村金融业务，极大地丰富了农村金融的业务形式。例如，蚂蚁金服依托网商银行和金融科技布局农村金融，通过网商银行的“网商贷”和“旺农贷”提供农村金融服务。此外，诸如大北农、新希望等大型农业龙头企业也通过客户信用数据累积优势与互联网技术相结合，以打通自有供应链关系，从而建立特有的农村互联网金融生态圈，为全产业链上下游提供投融资、支付等综合服务。同时，为了更大程度地激励金融机构践行普惠金融，中国人民银行等监管机构对各金融机构金融普惠情况制定了较为完整的考核评价体系以及定向降准等激励政策。具体的考核指标体系详见表 5-5。

表 5-5　中国普惠金融指标体系

考核维度	具体内容
使用情况	账户和银行卡使用情况、电子支付使用情况、个人投资理财情况、个人信贷使用情况、普惠口径小微贷款使用情况、创业担保贷款和助学贷款使用情况、农户生产经营贷款使用情况、建档立卡贫困人口贷款使用情况、保险使用情况
可得性	网点可得性、具有融资功能的非金融机构的可得性、ATM/POS 机具的可得性、助农取款点可得性
质量	金融知识和金融行为、金融服务投诉、银行卡卡均授信额度、信用建设

资料来源：中国人民银行金融消费权益保护局. 中国普惠金融指标分析报告（2018 年）.

三、中国农村金融的发展方向

2016 年 9 月，二十国集团第十一次峰会在中国杭州举行，数字普惠金融被列为本次会议的重要议题之一。会上通过的《二十国集团数字普惠金融高级原则》倡导利用数字技术推动普惠金融发展，成为全球普惠金融发展的重要里程碑。“数字普惠金融泛指一切通过使用数字金融服务以促进普惠金融的行动。”2021 年中央一号文件首次明确提出“发展农村数字普惠金融”。因此，普惠金融与数字金融相结合发展农村数字普惠是当前中国农村金融发展的主要方向。

（一）互联网的广覆盖性为科技与金融的融合提供了基础

中国互联网络信息中心发布的第 49 次《中国互联网络发展状况统计报告》显示，截至 2021 年 12 月，我国网民规模为 10.32 亿，较 2020 年 12 月新增网民 4 296 万，互联网普及率达73%；其中，我国手机网民规模为10.29亿，较2020年12月新增手机网民4 373万，网民中使用手机上网的比例为99.7%。截至2021年12月，我国农村网民规模为2.84亿，占网民整体的27.6%；农村地区的互联网普及率为57.6%，城乡地区互联网普及率差异较2020年12月缩小0.2个百分点。随着互联网的广覆盖，数字经济蓬勃发展，互联网的普惠效应已经渗透到生产、分配、交换和消费的各个环节，数字经济与农村经济深度融合，科技赋能和金融赋能相结合将持续促进农村经济的增长空间。

（二）信息技术降低了边际成本，缓解了普惠金融的痛点问题

随着金融行业的竞争日趋激烈，农村金融机构和营业网点日益减少，基础设施建设难以跟进，相对城市地区而言，农村地区金融服务效率低、交易成本高。信息技术促进了银行业务在地理范围上的扩张，缩小了银行业务运行与地方经济间的距离，降低了金融服务提供者的操作成本、使用者的搜寻与转换成本，同时增加了低收入借款者的金融可获得性，已成为促进农村金融普惠非常重要的手段。移动互联时代农村移动银行的推广和应用可以突破时空局限，于任何时间、任何地点，通过灵活快捷的网络，直接面向客户，实现客户与金融机构之间点对点的交易，提高效率、降低交易成本、拓宽金融覆盖面，打通农村金融服务的“最后一公里”。

（三）数字普惠能够扩大农村普惠金融的覆盖面

农村经济主体大多缺乏信用记录，还款能力难以甄别，传统金融行业难以对其进行精准的信用评估，从而不易提供恰当、有效的金融服务。同时，受限于农村经济主体难以提供传统金融机构认可的抵押担保物，金融机构往往也难以覆盖“三农三牧”的融资需求，传统农牧区、农牧民“融资难、融资贵”问题仍然存在。在数字经济时代，结合数字经济平台，农户、农牧企业通过线上购买、数字支付、线上借贷等数字化方式，能够积累大量、连续的基础数据。金融与科技的融合使得金融机构能够在大数据挖掘和分析的基础上，结合农牧业行业发展现状、市场需求等因素对不同客户进行精准画像，并汇集客户交易的行为、财务及信用评分数据，对农户和农村小微客户进行合理的风险定价，继而进一步提高普惠金融的覆盖面。

第四节　农村合作金融

农村合作金融作为农村金融体系的重要元素，是推进乡村振兴和实现农业农村现代化的有力支撑。中国农村合作金融是伴随着中国共产党领导下的合作运动和农民运动发展起来的以自愿、民主、互助、互利为原则的金融组织形式。从新中国成立后中国农村合作金融的萌芽到中国特色社会主义新时代农村合作金融的转型，农村合作金融在不同的历史阶段呈现出多样化的组织形式，发挥了特殊且重要的作用。

一、社会主义革命和建设时期的农村合作金融

合作金融起源于19世纪中叶的德国，20世纪初在西方得到了迅速发展。五四运动之后，西方的合作金融思想逐渐传入中国，并开始了从无到有的探索。革命战争时期，在中国共产党的领导下，各种形式的合作社将农民群众组织起来，发展生产，搞活流通，稳定金融，为战争胜利提供了重要的物质保障。战争年代积累的信用合作经验为新中国成立以后农村信用社的发展提供了借鉴和指导，但在特殊历史阶段也先后遭遇了一些破坏，从而走上了一段较为艰难的发展道路。

（一）从试办信用合作组织到逐渐普及农村信用社

新中国成立后，为有效组织推动开展农村金融工作，促进农村经济的恢复和发展，1949年9月颁布的《中国人民政治协商会议共同纲领》特别提出应当“鼓励和扶助广大劳动人民根据自愿原则发展合作事业”。在中央政府的大力提倡和推动下，一些农村信用合作社的基础性工作逐步开展起来，一方面积极探索多种多样的信用合作组织形式，另一方面逐步建立农信社管理体制，将信用合作工作由中国人民银行和供销社共同领导逐步改为由中国人民银行领导。通过这些工作，信用合作组织在新中国的广大农村迅速地建立并发展起来。到1955年底，全国已建立农信社159 463个，成为服务于农村生产的一支重要力量。1956年，中国人民银行又通过了《农村信用合作社示范章程（草案）》，进一步规范了信用合作社的发展。

（二）特殊历史阶段以“官办”属性为标志的异化

然而，在“一五”计划完成后，发展势头良好的国民经济却在1957年冬和1958年春受到了“大跃进”和“左”倾错误思想的干扰，农村信用社的发展也遭到严重破坏从而脱离正轨。1958年3月和8月，中共中央政治局会议和扩大会议作出了在农村把小型的农业合作社适当地合并建立人民公社的决议。该决议下达后，全国迅速形成了人民公社化运动的热潮并于1958年10月末在全国范围内基本实现了人民公社化。此时，信用社被下放给人民公社领导与管理，之前正常的信用关系遭到破坏。随后，在“文化大革命”期间，农村信用社的业务基本停顿。1969年初，中国人民银行决定在河南省嵩县阎庄农村信用社发展经验的基础上开展信用社改革，一方面实行贫下中农管理，另一方面是职工不脱产、走亦工亦农的道路。但是，上述措施导致农村信用社规章、财务和业务等进一步混乱和停滞。同时，由于农村信用社服务面广、业务量大且农村信用社又多设在公社所在地，强行实施亦工亦农不脱产也给农村信用社职工的生活带来了许多困难。

二、改革开放和社会主义现代化建设时期的农村合作金融

党的十一届三中全会作出了改革开放的历史性决策。在改革开放和社会主义现代化建设时期，中国农村合作金融经历了如下三个阶段：

(一) 从恢复“三性”到行社脱钩的独立发展

1978 年 12 月党的十一届三中全会以后，中央财经领导小组确定了农村信用社改革的指导思想，即以成为“真正集体的金融组织”为目标，在中国农业银行的领导下，逐步实现独立核算、自负盈亏。在中央政府的指导下，中国农业银行总行扩大了农村信用社的经营自主权和贷款范围，并于 1983 年 2 月开始在全国 56 个县 654 家信用社开展恢复农村信用社“三性”的管理体制改革试点，即组织上的群众性、管理上的民主性、业务经营上的灵活性。截至 1984 年，已恢复“三性”改革的农村信用社占比达 82%。到 1991 年底，全国共建立县联社2 364 家，独立核算的农村信用社 57 927 家，初步形成了县县有联社、乡乡有信用社、村村有网点的格局。

农村信用社经过十余年恢复“三性”的改革和发展，初步理顺了行社之间的关系，农村信用社的自主权不断扩大，队伍和规模也持续壮大，对促进农村各方面进步发挥了重要作用。但是农村信用社在经营管理中也暴露出一些问题，突出表现为中国农业银行领导农村信用社的体制与中国农业银行自身的商业性存在诸多矛盾，农村信用社逐渐失去了合作性质。在此背景下，1996 年 8 月，国务院颁发了《关于农村金融体制改革的决定》，决定让农村信用社与中国农业银行脱离行政隶属关系，并把农村信用社逐步改革为由农民入股、由社员民主管理、主要为入股社员服务的合作性金融组织。同年，按照农村信用社与中国农业银行“脱钩”的具体规定，截至 1996 年底，全国近 5 万个农村信用社、2 400 个县联社以及县以上三级信用合作管理部门与中国农业银行顺利完成了“脱钩”工作。

(二) 从“合作”的复归到“去合作化”的商业化改革

农村信用社与中国农业银行脱离行政隶属关系之后，由中国人民银行对农村信用社进行管理和监督，农村信用社在股权设置和民主管理等方面开始逐步复归合作金融的属性。1997 年 6 月，国务院提出要“坚定不移地把农信社办成合作金融组织，按合作制原则改革农信社管理体制”。从 1998 年开始，随着国有商业银行逐步从乡镇撤退，农村信用社成为分支机构最多的农村正规金融机构，也是仅有的一个与“三农”具有直接业务往来的金融机构。在实践中，为了能够更好地解决农业、农民的信贷问题，农村信用社还借鉴国际社会广泛采取的农户小额信贷模式，在全国 90%以上的农村信用社开办了农户小额信用贷款和农户联保贷款。这种贷款制度对于促进农民增收并获得自我发展的能力起到了十分重要的作用。

虽然农村信用社的发展按照合作制的原则取得了一定成效，但仍然存在一些问题。一是农村信用社的县、乡镇二级法人模式导致金融资源配置效率低下，管理上出现了较严重的地域分割。二是由于受到其他商业银行的冲击，不少地区的农村信用社服务对象非农化现象严重，陷入市场化的经营取向与坚持合作制的两难选择。三是法人治理结构不完善、经营机制和内控制度不健全，加上行社脱钩时背负了沉重的政策性包袱，许多农村信用社出现了经营不善、亏损严重的情况。2001 年底，全国农村信用社不良贷款为 5 290 亿元，当年有 46%的农村信用社出现了亏损，有 58%的农村信用社资不抵债。为了解决上述问题，2003 年 6 月，国务院正式发布《深化农村信用社改革试点实施方案》，提出加快农村信用社产权制度和管理体制改革。其中，产权制度改革的主要内容是“去合作化”的商业化改革，管理体制改革的主要内容是设立省联社负责对农村信用社资金用途和人事任免等方面的管理，同时也承担解决农村信用社历史包袱和处置信用风险的责任。2007 年 8 月，随着最后一家省级合作社——海南省联社的正式挂牌，中国农村信用社的商业化改革全部完成，商业化改革后的农村信用社也不再具有合作金融的性质。

（三）从新型农村合作金融试点到“三位一体”综合合作的探索

随着农村信用社商业化改革的推进，农村信用社的服务重心上移，为了填补农村金融服务空白和推动新农村建设，2006 年 12 月，银监会提出在农村地区开展新型农村合作金融的试点工作。2007 年 3 月 9 日，全国首家农村资金互助社在吉林省梨树县闫家村成立，标志着新型农村合作金融组织的重构拉开了序幕。截至 2011 年末，全国共批准成立 49 家农村资金互助社。农村资金互助社作为农村合作金融组织，相比其他两种新型农村金融机构即村镇银行、贷款公司具有一定的发展优势。但由于规模较小、发展欠规范和管理水平有限，农村资金互助社在实际经营中逐步显现出一定的风险。由于上述原因，从 2012 年开始，银监会暂缓审批农村资金互助社牌照，其后因为监管过度导致的“守法成本”较高等各种原因，不断有农村资金互助社逐渐退出，到 2022 年 3 月中旬仅剩下 39 家。

“三位一体”综合合作源于 2006 年习近平总书记在担任浙江省委书记期间亲自指导瑞安市进行的基于生产、供销、信用相结合的农村改革试验。2015 年 4 月，国务院发布《中共中央、国务院关于深化供销合作社综合改革的决定》，为供销合作社综合改革指明了方向，对其稳步开展农村合作金融服务提出了具体要求。该决定还提出：“经济实力较强的基层社要扩大服务领域，积极发展生产合作、供销合作、消费合作、信用合作，加快办成以农民为主体的综合性合作社。”随后，“三位一体”综合合作在浙江、山东、河北、广东等地的供销合作社改革试点中得到了进一步的完善提升。各地具体的实践经验表明，以合作社为载体的生产、供销、信用“三位一体”的农业全过程管理和全要素优化配置，能够促进合作社与农户在供应链上的纵向协作，增进合作社与社员之间的信任程度和长期合作，更好地实现合作社与农户的利益联结与共生发展，有利于加速小农户从兼业化、副业化、分散化、粗放化的生产方式向着专业化、职业化、组织化、集约化的现代自立农户转型。

随着实践效果的显现，“三位一体”综合合作进一步上升为新时代农业农村发展顶层设计的重要内容。2017 年中央一号文件首次提出要积极发展生产、供销、信用“三位一体”综合合作；2018 年和 2019 年中央一号文件再次明确要继续发展多样化的联合与合作，进一步提升小农户的组织化程度，加快实现小农户和现代农业发展的有机衔接。虽然由于“三位一体”综合性合作社对合作社的资金实力、领导者才能、组织和制度建设都提出了更高的要求，现阶段合作社从生产、供销、信用三个维度成功开展综合合作的比重仍然不高，但是实践表明，越来越多的开展单一（或偏单一）合作的合作社都有了较强烈的开展“三位一体”综合合作的意愿并逐渐开始了一些新的尝试。

小思考

相比生产、供销、信用等单一性的合作而言，“三位一体”的综合性合作最大的制度创新体现在哪些方面？

三、中国特色社会主义新时代农村合作金融的发展方向

（一）农村合作金融将与商业金融和政策金融长期共存发展

中国农村合作金融发展的历程和实践经验表明，农村合作金融的乡土属性和制度禀赋使其具有独特的社会价值和制度优势，决定了它具有强大的内生性金融需求和顽强的生命力。构建一个包含商业金融、政策金融、合作金融在内的金融组织机构体系，是党中央、国务院在中国改革开放之初就已经形成的共识。习近平总书记 2013 年在中央农村工作会议上的讲话中就提出要“鼓励开展农民合作金融试点，建立适合农业农村特点的金融体系”①。2006—2022 年期间的 17 个中央一号文件中，有 10 个中央一号文件都强调要“引导”“培育”“推动”“规范”“促进”新型合作金融发展。2022 年 2 月 28 日，中央深化改革委员会第 24 次会议提出要“有效发挥商业性、开发性、政策性、合作性金融作用”。这说明党中央、国务院仍然坚持要发展农村新型合作金融组织。在当前我国全面实施乡村振兴战略的背景下，合作金融作为农村普惠金融体系的重要组成部分，推动农村合作金融的稳步发展是实现乡村振兴的重要力量，也是“建立多层次、广覆盖、可持续、适度竞争、有序创新、风险可控的现代农村金融体系”的有效途径。

（二）数字技术与合作金融的有效融合将成为推动农村合作金融发展的强劲动力

进入中国特色社会主义新时代，农村金融竞争不断强化，农村普惠金融发展不断深化，尤其是近年来随着数字经济和数字金融的发展，农村金融市场上的信息不对称、抵押物缺失和交易成本高等问题得到了很大的改善，农村信贷的可及性大大提高。但是由于城乡数字鸿沟的长期存在，数字金融在短期内仍然难以解决农村金融的根本症结，农村合作金融也仍然具有较大的生存空间。数字技术与合作金融的有效融合可以充分发挥数字技术和农村社会网络及熟人社会的双重优势，积极探讨并推进农村合作金融和数字技术的有效融合是未来一段时间中国农村合作金融的必然趋势。

（三）“三位一体”综合合作将成为新型农村合作金融变革的主要形式

在中国特色社会主义新时代，发展新型农村合作金融，要在坚持为“三位一体”新型农村合作经济组织服务中促进农民增收和乡村振兴，要在尽快弥补立法缺失的基础上坚持激励与监管并重、扶持与规制并行，还要在完善“三位一体”综合合作的数字化场

---

① 中共中央党史和文献研究院. 习近平关于“三农”工作论述摘编. 北京：中央文献出版社，2019：143.

景建设中加强合作金融发展与数字乡村建设的深度融合，从而为乡村振兴过程中数字赋能与金融赋能相结合奠定基础。

第五节　农业价值链金融

农产品生产、加工、包装、储存、运输和分销等环节构成了农业价值链。价值链上的不同主体之间基于商品交易关系，可形成金融交易关系，为农业生产经营主体提供了一种融资渠道。

一、农业价值链金融的主要模式与产品

农业价值链金融是指农业核心企业或者金融机构基于农业产业链上不同主体之间的商业关系以及运营中的物流、信息流和资金流对核心企业上下游主体提供的金融服务。具体来说，是将农业价值链上的核心企业以及与其相关的上下游企业看作一个整体，以核心企业信用为依托，以真实贸易为前提，运用自偿性贸易融资的方式，通过应收账款质押、货权质押及预期收益控制等手段封闭资金流或者控制物权，对价值链上下游企业提供综合性金融产品和服务的一种新型融资方式。根据资金的来源，可以将农业价值链金融分为价值链内部融资（直接融资）和价值链外部融资（间接融资）。

农业价值链内部融资是指农业价值链上的核心企业（企业或者合作社）通过赊销、预付等方式，为其上下游主体提供短期的流动性资金，也称为商业信用或贸易信贷。以温氏集团为例，温氏集团通过紧密型“公司＋农户”产业链接模式，对上游农户赊销生产资料（鸡苗、饲料等），同时给予一定的养殖技术指导，在农户将鸡苗饲喂到一定标准出栏后，再进行回购，回购过程中由温氏集团扣除相应的生产资料款和利息。

农业价值链外部融资则是指银行等金融机构借助价值链上的核心企业（企业或者合作社），为上下游农户或中小企业提供信贷服务，又称“1＋N”模式。不同于银行基于对借款人的财务分析或者利用传统的抵押品给予借款人的融资，产业链融资主要依赖借款人与产业链核心企业之间形成的应收、预付等交易关系为基础进行融资。在农业产业链融资中经常被使用的还有基于未来收益的订单融资以及核心企业担保融资。其主要模式为：金融机构与农业龙头企业、合作社、中间商等合作，结合“公司＋农户”“公司＋中介组织（合作社、基地、经纪人）＋农户”等模式中的订单预期收益、核心企业担保等方式控制风险，实现对上下游主体的贷款发放。例如，青岛银行平度支行与农业龙头企业山东得利斯合作，利用后者的担保，为企业上游的养殖户提供贷款。当前，产业链外源融资的模式已逐渐成为农业价值链金融的主流。

农业价值链金融常见的产品包括应收账款质押、预付账款质押、仓单质押、订单融资、核心企业担保、信用评分等（详见表 5-6）。

表 5-6 常见的农业价值链金融产品

产品大类	具体产品	内容描述
应收账款类	应收账款质押	为核心企业上游供应商提供短期融资服务，上游供应商一般拥有对核心企业的应收账款。金融机构可以与核心企业 ERP 系统直接对接获取真实交易数据以及应收应付关系，从而提供批量、自动、便捷的信贷产品。
预付账款	预付账款质押	对于向核心企业支付预付款而提前订货的下游经销商，银行可以提供预付账款质押融资。
仓单/库存	仓单质押	对于下游经销商以及进行了仓储的经营者而言，可以基于仓单质押提供贷款。
未来收益	订单融资	银行为核心企业的长期贸易合作供应商提供以订单为基础的短期融资服务。
担保类	核心企业担保	核心企业利用信息优势为上下游提供担保，核心企业可以实现全流程控制，降低风险。
信用评分	信用评分	依据交易信息等评分，比如阿里巴巴等利用交易信息进行信用评分，然后提供贷款。

农业价值链金融改变了银行等金融机构针对农业经营主体等的单一授信模式，而是从整个农业产业链入手，从农业生产资料供给到农产品的生产、销售各环节，为产业链的整体运行提供金融支持。在这种模式下，各经营者不再是分散孤立、高风险、低收益的客户群体，而是与农业核心企业利益共享与风险共担的优质客户。农业价值链金融服务可以有效缓解农业农村金融抑制加剧的现状。

二、农业价值链金融风险控制机制

农业价值链金融，无论是产业链内部融资，还是外部融资，都依赖于核心企业的信用，区别仅在于前者是直接授信，后者是间接授信。特别是对于价值链外部融资而言，其本质上是贸易信贷和银行信贷的融合，由银行提供低成本资金，核心企业则充当信息中介及风险控制角色。价值链金融一方面依靠应收账款、预付款和存货的质押来实现风险控制；另一方面，对于不存在应收账款或者预付款的农业经营和流通主体，主要是依靠核心企业在农业产业链中的全流程控制，包括农业核心企业对农业生产过程中实施产前、产中、产后全过程的标准化、规范化管理，或者对流通环节中的采购、仓储、交易、结算等进行全流程的把控，从而形成信息优势、基于抵押和高转换成本的威胁和惩罚以及监督优势。具体而言：一是利用核心企业拥有农业行业专业知识并通过交易积累了关于“客户”的“超额信息”的优势，评估“借款者”的信用，筛选出能够作出可置信承诺的客户，减少出现逆向选择和道德风险的可能性。二是利用核心企业对抵押品评估和处理上的优势，通过抵押担保来构建可置信承诺。三是核心企业作为上游的少数销售渠道或者是下游客户的定制化产品提供商，垄断能力强，通过上下游客户的高转换成本来构建可置信承诺。四是通过核心企业对上下游客户的监督，来提升其风险应对能力和防止出现机会主义行为。

因此，在外部融资模式中，对于核心企业的依赖使得银行和核心企业之间必然存在委托代理关系，只有在代理成本显著低于银行获取农业经营主体的信息成本的时候，这种产业链外源融资模式本质上才兼具了核心企业的信息优势和正规金融机构资金成本低的优势，使其综合信贷成本远低于内源性融资。而如果没有核心企业的配合，传统的农业价值链金融业务很难开展。可以说，金融机构与核心企业的关系决定了传统农业价值链金融风险控制的成败。

三、农业价值链金融面临的挑战与发展趋势

目前农业价值链金融发展面临以下挑战：第一，农业价值链不稳定。推动农业价值链金融的发展，需要完善的、稳定的农业价值链。但是现实中，由于农业的自然风险和市场风险，农业契约面临不稳定、龙头企业带动作用有限以及小农参与度低等问题。第二，过于依赖核心企业。因为价值链金融对核心企业的依赖性很强，在激烈的竞争下，核心企业与金融机构之间的配合逐步演变成核心问题；对过于依赖的核心企业的自身风险应对及处置能力也必须高度重视，以避免核心企业倒闭导致的产业链上系统性金融风险。第三，产品模式单一，难以满足实际需要。理论上，产业链产品更多地依赖依靠应收账款、预付款和存货的质押。但是实际中，农业产业链中的融资主体主要是核心企业的上下游农户或者经销商，他们之间以现金交易为主，很少存在应收账款或者预付款。因此，亟须创造利用信息来提供信贷服务的产品，在价值链全链条信息化的过程中，依靠交易数据进行金融服务的新型融资方式。第四，风控手段单一。传统价值链金融的风险控制模型更多地考虑企业自偿性问题，即卖掉存货或者收到应收账款去还款，但是存货和应收账款也存在一定的风险，需要综合考虑融资主体的综合现金流也就是更广义的未来现金流。既要运用价值链金融的思维，同时也要借鉴综合授信的思想，进行综合施策。

农业产业链金融的未来趋势是：农业核心企业或者金融机构构建农业生态系统，提供全面的服务。此外，“三农”领域发展互联网的时代正在向我们走来，“互联网＋农业产业链”将逐渐成为新的蓝海市场，由此也为农业产业链金融服务的推进提供了新的空间。一方面，随着产融结合的发展，产业链上的核心企业通过充分利用产业链生态的基础投资开办金融业务，利用核心企业的信用低成本地获取融资，从而开展基于经营协同的产融结合，此时，相比于单纯的贸易信贷，资金成本和信息成本也进一步降低，从而成为农业价值链金融的发展方向之一。另一方面，银行为了摆脱对核心企业的依赖，一些金融机构进行独立的生态体系建设，试图通过利用互联网技术，将企业、个人和银行纳入相对封闭的交易生态系统，并将财务管理、生产管理、物流管理、客户管理等服务集合成为线上高效统一的服务。生态系统的建设使得农户账户和信息获取真实简易，能解决信息不对称难题，进而衍生出金融服务。但是在农业金融领域，金融机构的生态化建设面临困境。无论是农村商业银行的电商策略，还是农业银行的生态化建设，目前都面临一定的困境：线上平台商品交易数量少，和核心企业的对接竞争激烈。这些都意味

着金融机构特别是农村金融机构想要发展价值链金融，还需要进一步优化服务，吸引客户；同时提供更好的管理和服务，增强对农业产业链上核心企业的吸引力。

本章小结

本章在介绍农业投资、资本形成对农业生产率和产出增长影响的基础上，对资本市场、以银行为主体的农村金融市场、合作金融、价值链金融等方面的发展及其对农业融资的影响进行介绍。农业投资能促进农业生产经营主体层面资本形成，改进劳动性能和土壤肥力，提高农业生产率和农业产出水平。农业投资主体包括农业生产主体、农业价值链不同环节主体、政府相关部门等。国家、社会各部门和农户等主体通过财政、信贷与合作等各种方式投入农业领域，形成农业资金，用于满足农业再生产各项需要的财物和资源购置。农业融资渠道体系包括中长期资本市场和短期信贷市场。农业资本市场包括农业证券市场和农业长期借贷市场，其中农业借贷资金按照资金的供给主体和来源不同，可以分为政策性农业信贷资金、商业性农业信贷资金、合作性农业信贷资金、民间农业信贷资金和国外农业信贷资金五种类型。目前我国已建立起了政策性金融、商业性金融与合作性金融为主，农业保险、担保、期货、证券等非银行金融机构为辅，功能各异、层次分明、互助补充的农村金融体系，农村地区的金融服务水平稳步提高。农村数字普惠成为当前农村金融发展的主要方向，农村合作金融将与商业金融和政策金融长期共存发展，“三位一体”综合合作也将成为新型农村合作金融变革的主要形式。基于农业价值链上不同主体的交易关系的价值链金融，是农业生产性融资的重要来源。

本章习题

1. 农业资本形成促进农业生产率提升的主要机制是什么？
2. 结合农业生产的特点，试述农业资金的特点。
3. 简述我国农业证券市场存在的主要问题。
4. 农业资本市场对促进农业和农村的发展具有怎样的作用？
5. 中国农村金融体系的构成和主要特征是什么？
6. 农村信用社为什么要进行商业化改革？
7. 新型农村金融机构包括哪些？其发展现状如何？
8. 数字金融为何不能取代农村合作金融？
9. 如何发展新型农村合作金融？
10. 农业价值链金融的主要模式和产品有哪些？

参考文献

1. Hayami，Yujiro，Vernon W. Ruttan. *Agricultural Development：An International Perspective*. Johns Hopkins Studies in Development. Johns Hopkins University Press，1985.

2. Miller，Calvin，Linda Jones. *Agricultural Value Chain Finance：Tools and Lessons*. FAO and Practical Action Publishing Ltd.，2010.

3. Olmstead，Alan L.，Historical and Institutional Perspectives on American Agricultural Development. *American Journal of Agricultural Economics*. 2020，102（2）：400－418.

4. Ruttan，Vernon W. Productivity Growth in World Agriculture：Sources and Constraints. *Journal of Economic Perspectives*，2002，16（4）：161－184.

5. Syed，Saifullah，Masahiro Miyazako. *Promoting Investment in Agriculture for Increased Production and Productivity*. CABI Publishing，2013.

6. Todaro，Michael，Stephen Smith. *Economic Development*. 13th Edition. Pearson，2020.

7. Vander Donckt，Mariea，Philip Chan，Andrea Silvestrini. A New Global Database on Agriculture Investment and Capital Stock. *Food Policy*，2021，Vol. 100：1－13.

8. 陈进. 发挥金融助力乡村振兴的重要作用. 经济日报，2021－04－01.

9. 孔祥智. 中国农民合作经济组织的发展与创新（1978—2018）. 南京农业大学学报（社会科学版），2018（6）：1－10，157.

10. 马九杰，吴本健. 农村信用社改革的成效与反思. 中国金融，2013（15）：59－61.

11. 马九杰，何广文，汪小亚，等. 新时期农村合作金融健康发展笔谈. 农村金融研究，2022（3）：8－20.

12. 苏宁. 1949—2005 中国金融统计. 北京：中国金融出版社，2007.

13. 王曙光. 论新型农民合作组织与农村经济转型. 北京大学学报（哲学社会科学版），2010（3）：112－117.

14. 徐唐龄. 中国农村金融史略. 北京：中国金融出版社，1996.

15. 徐旭初，吴彬. 异化抑或创新？——对中国农民合作社特殊性的理论思考. 中国农村经济，2017（12）：2－17.

16. 苑鹏. 深化供销合作社改革与加快“三位一体”综合合作的发展. 中国合作经济，2021（1）：17－19＋63.

17. 张杰，高晓红. 注资博弈与中国农信社改革. 金融研究，2006（3）：48－56.

18. 赵忠世. 破解之路——商业金融服务“三农”世界性难题的综合解决方案. 北京：中国金融出版社，2019.

19. 朱乾宇，龙艳，钟真. “三位一体”：从单一合作到综合合作的制度创新——基于三个案例的比较分析. 农业经济问题，2021（6）：19－33.

20. 朱乾宇，樊文翔，钟真. 从“水土不服”到“入乡随俗”：农村合作金融发展的中国路径与方案，2022，工作论文.

第六章

农业生产函数与技术经济

本章要点

1. 掌握农业生产函数的概念、特点及几种主要的生产函数类型；
2. 掌握利用生产函数测算技术进步对经济增长贡献率的方法；
3. 掌握技术进步的概念、类型，了解其对农业增长的作用；
4. 掌握农业技术创新的概念、特点及相关理论；
5. 了解农业技术扩散的概念和过程；
6. 掌握农业技术推广的概念、原则，了解农业技术推广的阶段性特点；
7. 了解农户技术采纳行为的决策过程，掌握技术采纳过程中农户的类型。

关键词

农业生产函数；技术进步；经济增长；技术创新；技术扩散；技术推广；技术采纳

导入案例

“矿质营养说”与农业生产函数

德国化学家巴伦·尤斯图腾·冯·李比希（Baron Justus von Liebig，1840）在《无机化学及其在农业和生理学中的应用》一书中分析了土壤与植物生长的关系，认为每一种植物都需要一定种类和一定效量的营养元素，并认为在植物生长所需要的元素中，供给量最少（与需要量比相差较大）的元素决定着植物的产量。如果土壤中的氮可维持250千克的产量，钾可维持350千克的产量，磷可维持500千克的产量，则实际产量只有250千克。如果多施1倍的氮，则产量将停留在350千克，因为产量为钾所限制。李比希指出，植物的生长取决于在最小量植物状态下食物的量。这一概念被称为李比希最小因子定律（Liebig's law of the minimum）。李比希的研究说明了农业生产函数的现实意义，奠定了农学的基础，也奠定了农业经济学数量结构分析和演绎推理分析的基础。

在“矿质营养说”和“营养元素归还说”基础上提出的早期农业生产函数（Liebig，1840）在进行经验检验时遇到了很多问题，如当管理被视为重要投入要素时，无法确定管理投入变量对产出变量的影响。近期的西方农业经济学在关于农业生产函数研究方面又有了新进展，生产函数、贸易函数、需求函数以及由其构成的系统模型成为分析现代农业经济的基础。其中，生产函数是农业经济分析的理论核心。“总生产函数核心假说”

提高了边际分析与生产函数的更一般性的解释能力，提高了农业经济学的科学化水平。这个假说对科学研究、技术进步、投资和市场导引对农业经济发展的作用作了深刻而全面的阐述，得到了历史统计资料的支持，取得了科学地位，发挥了对实践的指导作用。

资料来源：杜为公，李艳芳，杜康. 西方农业经济学理论与方法的新进展. 北京：中国人民大学出版社，2016.

小思考

你是怎样理解农业生产函数的？

第一节　生产函数、技术进步与农业增长

一、 农业生产函数的概念及特点

（一）农业生产函数的概念

生产函数是利用数学概念和语言，将一定时期内技术水平不变的情况下生产中所使用的各种生产要素的投入量与产出最大化之间的经济关系表达出来的形式。生产函数可以是图表或数学表达式。

在农业生产领域，在特定的农业技术条件下，用来反映农业生产要素的投入量和最大产出之间经济关系的函数，通常被称作农业生产函数。特别需要强调的是，农业生产函数建立的前提条件之一是技术不变。如果出现技术进步，那么农业生产函数会发生相应的变化；农业生产函数描述的是农业技术水平既定的情况下农业生产要素投入与最大产出之间的经济关系。

农业生产函数的经验研究源于蒂特纳（Tintner，1944）① 的一篇方法论论文，以及蒂特纳和布朗利（Brownlee）同年作为注释发表在《农场经济杂志》上的一篇短文。这些研究均受到柯布（Cobb）和道格拉斯（Douglas）著作的影响。其后的 15 年，农业经济应用研究一直采用道格拉斯的研究成果。随着应用研究的不断深入和研究方向的拓展，农业生产函数的经验分析也不断演进。

生产函数的表示方法既可以是图表，也可以是数学表达式。

1. 列表法

表 6－1 反映了一定条件下生产要素投入与农产品产出之间的关系。这种表示方法简单，但是难以表达数据太多或者情景过于复杂的投入产出情况。

① Tintner Gerhard and Brownlee, O. H. Production Functions Derived from Farm Records. *Journal of Farm Economics*, 1944, 26 (3): 566－571.

表 6-1　生产函数的列表法

生产要素投入量 X（单位）	农产品产出量 Y（单位）
0	2
1	4
2	8
3	14
4	22
5	32
6	40
7	46
8	42
9	40
10	36

2. 图示法

图 6-1 利用折线图来反映表 6-1 中的要素投入与产出之间的函数关系。这种表示方法直观清晰，比较容易把握要素投入和产出之间的变化关系。

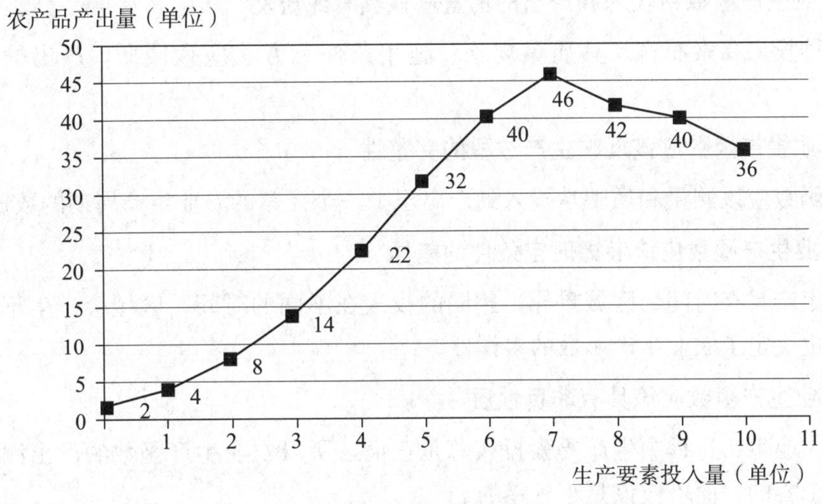

图 6-1　生产函数图示法

（二）农业生产函数的数学表达形式

农业生产函数的一般形式可以表示为：

$$Y=f(X_1,X_2,\cdots,X_i;X_{i+1},X_{i+2},\cdots,X_j;X_{j+1},X_{j+2},\cdots,X_n)$$

式中，Y 表示农业最大产出；X_1，X_2，…，X_i 表示生产中各种可变生产要素的投入，X_{i+1}，X_{i+2}，…，X_j 表示生产中各种固定生产要素的投入，X_{j+1}，X_{j+2}，…，X_n 表示生产中不可控的各种要素投入。由于不可控要素的投入量是人力不可控制的，如阳光、空气等，固定生产要素的投入量在生产过程中又保持相对不变，对农业生产的影响是相对固定的，因此，这两部分要素通常表现为农业生产函数关系式中的常量和随机项。为了简化研究，可以将生产函数表达为：

$$Y=f(X_1,X_2,\cdots,X_i)$$

该函数表达式可以用来反映生产要素投入与产出之间连续的变化关系。

（三）农业生产函数的特点

农业生产函数一方面具有数学表达的特点，另一方面又要正确反映投入和产出之间的生产和经济关系。因此，在应用农业生产函数时应该注意如下特点。

1. 农业生产函数应该是反映生产过程的简约化数学模型

农业生产函数不可能反映农业生产所涉及的所有生产要素，在实际研究中，总是会选择那些重要且可控的农业生产要素列入生产函数中。

2. 农业生产函数应该具有连续性

在一定的时间周期内，农业生产的产出应该是投入的连续函数，这里的投入要素本身可以无限细分。

3. 农业生产函数中投入和产出的衡量应该具有纯质性

就某种投入要素而言，其质量规格、施用条件和方法应该同质，产出的衡量也是如此。

4. 农业生产函数应该反映生产过程的完整性

生产函数应该测量和反映从投入到产出至少一个完整的农业生产周期的数量关系。

5. 农业生产函数应该考虑时空条件的差异

农业生产具有时间、区域差异，相同的投入在不同的时间、区域会产生不同的产出效果。这也决定了农业生产函数的多样性。

6. 农业生产函数应该具有非负性质

因为农业生产过程中生产要素投入总是正值，所以农业生产函数的产出测量只能是大于或等于零的，而不应该是小于零的。

（四）农业生产函数要研究解决的问题

从微观角度看，农业生产函数主要研究农业生产中的三种数量关系：（1）生产要素投入与农业产出之间的关系。通过研究投入农业生产中的某种或某些生产要素的数量与农产品产量之间的关系，探讨生产要素投入量和产品产出量的变化过程及规律。（2）研究为了生产一定数量的农产品，如何进行不同生产要素投入的配置比例，从而以最低的成本实现既定的产出目标。（3）研究在一定的生产要素资源约束下，如何配置各种农产品的生产，从而实现资源的充分利用和产出的最优。

从宏观角度看，生产函数在研究微观主体的投入产出关系的基础上，可以扩张到对整个农业产业的生产规模经济和效益的分析研究，从而为农业部门的生产决策、农业经济预测、管理部门制定政策提供分析依据。

二、生产函数的类型

（一）C-D 生产函数

C-D 生产函数，又称柯布-道格拉斯生产函数，是以最早提出该生产函数形式的美国学者柯布和道格拉斯的名字命名的。C-D 生产函数假定生产技术条件不变，认为决定生产函数的资源主要有两种，即劳动和资本。其表达式为：

$$Y=AL^{\alpha}K^{\beta} \tag{6.1}$$

式中，Y 为产出量；L 为劳动的投入量；K 为资本的投入量；α、β 分别为劳动、资本参数，且 $\alpha+\beta=1$；A 为转换系数，表示技术水平。

对上述函数的要素投入都按同一比例 λ 增加，则有：

$$A(\lambda L)^{\alpha}(\lambda K)^{\beta}=A\lambda^{\alpha}L^{\alpha}\lambda^{\beta}K^{\beta}=A\lambda^{\alpha+\beta}L^{\alpha}K^{\beta}=\lambda^{\alpha+\beta}(AL^{\alpha}K^{\beta})=\lambda^{\alpha+\beta}Y$$

若 $\alpha+\beta=1$，则表示生产函数的规模收益不变，为固定比例报酬生产函数；

若 $\alpha+\beta>1$，则表示生产函数的规模收益递增，为比例经济函数；

若 $\alpha+\beta<1$，则表示生产函数的规模收益递减，为比例不经济函数。

依据上述函数表达式可以看出，该生产函数所包括的要素投入不包括技术要素。也就是说，C-D 生产函数所反映的只是短期内技术不变的生产事实，A 表达的是技术不变的假定；但是，从长期看，C-D 生产函数却不能真实地模拟生产关系。因为随着社会经济的发展，技术作为生产力，在企业生产、产业发展和社会经济进步中都发挥着重要作用。所以，考察技术进步对农业经济的影响是一项必要的任务。

（二）索洛函数

索洛函数是美国经济学家索洛（Solow）于 1957 年提出的，其主要思想是将技术进步纳入生产函数中，通过扣除资本和劳动对经济增长的贡献，剩余的部分就是技术进步对经济增长的贡献。

假定存在如下生产函数：

$$Y=A_t f(L,K)=A_t L^{\alpha}K^{\beta} \tag{6.2}$$

式中，Y 为总产出；L 为劳动的投入量；K 为资本的投入量；A_t 为一段时间内技术变化的累积效应，也就是 t 时期的技术水平。

三、农业生产函数的应用

农业生产函数主要应用在边际分析、弹性分析和技术进步贡献率的测量三个方面。

(一) 边际分析

边际分析是绝对值分析，主要指要素投入增加一单位所带来的产出变化量。

对公式（6.1）求偏导，得：

$$
\begin{aligned}
\partial Y/\partial L &= A\alpha L^{\alpha-1}K^{\beta} \\
&= \alpha \cdot (AL^{\alpha}K^{\beta})/L = \alpha \frac{Y}{L}
\end{aligned}
$$

同理可推导出：

$$
\begin{aligned}
\partial Y/\partial K &= A\beta L^{\alpha}K^{\beta-1} \\
&= \beta \cdot (AL^{\alpha}K^{\beta})/K = \beta \frac{Y}{K}
\end{aligned}
$$

如果增加一单位劳动投入或者一单位资本投入，那么相应地，产出量则分别增加 $\alpha \frac{Y}{L}$ 或 $\beta \frac{Y}{K}$。

(二) 弹性分析

弹性分析是相对值分析，主要指要素投入每增加百分之一，产出量增加的百分比份额。

根据以上推导公式，可以进一步推出：

$$
\alpha = \frac{\partial Y}{\partial L} \Big/ \frac{Y}{L}
$$

同理可推导出：

$$
\beta = \frac{\partial Y}{\partial K} \Big/ \frac{Y}{K}
$$

上述公式推导出的 α、β 分别代表 L、K 要素的弹性系数。弹性系数是研究经济增长的重要参数。

(三) 技术进步贡献率的测量

对公式（6.2）求微分，可得：

$$
\begin{aligned}
\frac{\mathrm{d}Y}{\mathrm{d}t} &= \frac{\partial Y}{\partial L}\frac{\mathrm{d}L}{\mathrm{d}t} + \frac{\partial Y}{\partial K}\frac{\mathrm{d}K}{\mathrm{d}t} + \frac{\partial Y}{\partial A}\frac{\mathrm{d}A}{\mathrm{d}t} \\
&= \alpha \frac{Y}{L}\frac{\mathrm{d}L}{\mathrm{d}t} + \beta \frac{Y}{K}\frac{\mathrm{d}K}{\mathrm{d}t} + L^{\alpha}K^{\beta}\frac{\mathrm{d}A}{\mathrm{d}t} \\
&= \alpha \frac{Y}{L}\frac{\mathrm{d}L}{\mathrm{d}t} + \beta \frac{Y}{K}\frac{\mathrm{d}K}{\mathrm{d}t} + \frac{Y}{A}\frac{\mathrm{d}A}{\mathrm{d}t}
\end{aligned}
$$

等式两边同时除以 Y，可得：

$$\frac{1}{Y}\frac{\mathrm{d}Y}{\mathrm{d}t}=\alpha\frac{1}{L}\frac{\mathrm{d}L}{\mathrm{d}t}+\beta\frac{1}{K}\frac{\mathrm{d}K}{\mathrm{d}t}+\frac{1}{A}\frac{\mathrm{d}A}{\mathrm{d}t} \tag{6.3}$$

$$\frac{\mathrm{d}Y/Y}{\mathrm{d}t}=\alpha\frac{\mathrm{d}L/L}{\mathrm{d}t}+\beta\frac{\mathrm{d}K/K}{\mathrm{d}t}+\frac{\mathrm{d}A/A}{\mathrm{d}t}$$

$$\frac{\mathrm{d}A/A}{\mathrm{d}t}=\frac{\mathrm{d}Y/Y}{\mathrm{d}t}-\alpha\frac{\mathrm{d}L/L}{\mathrm{d}t}-\beta\frac{\mathrm{d}K/K}{\mathrm{d}t} \tag{6.4}$$

公式（6.4）通常被称作增长速度方程。式中的$\frac{\mathrm{d}Y/Y}{\mathrm{d}t}$反映总产出的年均增长速度，$\frac{\mathrm{d}L/L}{\mathrm{d}t}$反映劳动投入的年均增长速度，$\frac{\mathrm{d}K/K}{\mathrm{d}t}$反映资本投入的年均增长速度，$\frac{\mathrm{d}A/A}{\mathrm{d}t}$反映技术投入的年均增长速度。$\alpha\frac{\mathrm{d}L/L}{\mathrm{d}t}$表示劳动投入的增长引起的总产出的增长，$\beta\frac{\mathrm{d}K/K}{\mathrm{d}t}$表示资本投入的增长引起的总产出的增长。

将公式（6.3）作进一步变换，可得公式（6.5）：

$$\frac{\Delta A}{A}=\frac{\Delta Y}{Y}-\alpha\frac{\Delta L}{L}-\beta\frac{\Delta K}{K} \tag{6.5}$$

等式两边同时除以$\frac{\Delta Y}{Y}$，可得：

$$\frac{\Delta A/A}{\Delta Y/Y}=1-\alpha\frac{\Delta L/L}{\Delta Y/Y}-\beta\frac{\Delta K/K}{\Delta Y/Y}$$

式中，$\frac{\Delta A/A}{\Delta Y/Y}$反映技术进步对经济增长的贡献份额，$\alpha\frac{\Delta L/L}{\Delta Y/Y}$反映劳动投入对经济增长的贡献份额，$\beta\frac{\Delta K/K}{\Delta Y/Y}$反映资本投入对经济增长的贡献份额。这个公式表明，技术进步对经济增长的贡献可以通过计算劳动贡献率和资本贡献率的余值来获得。

小思考

利用《中国统计年鉴》和地区统计年鉴中的粮食产量、劳动、资本和研发投入等的时间序列数据、截面数据或者面板数据等资料，你能否利用农业生产函数测算各种要素（包括技术）投入对农业产量或产值增长的贡献率？

四、技术进步与农业增长

（一）技术进步的含义

技术进步是指在经济活动过程中，为了达到既定的目标而在技术系统上进行变革的过程。技术进步是一个经济学术语，从生产函数的角度进行考察，则表现为生产函数向更高生产率水平变动。技术进步可以在资本、劳动等要素投入不变的情况下，使经济结果发生较大的变化。经济学中的技术进步不仅是一个技术概念，而且是一个经济概念，其根本意义就是技术变革在实现经济增长目标中取得的进步。也就是说，只有当技术变革取得经济上的收益时，才被称作技术进步，这就是技术进步的力量。

农业技术进步通常是指在农业生产领域发生的技术变革过程。在农业生产领域，不断更新生物技术，利用基因工程、细胞工程、分子育种等技术，改良动植物及微生物品种的生产形状，培育出动植物及微生物新品种，生产出生物农药、兽药及疫苗等产品，并将这些生物技术应用到农业生产中，从而创造农业产量不断增长的奇迹。

小知识

生物技术包括传统生物技术、工业生物发酵技术和现代生物技术。现在人们所指的生物技术就是现代生物技术，包括基因工程、蛋白质工程、细胞工程、酶工程和发酵工程五大工程，其中基因工程技术是现代生物技术的核心。生物技术分为两代。

第一代生物技术主要是指具有“输入特性”，以生产者为核心，主要通过提高现有（农作物）生产效率，减少成本和损失，从而使生产者直接受益、消费者通过价格降低而间接受益的生物技术。第二代生物技术主要是指具有“输出特性”，以消费者为核心，主要通过针对不同消费者群体的要求而改良技术，从而使消费者能够直接受益的生物技术。

在过去的十几年里，60%～80%的生物技术研发活动集中在医药领域。制药业是生物技术投入最多、发展最快的产业。但是，近几年，这个现象发生了改变。随着动植物转基因技术的不断成熟，农业生物技术得到了迅速发展。2000 年，全球转基因作物的种植面积为 4 424 万公顷，其中，美国、巴西、阿根廷、加拿大这四个国家的转基因作物的种植面积占全球转基因种植面积的 97.8%，中国占 1.2%（50 万公顷）；2010 年，全球转基因作物种植面积则达到 1.48 亿公顷。2010 年，各大洲转基因作物种植面积占全球转基因作物种植面积的比例约分别为：北美洲 51.06%、南美洲 35.63%、亚洲 10.85%、非洲 1.68%、欧洲和大洋洲 0.77%。

资料来源：李建平，肖零，周振亚，等. 转基因作物产业化现状及我国的发展策略. 农业经济问题，2012 (1).

(二) 技术进步的类型

1. 狭义技术进步和广义技术进步

狭义技术进步是指经济活动中的物质技术或自然技术的变化，通常包括生产装备技术水平的提高，先进工艺替代老工艺，新产品、新材料、新能源的开发等。在农业生产中，农业机械装备水平的提高，新的农业优良品种、新型农业薄膜、新农药、新肥料等生产资料的出现，都是农业生产领域物质技术进步的典型案例。

广义技术进步是指经济活动中的任何促进经济增长的变化，既包括物质技术，又包括社会技术。也就是说，除了狭义技术进步包括的内容，管理方法的改进、生产规模的合理化、新的分配政策和经济体制的推行、生产要素质量的提高等，都属于广义技术进步的范畴。在农业生产中，政府不断调整有利于提高农业产量的良种、机械等的补贴政策，加强对农业生产者的技能培训等，都是广义技术进步在农业中的具体体现。

2. 中性技术进步、资本节约型技术进步和劳动节约型技术进步

按照技术进步与资源替代程度进行划分，技术进步可以分为中性技术进步、资本节约型技术进步和劳动节约型技术进步。

（1）中性技术进步。中性技术进步是指在没有改变资本和劳动的最佳组合比例的前提下，技术进步使经济产出得到较大的增长。在生产函数上，中性技术进步表现为农业产出曲线的位置向上移动，而成本曲线的斜率则没有发生变化。

（2）资本节约型技术进步。在资本和劳动的组合中，资本节约型技术进步是指技术进步提高了劳动要素的边际生产率，从而使劳动代替资本在生产投入中所占的比重增加，节约资本投入。在资本节约型技术进步中，资本的节约大于劳动的节约。对于资本相对稀缺、劳动相对充足的产业来讲，资本节约型技术进步显然有利于克服资本不足的发展瓶颈。

（3）劳动节约型技术进步。与资本节约型技术进步相反，在资本和劳动的组合中，劳动节约型技术进步是指技术进步提高了资本要素的边际生产率，从而使资本代替劳动在生产投入中所占的比重增加，节约劳动投入。在劳动节约型技术进步中，劳动的节约大于资本的节约。对于劳动相对稀缺、资本相对充足的产业来讲，劳动节约型技术进步显然有利于克服劳动不足的发展瓶颈。

（三）农业技术进步的特点

然而，与工业的技术进步相比，农业技术进步的影响因素更为复杂，其从技术成果转化为生产力的过程更加艰辛，这主要是由农业具有自然再生产和经济再生产相结合的特点决定的。农业生产的对象是在自然条件下生长的、有生命的植物和动物，既具有个体的地域性、分散性等空间特点，又具有季节性、周期性等时间特点，这决定了技术进步具有对自然时空条件的高度依赖性。农业的自然特性决定了技术进步在农业中的实现，是在极为复杂的自然条件下进行的。因此，农业技术研发周期长、风险大，技术效果也具有不确定性。

（四）技术进步对农业增长的作用

技术进步是经济增长的源泉，农业也不例外。随着人口的不断增加和社会经济发展对粮食需求的不断增长，农业生产面临着供给增加的巨大压力。在可以利用的农业生产资源，特别是耕地、资本等要素有限的情况下，发挥技术在农业生产中的作用，不断提高技术进步水平，对于增加农业产量、提高农民收入意义重大。

农业技术进步是实现现代农业目标的主要手段，促进农业增长的目标主要通过以下几个途径得以实现。（1）不断提高农业机械化水平，为农业生产提供现代的、先进的农业机械、运输工具、设施等。提高农业劳动者的劳动能力和劳动效率，进而提高农业生产效率。（2）不断提高农业生物技术水平，使动植物品种的生产性能得以改善，从而进一步提高农业动植物的生产性能。提高农产品的品质，满足人们生产和生活的不同需要。（3）不断改进农业生产和经营的管理方法与手段，提高农业生产资源的利用效率，进而提高农业生产效率。总之，农业技术进步的最终目标是提高农业产量，增加农业收入，全面提高农业经济效益。

习近平总书记指出："关于'粮食工程'问题，关于农业综合开发问题，都离不开科技力量，离不开依靠科技进步提高水平，利用资源，挖掘潜力。人口多地少和自然资源相对不足的闽东区情，决定了我们农业的发展必须把科技兴农作为一项基本政策，紧紧依靠科技进步，提高种植业和养殖业的单位面积产量，形成一个高产、低耗、优质、高效的农业生产体系。"① 2003—2017 年，农业技术进步贡献率由 45.97%提高到 57.5%，粮食产量达到 1.235 8 万亿斤，属历史上第二高产年。这意味着，技术进步对农业经济增长的贡献作用已经超过了农业劳动力、土地、化肥、农药等要素投入的作用，成为农业经济增长的主要动力。农业经济增长开始由依靠初级要素投入增加向依靠科技进步的生产方式转变。

2018 年中央一号文件《关于实施乡村振兴战略的意见》强调要夯实农业生产能力基础，要"深入实施藏粮于地、藏粮于技战略"；要"加快建设国家农业科技创新体系，加强面向全行业的科技创新基地建设。深化农业科技成果转化和推广应用改革"。可见，科学研究和技术进步在农业生产和经济增长中必将进一步发挥重要作用、作出更大贡献。

第二节 农业技术创新与扩散

一、农业技术创新的概念

（一）技术创新的概念

技术创新理论是由美籍奥地利经济学家约瑟夫·熊彼特于 1912 年在其著作《经济发展理论》中最先提出的。按照熊彼特的理论，技术创新是指"建立一种新的生产函数"，即将生产要素和生产条件进行重新组合，并引入生产体系，形成新的生产力。技术创新通常包括五种：一是开发新产品或改良原有产品，即产品创新；二是引进新的生产方法，即工艺创新；三是开辟新市场，即市场创新；四是获得原材料的新来源，即利用和开发新资源；五是形成新的组织和管理体制，即创新企业组织形式。技术创新是一个技术经济的概念，是从技术产生、培育到技术转化、形成市场的过程。因此，技术创新不同于发明，只有带来利润的发明才算是创新。

（二）农业技术创新的概念

狭义上看，农业技术创新是指农业技术成果的创新和发明；广义上看，农业技术创新是在农业生产体系中引入新的动植物品种或生产方法，以实现农业生产要素重新组合

① 习近平. 走一条发展大农业的路子（1990 年 4 月）//摆脱贫困. 福州：福建人民出版社，1992：137－138.

和生产效率提高的一系列行为。农业技术创新主要包括农业生产和管理中的新品种或新方法的研究开发、试验、推广、应用和扩散等一系列相关联的技术应用过程。

二、农业技术创新诱导理论

技术创新是农业经济增长的主要途径。经济学家提出了要素稀缺诱导的技术创新理论和市场需求诱导的技术创新理论。

(一) 希克斯-速水-拉坦假说：要素稀缺诱导的技术创新理论

英国经济学家希克斯认为，技术创新的意义在于可以降低生产成本，以更少的资源来生产某种产品，节约的资源则可以用来生产更多的这种或其他产品，从而增加国民收入。技术创新可以区分为“节约劳动”“节约资本”“中性”的技术创新，至于技术创新是偏向于节约劳动还是偏向于节约资本，则取决于劳动与资本的相对价格，而要素的相对价格反映了要素的相对稀缺程度，相对稀缺的要素是企业生产甚至经济发展的瓶颈。技术创新只有能够节约或替代这种稀缺要素，经济才能有更高的产出。

在希克斯的要素稀缺理论的基础上，日本经济学家速水佑次郎和美国经济学家弗农·拉坦提出了要素稀缺诱导的技术创新理论。他们研究了日本和美国的农业现代化发展道路，认为美国农业走的是农业机械技术的创新道路，用于节约稀缺农业劳动力及缺乏供给弹性的劳动力资源。通过农业机械技术创新，农业劳动效率不断提高。日本农业走的是生物技术的创新道路，用于节约相对稀缺和缺乏供给弹性的土地资源。通过增进土壤肥力技术、植物保护技术等，土地生产率得以不断提高。在一个动态的经济中，随着生产发展与农业技术的进步，较为稀缺的要素的限制可能由于技术进步被缓解，较为充足的要素则可能由于大量使用而变得不太充足。

(二) 格里克斯-施莫克勒假说：市场需求诱导的技术创新理论

格里克斯（Grix）较早提出了农业技术创新的市场需求诱导假说。他指出，市场盈利性是影响农业技术创新的主要因素，一项新技术的发明和应用取决于该技术的商品价格和市场规模。施莫克勒（Schmookler）认为，技术发明是一种经济活动，也以追求预期收益为目标。预期收益取决于采用该项技术的预期销售额，采用技术后的产品预期销售额则取决于该产品的市场销售额。市场需求是技术创新的动力。

就农业中的技术进步而言，市场对各种农产品的不同需求规模会诱导适应市场需求的技术创新，农业中的土地和劳动要素的禀赋在地区间分配不均，这些创新皆以节约生产要素为目标。在农业技术的应用上，农民作为新技术的采纳者，通常会采用节约昂贵和稀缺的生产要素的技术，技术创新主体也会根据市场对技术的需求来考虑新技术的创新供给。由此可以看出，农业技术进步的要素稀缺与市场需求假说具有一致性。

三、农业技术创新的特点

与工业部门的技术创新相比较，农业技术创新具有如下特点。

（一）农业技术创新的公共产品特征

农业技术创新的公共产品特征主要根源于农业生产和农业技术的特殊性。

一方面，农业生产通常是大田作业，其自然生产过程和技术要点必然是公开的，这就无法排斥没有为创新技术付费的农民的模仿，从而就无法保障农业技术创新者在技术使用上的垄断权及相应的垄断利益。既然农业技术创新很难实现其收益，那么如果是私人部门进行的技术创新就很难维持下去。然而，农业是国民经济的基础，如果没有农业技术创新的可持续性，就很难满足日益增长的人口和社会发展的需要。因此，这一涉及公共利益的问题，单纯依靠市场是很难解决的，必须依靠政府和公共部门的直接介入。纵观各国的农业技术创新史，各先进国家无一不是通过建立各级政府主导的农业技术创新制度，从而才有力地推动了农业技术的可持续发展的。

另一方面，农业技术创新具有强烈的外部性特征，主要表现为它不仅带来了农业的经济效益，而且带来了保护生态的环境效益和涉及粮食安全的社会效益。这些既包括积极的正外部性，也包括消极的负外部性，都需要认真对待。虽然农业技术创新具有农业发展内在变革的需求，但是作为具有外部性特征的农业技术创新，必须在外部力量的推动下才能更好地实现其环境效益和社会效益。特别是来自政府的支持，是农业技术创新必不可少的外部推动力之一。

（二）农业技术创新的周期长、不确定性大

虽然工业技术创新从构思、设计、研究、试制、投产到推广也可能需要较长一段时间，但是农业技术创新的周期可能更长。一方面，农业技术创新本身受到农业生产的自然条件和生物本身生产规律的制约，所以创新需要花费的时间会很长。例如，一个优良农作物新品种的培育就需要七八年甚至十余年的时间才能完成。另一方面，进一步推广该品种还需要几年的时间，加上自然条件的约束和自然因素的不确定性，致使农业技术创新结果的不确定性也很大。

（三）农业技术创新具有阶段性

以农业技术创新的内容为依据，农业技术创新大体可分为四个阶段。

第一阶段是20世纪初期的机械技术创新为主导的阶段。这一阶段的以拖拉机为代表的机械技术创新为大幅度提高农业生产率发挥了重大的作用。第二阶段是20世纪40年代的化学技术创新为主导的阶段。这一阶段的以农药、化肥等为代表的化学技术极大地提高了农业产量。第三阶段是20世纪50年代的杂交育种为主导的新阶段。杂交育种通常需要花费7～9年的时间才能育成一个优良品种。这一阶段是生物技术开始发展的阶段。第四阶段是20世纪80年代的综合技术创新为主导的阶段。在这一阶段，现代生物

技术、信息技术、管理技术等都进行了综合创新。

应用实例

大北农集团的技术创新

大北农集团的技术创新投入大，效果明显。大北农集团是1993年创办的以饲料、动保、种业、植保为主体的农业高科技企业集团，是农业产业化国家重点龙头企业、国家级高新技术企业。集团下设科技研究院和技术中心，有研发人员418人，采取产学研合作的模式进行科技创新。近3年，集团累计投入研发经费3.4亿元，约占总收入的5%。截至2010年底，集团共申请受理发明专利137项，申请植物新品种权33项，取得计算机软件登记权8项、外观设计13项，获得国家三类新兽药2项、国家重点新产品3项、国审作物新品种9项、北京市自主创新产品10项、政府科技进步奖励4项、科技成果转化项目数共计184项。2011年，大北农投入1亿多元建设了生物技术中心，并从跨国公司先正达那里挖来三名转基因领域的领军人才，专门开展转基因方面的研究。

资料来源：农业科技参考，2012 (1).

结合上述资料可以看出，企业进行的农业技术创新离不开政府的支持。作为国家重点龙头企业，大北农集团自然而然地获得了政府对于国家重点龙头企业的政策扶持。同时，企业自身的投入、人才的积累也是企业不断发展的动力。经历了17年的创新研究，企业才取得了如此辉煌的技术创新成果。在新的阶段，企业又进一步向生物技术领域进军。以上分析表明，技术创新具有外部性、周期性、阶段性等特点。

四、农业技术创新的行为主体

1. 政府

政府是农业技术创新的主导者和组织者，农业技术创新离不开政府的引导和推动，政府扮演的是制度供给者、环境营造者、主要投资者的角色。政府通过制定农业技术扶持政策、完善科技立法、营造创新环境，为技术创新提供必要的支持。

2. 农民

农民是农业技术创新过程中的实施者和受益者，是农业技术的实际使用者和应用者。一般而言，农民不会直接参与技术创新，而是检验农业技术创新效果的主体。政府将大力培育新型职业农民，全面建立职业农民制度，完善配套政策体系，这将有利于促进农业技术的应用和农民对农业技术的采纳。

3. 农业科研机构和高等农业院校

农业科研机构和高等农业院校是农业技术创新的源泉之一。农业科研机构和高等院校是农业技术创新知识的储备库，一方面为农业技术创新提供理论知识，另一方面通过产学研相结合为农业发展提供创新技术。另外，通过教育和培训的形式，它们也为社会提供了大量农业创新知识，为农业创新技术的应用提供了人才保障。政府鼓励高等院校、科研院所等事业单位专业技术人员到乡村和企业挂职、兼职和离岗创新创业制度，发挥科技人才对农业生产发展的支撑作用。

4. 农业科技企业

农业科技企业既是农业技术的创新主体，也是农业技术的需求主体。近些年在农业产业化过程中涌现出的龙头企业、高新技术企业及产业园区等，都是农业科技创新的主力军。政府鼓励有条件的龙头企业、科技企业承担和开展技术培训工作。

5. 农业技术推广和服务机构

农业技术推广和服务机构在农业技术创新过程中发挥着重要的作用。只有农业推广机构不断建立健全，才能促进农业技术的传播、扩散，从而在农业增长、农民增收、增强国际竞争力上发挥农业技术创新的作用。再加上农业金融、科技咨询等服务机构对农业技术创新的支持，才能更好地促进农业技术创新及其成果的转化。政府鼓励探索公益性和经营性农技推广融合发展机制，允许农技人员通过提供增值服务合理取酬。

五、农业技术扩散

（一）农业技术扩散的概念

舒尔茨把技术扩散视作“创新技术通过市场或非市场的渠道进行传播”，使技术被企业和个人采纳的过程。熊彼特把技术扩散视作“企业或个人大面积或大规模地对技术创新进行的‘模仿’”。一般的技术扩散可以理解为“某项技术或技术产品由最初的少数人采用到后来的大多数人普遍采用的过程”。

农业技术扩散是指农业技术在较大区域中被全部或大多数农民采用的过程。农业技术扩散有利于加速农业科技成果转化，促进农业生产和经济的可持续发展。农业技术扩散是一个动态过程，在此过程中，技术成果的价值通过扩散得以实现，并产生强大的生产力；同时，技术扩散有利于进一步完善和创新农业技术。

农业技术扩散涉及的部门和人员比较多，特别是在中国，农民数量多、农业生产经营规模小，农业技术从研发部门到实际使用者的过程不仅需要经过各类中介组织，而且需要农民能够接受和应用，这使农业技术转化为生产力的道路充满艰辛。当然，农业技术扩散能否成功还具有较大的风险，这往往因为农业生产的自然条件具有较大的不确定性，特别是在小面积农业试验和大面积大田推广之间，技术的应用效果可能存在较大的差异。因此，农业技术扩散要慎重，并要在实施中不断加以修正，以保证新技术替代旧技术的生产和经济效果。

（二）农业技术扩散的过程

技术扩散的过程实际上是采纳新技术的使用者占所有潜在使用者的比例随时间推移而变化的过程。一般而言，在新技术扩散的初期，采纳新技术的使用者数量少，占所有潜在使用者的比例呈现减缓增长的态势；然而，随着技术的成熟，模仿者不断增多，采纳新技术的使用者亦不断增加，占比也不断增长；在潜在使用者大部分转变为实际的技术使用者之后，占比自然呈现下降趋势。

农业技术扩散也遵循上述技术扩散过程。一项农业新技术从发明、创新到扩散、应用，是一项由技术上可行到经济上合理的适应过程。例如，一项农作物优良品种的扩散过程，先由具有冒险精神的农业生产企业或农户进行试验应用，成功之后才能进行大田生产，并获得一定的经济效益。随后，那些不具有冒险精神的企业或农户受到利益激励，进而跟随并模仿，于是采纳新技术的企业或农户数量不断增加。随着使用新技术的企业或农户的数量不断增多，新产品的高价格水平不断下跌，致使使用新技术的超额利润不断下降。当超额利润下降至零时，该项农业技术扩散的过程就结束了。

案例分析

红富士苹果种植技术扩散失败案例的分析

此案例发生在关中平原某县的一个村民小组，该村土地肥沃、气候温和，属于苹果的优生区。

1993 年，由县农业局牵头，县、乡两级农技推广机构负责提供技术，在全县范围内推广一个红富士苹果新品种的种植技术。该苹果品种的果形正、色泽亮、口感好、品质高，在市场上颇受消费者欢迎，市场前景良好。因此，该村村民小组决定集中划出一片土地作为苹果种植区，由村民组长带头，共有 5 户农民率先栽植，随后有多个农户相继跟进，1996 年达到高峰。但从 1997 年开始，种植过程突然中断，部分农户开始挖掉果树，改种粮食作物；此后，苹果种植户逐年减少，到 2001 年，全村仅剩 1 户。2004 年，这 1 户在苦苦坚持了 3 年之后，也挖掉果树，重新从事粮食种植。这标志着苹果新品种红富士在该村民小组的推广、扩散彻底失败。

为什么这个案例中的农民在种植苹果仅 4 年（1993—1997 年）后，就开始放弃苹果种植而回归粮食种植呢？该案例的研究人员通过对部分户主和村干部的问卷调查，辅以随机访谈的形式，分析认为：

1993—1996 年，该村的苹果技术推广和采纳符合一般农业技术推广和采纳的基本规律。首先，该红富士新品种在村民小组中得以扩散，与政府的大力提倡和推广密不可分。农户当年对红富士苹果的种植曾经有过很大的热情和较高的期望，而县、乡农技推广部门在种苗提供、栽培管理技术的示范等方面，在此阶段都发挥了重要作用。但乡政府、村委会以完成上级分配任务的形式，向各村下达硬性种植任务，这为农民对乡村干部的不信任埋下了种子，特别是为其他农业新技术的推广、扩散生成了潜在阻力。

农民将 1997 年后放弃果树种植的原因主要归结为以下几点：(1) 苹果市场价格低，销售鲜果困难。(2) 村庄的地理位置偏僻，远离市场，交通不便。(3) 苹果种植规模不大，无法吸引收购商和技术人员上门服务。(4) 劳动力外出务工比种植苹果更划算，劳动力流失严重，苹果种植缺乏劳动力和资金投入。(5) 苹果种植所需的生产设施供给不足，例如灌溉设施缺乏。(6) 缺乏果树栽培管理技术。虽然农技推广人员在最初的种苗提供、果树修剪等方面发挥了重要作用，但在后续的田间管理、农民培训以及其他方面的服务不到位。

资料来源：刘笑明，李同升. 由失败案例透视农业技术创新扩散的影响因素及其改进. 农业系统科学与综合研究，2007 (3).

六、农业技术推广

（一）农业技术推广的概念

农业技术推广是指通过试验、示范、培训、指导以及咨询服务等，把应用于种植业、林业、畜牧业、渔业的科技成果和实用技术普遍应用于农业生产的产前、产中、产后全过程的活动。

农业技术推广是实现农业技术扩散过程的手段和途径。农业技术推广能够加速农业技术扩散，农业技术扩散是农业技术推广的结果。农业技术扩散没有明确的目的，而农业技术推广则是有目的的、系统的技术应用过程。农业技术推广的主要目的是向农民提供有用的技术信息，帮助农民在农业生产中有效地应用这些技术信息，扩大新的农业技术的采用率，从而推动农业生产的发展。农业技术推广是一种非正规教育的形式，经过试验、示范、培训和指导，实现科研单位、有关学校、推广机构与群众科技组织、科研人员、农业劳动者的结合，以追求获得农业生产的经济效益、社会效益和生态效益。

（二）农业技术推广的原则

1. 农业技术推广要因地制宜

一方面，农业技术的适用受到自然条件的约束，特别是要与当地的地理环境、生态条件相适应。离开特定的生态和环境条件，农业新技术就可能无法发挥其应有的社会经济效益。因此，在农业技术推广的过程中，必须考虑农业技术对特定自然条件的要求。

另一方面，农业技术的应用也受到经济条件的约束，特别是资金投入的多少会直接影响农业技术推广的面积和效果。在经济发达地区和经济落后地区，农业技术推广遇到的障碍是不同的。一般在经济发达地区，农业部门有比较充足的资金进行农业技术推广，从而能够使农业新技术快速转化为农业生产能力。目前，我国农业正处在传统农业向现代农业转型的时期，加上区域发展不均衡、农业生产力水平参差不齐，因此，农业技术推广必须考虑区域差异性。例如，处在社会经济发达地区的农业科技示范园、大型国有农场和农业企业都是采纳农业技术推广的主体，这些地区的农业推广体系也相对发达。而在经济落后地区，农业部门因为资金不足，往往不能够及时进行适应性农业技术的推广，致使农业新技术不能有效发挥应有的社会经济价值。

2. 农业技术推广要遵循生产试验、示范生产和引导采纳的过程

农业技术推广应坚持“先试验、后推广”的原则。一项在实验室试验成功的农业技术成果，一般要经过生产试验的环节。通过生产试验，可以了解所引进的技术能否在特定地区进行推广应用以及该项技术在生产中呈现的生物特征、技术要点、操作规范等。充分试验后才可以确定该项农业技术的推广价值，进而有效地进行该项技术的推广。

示范生产是将生产试验后的新技术由少数敢于承担应用新技术风险的企业或农户进行试用生产，以通过示范的良好效果吸引更多的企业或农户采纳该项新技术。示范生产通常由政府出面组织完成，或由那些具有一定的资本和胆识的企业或农户自愿采纳而实现其示范作用。通过示范生产，农业技术实际应用效果的稳定性以及当地农民对该项技术的采纳意愿等都可以反映出来，从而使农业技术推广部门对该项农业技术的推广前景有一定的认识，进而更好地制定农业技术推广的措施和方法。

农户是农业技术成果的采纳者。通过相关部门或政策的引导，将农业技术成果应用到农业部门，被更多的农户采纳，新技术得以广泛应用，从而达到农业增长、农民增收的效果，这是农业技术推广的最终目标。对于那些不愿冒险采纳新技术的农民而言，农业技术推广的难度就大一些。但是，无论难度有多大，农业技术推广都必须尊重农民意愿，在生产示范的基础上引导农民自愿采纳新技术，而不能强迫采纳。

(三) 中国农业技术推广体系的发展阶段

我国的农业技术推广主要经历了恢复、巩固和创新三个发展阶段。

1. 恢复发展阶段

改革开放至20世纪80年代末，农业技术推广不断恢复发展。1979年，农林部在全国29个县试办县级农业技术推广中心；1982年，农林渔部组建了全国农业技术推广总站，将植保局、种子局分别转为全国植物保护总站、全国种子管理总站；1983年，农牧渔业部颁发了《农业技术推广工作条例（试行）》，对农业技术推广的机构、职能、编制、队伍、经费和奖惩作了具体规定；1984年，农牧渔业部颁发了《农业技术承包责任制试行条例》，鼓励农业技术人员深入基层推广农业技术；1986年，全国土壤肥料总站组建。现代农业技术推广的雏形形成。

通过这一时期的发展建设，我国基本恢复了县级农业技术推广机构，健全了中央和省、地（市）级的农技推广机构，加强了农业技术人员队伍建设，为农业技术推广提供了人员保障。

2. 巩固发展阶段

20世纪90年代初至末期，农业技术推广体系不断巩固和发展。特别是1993年颁布实施的《中华人民共和国农业技术推广法》，为农业技术推广事业的发展提供了法律保障，使农业技术推广事业步入了法制化轨道。到2000年，我国的种植业推广系统共有机构53 478个，人员407 387人。其中，县级机构7 655个，人员162 693人；乡级机构44 563个，人员220 851人。这一阶段是我国农业技术推广系统的机构和人员数量最多的时期。2012年8月31日第十一届全国人大常委会第二十八次会议通过了《关于修改〈中华人民共和国农业技术推广法〉的决定》，该推广法自2013年1月1日起施行。《中华人民共和国农业法》于1993年通过，分别于2009年和2012年作了修订；《中华人民共和国植物新品种保护条例》自1997年10月1日起施行，分别于2013年和2014年作了修订；《中华人民共和国种子法》于2000年通过，分别于2004年、2013年、2015年、2021年作了修订。这一时期，政府先后颁布了一系列政策、文件，各级农业技术推广服务体系不断完善。2021年，习近平指出："要坚持农业科技自立自强，从培育好种子做起，加强良种技术攻关，靠中国种子来保障中国粮食安全。"①

3. 创新发展阶段

21世纪以来，随着乡镇机构和农村税费制度的改革，农业技术推广体系面临进一步加强改革的要求，特别是基层农业技术推广体系的改革显得更为迫切。2001年起农业科技示范场的创办和建设，为农业新技术试验和示范、优良种苗繁育、实用农业技术培训等工作提供了场所和基地，为农业技术推广提供了保障，在促进农业发展方面发挥了巨大作用。2003年开始的基层农业技术推广体系试点改革，为全面推进基层农业技术推广体系改革积累了经验、奠定了基础。

2006年，《国家中长期科学和技术发展规划纲要（2006—2020年）》确定了"种质资源发掘、保存和创新与新品种定向培育"等9个农业优先发展主题。接着，又制定了《国家"十一五"科学技术发展规划》，要求加快农业技术全面升级，持续提高农业综合生产能力，从而确立了"开发新型肥料研制与高效施用技术，加强农业优质高产高效安全技术研究"等12个主题，要求组织实施"农林生物质工程"等8个重大项目。2011年，农业部根据国家制定的《国家中长期人才发展规划纲要（2010—2020年）》，将农业科技人才列为国民经济重点领域急需的紧缺人才，提出实施现代农业人才支撑计划。2017年，《关于创新体制机制推进农业绿色发展的意见》明确了在体制机制层面对农业绿色发展作出一系列约束与激励并重的制度性安排。2018年中央一号文件明确提出"推进体制机制创新，强化乡村振兴制度性供给"，强调了体制机制创新的重要性。2022年，农业农村部印发了《推进生态农场建设的指导意见》，提出推广一批生态农业技术模式。

经过这个时期的发展，政府农业技术推广体系的主体地位得以确立，逐步形成了中央、省、市、县、乡五级农业技术推广体系，确定了农业技术推广机构的公益性职能。这为农业实现"高产、高效、生态、安全"提供了有力的技术支撑和政策保障。

第三节　农户技术采纳行为及其影响因素

一、农户技术采纳行为的决策过程

农户对技术的采纳需要经过认知、引导、决策和实施四个阶段。

1. 认知阶段

在采纳一项新的农业技术之前，农民通常需要对该技术的特点和内容、技术实施的

① 中国人的饭碗 牢牢端在自己手上. 人民网，2021-09-25.

难易程度有一个较为清晰的了解，同时对关于技术应用的成本及可能带来的经济效果也要有一定程度的了解。一项技术越复杂，农民对其的了解可能需要越多的时间。

2. 引导阶段

经过认知阶段对技术的初步了解，农户基本会对该项技术形成是“好”还是“不好”的判断，但对于是否采纳该项技术还处在徘徊阶段，因此，在这个阶段，政府或技术推广服务人员要从政策支持、技术创新、技术经济效果等多方面给予农户更为详细的说明和引导，特别是对于农民所担心的采纳新技术可能出现的不确定性要给予特别的说明。通过这些引导，可以有效地将那些还处在摇摆不定阶段的农户拉到可能愿意采纳新技术的阶段，让那些态度明确的农民更加坚定采纳的信心，从而有利于帮助农民在决策阶段作出采纳新技术的决定。

3. 决策阶段

在决策阶段，农民就会作出采纳新技术或者拒绝新技术的行为决策。在这一阶段，农民往往根据认知和引导阶段的判断作出行为选择。但是，即使对于决定采纳新技术的农户而言，采纳的新技术也往往不会被一下子应用于所有的农业生产中，而通常是将其应用于农户农业生产的小部分。这对于农户来讲，确实是规避不确定风险的有效选择。经过这样小部分的技术应用试验，农户才会决定是否全面采纳该项技术，因此，农民采纳技术的决策过程并不是简单的一次决策的过程，而是多次甚至反复的决策过程。在农户技术采纳的决策过程中，由农业技术推广部门进行技术的提前示范应用将有助于推动农户采纳农业技术。

4. 实施阶段

在实施阶段，农业新技术得到充分应用，农户把新技术全面投入生产中，这意味着农户采纳一项新技术的过程结束了。为了确保农业新技术的实施效果，通常，在这一阶段需要农业技术推广服务人员深入生产一线，解决农户面临的具体的技术应用和操作问题，从而帮助农民及时解决生产实践中遇到的具体问题。这将有利于发挥技术的最优效果，也将培育和巩固农户采纳新技术的信心，更将有利于农业技术的可持续发展和应用。

基于上述分析，可以构建关于农户技术采纳的一般决策模型（见图 6－2）。

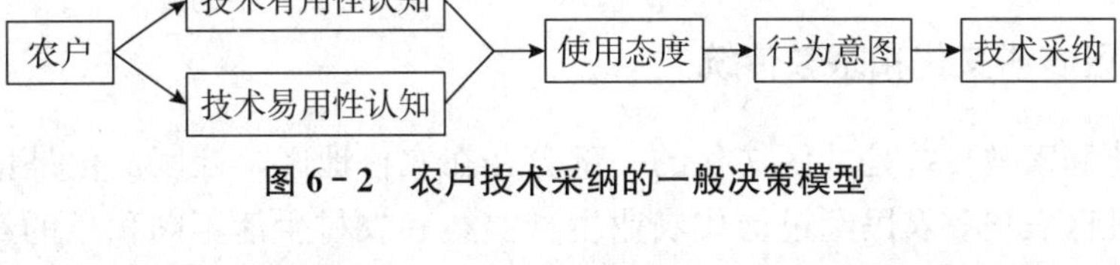

图 6－2　农户技术采纳的一般决策模型

农户技术采纳的一般决策模型中，农户的家庭人口统计学特征、社会-经济特征、资源资产特征、制度和政策特征等可能影响农户对技术的有用性和易用性的认知，进而影响农户对技术使用的态度和使用技术的行为意图，最后对农户是否采纳技术有影响。关于影响农户技术采纳的因素，在下文中有简要分析。

二、采纳技术的农户类型

农村社会经济系统复杂多变，面对技术创新，农户的态度也存在明显差异。根据农户对待创新技术的态度，可以将采纳技术的农户分为以下五种类型。

1. 具有创新精神的农户

在农业技术采纳中，具有冒险精神，敢于涉猎新技术、新思想、新观念的农户被称作创新农户。创新农户在技术扩散和推广中处于领航地位。他们拥有丰富的社会资本，获取信息的渠道相对较多，愿意将新技术引入农业创新系统。具有创新精神的农户不仅能够积极采纳新技术，而且是技术创新的推动者和发明者。

2. 率先采纳新技术的农户

率先采纳新技术的农户一般是指在农业技术扩散和推广的早期阶段，愿意并积极采纳新技术的农户。这类农户属于风险偏好型，在地方社会经济中属于中坚力量，往往成为新技术推广中的示范者，是其他潜在农户采纳新技术的引领者。

3. 中间层面的跟随农户

中间层面的跟随农户在农业技术推广中属于风险中立型，他们是率先采纳新技术的农户的跟随者，只有在看到采纳新技术所带来的实际社会经济效果后，他们才愿意采纳新技术。就决策的过程而言，中间层面的跟随农户作出决策的过程更为谨慎、时间更长。

4. 后期采纳技术的农户

后期采纳技术的农户在时间上比中间层面的跟随农户更晚一些。这类农户属于风险规避型，他们不愿意承担采纳新技术的风险。只有当创新技术的社会经济实施效果相对稳定和安全时，他们才愿意采纳新技术。

5. 最后采纳技术的农户

最后采纳技术的农户通常最为保守，只有当确定采纳新技术绝对没有风险的时候，他们才会作出技术采纳的决策。

三、农户技术采纳行为的影响因素

（一）社区农耕文化和宗教传统

农耕文化和宗教传统是社区文化的一部分，在农村地区，社区文化是世代相继的一种传统，是社区农户和农民经过历代农业生产实践和农村生活不断积累的经验。社区农耕文化和宗教传统与农民采纳技术的行为紧密相关。不同地区的农业耕作习惯不同，人们对于新技术的接受程度必然受到这些传统习惯的影响。超越传统、不能与当地社区农耕传统紧密结合的农业创新技术推广起来的难度比较大。宗教传统也对农民采纳技术的偏好有影响，这对技术创新成果的特点和推广的过程都有特殊的要求。符合农耕文化和宗教传统的农业技术比较容易被社区农民所接受和采纳。

(二) 社会推动力

在农业技术推广过程中，来自社会的推动力对农民采纳农业技术具有一定的影响。

1. 政府推动

政府的技术推广体制的建立和完善，有利于加强农业技术推广宣传，有助于农民了解更多的农业技术信息。同时，一些有效的经济政策和必要的资金、信贷支持，都为农户采纳农业技术提供了必要的条件，从而有利于推动农户采纳农业技术。例如，农业良种补贴政策、农业机械补贴制度、农业保险制度等都大大推进了农户对创新技术的采纳。再如，政府组织的农民技术培训，对提高农民对创新技术的认知水平具有积极作用。

鉴于农户在农业技术采纳中的重要作用，为了推进农户积极采纳农业技术，《关于推进农业科技入户工作的意见》（农科教发〔2004〕8 号）提出："力争到 2010 年，科技示范户的素质和能力显著提高，农业技术服务组织进一步壮大，培育 100 万个科技示范户，辐射带动 2 000 万农户，发展 1 万个新型农业技术服务组织；重点示范区内主要先进实用技术入户率和到位率达到 90%以上，农业综合生产成本降低 15%以上，科技进步对农业增长的贡献率提高 10%以上。"农业部组织制定的《农业科技入户示范工程规划（2005—2010 年）》提出，规划期内在全国 1 000 个县的 1 万个乡镇实施科技示范户工程。

新闻链接 科技入户

据《安庆日报》报道，安徽省宿松县科技入户强农、助农。该县农业部门按照每名农业技术推广服务人员联系 10 个科技示范户（农户）的要求，扎实开展农业科技下乡活动，建立农技人员进村入户责任制度，形成农技 110 专家值班常态化。2011 年，该县推广农业主导品种 15 个，推广农业实用技术 140 万亩次，增加农民收入达 365 万元。积极组织各类农技培训，全年培训新型农民 800 人，进村入户开展农技培训 500 多场次，培训农民 2 万多人次。

资料来源：安徽省宿松县科技入户助农致富. 安庆日报，2016-10-13. 笔者略作改动。

2. 非政府组织推动

一些非政府组织也参与到农村减贫、农业技术推广工作中，为农民提供必要的技术支持，帮助农民采纳创新技术。

3. 传媒和信息推动

在农业技术扩散和推广中，大众传媒对技术信息传播有积极作用，这也会对农户采纳农业技术具有一定的影响。汪三贵（1998）① 指出，由于信息传播的有限性和对技术内容与效果的不了解，许多贫困地区的农户放弃、推迟或减少了新技术的采用。

① 汪三贵. 技术扩散与缓解贫困. 北京：中国农业出版社，1998.

（三）农户家庭禀赋

1. 收入

通常，收入可以代表一个家庭的经济状况和富裕程度。经济条件好的富裕的农户通常会愿意选择优质农产品品种和农业机械等技术，特别是资本密集型技术。另外，农户收入的来源和结构也会对农户采纳行为有所影响。那些越依赖于农业生产、农业收入在家庭收入中的比重越高的农户，越可能比较关注技术创新，并越愿意采纳创新农业技术。

2. 文化素质

农户的受教育程度、掌握和运用科技的能力都会影响农户对技术的采纳。农户的受教育程度可以用户主的受教育程度来衡量，不同教育水平的农户在采纳农业新技术时会表现出一定的差距。研究表明，在其他条件不变的情况下，随着户主受教育程度的提高，农户采纳新技术的可能性在增大。农户具有较高的教育水平，就可以较好地掌握和运用科学技术，有利于实现采纳农业新技术的良好社会经济效果。

3. 社会资本

社会资本是由社会学家率先提出的，于 20 世纪 80 年代开始兴起，并随后被应用于经济学、政治学、法学等学科的研究中。社会资本被认为是一种资源，体现为个人关系、成员身份、社会网络、信任关系等内容。在农村社会中，社会资本是普遍存在的，能够通过减少交易费用的方式降低交易成本，从而给家庭和个人带来一定的利益。在农业技术扩散中，社会资本在技术信息传播、技术效果评价、资源获取和利用等方面都发挥着重要的作用。例如，社会网络中的亲戚关系、地缘关系及依此建立起来的信任关系，都有助于推动农户采纳农业技术。

4. 土地规模

土地规模对农户采纳技术具有一定的影响。通常，土地规模比较大的农户比较关注农业新品种、新机械等对农业生产效果的影响，采纳农业技术的积极性比较高。因此，适度的土地规模经营有利于推动农业技术的采纳。

5. 家庭人口规模、性别、年龄等

一个家庭的人口是家庭重要的人力资源，对于需要比较多劳动投入的农业技术采纳而言，人口规模是决定技术采纳决策和行为的重要因素之一。另外，家庭中从事农业生产的人口性别、年龄等因素，也可能会对是否采纳新技术的决策行为产生影响。例如，男性和女性，老年人、中年人和青年人，他们对待新技术的态度和认知水平对采纳决策都可能会有不同的影响。

本章小结

农业技术创新、扩散、推广至采纳是一个紧密联系的系统工程。通过这一系统工程，可以提高农业技术进步对农业经济增长的贡献率，从而实现农业增产、农民增收，促进社会进步。农业技术创新具有公共产品特性，创新周期长、不确定性大，并且具有阶段性的特点，因此，需要发挥政府在农业技术创新中的作用。农业技术扩散是指农业技术在较大区域中被全部或大多数农民采纳的过程，是采纳新技术的使用者占所有潜在使用者的比例随时间推移而变化的过程。由于受到农耕文化、宗教传统、社会推动力、家庭禀赋等多重因素的影响，农户一般要经过认知、引导、决策和实施四个阶段，实现其对农业技术的采纳。

本章习题

1. 什么是农业生产函数？农业生产函数具有哪些特点？
2. 如何利用生产函数方法来测算技术进步对经济增长的贡献率？
3. 什么是技术进步、技术创新、技术扩散、技术推广和技术采纳？
4. 农业技术进步主要有哪些类型？
5. 简述农业技术扩散的过程。
6. 简述农业技术推广的原则和阶段性特点。
7. 简述农户技术采纳行为的决策过程和一般模型。

参考文献

1. 夏敬源．中国农业技术推广改革发展 30 年回顾与展望．中国农技推广，2009（1）．

2. 朱方长．农业技术创新农户采纳行为的理论思考．生产力研究，2004（2）．

3. 孔祥智，方松海，庞晓鹏，等．西部地区农户禀赋对农业技术采纳的影响分析．经济研究，2004（12）．

4. 方松海，孔祥智．农户禀赋对保护地生产技术采纳的影响分析——以陕西、四川和宁夏为例．农业技术经济，2005（3）．

5. 汪三贵．技术扩散与缓解贫困．北京：中国农业出版社，1998．

6. 孟令杰．农业技术经济学．3 版．北京：中国农业出版社，2008．

7. 张冬平．农业技术经济学．北京：中国农业大学出版社，2009．

8. 亚尔·蒙德拉克．农业与经济增长．北京：经济科学出版社，2004．

9. 孔祥智，钟真，柯水发．农业经济管理导论．北京：中国人民大学出版社，2021．

PART THREE

3

|第三编|

农业产业组织经济学

第七章
农户经济与经营决策

本章要点

1. 掌握农户的概念与特征，农户经济的内涵与研究意义；
2. 了解农户经济理论的主要流派，农户模型的内部逻辑；
3. 理解农户分化概念及其对农业发展的影响。

关键词

农民；小农；农户；农户经济；农户模型；农户分化

导入案例

农户高波的“种瓜致富梦”

中华农业科教基金会举行的2017年度神内基金农技推广奖评选活动揭晓，河南省农广校学员、夏邑县农户高波榜上有名。高波出生于1972年12月，是会亭镇朱瓦房村的农民，初中毕业后他就到外地打工，先在酒店后厨做过学徒，后来开过饭店、卖过瓜果，最后选择种植拱棚西瓜，年收入近百万元，走上了依靠科技发展现代高效农业的路子。高波不仅自己走上了创业致富之路，还直接带动周围农民发展西瓜种植实现致富，被县政府认定为新型职业农民。

高波一开始种瓜时觉得没啥难的，但实际中遇到了许多麻烦。第一年因为缺乏经验，结出的西瓜又小又歪，不太好销售，所以第一年就没挣到钱。第二年，西瓜产量上来了，但是又面临着销售的难题，高波因卖瓜吃尽了苦头。那年刚入冬就下了一场大雪，高波的那位瓜农老师在西瓜收获后种的几十亩商品辣椒全部被冻坏了，这给了高波很大的打击。

高波在生产经营中的每个环节都十分重视新技术的应用和推广，积极引进、应用先进的种植新品种、新技术和新机具，并积极响应县农技部门的号召搞好示范推广工作。为生产出优质无公害农产品，高波把普通肥料更换为有机肥和生物菌肥，这一举措减少了病虫害发生，提高了西瓜品质，使瓜的中心含糖量由原来的11%～11.5%提高到12.5%～13%，价格每斤也提高了0.3元。高波的创业成功，吸引了周围农户甚至外县农民前来咨询、学习、模仿种植，凡是上门找到他的，他都耐心传教，毫无保留地把他所有的技术和经验都介绍给每个种植户。

资料来源：王留标. 种西瓜圆了创业致富梦——记河南省夏邑县新型职业农民、2017年度中华农业科教基金会神内基金农技推广奖获奖农户高波. 农民科技培训，2018（5）：38-39.

小思考

农户的概念是什么？包含哪些特征？农户经济的内涵又是什么？为什么要研究这一概念？目前有哪些主要流派的农户经济理论？农户模型的内部逻辑是什么？农户分化的特征又会对农业产业发展造成哪些影响？

第一节 农户与农户经济

一、农民与农户

（一）相关概念辨析

1. 农民

在“三农”问题中，农民问题是核心。那么，谁是农民？如何定义农民？关于这个问题，国内外学术界自 20 世纪中叶开始就一直争论不休，至今仍无定论。其中最为常见的方法就是从职业的角度来定义农民。“从事种植业、养殖业等农业生产的劳动者”是这种定义的基本表述。如《现代汉语词典》（第 7 版）就将农民定义为“在农村从事农业生产的劳动者”。按照这种定义，务农者即为农民，非务农者即非农民。所以，在乡村居住、生活但不从事农业劳动的人员不能被称为农民，他们可能是农村教师、手工业者、乡镇企业员工或者商贩等等。事实上，类似的界定在中国古代早已有之——“古者有四民：有士民，有商民，有农民，有工民”（《春秋·谷梁传》）。从这个角度看，农民与商人、工匠、知识分子之间，只是职业的不同，并无社会地位的差异。然而，自 1958 年 1 月《中华人民共和国户口登记条例》正式实施以来，我国在法律和政策的制定、实施中，对农民的认定普遍采取的是户籍标准，即凡是具有农业户口的居民（不管他从事何种职业）就是农民，凡是具有非农业户口的居民（不管他从事何种职业）就是城镇居民。在这种“二元结构”的户籍管理体制下，农民在大多数情况下演变成了“农业户口者”的代名词。而且，由于我国的户籍管理制度除了人口登记功能之外，还与土地、就业、医疗、养老、教育、住房等诸多社会福利紧密相关，因此，农民的概念不仅仅是一个职业概念，更是一个包含了经济、社会和政治特征的身份概念。

近年来，随着我国工业化、城市化进程的推进和城乡要素流动的加速，无论是农民的职业特征还是身份特征都日趋复杂：一方面，相当一部分具有农业户口的人员并非从事农业生产，他们或许从事工业或商业，如乡镇企业家、自营工商业者或外出打工者等；另一方面，在农村从事农业的人员并不一定具有农业户口，他们可能是城镇居民或其他农业投资者。为此，国务院于 2014 年 7 月发布了《关于进一步推进户籍制度改革的意见》，要求各地根据意见要求，出台本地区具体可操作的户籍制度改革措施，特别是取消城乡二元户籍制度。截至 2016 年底，全国已有 30 个省（自治区、直辖市）相继取消了农业户口和非农业户口的划分，统一为居民户口，但从户口簿保留的居住地一栏仍然可以清晰地辨别户口属于城镇还是农村。因此，结合当前中国经济社会发展现状，我们认为，农民主要是指从事或部分从事农业生产的农村居民。这里的农业是指包括了农、林、牧、渔在内的“大农业”，农村居民是指在取消户口性质划分的地区居住地登记为农村的人员或者在未取消户口性质划分的地区具有农业户口的人员。当然，农民的概念是动态的而不是静止的、是相对的而不是绝对的。它会随着社会的发展和人们对农民的认知的改变而发生变化。

2. 小农

在涉及“三农”问题讨论的很多情境下，我们常常遇到“小农”的概念。习近平总书记指出：“‘大国小农’是我们的基本国情农情，小规模家庭经营是农业的本源性制度。”① 实际上，小农与农民既有联系又有区别。联系在于两者都与农业相关，都属于从事农业的劳动者。而两者的区别则主要有以下三个方面。首先，在于小农的“小”字，即经营规模问题。一般而言，小农是根据农业生产经营的规模（绝大多数情况下是根据土地经营规模）对农民的另一种说法，多指小规模农业的生产经营者。而农民的概念并不涉及经营规模这一限定条件。其次，小农虽不是指家庭人口规模小，但它与农民家庭紧密相关。在大多数发展中国家，以土地为主要衡量指标的农业生产经营规模往往体现为农民家庭的整体经营规模，而不是单个农民的经营规模。比如中国在实行家庭联产承包责任制以后，同一区域内的农民家庭，人口数量越多，其能够承包经营的土地面积就越大。而且，农民的生产经营活动大都以家庭为主要单位，其经营决策多体现为家庭集体决策。在这个意义上，小农的概念比农民的概念更体现类似于农业企业的微观组织特征。最后，小农的概念多见于对前现代社会农民的指代，比农民的概念更带有主观感情色彩。如马克思曾将小农形象地描述为“一个个马铃薯”，即小农是经营（包括所有或租佃）“一小块土地”的“单个家庭”，他们同质性强且“互相隔离”“缺乏分工和科技应用”，“依靠与自然交换”实现“自给自足”。但是，我国经过改革开放 40 多年的发展，农业土地承包经营权流转的现象日益普遍，使得当前农民家庭实际经营的土地面积已经不完全与家庭人口规模成比例；与此同时，农民之间的生产、生活差异逐步拉大，农民组织化程度不断提高，他们对外交往和参与市场的能力持续加强。因此，当前的中国农民已经与马克思所谓的“一个个马铃薯”有了巨大的差异。若继续使用小农的概念，显然已经不合时宜。

小思考

如何区别 farmer 与 peasant 的含义？

国际上关于农民定义的讨论中，有两个英文单词一般都被译作“农民”，即 farmer 与 peasant。这很容易造成概念上的混乱。从词义上说，farmer 以 farm 为词根，强调的是职业含义；而 peasant 一词从词源及构词成分看与农业本无直接关系。peasant 源于古法语，系由古拉丁语 pagus 派生而来。该拉丁语意为“异教徒、

① 中共中央党史和文献研究院. 十九大以来重要文献选编. 北京：中央文献出版社，2019：144.

未开化者、堕落者”，带有强烈的贬义，因而 peasant 在古代的本义是对卑贱者的贬称。只是由于那时卑贱者大多种田，这个词后来才与农业有了关系。在许多不发达社会，农民一般不被称为 farmer 而被视作 peasant。而 peasant 的定义则远比 farmer 复杂。无论在学术研究还是日常生活的语境中，人们谈及 peasant 时想到的并不仅仅是一种职业，更是一种生存状态、一种经济或政治地位、一种社区或社会组织方式、一种文化习惯或心理结构等等。而社会越不发达，后面这些含义往往就显得越突出。为此，一些学者认为，farmer 对应职业含义的农民，而 peasant 则对应身份含义的农民。而由于 peasant 所耕作的土地往往是小规模的，生产力水平往往是低下的，社会交往往往是相对封闭的，市场参与往往是不积极的等，所以它十分类似于小农的概念。据此，也有学者提出，farmer 可译作“农业者”，peasant 可译作“小农”，而从 peasant 到 farmer 的演变是一个社会从不发达走向现代化的重要体现。按照这种观点，这一演进在我国远未完成。当然，不管这种观点是否正确，我国还存在着大量的身份农民这一事实比我国有大量的务农者这一事实更深刻地体现了我国目前不够发达的状态。

3. 农户

上述分析表明，无论是农民还是小农，都不适合作为一个界定明确、语意中立的概念使用到经济学分析中。而伴随着对农民定义的争论，“农户”一词却越来越多地被农业经济学研究所采纳。那么，什么是农户？根据《现代汉语词典》（第 7 版）的定义，农户就是“从事农业生产的人家”。这一定义给出了农户的两个基本内涵：其一是从事农业生产，其二是具有家庭功能。但家庭是以人们之间的亲属关系定义的，而不同的社会组成家庭的亲属关系是不一样的，所以，家庭的界限也没有同一准则。而用同一住所来定义的“户”（household）则要比“家庭”（family）的概念更有利于经济学分析，因为一户之内常常可以清晰地观察到资源被集中配置、收入被共同使用、户内成年人共同决策等特点。尽管从社会学角度看，户至少被认为是家庭的一个下属单位，且在不同情况下家庭划分为户的方式也存在差异，但是在我国，由于户籍制度的存在，户的界定是十分明确的，即由登记在同一户口簿上的人员组成的人家就算作一户。在这一点上，农户的概念比农民和小农的界定更为明确。

然而，类似农民的定义，农户的界定也面临着当前农业农村发展新形势的挑战：一方面，登记在一个户内的成员并不实际居住在一起，如户内成员分家而居的情况等；另一方面，户内所有成员并不都是农民，即他们有的只部分从事农业生产经营，有的甚至长期不从事农业生产经营，如户内非农就业者等。可见，《现代汉语词典》（第 7 版）的定义显然过于笼统。我们认为，农户应该具备的必要条件是：（1）由具有亲缘关系的农村居民组成；（2）至少有成员从事或部分从事农业生产经营。换言之，农户中可以有成员不从事农业生产经营，但是所有成员必须是农村居民（具有农业户口或居住地登记为农村的人员）。因此，那些在农民概念中被排除了的不从事农业生产经营的农村居民，在农户的概念中被包括进来了。

(二) 农户的经济学特征

从经济功能看，农户既是农业生产经营的基本单位，也是当前农村基本经营制度的核心主体。因此，农户必然是农业经济学研究的重要对象，农户的经营决策也必然是农业产业组织经济学研究的基本内容。为了更好地利用农户的概念分析农业经济问题，促进农户在农业、农村发展中发挥作用，我们有必要对其经济学特征作进一步分析。

由于农户既是一个类似于农业企业的市场主体，又是一个处于农村社会中的家庭，因此，农户显然具有生产和消费的"双重性"。这也决定了农户具有不同于西方经济学中关于厂商或消费者的特殊性质。结合已有文献和包括中国在内的多数发展中国家的农业农村发展现状，我们认为农户区别于市场经济中其他经济主体的特征主要体现在以下几个方面。

1. 经济活动特征

虽然农户成员可能从事各种类型的非农业劳动，但农户总体上是一个与农业生产经营紧密相关的经济单位。在农户所有的经济活动中，农业生产经营活动应占据首要地位，即农户最大量的劳动是从事农业。但这不意味着农户的收入主要来源于农业生产经营，它可以是非农收入。例如，一个农村的 5 口之家有 4 个劳动力，1 人长年在外打工，完全不参加农业劳动，但其收入在该户收入中的份额最高；其余 3 个劳动力主要在家务农，其中 1 人经常利用农闲在当地打短工。这种情况在当前我国农村十分普遍。按照本书的定义，该户应属现阶段典型的农户，而长年在外打工者不能算作农民，但他是该农户的重要成员。

2. 要素禀赋特征

(1) 土地。土地是农户最基本的要素禀赋。农户能够经营一定数量的土地，并把土地作为生活的基础。这是农户区别于其他市场主体的重要标志之一。在多数发展中国家，由于土地不仅是一种具有价格的生产要素，也是农户抵御生活风险的一种社会保障，所以农户对土地有着复杂的权利。这些权利经常限制了土地市场自由发展，导致了农户对土地的配置往往具有非市场性。在我国，农村土地一般归农民集体或国家所有，不能进行市场交易；但法律同时规定农户依法享有承包地使用、收益和土地承包经营权流转等权利。随着我国城乡经济的发展，面向农户的土地承包经营权流转市场正在快速发展。

(2) 劳动。农户的一个决定性经济特征就是主要依靠自有劳动进行生产经营。假如我们定义市场经济中的企业是部分使用雇佣劳动进行生产，生产资料的所有权和劳动是分离的，那么这一特征便可以将农户与企业区分开来。当然，农户的这个特征并不排除农户在诸如农忙季节使用雇佣劳动，也不排除农户成员短期到农业以外的行业当佣工。事实上，对于一些农户而言，外出打工对维持生活非常重要。农户在生产经营中主要依靠自有劳动，不仅会影响农村社区劳动力市场的形成和发展，还会影响雇佣劳动在更大市场上的供给和需求。

(3) 资本。由于农户具有生产和消费的双重性，这使得农户在生产经营过程中涉及资本要素时面临两大问题。其一，资本投入可能既用于生产也用于消费。例如，农户购买的拖拉机可用于耕作、泵水或碾米等生产活动，也可以当作交通工具用于载人和生活物品的运输等消费活动。其二，难以考察农户生产经营活动的资本收益率。这一困难的核心是难以区别利润和自有劳动的收益。相对而言，农户的资本不足、劳动富余，故他们经常利用自有劳动来替代一些可转化的资本投入，而这种自有劳动投入又不计成本。因此，没有系统的资本和资本收益率的概念，也是区分农户与企业的又一个特点。

3. 消费特征

农户通过农业生产经营所产出的农产品有一部分直接被户内成员所消费，而不提供到市场上销售，所以，农户的生产经营活动具有“维生”的性质。而农户“维生”的程度决定了其参与市场的程度。改革开放以来，我国农业市场化程度不断加深，农户农业的专业化程度和农产品的商品化程度都得到了大幅提高。当然，这在一定程度上与农户用非农收入来支持家庭消费有关。总体上，我国农户的“维生”性质还在不断弱化，市场参与程度还在不断提高。为此，重视但不过分强调因农户的消费特征带来的“维生”意义是合适的。

二、农户经济

（一）农户经济的内涵

所谓农户经济就是以农户生产经营为基础的经济活动和经济关系，一般包括了农业生产以及由它决定的交换、分配和消费等活动及其关系。从微观上看，农户经济主要是农户的生产经营活动，核心是农户的经营决策；从宏观上看，农户经济是以农户为主要市场主体的经济活动及经济关系的总和，重点是农业的生产方式和经营体制。

从生产力发展水平的角度看，农户经济可分为传统的农户经济和现代的农户经济。前者即为通常人们所说的小农经济。小农经济是以自给自足的自然经济为基本特征的，在农户内采取小而全的经营方式，生产的技术状况、使用的生产要素和生产方法长期保持不变，整个农业生产活动是在一种墨守成规的制度下进行的，是一种特殊的经济均衡状态。而现代的农户经济表现为在现代科学技术和社会化大生产的基础上，实现了生产工具的机械化、经营范围的专业化、管理的科学化和生产组织的社会化，最后表现为产品的高度商品化。因此，以商品经济为标志的现代农户经济取代自给自足的小农经济是一种客观的发展规律，也是人类经济史上的一大进步。在资本主义制度下，这一过程是由市场机制自发调节的，是以大批农户的破产为代价的。而在社会主义国家，人们曾试图用集体化的办法来达到消灭小农经济、实现农业现代化的目标。但这种努力没有很好地达到预期的目的。事实上，小农经济只是农户经济的低级形态，高级形态是能容纳现代生产力的现代农户经济。因此，无论社会制度的性质如何，现代农业生产力的发展都必须冲破小农经济的束缚，但又需要保留农户经济的组织机能。解决这一矛盾的途径只能是改造小农经济，改造传统农业，实现农户经济的现代化。

（二）现阶段农户经济的特点

《中华人民共和国农业法》明确规定，国家长期稳定农村以家庭承包经营为基础、统分结合的双层经营体制。因此，我国现阶段的农户经济正是“统分结合、双层经营”体制下的一个重要层次。与此相对应的是集体经济。这一体制通过“包干到户”把所有权与经营权分离开来，把土地公有制和农户经营结合起来，从而打破了单一的集体所有和集体经营，创造了集体统一经营与农户分散经营的有机结合，从而形成了一种新型的合作经济形式。这种体制依据我国人多地少、生产力水平低、农民有从事精耕细作的传统等基本国情，遵守了农户经济广泛适宜性的客观规律，从而使农业生产一改过去那种资源分配不合理、劳动效率低的状况。而农户经济所蕴藏的巨大能量及其对农业生产的广泛适应性，充分调动了亿万农民的积极性，是中国农村面貌发生了翻天覆地变化的关键所在。可以说，农户经济的蓬勃兴起是农村第一步改革取得成功的主要原因，而以农户为基本单位组织农业生产是我国农业经济现实而又合理的选择。

但是，现阶段我国的农户经济并不是十全十美的，与现代化农户经济还有很大的差距。主要体现在以下几个方面。

（1）目前农户承包集体土地主要是按人口来进行的，形成了“人人包田、户户种地”的局面和平均化的小块分散的土地经营格局，由此造成土地经营规模过于狭小，且双层经营中体现“统”的部分长期没有得到有效重视和切实发挥，从而导致了一些地区小农经济的部分复归甚至强化，限制了适度规模经营的形成。

（2）现行的土地管理制度造成所有权主体缺位与弱化、经营权主体不规范，不利于土地的合理利用，难以提高农民因土地增值带来的收益。所有权主体不明晰容易导致对土地的掠夺式经营和土地的非农化占用；投资于土地缺乏安全保障，必然会诱发农民的短期行为，致使出现农业投资不足、土地肥力下降、基础设施老化等问题。

（3）农户生产手段还不先进，科学技术应用水平较低。当前，农业科技推广体系还不够完善，农业社会化服务功能不强，农业现代化水平难以迅速提高。相当一部分农户依然以手工劳动、人畜力耕作和传统技艺为主要生产手段，排斥现代化的生产技术和机器设备，缺乏科学的管理。这都导致农户经济向现代化发展的空间和潜力受到限制。

（三）农户经济的未来发展趋势

从农户经济的内涵可以看出，农户经济本身也是不断发展变化的。现阶段农户经济表现出来的各种缺陷与不足，正是体现了农户经济从低级阶段向高级阶段转变的过程。随着我国改革开放的进一步深化和城乡经济的进一步发展，转型中的农户经济将呈现如下趋势。

（1）农户的经营规模将逐步扩大。一方面，随着土地承包经营权的流转加速，土地经营的集中化程度逐步提高，这将从外延上扩大农户经营土地的规模；另一方面，随着农户剩余劳动力不断向非农产业转移，农户内部分工将更加合理，善耕者耕，善工者工，善商者商，农户经营的集约化程度进一步提高，这从内涵上扩大了农户经营规模。

（2）农户生产经营的科技水平不断提高。随着现代科学技术的迅猛发展，农业生产的技术装备和技术应用能力将进一步优化。除了机械化、电气化、化学化水平继续提高之外，生物技术和信息技术等最新科学技术也将不断被运用到农业生产中，同时，先进的管理技术也将被更多地运用于农业经营之中。但这一过程是建立在现代科学技术与我国传统精耕细作紧密结合的基础之上的。随着现代最新科学技术的引进，农业的耕作技术和耕作制度将会发生重大变革，但这并不意味着农业传统的经营方法和耕作经验将会被彻底否定。相反，由于农户传统技术中的优秀部分，诸如旱作农业技术、高复种多茬栽培技术、用地养地结合技术、精耕细作技术等等，不仅对农业生产经营仍具有较大的潜力，而且广为我国农户所熟悉和接受，因此，农户经济现代化的过程必然离不开两者的不断融合和互相促进。

（3）农户经济的生产专业化、服务社会化和产品商品化程度不断提高。农户经济逐步由综合经营向专业化方向发展，是进行机械作业和提高劳动生产率的前提条件。同时，农户经济的专业化是以分工协作为基础的，社会化服务和农户经济间的合作起着日益重要的作用。传统农户经济的自给性特征将逐步消失，而现代农户经济的投入和产出的商品化程度将进一步提高。

（4）农户经营专业化与农户兼业化将长期并存。农户经营专业化是把农户作为一个生产经营单位，从经营方向和内容方面分析的；而农户兼业化是把农户作为一个家庭经济单位，从劳动力投向和收入来源方面分析的。专业化生产是农户经济现代化的必然趋势，但由于农业的特点和农户经济的多功能性，专业化经营越发达，农户劳动力剩余的数量和季节性特征就越突出，实行多种经营和非农就业、追求农户收入的最大化就越成为不可避免的选择。这也是在发达国家农业生产高度专业化的今天，兼业农户的比重却一直居高不下的原因所在。我国农村工业和服务业等非农产业还不发达，农户收入普遍较低，单独经营农业的收入还不能满足农户经济现代化的需要。而农户兼业化将有利于解决农业资金短缺的问题并促进农村非农产业的发展。为此，在一个相当长的时期内，农户兼业化与农户经营专业化并存将是我国农户经济的一个重要特征。

第二节　农户经济理论与农户模型

一、农户经济理论的发展及演变

由于农户具有生产和消费的双重性，其生产、消费乃至劳动力配置等决策行为都是互相制约、互相促进的。这种决策间的关联性使得传统经济学理论（厂商理论和消费者理论）在分析农户经济行为时产生了严重的局限性。而农户经济理论正是因此而逐步兴起的。到目前为止，学术界已有大量文献对农户经济的相关问题进行了十分深入的讨论。其中，农户的生产-消费决策行为是这些讨论的核心内容。这些理论探讨对于科学认识农户、促进农业政策的有效性具有十分重要的意义。为此，有必要对农户经济理论的发展及演变作一个简要介绍。

除了斯密和马克思对农户经济有过经典的论述之外，美国经济学家舒尔茨（Schultz,

1964）是主流经济学界较早关注农户经济的学者。他在研究如何改造发展中国家的家庭农业时提出了著名的“贫穷但有效率”的假说，即“在传统农业中，农户在生产要素的配置上很少出现无效率的现象”。其后的支持者，如波普金（Popkin，1979）等进一步完善了舒尔茨的理论，认为农户应被视为追求利润最大化的“农业企业”。这也就是为人们所熟知的“理性小农”假说。但是他们的理论在配置效率和技术效率的区别上是模糊的，更重要的是，他们的理论忽视了家庭为达到利润目标而发生的内部人口结构和成员消费变动等问题，所以，整个家庭的效用最大化与利润最大化在他们的理论中基本上是不加区分的。斯科特（Scott，1976）则通过研究东南亚农业社会的历史发展轨迹及农民的反叛逻辑后认为，农民所追求的绝不是利润或收入的最大化，而是较低的风险分配与较高的生存保障。此后，很多学者在研究农户风险规避行为时更多地采用了家庭整体效用函数。而家庭整体效用函数的广泛采用，在一定程度上表明了农户作为一个消费单位的特征也逐步被融入农户经济理论之中。

事实上，早在20世纪20年代，苏联经济学家恰亚诺夫（Chayanov，1925）就已经开始关注农户经济。他所著的《农民经济组织》或许是将农户经济理论模型化的最早先例。但是，由于政治因素等原因，他的理论随着他被捕入狱而没有得到及时传播，直到20世纪60年代才被人重新“发现”而广为流传。根据对苏联农户经济行为的分析，恰亚诺夫同样认为家庭农场追求的绝不是利润最大化，而是“家庭成员需求满足程度和劳动力辛苦程度之间的某种均衡”，即家庭整体效用的最大化。但其理论最大的缺陷在于假设劳动力市场不存在和农户可以自由获得土地。这显然不符合大多数国家农户经济的特点，因而他的模型对分析现实诸多农户问题并不适用。但不可否认的是，他的思想仍具有重要的开创意义，如美国经济学家梅勒（Mellor，1963）、诺贝尔经济学奖获得者阿玛蒂亚·森（Amartya Sen，1966）、日本学者中岛（Nakajima，1986）等在恰亚诺夫理论的基础上对更大范围内的农户经济问题进行过分析。另外，美籍华裔学者黄宗智（1985）在研究20世纪前半叶的中国华北和长江三角洲的农户经济时也受到了恰亚诺夫思想的深刻影响。他在综合了舒尔茨、恰亚诺夫和马克思主义等理论的基础上，对当时的中国农户给出了一个经典的描述，即“中国小农是一个追求利润者、维持生计的生产者和受剥削的耕作者的复合体，每一个特征都反映了这一复合体的一个侧面”。

近年来，针对农户经济理论的研究不断深入，不仅在同时解释农户生产与消费决策的功能上不断增强，而且各种外部限定也逐步放宽。而这得益于贝克尔等（Becker，1965；Michael and Becker，1973）开创的“新家庭经济学”。新家庭经济学明确地把家庭（户）而不是个人作为效用最大化的分析单位，并认为效用不能一般化地从市场上购买的商品（X 产品）中直接获得，而是从家庭内生产的最终消费品的“使用价值”（Z 产品）中获得的。Z 产品是该理论的一个关键概念，它可以由家庭用 X 产品和花费在其上的时间来生产。最后通过效用函数的最优化过程来解释家庭生产-消费联合决策的问题（具体可参见贝克尔等人的著作）。巴鲁姆和斯奎尔（Barnum and Squire，1979）则较早地将“新家庭经济学”应用到了农户经济分析之中。他们的理论不仅拓展了新家庭经济学，如农户的产品可以出售，而不像新家庭经济学里户内产品只能用于直接消费，生产函数主要是指农业生产而不是 Z 产品的生产等；也改进了恰亚诺夫模型中的相关假定，如允许劳动力市场的存在，限定农户土地数量等。因此，建立在“新家庭经济学”和恰亚诺夫思想基础上的巴鲁姆-斯奎尔模型常常被称为农户模型或农业家庭模型（agricultural household model，AHM）。

然而，巴鲁姆-斯奎尔模型假定了完全的要素市场和产品市场，这使得该模型较适用于接近完全商业化的家庭农场或农业企业。而在市场不完全或不完善，甚至还没有形成市场的条件下，这一模型的解释力将大大下降。这与大量发展中国家正处于从传统农户经济向现代农户经济过渡的现实不相符。所以，此后不断有学者在巴鲁姆-斯奎尔模型的基础上对劳动、土地、保险和金融市场不完善条件下的 AHM 进行修正和改进，如罗（Low，1986）、本杰明（Benjamin，1992，1995）、巴德汉和尤迪（Bardhan and Urdy，1996）、姚洋（Yao，2000）等。

二、农户模型简介

尽管巴鲁姆-斯奎尔的农户模型（AHM）不断被改进，但该模型为分析和预测农户在生产和消费过程中对家庭变化（农户规模和结构变化）以及市场变化（农产品价格、生产资料价格、工资和技术等变化）所采取的行为反应提供了最为基本的理论框架，为此有必要对该模型作一个简要的介绍。为了清晰反映 AHM 的核心内容，下面主要根据斯恩、斯奎尔和斯特拉斯（Singh，Squire，and Strauss，1986）著作中对巴鲁姆-斯奎尔模型的描述来介绍。

（一）AHM 的前提假定

AHM 有如下五个基本假定：

A1：存在劳动力市场，农户可以根据给定的市场工资雇入或雇出劳动；

A2：农户可用的耕地数量一定，至少在所研究的生产周期内不变；

A3：户内活动（Z 产品的生产）和闲暇两者合并为一个约束条件来实现效用最大化；

A4：农户需要出售部分产品以便购买非农消费品，农户的一个重要决策就是多少产品用于自我消费、多少产品用于出售；

A5：不考虑不确定性，也不考虑农民的风险行为。

其中，A1、A2 主要是对恰亚诺夫模型的改进，而 A3、A4 主要是对新家庭经济学的修正，A5 则主要是想利用比较静态分析对模型作更为清晰的说明。

（二）AHM 的主要内容

1. 模型构成

根据前提假定，农户效用函数主要包括三个自变量：用于 Z 产品生产以及闲暇（两者不再区分）的时间 T_Z，家庭自我消费的农产品 C 和购买的商品 M。效用函数的形式如下：

$$U=F(T_Z,C,M) \tag{7.1}$$

农户对这三种消费的偏好，不但受到家庭规模的影响，而且受到家庭人口年龄结构和劳动结构的影响。效用最大化的约束条件就是生产函数、时间约束与收入约束。

农户的生产函数形式如下：

$$Y=f(A,L,V) \tag{7.2}$$

式中，A 为耕地，假设为常数；L 为用在农业生产上的所有劳动，包括家庭自有劳动和雇入劳动；V 为生产中的其他可变投入。

时间约束可表达为：

$$T=T_Z+T_F+T_w \tag{7.3}$$

式中，T 为农户总的可支配时间；T_Z为农户用于 Z 产品生产和闲暇的时间；T_F为农户用于农业生产的时间；T_w为雇佣劳动，它可正可负：如果雇入劳动，$T_w>0$，农户总的可支配时间增加；如果雇出劳动，$T_w<0$，农户总的可支配时间减少。假定雇佣劳动都从事农业生产，则农业总劳动时间可表示为 $L=T_F+T_w$。为方便起见，我们将农户自有劳动称为 T_H，则有 $T_H=T_Z+T_F$。

收入约束是指家庭的净收入应当等于家庭用于市场商品购买的总支出，可表达为：

$$p(Y-C)-wT_w-vV=mM \tag{7.4}$$

式中，p 为农产品价格；Y 为农产品产量；$Y-C$ 为出售的农产品数量；w 为市场工资；wT_w既可以增加家庭收入（如果是雇出劳动），也可以减少家庭收入（如果是雇入劳动）；v 为可变投入 V 的平均价格；m 为市场商品 M 的平均价格。

如果将时间约束（7.3）和收入约束（7.4）合并，可以得到一个总的收入-支出约束（7.5）或（7.6）：

$$F=pC+wT_Z+mM=pY-w(T_F+T_w)-vV+w(T-T_w) \tag{7.5}$$

$$F=pC+wT_Z+mM=pY-wL-vV+wT_H \tag{7.6}$$

式中，wT_Z为用于 Z 产品生产和闲暇时间的机会成本；pC 为家庭自我消费的农产品的市场价值；mM 为购买市场商品的成本，故第二个等号左侧是农户的总支出。$pY-wL-vV$ 是农业的净收入或利润，wT_H为农户自有劳动时间的内在价值，故第二个等号右侧是农户的总收入。因此，F 是一个扩大了的“完全收入”的概念。

据此，AHM 的基本形式可由公式（7.1）、（7.2）、（7.5）来表达。其均衡条件是：

E1：劳动的边际产品等于工资，其他可变投入的边际产品等于其平均价格，即 $MVP_L=w$，$MVP_V=v$。

E2：效用函数中任何两个自变量之间的边际替代率均等于它们之间的价格比，即 $MVR_{T_Z,C}=w/p$，$MVR_{T_Z,M}=w/m$，$MVR_{C,M}=p/m$。

2. 基本思想

由于该模型有三对消费权衡，其生产函数又有三个自变量，所以，AHM 的思想不能用单个图形来完全说明。但是，如果对模型稍作限定，便可以用图形将其基本思想更为清晰地表示出来。（1）假如农户生产函数中如果只有一种产出，也只有劳动一种可变投入，那么均衡条件是 $MVP_L=w$，即 $MPP_L=w/p$；（2）假如农户需要决定是把更多的时间用在 Z 产品的生产或闲暇上（T_Z），还是消费更多的农产品 C，那么其均衡条件是 $MVR_{T_Z,C}=w/p$；（3）假如农户只雇入劳动，不雇出劳动，那么 AHM 可用图 7-1 表示。

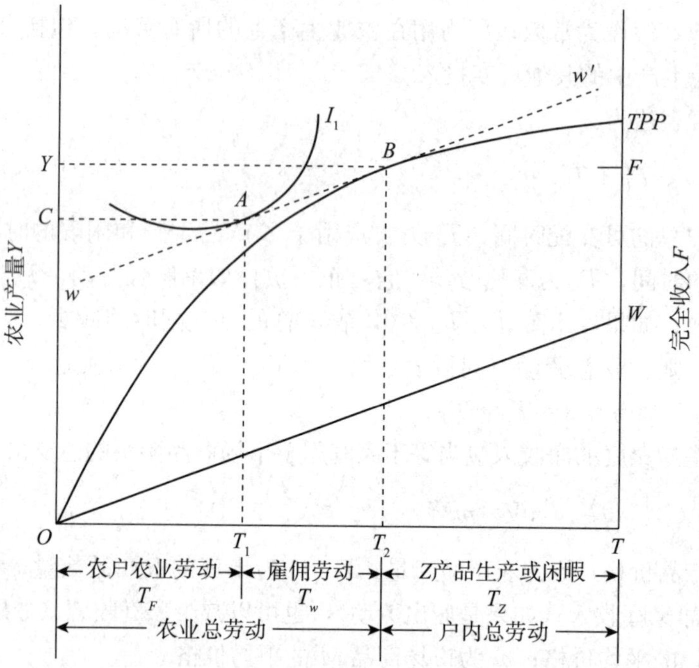

图 7-1 AHM 的部分逻辑

在图 7-1 中，横轴表示农户可以支配的总时间 T。T 又分为家庭成员的农业劳动时间 T_F、雇佣劳动时间 T_w 和家庭成员的户内劳动或闲暇时间 T_Z。w 是货币工资，p 是农产品价格，w/p 是相对市场工资，也是时间的机会成本。直线 OW 表示劳动增加时总劳动成本提高的程度，它的斜率是 w/p。农户可以支配的劳动时间包括自有的和雇入的劳动时间。但无论是自有还是雇入，W 都代表了家庭可利用的所有时间的内在成本。

图 7-1 中还有另外三条曲线。第一条是代表农业产量的生产函数 TPP。第二条是无差异曲线 I_1，表示户内时间与家庭农产品自我消费的不同组合给家庭带来了同等效用。第三条是位移了的工资成本曲线 ww'，表示农业生产的相对工资成本。农业的生产均衡点是 B，消费均衡点是 A。A 同时给出了农户自我消费的农产品数量 C，由此我们可以得到农户的农产品销售量为 $Y-C$。由于可变投入只有劳动而没有考虑其他投入品的市场购买行为，故农户满足支出约束的条件仅为农户销售农产品的收入等于农户雇入劳动的费用，即 $p(Y-C)=wT_w$。

显然，如果农户的自我消费 C 增加，农户的市场销售 $Y-C$ 就会减少，家庭自有劳动就会更多地用于农业生产，而雇入劳动会减少，即 T_F 增加，T_w 减少。其中，新增的 T_F 来源于原先的户内劳动或闲暇 T_Z。换言之，家庭没有非农业用途的时间可以转移到农业生产上，这一过程在图 7-1 中可以表示为直线 T_1A 和直线 T_2B 以相同距离向右推移。

农户的完全收入为图 7-1 中的 F。F 是用实物量表示的。这使得图 7-1 横轴上标出的各个时间范畴需要用它们代表的到直线 OW 的垂直距离来定价。有两种不同的图示法来说明完全收入。第一种方法是从支出角度出发，$F=pC+wT_Z$。这里，pC 是家庭自我消费的农产品价值，T_Z是被当作消费的生产 Z 产品的劳动或闲暇的时间价值。第二种方法是从收入角度出发，$F=\pi+wT_H$。这里，π 是指农业的净收入或利润。$wT_H=wT_F+wT_Z$。其中，wT_Z出现在两种方法中，但在第一种方法中作为消费项，在第二种方法中作为完全收入的组成部分。

（三）AHM 的政策含义

图 7-1 对 AHM 作了很大的简化，但简化了的模型依然对工资水平或农产品价格两者变化给农户决策造成的影响具有很强的解释力。下面我们简要地考察一下市场工资上升或农产品价格上升对农户决策的影响。

（1）市场工资上升的情况：相对价格比 w/p 将提高，位移了的工资成本线 ww'的斜率将变得更陡。这将导致：

第一，农户的农业产量 Y 和完全收入 F 相应下降；

第二，农户农业劳动时间 T_F增加和雇入劳动时间 T_w减少；

第三，农户自我消费 C 增加，出售到市场上的农产品数量 $Y-C$ 将减少。

（2）农产品价格上升的情况：相对价格比 w/p 将降低，位移了的工资成本线 ww'的斜率将变得平缓。这将导致：

第一，农户的农业产量 Y 和完全收入 F 相应提高；

第二，农户农业劳动时间 T_F减少和雇入劳动时间 T_w增加；

第三，农户自我消费 C 下降，出售到市场上的农产品数量 $Y-C$ 将增加。

上述过程中存在着不同的替代效应和收入效应。有兴趣的读者可以进一步参阅相关文献，这里不再详述。这个例子表明，AHM 是一个十分有用的微观经济分析工具。如果能够掌握足够大的农户样本资料，那么 AHM 不仅可以用于解释农户应对外部因素变化所采取的决策逻辑，而且能将这种农户内部生产与消费联合决策的影响引申到更大的经济体系中。但由于各个经济体系中市场不完善的程度有别、耕地充裕或稀缺的程度不同以及劳动市场性质存在差异等原因，农户应对外部因素变动所采取的生产-消费决策也会因社区、地区、国家的不同而出现很大的差别。因此，AHM 的应用必须充分考虑研究对象的现实特点，以作出合理的前提假定和模型修正。

第三节　农户分化及其对农业发展的影响

一、农户分化的概念及其成因

（一）农户兼业与农户分化

所谓农户兼业是指农户不仅从事农业生产，还从事非农业生产的现象。这种生产经营的多元化现象已经在农户的定义中进行过考察。而农户分化是指由于农户兼业行为的存在和不断发展演化，农户逐渐分化为纯农户、兼业农户和非农户的现象。根据第二次全国农业普查的划分标准，户内经营行业只有农业的农户称为“纯农户”；户内经营行业既有农业又有非农业，但以农业经营收入为主的农户为“农业兼业户”（亦称“一兼户”）；户内经营行业既有农业又有非农业，但以非农业经营收入为主的农户为“非农业兼业户”（亦称“二兼户”）；户内经营行业仅有非农行业的农户为“非农户”。当然，不同国家对兼业农户的划分标准存在着差异，很难按照统一的标准进行比较分析。

（二）农户分化的表现形式与主要特征

1. 农户分化的表现形式

农户分化是一个动态的过程，是传统农户经济向现代农户经济转变过程中的必然现象，表现形式主要可从职业及身份的变化和收入及其构成的变化两个方面来考察。

从农户成员的职业和身份变化的角度看，农户的分化主要表现为农业内部的多样化经营和非农产业的多样化就业。改革开放之前，以粮为纲的农村经济结构和农业生产结构非常单一，导致农户成员从业领域亦较为单一。改革开放以来，农户的生产经营自主权得到了充分尊重，农业生产结构和农村经济结构日益多元化，农户成员的从业领域不断拓宽；在农业内部，各种类型的专业户大量涌现，如种植专业户、养殖专业户等；这改变了以往小而全的农业生产方式。在城镇和农村非农产业领域，农民的就业比例不断提高，遍布工业、建筑业、运输业、饮食服务业、商业等各行各业。为此，农户兼业的程度不断深入，形式也日益多样化。

从农户收入及其构成的变化看，不同类型农户之间的收入差距日益明显。虽然广泛的非农就业对于提高农民收入起到了决定性作用，但伴随着农民从业领域的分化，农户之间在收入水平及构成方面也出现了明显的分化。1979 年我国农村居民的基尼系数仅为 0.212 4，20 年后的 1999 年则攀升到了 0.336 1。21 世纪以来，尽管国家支农惠农的力度不断加强，但是基尼系数总体上仍然呈上升趋势，到 2017 年达到 0.467 0，已经超过 0.4 这一“门槛值”。这意味着中国农户的收入差距已突破合理的范围。而造成这种差距的原因主要与农业和非农业之间存在着较为明显的劳动报酬差异有关。

2. 农户分化的主要特征

当前，我国农户分化主要体现出以下特征。

（1）不稳定性。农户成员选择从事农业或非农产业，在很大程度上受到经济发展景气程度和外出务工环境的影响。如果宏观经济发展缓慢甚至衰退，在非农行业就业的农户成员极有可能再回到农业之中，因为农业是农户最终的就业保障，是农村剩余劳动力的“蓄水池”。例如，受 2008 年金融危机的影响，相当一部分出口导向型中小企业倒闭，大量农民工失业而只能返乡务农。这从侧面说明，从事非农产业的农户成员往往游离于农业与非农业之间，导致了农户分化的不稳定性。

（2）不彻底性。农户分化不彻底的主要原因与两大制度性矛盾有关。一方面是土地制度的改革相对落后于农户兼业化的步伐。这导致土地未能在纯农户、兼业农户和非农户之间有效流转起来，无法进一步促进农业劳动力的有效转移和土地的有效利用。另一方面，户籍制度的改革尚未完全实现农民的身份转变。目前农民虽然离开乡村进入城镇从业，但户籍仍在农村，许多权利和义务都与户籍所在的农村发生联系，而不是与工作、生活所在的城镇和非农产业相联系。城镇和非农行业还未做好完全接纳他们的准备。农民无法获得与城镇居民同等的社会地位和权益。

（3）不均衡性。由于各地区农业经济发展水平不同，农户分化也表现出很大的地区性差异。在就业区位方面，内陆地区分化出的农户成员在非农领域就业，以大规模的跨地区的劳务输出为主，多采取离土又离乡的方式向大中城市转移；而沿海地区分化出的农户成员在从业地域上比较集中，以县（市）内就业为主，乡内非农就业比重大大高于内陆地区。由此导致各地区农户分化的影响因素也不同：沿海发达地区的农户分化主要受到当地非农经济发展的影响，内陆地区则主要受到大中城市和沿海地区经济发展水平的影响。

（三）农户分化的原因

农户分化产生的原因是多方面的，它是农业内部的推力和外部因素的拉力共同作用的结果，概括起来主要包括以下几点。

（1）农业生产的季节性特点为农户分化的产生创造了条件。农业作为国民经济的基础产业，有着与其他物质生产部门不同的特点。农业在生产过程中必须按照动植物的自然生长规律安排劳动，因而不同季节的农业生产在劳动项目、劳动量和劳动紧张程度上存在巨大差异，这使农业劳动表现出强烈的阶段性和季节性的特点，从而为兼业行为的产生提供了必要的基础和前提。

（2）农业现代化发展为农户分化提供了内在动力。我国农业生产历来存在人多地少的矛盾，农业剩余劳动力长期普遍存在。随着农业现代化的发展，现代科技越来越多地被应用到农业生产之中，大大提高了农业的劳动生产率，使得剩余劳动力的数量进一步增加，所以农户兼业势成必然。而由于农户的科技文化素质和劳动偏好本来就存在着差异，所以农户的兼业形式和内容也是多样的。

（3）工业化和城市化进程的加速为农户分化提供了外在拉力。随着工业化和城市化的深入发展，大量非农就业岗位不断被创造出来，劳动需求不断扩大。同时，因土地征占等原因形成了一批无地或少地的农户，这进一步增加了来自农户的劳动供给。劳动需求和供给的双重增加，促进了农户兼业，也加快了农户分化进程。

（4）改革为农户分化提供了制度保障。随着社会经济的市场化改革，农户的经济理性得到了强化，即农户追求收益最大化的行为有了正面激励。在农业比较利益低下的情况下，农民会逐步向比较利益相对较高的非农业生产转移就业，以实现更高的收益。同时，以家庭联产承包经营为基础的农业基本经营制度为农户自由支配劳动提供了制度性保障，而近年来一系列强农惠农政策切实减轻了农民的负担，进一步提高了农户兼业化的程度。

二、农户分化对农业发展的影响

（一）对农业劳动供给的影响

农户分化对农业发展的首要影响就是农业劳动力的供给。农业劳动力供给主要包括数量供给和质量供给。从数量上看，农户的职业分化使农业劳动数量及其在总人口中的比重日益下降。根据《中国统计年鉴》的数据，第一产业从业人员由1991年的39 098万人减少到2017年的20 944万人，而第一产业从业人员在总就业人员中的比重也相应地从1991年的59.7%降到了2017年的27.0%。从质量上看，兼业农户在配置户内劳动时，一般把青壮年劳动力转移到竞争较为激烈的非农行业，而将老弱病残妇幼等家庭成员留守经营农业。这导致了农业劳动的妇女化、老龄化问题日益突出。一些地区出现了农业劳动生产率下降、农业劳动力明显短缺的现象。这也推动了这些地区农业劳动力价格的上升，影响了整个农业生产的成本。因此，农户分化导致的农业劳动力流失不仅是量的流失，更是质的外流。这也引发了人们对“未来的中国由谁来种地”的深刻思考。

（二）对农业土地利用的影响

由于农户分化的不稳定性和不彻底性，大量农户都维持小规模的兼业经营，既占用着土地，同时农户成员还从事着非农产业，土地难以在农户之间流动和转移。这在一定程度上反而固化了农户兼业的状态。由于土地经营规模偏小，农业难以实现规模效益，农户对农产品商品化生产的积极性还不高，导致了土地利用效率低下，一些地区甚至出现了全部撂荒和部分撂荒的现象。这将使我国农业生产上耕地稀缺的问题进一步激化，对保障粮食安全也会带来一定的负面影响。同时，由于土地的细碎化和兼业农户的大量存在，土地承包经营权向种田能手和纯农业户流转还存在一定的制度困难，而相对分散的农村工业和城镇化发展道路又在一定程度上加固了农户分散兼业的现象，故农业适度规模经营的道路还很漫长。然而，随着近年来我国工业化、城镇化和农业现代化交织性快速发展，我国农地制度不断得到“松绑”，并出现了一部分农户经过流转土地形成专业生产大户的现象，农业生产的规模效益已经初步显现。这部分专业生产大户或将是未来我国现代农业经营主体的重要组成部分。因此，农户分化与农业土地利用之间尽管互相制约，但只要在制度层面上保持不断的改革创新，就能化互相制约为互相促进，实现农户经济的现代化。

（三）对农业资本投入的影响

一般而言，农户通过兼业实现收入的增加，有助于他们追加农业投资，进而提高农业的产出效率，最终获得更多的收入。但是，由于农业生产周期长、投资收益率低，农户往往不愿意将兼业收入投资到农业生产上。这主要体现在户内短期农业投入和社区农业基础设施的投资两个方面。一方面，由于分化后的农户在农药、化肥、机械等农业生产资料方面的投入能力和投入意愿出现了较大差异，很多兼业农户对农业生产缺乏有效投入，因而导致了他们农业产出水平的下降。另一方面，由于分化后的农户对农业基础设施的需求出现了巨大差异，而“搭便车”的心理导致了农户对公共性农业设施的投资不足，因此，即便在国家加大农业基础设施建设力度的情况下，很多地方的农业基础设施依然因欠账过多而无法起到应有的作用。同时，农户分化的不均衡性导致了不同地区的农户在农业资本投入上的不均衡性。这些最终都会影响到农业产出数量和质量，尤其是对粮食增产提出了严峻的挑战。

（四）对农业科技应用的影响

农户既是现阶段农业生产的主体，也是农业科技需求的主体。但随着农户的分化，农户对农业科技的需求呈现多样化特点，农户对农业科技的接受和应用能力也参差不齐。这从两个方面对农业科技应用产生了重要影响。其一，影响了农户对农业科技的采纳效率。由于农户兼业，从事农业生产的往往是“三八六一九九部队”（即妇女、儿童和老人），他们对新型农业科技的接受能力相对较差。同时，由于非农就业成员的收入常常不能及时为家庭农业生产所分享，户内农业生产人员的日常可支配资金，除了能够满足常规生产需求外，可用于大量科技投入的相当有限。因此，农户分化使得有支付能力的科技需求不足，进而导致了采纳效率的低下。其二，影响了农业科技的推广效率。在市场经济条件下，各种农业科技供给主体都追求自身利益的最大化。而由农户分化带来的农户农业生产经营特征的多样化，加大了农业科技推广部门的工作难度、降低了工作效率，同时也影响了推广部门的经济效益。因此，农业科技供给主体的积极性不高，进而导致了推广效率的低下。

（五）对农业生产组织化的影响

我国确立家庭联产承包责任制后，农户的农业生产积极性一度得到了极大提高。但是这种分散的小规模经营在参与市场过程中有着自身的缺陷，如产品竞争力差、市场谈判力弱、交易成本高、缺乏规模效应等等。而农户分化进一步放大了农户分散经营的不足。因此，农业生产的组织化在农户分化条件下显得更为迫切。但是，随着农户的分化，农业妇女化、老龄化导致农户在农业产业链中的分工地位不断弱化，农户参与组织化进程的能力持续下降。同时，农户兼业和劳动力转移造成的农户经济特征的多元化与农业社会化服务需求的多样性，大大提高了现阶段农业组织化的难度。这也制约了农业经营体制中“统”的功能的有效发挥。习近平总书记指出：“要注重发挥新型农业经营主体带动作用，培育各类专业化市场化服务组织，提升小农生产经营组织化程度，改善小农户生产设施条件，提升小农户抗风险能力，扶持小农户拓展增收空间，把小农生产引入现代农业发展轨道。”① 这为在农户分化条件下提高农业生产组织化水平指明了方向。

总之，农户分化对农业劳动供给、农业土地利用、农业资本投入、农业科技应用和农业生产组织化等方面的影响，最终都会体现在农业产出的数量和质量（如粮食产量、农产品安全等）以及农业生产的外部环境（自然环境、经济环境和制度环境等）的变化

① 中共中央党史和文献研究院．习近平关于“三农”工作论述摘编．北京：中央文献出版社，2019：62.

上。当然，农户分化对农业发展的影响并不都是消极的。从长远来看，现阶段出现的消极影响或许正是未来转化为积极影响的基础。因此，加快应对农户分化的改革步伐是当前我国推进农业现代化的重要任务。

本章小结

农户历来是农业生产经营的基本单位，也是当前我国农村基本经营制度的核心主体，因此，农户和农户经济必然是农业经济学研究的重要内容。随着城乡经济的快速发展，当前的农户在经济活动、要素禀赋和消费特征上都较过去有了很大的变化，农户经济也正处于从传统农户经济向现代农户经济快速转变的过程之中。为此，农户经济理论也在不断地发展演变。目前基于农户生产和消费的双重性特点建立起来并不断完善的农户模型（AHM）日益为学术界所广泛采纳。该模型是用于分析农户生产经营决策的最为重要的微观分析工具。在农户经济的现代化过程中，农户分化是一个必然现象，它从多个方面对农业发展产生了重要影响。为此，必须加快应对农户分化的改革步伐，以推进农业现代化的发展。

本章习题

1. 为什么说农户的概念比农民、小农的概念更适合经济学分析？
2. 农户有哪些主要的经济学特征？
3. 如何理解农户经济的内涵？
4. 现阶段农户经济有哪些特点？其未来发展趋势如何？
5. 了解农户经济理论的发展脉络，掌握农户模型的基本原理。
6. 什么是农户分化？它有哪些主要特征？哪些原因造成了农户分化？
7. 简述农户分化对农业发展的影响。

案例分析

从纯农户到兼业户

20 世纪 60 年代出生于农村的 E，因没能考上大学，只能跟泥土打交道。

随着改革开放的不断深入，越来越多的人离开土地去打工，E 却舍不得离开，他与土地产生了一种难以说得清的情感。他家是农业户，除了农业收入，没有其他的生产性收入。2005 年，E 家被国家统计局抽中为农村住户调查记账户。这一年，他家 6 口人，人均 4 023 元的纯收入几乎都是他和妻子在田地里干出来的（父母年岁已高，两个孩子正在读书）。可别小看这 4 023 元。同年，歙县 90 户记账户的人均纯收入仅有 2 908 元。E 自己也很满意：在家务农收入还可以，又能照应家里，比打工自由。

还是 2005 年，由于当地一家企业扩建，E 家被征用了 3 亩耕地。对于种地的农民来说，耕地减少就意味着收入的下降。2006 年，他家人均纯收入为 2 488 元，比 2005 年减少了 1 535 元。E 不得不选择别的出路。2007 年 2 月，他与那家企业签订了劳动合同，成为企业的合同制职工。由于工资收入不错，2008 年 5 月，他的妻子也与企业签订了劳动合同。

2007 年 11 月，E 参加了职工养老保险。2008 年 8 月，他的妻子也参加了职工养老保险。后来，他们又都参加了企业职工医疗保险。E 完全可以放弃农业生产，由一个农业户家庭转变为非农业户家庭。但是，E 没有放弃农业生产，他家现有的 3.4 亩耕地仍然自己经营着。他们夫妻成了既是工人又是农民的“二栖身份人”。

E 和他的妻子在本地企业务工，每天上班 8 小时，所以，他们有时间兼营农业。当然，由单纯的务农到兼营农业，精力和经验都需要一个适应过程。调查表明，2005—2010 年，E 家每年人均家庭经营性纯收入分别为 3 993 元、2 460 元、2 745 元、1 401 元、608 元、686 元，客观地反映出他家这些年耕地减少后因从业变化而引起的收入变动情况。

2010 年，有 6 口人的 E 家人均纯收入为 7 502 元，其中，在企业得到的现金收入为 6 787 元。与同期歙县 90 户记账户的人均纯收入 5 867 元相比，E 家高出 1 635 元。这个收入水平，连许多外出打工的农民工和城镇职工也自叹弗如。

资料来源：张卫民. 由纯农户到兼业户之个案分析. 中国乡村发现，2011 (1).

结合此案例，我们可通过以下问题来回顾本章涉及的主要知识点：

第一，E 和他的妻子还是农民吗？他们的职业和身份发生了怎样的变化？

第二，E 家还是农户吗？为什么？从农户分化的角度看，E 家属于什么类型的住户？

第三，E 家的发展史体现了当前农户经济的哪些特点或趋势？

第四，能否用农户模型对 E 家的（部分）经济活动作简要分析？

参考文献

1. Barnum，H. N. and Squire，L. A Model of an Agricultural Household：Theory and Evidence. World Bank Occasional Paper No. 27，Washington DC：World Bank，1979.

2. Benjamin，D. Household Composition，Labor Markets，and Labor Demand：Testing for Separation in Agricultural Household Models. *Econometrica*，1992，60 (2)：287 - 322.

3. Low，A. *Agricultural Development in Southern Africa：Farm Household-Economics and the Food Crisis*，James Currey，1986.

4. Mellor，J. W. The Use and Productivity of Farm Family Labor in the Early Stages of Agricultural Development. *Journal of Farm Economics*，1963，45 (3)：517.

5. Michael，R. T.，Becker，G. S. The New Theory of Consumer Behavior. *Swedish Journal of Economics*，1973，75 (4)：378 - 396.

6. Nakajima，C. *Subjective Equilibrium Theory of Farm Household*. Elsevier，1986.

7. Popkin，S. *The Rational Peasant：The Political Economy of Rural Society in Vietnam*. University of California Press，1979.

8. Schultz，T. W. *Transforming Traditional Agriculture*. Yale University Press，1964.

9. Sen，A. K. Peasants and Dualism with or without Surplus Labor. *Journal of Political Economy*，1966，74 (5)：425－450.

10. Singh，I.，Squire，L. and J. Strauss (eds.) *Agricultural Household Models*. Johns Hopkins，1986.

11. Yang Yao. The Development of the Land Lease Market in Rural China. *Land Economics*，2000，76 (2)：252－266.

12. 普兰纳布·巴德汉，克利斯托弗·尤迪. 发展微观经济学. 北京：北京大学出版社，2002.

13. 弗兰克·艾利思. 农民经济学：农民家庭农业和农业发展. 2 版. 上海：上海人民出版社，2006.

14. 马克思恩格斯选集：第 1 卷和第 4 卷. 3 版. 北京：人民出版社，2012.

15. 黄宗智. 华北的小农经济与社会变迁. 北京：中华书局，2000.

16. 加里·S. 贝克尔. 人类行为的经济分析. 上海：格致出版社，上海三联书店，上海人民出版社，2008.

17. 李秉龙，薛兴利. 农业经济学. 2 版. 北京：中国农业大学出版社，2009.

18. 罗伟雄，陈武. 农户经济及我国农户经济的未来变革. 中国农村观察，1992 (4).

19. A. 恰亚诺夫. 农民经济组织. 北京：中央编译出版社，1996.

20. 詹姆斯·C. 斯科特. 农民的道义经济学：东南亚的反叛与生存. 南京：译林出版社，2001.

21. 张卫民. 由纯农户到兼业户之个案分析. 中国乡村发现，2011 (1).

22. 中共中央党史和文献研究院. 十九大以来重要文献选编. 北京：中央文献出版社，2019.

第八章

农业价值链及管理

本章要点

1. 理解价值链的一般理论及其演变，了解价值链与供应链的关系；

2. 理解农业价值链的含义及其基本特征；

3. 掌握农业价值链管理的基本含义，了解农业价值链管理的收益和风险以及农业价值管理的绩效评估。

关键词

价值链；价值网；价值星系；供应链；农业价值链；农业价值链管理

导入案例

天门市张港花椰菜基地位于天门市张港镇，是我国四大花椰菜生产基地之一。该基地现有花椰菜种植面积达6万亩，连片种植面积居全国首位。其中龙头企业——天门市鑫天农业发展有限公司自建生产基地1万亩，另外约18 000户菜农种植花椰菜面积超过5万亩。天门市鑫天农业发展有限公司基地的花椰菜每年平均销往山东寿光2万吨，北京新发地1万吨，东北三省2万吨，郑州、西安、兰州各0.3万吨～0.4万吨等。每吨花椰菜在种植过程中，需要使用种子费50元、肥料费120元、农药费16元。而在花椰菜的整个种植到采摘的过程中，还需要人工播种费13元、移栽费26元、采收费26元、机械耕地费15元、水利费16元，这些费用将占农户生产总成本的90%。花椰菜采摘后运往公司进行加工，运输费为50元/吨（基地到公司），装卸费45元/吨（每次15元/吨，总共3次），包装费为60元/吨。完成加工后，运往山东寿光市场，运输费用300元/吨，此时成本已达到762元/吨。山东寿光每吨花椰菜收购价为800元（0.8元/公斤），天门市鑫天农业发展有限公司每吨花椰菜可获利38元。一级市场商户提价30%出售（1 040元/吨），其中商户摊位费、水电费均摊到花椰菜上为0.13元/公斤，装卸费为20元/吨，再加上进场费20.5元/吨（售价的2%），在山东寿光市场每吨花椰菜成本为970.5元，此时一级市场获利69.5元/吨。接着，山东的二级市场商户到寿光市场以1 040元/吨购买花椰菜，商户摊位费、水电费等固定成本均摊到花椰菜上为0.15元/公斤，加上运输费用100元/吨，则成本上升为1 290元/吨。二级市场的商户以1 352元/吨的价格批发给前来购买的社区菜市场的商贩，则其可获利62元/吨。最后，社区菜市场的商贩以1 352元/吨的价格，加上摊位费、水电费等费用均摊的 0.17 元/公斤，最后每吨花椰菜的成本为 1 522 元/吨（即零售商的卖场进价）。零售商贩卖给消费者的情况比较复杂，一般情况下零售过程中会有 10%到 30%不等的损耗，早市价格大概在 3 元/公斤（3 000 元/吨），在随后的销售过程中随行就市，价格相对较低，零售商风险较大，还需缴纳各种税费。

资料来源：基于中国农产品批发市场网数据资料编写。

小思考

你是怎样理解价值链的？

第一节 关于价值链的理论基础

一、价值链的概念

全球化、知识化和信息化是当代经济发展的基本趋势，正在逐步成为主导经济发展的核心因素。在此背景下，价值链思想对经济主体的组织运作方式、经营目标的定位、经营方式的选择以及日常经营管理方法产生了深刻的影响。在当今商业社会，可以说各行各业都存在着价值链。作为一种帮助企业进行战略分析的方法，价值链理论在了解客户需求和确定目标方向上提供了极大的便利。2017 年 4 月，习近平总书记在广西考察工作时指出："要以构建现代农业产业体系、生产体系、经营体系为抓手，加强农田水利等农业基础设施建设，严格落实耕地保护制度，加强农业科技创新和推广，夯实粮食安全基础，延伸农业产业链，着力发展高附加值、高品质农产品，提高农业综合素质、效益、竞争力。"① 可见，价值链分析范式对于农业领域同样适用。

"价值链"（value chain）最初是由美国哈佛大学教授迈克尔·波特（Michael Porter）于 1985 年提出来的。作为一种强有力的战略分析框架，价值链理论十几年来不断发展创新并被财务分析、成本管理、市场营销等专门领域广泛融入和吸收。

价值链是企业为客户创造价值所进行的一系列经济活动的总称，企业也可以说就是这些活动的集合。价值链在经济活动中无处不在，大体分为三个层面：（1）上下游关联的企业与企业之间存在的行业价值链；（2）企业内部各业务单元的联系构成的企业价值链；（3）企业内部各业务单元之间存在的运营作业链。

价值链分析的意义体现在以下几个方面：

首先，就行业分析而言，价值链上的每一项价值活动都会对企业最终能够实现多大的价值造成影响。进行价值链研究，就是要在深入探讨行业价值链"经济学"的基础上，对其影响的方面和影响程度进行深入的考察，充分权衡其中的利弊，以寻求最佳的投资方案（最佳价值链结构）。

① 中共中央党史和文献研究院. 习近平关于"三农"工作论述摘编. 北京：中央文献出版社，2019：87.

其次，就竞争优势而言，企业的任何一种价值活动都是经营歧异性的一个潜在来源。企业通过进行与其他企业不同的价值活动或是构造与其他企业不同的价值链来取得差异优势。真正重要的是，企业的经营差异战略必须为客户所认同。另外，经营差异必须同时控制实现差异经营的成本，以便将差异性转化为显著的盈利能力。

最后，就关键控制点而言，在企业的价值活动中增进独特性，同时要求能够控制各种独特性驱动因素，控制价值链上有战略意义的关键环节。

二、有关价值链的理论

随着价值链思想越来越多地被应用到企业的生产经营实践中，人们对价值链的认识也经历了一系列变化。从 1985 年迈克尔·波特首先提出价值链概念之后，先后形成了传统价值链理论、虚拟价值链理论、价值网理论和价值星系理论。

（一）传统价值链理论

传统价值链理论的奠定者是哈佛大学商学院教授迈克尔·波特。他在其著作《竞争优势》一书中首次提出了价值链的概念。传统价值链理论的核心观点是：企业竞争优势归根到底产生于其为客户所能创造的价值，而企业创造价值的途径是通过基本增值活动和辅助增值活动来实现的。因此可以从价值的定义和价值的创造两个角度来理解传统价值链理论。

1. 价值的定义

传统价值链理论所定义的价值主要是基于消费者的角度，企业所创造的价值就是消费者对其所提供产品或者服务认同并且愿意支付的价值，其大小主要取决于消费者的心理认知。如果消费者对企业产品或者服务愿意支付的价值超过企业生产这些产品或者服务所需的成本，那么该企业就可以盈利。如果某一企业的价值/成本比值大于其他企业，那么该企业在市场上就具有竞争优势。

2. 价值的创造

企业的价值创造是由一系列增值活动构成的，传统价值链理论将这些活动分为两类：基本增值活动和辅助增值活动。

基本增值活动即一般意义上的“生产经营环节”，由从投入到产出的转化、交货和售后服务直接构成，与商品实体的加工流转直接相关，是产品或服务在实质上的创造。基本增值活动主要包括内部后勤、生产运营、外部后勤、市场营销和售后服务等活动。内部后勤指与接收、储存以及向产品的生产部门分发投入品相关的活动，例如搬运、仓储、存货控制、运输工具的安排和向供应商返回产品；生产运营是指与把投入品转换成最终产品相联系的活动，如加工、装配、检验、包装和设备维护等活动；外部后勤是指产成品的存储、搬运、交货等活动；市场营销主要是指广告、促销、定价、报价等活动；售后服务指的是与通过提供售后服务来加强或维持产品的价值相联系的活动，例如安装、修理、培训、零部件供应等。

辅助增值活动主要由企业员工来完成，包括基础设施（如行政管理、财务、法律、计划和会计制度等）、采购（如原材料、供应品及其他消费品和资产的购买）、技术开发（如与改进产品及生产流程所作努力相关的活动）和人力资源管理（如招聘、培训、付酬等）等活动。

基本增值活动和辅助增值活动之间的关系是：基本增值活动是在辅助增值活动的平台上运行的，没有辅助增值活动，基本增值活动就缺少了价值创造的支撑；同时，辅助增值活动效率的提高，可以改善基本增值活动的成本结构，从而能创造出更多的价值。

图 8-1 展示了传统价值链的基本模型。

<table>
<tr><td>基本增值活动</td><td>内部后勤</td><td>生产运营</td><td>外部后勤</td><td>市场营销</td><td>售后服务</td><td rowspan="5">利润</td></tr>
<tr><td rowspan="4">辅助
增值
活动</td><td colspan="5">基础设施</td></tr>
<tr><td colspan="5">采购</td></tr>
<tr><td colspan="5">技术开发</td></tr>
<tr><td colspan="5">人力资源管理</td></tr>
</table>

图 8-1　传统价值链

传统价值链理论的缺陷主要表现为两点。第一，传统价值链理论的分析对象主要是产品为物态化产品的公司，忽略了产品为非物态化产品的公司。因此，传统价值链理论就很难被应用到产品形式表现为智力成果或者服务等行业当中，如金融、咨询公司等。其实，在这些公司当中基本增值活动和辅助增值活动是紧密联系在一起的，并没有明确的分工。第二，传统价值链理论仅关注了企业内部的价值链，而忽略了企业外部的价值链。传统价值链理论所构造的企业价值链模型其实是企业内部的静态模型，没有对多方企业的合作与竞争进行充分的考虑，而随着时代的发展，将价值链进行更广泛的横向扩展具有深远意义。

（二）虚拟价值链理论

正如上面所指出的，传统价值链理论最为重要的一个不足之处是，对非物态化产品关注得不够充分。虽然传统价值链理论也承认人力资本、技术等在价值的创造中具有重要作用，但是并不认为这些活动可以直接增加价值，它们只是价值增加的辅助活动。随着知识经济时代的到来，知识信息和人力资本作为一种独立的生产要素在产品生产过程中扮演着越来越重要的角色。许多新兴经济体已经不再十分依赖传统的物质资源，而是更多地依赖知识、信息和技术等来创造价值。这样传统价值链理论的局限性就愈发突出。

1. 虚拟价值链理论的主要观点

虚拟价值链理论（virtual value chain theory）正是基于传统价值链理论的上述局限性而于 1995 年被开发出来的。虚拟价值链理论的创立者是迈克尔・波特的同事、哈佛大学商学院的杰弗里・雷鲍特教授和约翰・斯维奥克拉教授。之后，洛夫和托比尔斯（Rolf and Tobias，1998）、怀斯和莫里森（Wise and Morrison，2000）、托马斯和凯文（Thomas and Kevin，2001）、安德烈亚斯（Andreas，2002）、威廉（William，2003）等人对此理论进行了发展。①

虚拟价值链理论的核心观点可以概括如下：

（1）现代企业的竞争同时发生在市场场所（market place）和市场空间（market space）两个世界中。市场场所是由物质资源组成的实体世界。在市场场所中，企业使用物质资源来创造有形价值，如有形的产品或具体的服务。市场空间是由信息组成的虚拟世界。在市场空间中，企业用信息来创造无形价值，如无形的产品或服务。

（2）价值链中的每一项价值增加活动都可以分为市场场所增值活动和市场空间增值活动两部分。市场场所增值活动主要基于物质资源，而市场空间增值活动主要基于信息资源。市场场所增值活动构成了传统价值链，而市场空间增值活动则构成了虚拟价值链。

（3）企业在市场空间中的竞争优势主要体现在比竞争对手更有效地进行信息的增值活动。虚拟价值链就是通过对信息的收集、组织、选择、合成和分配来创造价值。

（4）从物质价值链上得到的信息只有经过不同层次和不同阶段的加工才可以被应用到虚拟价值链上，产生增值。企业可以通过收集、组织、筛选、整合和分配等五个步骤来对传统价值链上每一项价值活动中的信息进行加工，使之最后可以在虚拟价值链上进行信息增值活动。企业利用这些增值活动的步骤又大体可以分为能见度阶段、反应能力阶段和新客户关系建立阶段等三个阶段。在能见度阶段，企业需要能够通过信息更高效地看清物质经营活动，同时也需要运用大规模信息技术系统来协调各项市场场所增值活动，尤其需要协调那些经过加工之后可以被应用到市场空间的市场场所增值活动。在反应能力阶段，企业用市场空间增值活动来替代市场场所增值活动，开始在市场空间上创造一条与市场场所价值链对等的价值链。在新客户关系建立阶段，公司利用信息来建立新的客户关系。

2. 虚拟价值链理论和传统价值链理论的关系

虚拟价值链与传统价值链是相互并行的两条价值链，前者存在于物质世界，后者存在于信息世界。在传统价值链中，企业对信息的收集、加工与利用所形成的信息流，是服务于实物产品的生产与流转的，只作为辅助增值活动，其本身并不创造价值。而在虚拟价值链中，产品本身就是信息，因此，此时的信息收集、加工与处理则不再是辅助增值活动，而是基本增值活动，其本身就会使产品增值。虚拟价值链根源于传统价值链，但是与传统价值链一样，它本身也是创造价值的一个过程。

再者，相对于传统价值链，虚拟价值链更具知识性。虚拟价值链提供的是信息产品，这种产品的特点就是具有很强的知识性。因此，具有知识优势的企业最可能主导整个链条，从而成为虚拟价值链的核心企业。

---

① 洛夫和托比尔斯（Rolf and Tobias，1998）指出了建立信息网络在虚拟市场空间中的关键作用。怀斯和莫里森（Wise and Morrison，2000）认为，交易并不是信息市场中价值的主要来源，价值增值来源于诸如包装、标准制定和信息管理等一系列活动。托马斯和凯文（Thomas and Kevin，2001）提出了一个将信息进行价值链整合的模型，用以解释依赖电子商务伙伴关系的战略性资源外包行为。安德烈亚斯（Andreas，2002）分析了如何通过虚拟价值链将各自独立的伙伴关系和分割的市场联结为一个创造更大价值的联盟网络。威廉（William，2003）则提出了一个基于网络服务的信息利用机制。

此外，传统价值链和虚拟价值链之间的区别还体现在管理内容、增值过程、中介、客户角色等方面。传统价值链的管理内容主要是实物产品，而虚拟价值链的管理内容主要是数字化、信息化产品；传统价值链的增值过程是线性的，而虚拟价值链的增值过程则是非线性的；传统价值链的中介以物质资源为主，而虚拟价值链的中介则以知识信息为主；消费者在传统价值链中所扮演的角色是产品接受者，而其在虚拟价值链中的角色则是设计参与者。

（三）价值网理论

今天的数字化时代使得企业向消费者传递价值的渠道发生了巨大的变化，传统渠道正在被互联网取代。一些新的价值链形式正在出现，并广为使用，如直销。在此背景下，一些学者又进行了一些新型价值链的探讨，提出了新的价值链理论——价值网理论。

价值网（value web）概念最早是由美世（Mercer）咨询公司的著名顾问史莱沃斯基于1997年提出的。之后，波维特（Bovet）、威尔森（Wilson）、古拉蒂（Gulati）、卡特怀特（Cartwright）、奥利弗（Oliver）等人对这一概念和理论进行了卓有成效的扩展。

价值网理论的核心观点是：

（1）企业价值链并非传统价值链所描述的线性关系，而是网式关系。

（2）价值网就是依赖于媒体技术，把相互独立的企业联系起来，致力于在多家供应商、客户、合作伙伴等多条价值链成员之间建立起协同的业务关系，提升各成员产品和服务的效能与企业核心竞争力。该网络不仅有供应商、客户，同时还有竞争对手。维系网络存在的联系跨越产业甚至国界，包括战略联盟、合作伙伴、长期供买等合作关系。

（3）价值网是由客户、供应商、合作企业和它们之间的信息流构成的动态网络。它是由真实的客户需求所触发，能够快速、可靠地对客户偏好作出反应的一个网状架构。

相对于价值链理论，价值网实现了价值创造从链状思维到网状思维的跨越，改变了价值链下资源和能力分割式的配置方式，打破了价值链下严格的层级结构。价值网理论的主要贡献在于：价值链不能有效地推动其成员投资于有利于所有成员的、能够更有效地创造价值的基础设施；而价值网则促进了所有成员的联系，这种联系可以使各成员步调一致，数据、信息和知识等资源共享，共同开发、实施和完成业务，从而使得网络成员将来有可能共同开发便于其进一步合作的基础设施。

（四）价值星系理论

价值星系理论最早由诺曼（Normann）和拉米瑞斯（Ramirez）于1993年提出。诺曼和拉米瑞斯给出的价值星系的定义是：包括供应商、商业伙伴、同盟者、客户等在内的众利益相关企业，通过成员组合方式进行角色与关系重塑，经由新的角色以新的协同关系共创价值的价值创造星系。

该理论的核心观点是：

（1）价值星系是由生产商、供应商、经销商、合伙人、客户等构成的一个引力集合体。

（2）价值星系是一组动态的关系，这种关系的创建是为了确保产品能以最佳的方式送达终端客户。

（3）价值星系是一种商业模式，它采用数字化供应链概念，实现高水平的客户满意度和超常的公司盈利率。它是一种与新的客户选择装置相连接，并受其驱动的快速、可靠的系统。

（4）价值星系是一种柔性契约网络，是全社会各行各业的价值链交织在一起的一种结构更为复杂、包含多个产业的价值网络。

（5）价值星系是介于市场与企业之间的一种中间组织形式。它把价值创造系统的中间组织看作是一个星系，可以较为贴切地说明企业间的关系。

（6）价值的产生状态不再是链状价值链，而是复杂的价值星系。企业与其注重向客户提供价值，不如与客户一起来共同创造价值。

三、价值链与供应链概念辨析

供应链指的是通过前馈的物流和后馈的信息流将供应商、制造商、分销商、零售商直至最终用户连成一个整体的结构模式，是自治或半自治的商业实体，共同合作，负责管理一个或多个产品的采购、生产和分配活动。① 它是脱胎于“物流”和“运作管理”等概念，在20世纪80年代末最先提出，在20世纪90年代得以广泛传播，至今仍被大量应用的管理理论和模式。价值链与供应链既有许多相近的地方，也存在十分明显的区别。

（一）价值链和供应链之间的区别

第一，价值链和供应链的分析范围有所差异。价值链主要是相对于一个企业而言的，是针对企业经营状况开展的价值分析，其目的是弄清楚企业的价值生成机制，剖析企业的价值链条的构成并尽可能加以优化，从而促进企业竞争优势的形成。供应链往往是相对于多个企业而言的，除非大型企业集团，否则很难构建其自身的供应链。即便是企业集团，有时也难免向集团外部延伸。

第二，价值链管理是一种战略管理方法。价值链管理不仅仅局限于传统的客户供应商联系，目前已经发展到包括分享计划、库存、人力资源信息技术系统，甚至公司文化，形成了网络覆盖的多渠道沟通。价值链反映的是企业更深层的内容，如经营战略、竞争优势等。供应链只涉及具体的业务，虽然说现在将其提升到战略高度，但它仍是完成价值链管理的一种战术和手段。供应链反映的是表层的具体业务运作，如物流、库存、信息流等。

第三，价值链和供应链的目标侧重点有所不同。价值链所关注的重点是致力于为消

---

① 关于供应链，目前并没有一个统一的定义。兰伯特（Lambert）、斯托克（Stock）和艾尔拉姆（Ellram）对供应链的定义是，“那些把产品或服务提供给市场的公司的排列”；库珀（Cooper）和梅德尔（Medel）对供应链的定义是，“由所有的直接或间接地涉及满足顾客需要的活动组成。供应链不仅包括制造商和供应商，还包括运输者、批发商、零售商以及顾客自己”；拉姆（Lahm）和哈里森（Harrison）对供应链的定义是，“一个设备和分销选择的网络，它的功能是获取原材料，把这些原材料转变成中间产品和最终产品，并把最终产品传递到顾客手中”；等等。

费者提供更多的价值，而非通过降低成本或者产品价格来获取市场地位；而供应链所关注的重点则主要是降低成本和提高生产效率，而不大关注通过市场细分、提高产品质量等方式来提高消费者认知并且愿意支付的价值。

此外，供应链与价值链在不同节点之间的信息交流、组织结构和经营哲学方面也存在显著的差异。与供应链相比，价值链不同节点之间的信息交流深度和广度都更强，不同节点之间的相互依赖程度更高。供应链更加强调自我最优，而价值链则更加强调链条最优。

（二）价值链与供应链之间的联系

第一，价值链和供应链都是增值链。从概念上讲，价值链的重要特点是由不同的增值活动组成，因此其实质就是一条增值链。而供应链上的各个节点企业通过分工与合作，以信息流、物流、资金流为媒介，也是为了实现整个链条的不断增值。因此，从这个意义上讲，供应链也是一条价值链。企业间的竞争实质上是价值链间的竞争，也是供应链间的竞争。

第二，价值链决定供应链，供应链服务和服从于价值链，是价值链的一种表现形式。价值链是一个分析竞争优势的工具，有助于人们了解企业的价值生成机制。而企业竞争优势决定了其与其他企业之间的合作内容和形式，从而决定了其供应链的构建和维护。从企业的角度出发，供应链管理的本质是能够更好地提高企业的效益，优化其价值链。供应链只是价值链的一种表现形式，除了供应链之外，服务链、知识链、产业链、区域链等也是价值链的主要表现形式。

第三，价值链并不是孑然地存在于一个企业内部，而是可以进行外向延伸或连接。如果几个企业之间形成了供应链连接并实现了同步流程管理，那么就可以认为这些企业的价值链已经实现了一体化连接，只不过这时价值链已经不再是价值链条，而是变成了价值星系。

第四，供应链和价值链统一于企业运动之中，共同存在于企业的价值系统中，共同依赖于企业的组织机构和管理制度，共同培育企业的核心竞争力，而且都离不开具体的企业和具体业务，如物流、资金流、信息流等。

第五，价值链与供应链都是市场驱动的。价值链的最终着眼点在于客户所感知并且愿意支付的价值。而供应链的最终目标则是以客户需求为企业运作的中心，实时地获取客户信息，了解客户需求，快速响应并作出正确的决策，从而获得竞争优势。

第二节　农业价值链

一、农业价值链的概念

随着现代农业的发展、科学技术的不断进步，农产品生产从数量型向价值型转变成为必然趋势。在不少国家和地区，农产品消费者购买驱动的价值链在农产品的生产供给中所占比重越来越大。因此，农业价值链的概念也受到越来越多的经营管理者和研究者的关注。

价值链最初的概念和理论主要是建立在对工业分析的基础上。农业和工业作为两大产业具有相似性，因此，价值链的概念和理论可以直接应用到对农业经济活动的分析和管理实践当中，其实后来发展起来的农业价值链的概念都是在价值链的基础上产生的。但是与此同时，由于农产品或农业生产本身的特性，农业具有和工业不同的产业链特征和构成，由此导致了农业价值链也存在一些与工业价值链较为明显的不同特征。

本书对农业价值链的定义是在农产品生产过程中由所涉及的所有经济主体建立起来的纵向合作的企业联盟和由此形成的互利共赢的伙伴关系。通过企业联盟和互利共赢的伙伴关系，价值链各个节点通过共同提供和相互分享信息知识来改善（细分）最终产品，从而能比竞争对手更好地满足消费者需求，获取能有更高回报的市场地位。它通过整合农业产业链中的各种中间需求，把农产品产前供应体系、产中生产体系、产后加工销售与服务体系、最终消费者纳入一个合理的价值链体系中，以实现农产品供应链的一体化或协同效应，降低交易成本，增强农产品供应链的整体市场竞争力。中国传统的农产品供给是由分散的各成员各自面向市场，而农产品价值链中的农产品供给是将价值链中上、下游企业作为一个整体，相互合作，共享价值和信息，降低价值链中各主体的交易成本，提高供应链在农产品市场上的快速反应能力，以实现消费者价值的组织管理模式（见图 8－2）。

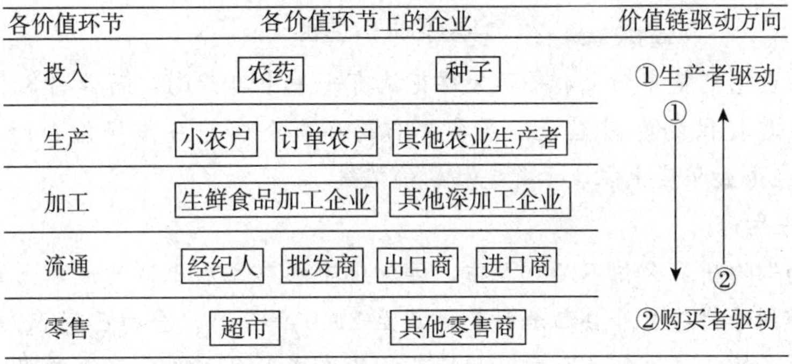

图 8－2　农业价值链示意图

资料来源：洪银兴，郑江淮. 反哺农业的产业组织与市场组织——基于农产品价值链的分析. 管理世界（月刊），2009（5）.

注：各价值环节上每个企业内部各项活动（从投入到产出的全过程涉及的基本经济活动和辅助经济活动）对该企业利润的形成也有一条价值链，在本图中没有列出，与图 8－1 界定的企业价值链类似。

农业价值链的内涵是价值链必须能够有效增加农产品的价值，并且能够使所有价值链参与主体受益。该价值链所能创造的价值的大小最终由消费来决定。其最根本的特征是：价值链上各个节点之间的关系是市场驱动式的合作关系，不同的节点共同努力，以一种有效的方式生产和销售产品与服务。农业价值链通过将生产、加工和销售活动与市场需求联系起来，使得企业可以更好地应对市场的变化。

纵向合作的企业联盟意味着从农产品生产环节、农产品加工环节再到最终农产品的销售环节之间的有机有效的链接。在每一环节，产品的价值都有所提升。这一点与其他类型的联盟不一样。比如农户之间联合起来进行供给，这种联合被认为是横向联盟，但是这种联合没有给产品增加新的价值。因此，这种类型的横向联盟的主要目的是通过提高市场地位来进行价格或者成本的竞争，而农业价值链中的纵向联盟的主要目的是通过差异化战略、食品安全等方式提高消费者对农产品的认知以及支付意愿，着重点不是价格或者成本。虽然农业价值链中的各个经济主体在法律上是独立的经营单位，但是由于它们有共同的目标并且必须通过共同努力才能有效实现这些目标，因此它们彼此之间又相互依存。

随着经济发展和技术进步，农业价值链发生了十分显著的变化，其中最为明显的趋势是价值增加由上游转移到下游，农业价值链重心下移。在欧洲最大的 5 条食品链中，零售环节所占产值份额从 1990 年的 13%上升到 2000 年的 26%（Humphrey，2005）。此外，肯尼亚的新鲜蔬菜对英国出口的模式越来越受到大型零售商的影响和控制，在 1980 年之前，基本上是批发商或专业生产和销售组织控制着蔬菜出口和在英国的销售；到了 1990 年以后，大型零售商控制和销售的蔬菜占到了 75%。由此，汉弗莱（Humphrey，2005）得出结论认为，大型零售商逐渐成为农产品生产和销售的牵引者。在农产品加工阶段，由于蔬菜、园艺产品等生鲜食品的需求和出口规模的迅速增长，要求农产品迅速地从“田头”转移到“餐桌”，这给农产品加工市场发展带来了新的机遇，在美国前四大加工企业所占的市场份额逐步提高，尤其是肉类加工市场。

案例分析

斗南花卉价值链

目前，在全国鲜花市场上，每两朵鲜花就有一朵出自云南，而云南 80%的鲜花出自斗南。呈贡区委提供的资料显示，夏季斗南花卉占全国花卉市场份额的 1/4，冬季占 1/3。其成功在很大程度上取决于其完整的价值链。

（一）花卉生产

由于斗南人均耕地面积不足 0.5 亩，再加上市场建立后土地的成本上升，很多村里的种植能手都到外村甚至外县租地种花。截至 2000 年 6 月，全村已有 56 户农民到外乡租地种花，最多的一户达到 120 亩，租地范围除在本县各村外，还覆盖嵩明、富民、安宁、晋宁、官渡等地区。200 多户花农与全国近 100 个大中城市建立了供销关系或设点销售。斗南村 2 000 多亩自产花卉以及本村农户在外地基地生产的鲜花占到了斗南花卉市场的 50%。

（二）花卉市场体系

花卉市场的不断发展带动了斗南周边地区的花卉种植，而斗南在花卉市场上的份额逐渐下降，开始从生产基地演化成为花卉的营销和物流中心。目前，批发市场、拍卖市场和盆花市场三位一体构成了斗南鲜花交易市场，在进村路口以及批发市场外围共有 30 多家种苗、农药、化肥、农膜等农资供应公司构成了生产资料市场，30 多家物流公司保证将鲜花迅捷地送到全国各地，银行、海关、质检、工商等也进入斗南，相关的配套服务体系也逐渐健全和完善。

（三）服务体系

云南花卉产品大多以空运为主，有 80%～90%的花卉产品以空运的方式外销。自 1999 年开始，铁路部门也进入斗南，开始尝试用铁路进行冷链式运输，以降低成本。目前，在斗南已设立了昆明铁路局托运部、中铁快运等几家铁路代理。2000 年 9 月，云南省邮政局成立了昆明普斯特花卉有限公司，建起了 38 亩种植基地和 1 000 多平方米冷库。2001 年普斯特花卉有限公司完成鲜花销售收入 4 189 万元，建立稳定合作关系的批销客户由公司成立初期的 8 个增加到现在的 50 多个，鲜花包裹从 2000 年的每天 10 多件发展到现在的日均 120 件，成为斗南花卉交易中心仅次于民航、铁路的第三大发运渠道。

2002 年 4 月，由云南省花卉产业投资管理有限公司、云南英茂花卉产业有限公司、云南航空公司、昆明铁路局、昆明国际花卉拍卖交易中心有限公司共同出资组建了云南云花联合运销股份有限公司。云花联合运销股份有限公司在昆明市呈贡区斗南镇建成了集花卉集运、储藏、包装、熏蒸等功能于一体的花卉物流配送中心。昆明海关、云南出入境检验检疫局在公司物流中心现场办公，为云南花卉出口提供“一站式”服务。

此外，斗南村内还设有中国农业银行，拍卖市场内有中国农业银行与中国工商银行的金融系统支持。批发市场周围及村里有多家纸箱等包装材料的供应商；批发市场周围以及入村路口有多家农资供应商。斗南市场的迅速发展，创造了广阔的劳务市场空间，仅加工包装的劳务工（多为妇女和老人）每日就可吸收 400～600 人，每天早晨形成了一个小型的劳务市场，工人大部分是外村或外县的；另一种劳务工是花卉生产的长期工或临时工，在本村或基地的这类外来劳务工有 300～500 人。村内还有大大小小的饭店 30 多家。

资料来源：郑风田，程郁. 我国农村产业簇群的合作效率分析——云南斗南花卉个案分析. 中国农村观察，2005（4）.

二、农业价值链的基本特征

由于农业生产与工业生产之间存在很明显的差异，这些差异在很大程度上导致了相对于工业价值链而言，农业价值链存在着十分明显的特征。与工业生产相比，农业生产具有以下特点：对自然环境和生物个体生命具有依赖性，具有季节性、随机性，生产周期长，具有区域性、分散性，生产组织困难等。由此导致相对于工业价值链而言，农业价值链具有以下特点。

1. 资产专用性高

由于农产品鲜活易腐，农产品在流通过程中需要分类、加工、整理、储运等工作，在这个过程中许多农产品需要特定的容器和设备，如奶产品的物流需要专用的设备。这说明农产品流通比工业品流通具有更强的资产专用性。

2. 风险性高

农产品生产对自然环境和生物个体生命具有较强的依赖性，因此农产品生产本身具有自然风险；同时蛛网理论还告诉我们，农产品生产量的确定具有信息滞后的特点，每年生产安排往往主要依据前一年的市场行情，生产与消费之间客观上存在着时间和空间距离，再加上价值链中“牛鞭效应”的出现，使农产品生产还具有较高的经济风险。自然风险和经济风险的同时存在使得农业价值链相对于工业价值链而言所面临的风险更高。

3. 稳定性差

农业生产具有地域性和分散性，这就增加了市场各主体信息收集与传播的难度，在价值链管理中的谈判协商、价格确定、履约监督等难度加大，表现出交易成本增加和机会主义倾向明显，既不利于价值链的组建，也不利于价值链的稳定。

4. 复杂性高

农业价值链涉及的环节较多，涉及种植养殖、加工、交通、批发、零售等各个层面，其中的企业类型也多种多样，它们之间形成了复杂的关系，特别是农、工、商之间各具特点，使它们在运营过程中表现出更为复杂的博弈关系，需要更强的系统管理能力。

新闻链接 “蒜你狠”为何变成“蒜你贱”？

进入6月份，我国大蒜主产区金乡等地的鲜蒜陆续上市。2010年我国蒜价飙升，从开局的2.5元/斤上涨到8元/斤，被戏称为“蒜你狠”。而2011年新蒜开局仅1.5元/斤左右，大蒜价格一路走低，月内已下跌三成，半数蒜商亏损，“蒜你贱”的开局实实在在给了蒜农一个措手不及。其实我国不少菜蔬产品都呈现出这种价格的恶性循环，2010年广西部分产地的香蕉甚至卖到每斤2分钱，大蒜前几年也多次出现每斤5分钱的局面。我国的蔬菜价格为何忽高忽低地剧烈波动？怎样才能避免这种恶性局面反复重演？

主要原因还是我国有2亿多小农户，从田头到餐桌需要经历诸多环节，农民对市场上需求什么、需求多少缺乏充分的信息，本年度的种植决定基本上依赖上年的价格。看到价格高时，大多数农民都跟风种植，过量种植导致供严重大于需，丰收时却价格暴跌；到了下一年度，农民往往由于上一年度价格不好又惜种，全国整体又供小于需，从而导致价格暴涨。分散的小农户种植就一直这样在价格“蛛网”中恶性循环，难以解决。

欧美的菜蔬市场格局比较好地解决了该问题。以英国为例，该国居民80%的菜蔬需求份额被四大超市垄断，超市根据销量向供应商下订单，农场主也是按订单数量来生产，避免了盲目生产导致价格暴跌。意大利的菜农也是通过直供的方式来保证供需平衡的。该国规定，所有中小学生均必须在校吃有机营养午餐，学校通过招标与周边农场主签好订单，每天由学校的专车来农场拉菜，农场主严格按照质量标准与订单数量来生产，既能够满足中小学餐厅对农产品质量的需求，农场主也不会多生产蔬菜，价格的暴涨暴跌也就很少出现了。

美国是大农场生产，规模很大，农民往往通过期货市场的变化来决定种什么，从而降低种植风险。我国虽然也建立了农产品期货市场，但品种少，已有的也基本上属于赌场性质，无法发挥价格发现功能，规模极小的农户也不可能进场交易。由于我国粮食已建立完善的国家收贮制度，近年来粮食价格波动很小，但蔬菜与小杂粮的市场需求有限，数量也小，种植相对分散，一般小农户很难掌握其他地区的种植信息，加上一些游资炒作，价格忽高忽低就在所难免了。

如何解决这种困局呢？可以从以下几个环节着手：

第一，加强农超对接等订单农业工作，让超市直接与农民专业合作社签订合同直供，减少流通环节，减少盲目种植，从而也减少价格波动。当然，这个农超对接并不是农民直接与超市对接，而是农民专业合作社或者合作联社与超市对接，把农民组织起来，实行专业的订单农业，农民按订单生产，超市也可确保蔬菜来源。这不仅可以稳定农产品价格，还可以确保食品的安全来源。从长远来看，我国也可以像韩国一样，让农民专业合作组织直接到城市里来开连锁店，采取直供的方式，效果会更好。

第二，从政府部门来看，应该加强以下四个方面的工作：其一是要加强农产品种植与销售信息的发布，让农民及时了解产销情况；其二是大力发展农业政策性保险，给种菜农民加一道保险，避免菜价暴跌、血本无归；其三是在蔬菜产销地建深加工企业，通过产业链的延长来降低卖现货的风险；其四是在蔬菜产地大力建冷库，延迟大规模蔬菜集中上市带来的风险。

资料来源：郑风田."蒜你狠"为何变成"蒜你贱". 环球网，2011-06-12.

第三节　农业价值链管理

一、农业价值链管理的概念

农业价值链管理是指，对整个农业价值链中各参与者之间的商流、物流、信息流、资金流等进行全面规划，并予以计划、组织、协调和控制，通过成员之间"伙伴关系"的密切合作，建立内在利益分配机制，使价值链所有成员均提高绩效，进而提高整条价值链的效率和效益，最终达到顾客满意度最大化与价值链成本最小化的一种平衡状态。它是建立在农业产业链基础上的企业内部和上下游企业之间为生产共同的最终农产品所经历的增加价值的经营过程，是链上主体企业（或组织）对农产品供应链上相关产业层次间的价值创造、价值协调、价值增加及价值分配等活动。它涵盖了农产品在价值创造过程中所经历的从原材料到最终消费的所有环节。

农业价值链不同节点上的经济主体之间是独立的，不存在行政上的隶属关系，各自都有不同的利益，由此相互之间必然存在利益冲突。因此，农业价值链管理的关键是构建各种系统管理方法，来弥补由节点企业间的矛盾和利益冲突造成的损失，协调好参与者的局部利益与价值链的集体利益之间的关系；使链上的各个贸易伙伴从以前单纯的竞争关系发展成竞争—合作—协调关系，这种关系以协调为主，以竞争为次，以谋求长期利益为原则，目的是实现利益共享、风险共担；实施协调价值链的主体是核心企业，核心企业协调价值链有一定的难度，需要成本，只有协调价值链的成本小于协调所带来的收益时，价值链管理才是可行的。

农业价值链管理主要有垂直价值链管理、水平价值链管理和虚拟价值链管理三类。垂直价值链管理是指试图将农产品生产过程中的原材料供应商、种植/养殖者、加工商、分销商、零售商、顾客及其他相关的因素联系起来，加强彼此之间的合作，提高农产品整体质量（如食品安全等）。水平价值链管理是对农业价值链同一水平上各个经济主体间相互作用的管理，认清不同经济主体间的竞争优势，厘清核心业务和非核心业务，重点建设核心业务，提高企业核心竞争力，外包非核心业务，快速响应消费者需求。垂直价值链和水平价值链与信息技术的结合，就发展成为价值网络管理，即虚拟价值链管理。虚拟企业没有固定的原则，通常由各相关企业提供各自的核心优势，即由最好的种植/养殖主体来生产农产品，由具有最先进技术的加工企业来对农产品进行加工，由最好的市场销售公司来销售农产品。虚拟企业提倡双赢的合作竞争，通常是两个或多个企业各自提供自身优势资源组成战略联盟，使每个成员企业都能比其单独经营获得更多的收益。

案例分析

家乐福农产品价值链管理

家乐福超市农产品价值链管理可以用形象地代表了家乐福企业文化的“品”字来高度概括：顶端代表至上的顾客，左边是家乐福，右边是供应商，供应商和家乐福服务的最终目标都应是顾客，通过双方的合作，得到顾客的承认——购买。家乐福超市农产品价值链管理就只有两个方面，一是供应商，二是消费者，而在这两个方面中又以对供应商的管理为重点和难点，因为这是实现消费者满意目标的前提和保障。

和供应商的良好合作是家乐福成功的重要条件。良好的合作首先体现在家乐福对供应商的帮助上，如果供应商有什么不足，家乐福会对其进行指导、帮助、跟踪和纠正。如果合作中出现了问题，家乐福会与供应商一起分析，寻找最佳解决方案。如果合作中涉及供应商的利益，家乐福都一律和供应商协商，达成一致。若供应商不愿牺牲，家乐福决不拉供应商“陪杀场”，而是自掏腰包。良好的合作还体现在供应商一般会以最低价格向家乐福供应商品，这主要是因为家乐福有遍布全球的销售网络，商品采购量大，可接纳商品品种多，并且家乐福一般不会拖欠供应商的货款，如果不能按期结款，家乐福愿意支付每天货款总额0.5%的罚金。家乐福为供应商提供了富有竞争力的销售环境和付款保证，使供应商的营业额和市场占有率得以稳步增长，供应商也愿意对家乐福作出最大限度的让利。低廉的进价保证了低廉的售价，低廉的售价又带来了大量的销售，这样家乐福和供应商之间就形成了互惠互利的合作关系。

在中国农产品一般由比较分散的农民进行生产，针对中国农产品生产的分散性，家乐福在中国的农产品采购方面有自己的方法。一是由专门的公司用家乐福的质量管理体系将分散的农户组织起来，农户按照家乐福质量体系的要求和规定种植（如需用有机肥、低毒化学农药等），公司对产品下订单并负责收购、包装和配送。这样家乐福可大幅度降低采购成本，而农民不用自找销路，也乐意合作。二是通过承包人来管理分散的农户。比如，武汉的家乐福两大分店50%的新鲜蔬菜由全市138户农民提供。而家乐福对这百余户农民的管理是通过承包人进行的。承包人把家乐福的订单分派给农户，菜农按照订单专职生产所需蔬菜。

家乐福超市农产品价值链管理是以消费者为中心。家乐福的一切努力都是为了让顾客满意，这既体现在其“一次购足、超低售价、货品新鲜、自助选购、免费停车”的经营理念中，也体现在其使命中：“我们所有的努力是为了让顾客满意。我们的主要活动是通过对商品及品质的选择和提供最佳价格，来满足顾客的多变要求。”

资料来源：李红霞. 家乐福超市农产品价值链管理研究及启示. 安徽农业科学，2008，36（12）.

二、农业价值链管理的收益和风险

进行农业价值链管理可以为各个参与主体带来巨大的收益，但是同时也存在一定的风险。认清这些收益和风险是进行农业价值链管理的前提条件。

（一）农业价值链管理的收益

农业价值链管理的第一个收益在于各节点之间内在的相互依存关系。在今天全球化的商业环境下，企业若想要保持竞争力，只关注价值链中的某一节点是远远不够的。为了保持活力和提高市场份额，企业越来越需要了解价值链中的所有部分。相对于由一个具有主导型市场地位的节点控制整个链条的策略，强调在价值链链条中各节点间相互合作的策略更能有效地提升农产品的整体价值。当福特与和其有紧密关系的供应商合作、执行价值链管理策略的时候，取得了巨大的成功；而当其试图通过纵向一体化来控制整个链条时，其所创立的很多新企业经历了失败。

农业价值链管理的第二个收益在于参与者之间的知识共享。知识共享可以使得价值链参与主体一起行动来更快地识别和应对消费者需求，降低不同节点间的交易成本。

农业价值链管理的第三个收益在于可以使参与主体技术或者生产方法得到改良，生产投入供给和市场进入得到保障，以及买卖双方关系得到改善。农业价值链可以有效地指导农产品生产活动来满足消费者的现有需求，响应其需求的变化。

农业价值管理的第四个收益在于改善农产品质量。随着收入水平的不断提高，消费者对农产品质量，如食品安全，越来越重视。农业价值链管理由于有效地使农产品生产的各个经济主体有机地联系在了一起，因此，通过农业价值链，农产品就能够得以追踪，就有机会为消费者生产出最安全的农产品。

（二）农业价值链管理的风险

商业上的任何一个转变都涉及风险。进行农业价值链管理可能遇到的风险包括控制力的下降、灵活性的降低、决策制定时间的延长、信息和知识专有性的削弱。农业价值链管理要求各个参与主体在关注自己利益的同时，也要着眼于整个链条的利益，从这个意义上讲，单个企业对自己企业的控制力就会有所削弱。由于价值链管理相对于单个企业而言，涉及的经济主体更多，这样无论是作自己企业的经济决策还是作整个链条的经济决策都需要更长的时间。此外，农业价值链管理要求许多决策的制定要与其他节点的经济主体一起作出，并且这些决策对自己企业的运营会产生直接的影响，因此，进行农业价值链管理对自己的经营活动而言则是降低了自己经营活动的灵活性和独立性。再者，农业价值链管理要求并且需要不同节点之间进行信息、知识和技术的共享，因此，单个企业之前所拥有的信息、知识和技术的专有性就被削弱了。

三、价值链经济学

价值链管理所能产生的潜在收益可以用需求理论来解释。消费者需求理论认为，需求取决于价格、互补品价格、替代品价格、消费者收入和消费者偏好。

在不存在价值链的情况下，产品相同的厂商之间的竞争通常是基于价格。在经济学理论中，完全竞争市场会在以下条件下出现：(1) 所有厂商都是价格接受者，比如它们产品的市场份额很小；(2) 所有厂商生产的产品均同质，与其他替代品十分相似；(3) 市场进入和退出自由，这意味着新厂商可以很容易地进入市场，并且消费者也可以很容易地选择不同生产者的产品。完全竞争的情形如图 8－3 所示。

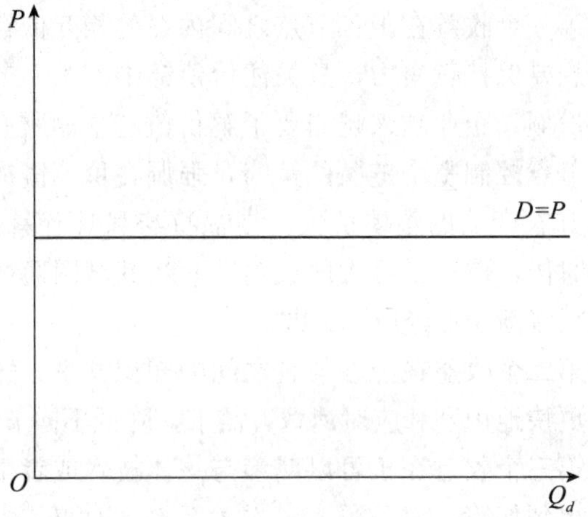

图 8－3 完全竞争市场

注：在完全竞争条件下，只要厂商提高价格，其销量就会为零。

图 8－3 中，D 是在完全竞争假设下单个厂商所面临的需求曲线。完全竞争的核心假设是产品同质，不同厂商的产品十分相似或者完全没有差异。初级农产品是同质产品的一个很好的例子。尽管这一状况正在发生变化，但是通常来讲消费者并不关心一条鱼是来自渔船甲还是来自渔船乙。在此情形下，同质产品的生产者就是价格接受者。在其他条件不变的情况下，任何提高同质产品价格的努力都会降低或者消除该厂商的销量。

在经济发展的历史进程中，农业被认为是与完全竞争产业最为接近的一个产业。由此，农产品的价格竞争一直都十分激烈，同时价格竞争也导致了传统农业供应链不同水平的合并。

通过兼并，效益最差者被淘汰。在农业中，相对于生产环节，零售、加工和生产要素供应环节的合并更为盛行。这就导致了传统农场的市场地位即便有也很低。在产品的销售过程中，传统农场不得不接受较低的价格。为独立的加工企业或者零售商供给初级农产品的传统农场是图 8－3 的一个教科书式的例子。这并不意味着拥有市场地位的厂商就可以恶意经营。它们也必须对市场作出响应，否则，它们也将被效益更好的竞争对手打败。

然而，基于成本或者价格的竞争，虽然在短期内可以提高竞争力或者增加市场份额，但是该策略很容易被复制并且极不稳定。这一策略是缺乏想象力的，并且忽视了价值链的收益。

假设现在农业部门零售环节的兼并十分明显，最终只剩下两个大厂商——甲和乙。尽管每个厂商都拥有很强的市场地位，但价格竞争策略并不是理想的策略。虽然厂商甲可以通过降低价格来提高市场份额，然而，拥有同样市场地位的另一竞争对手（厂商乙）可以轻易地复制这一策略。在其他条件相同的情况下，如果竞争对手比采取初始行动的厂商价格降低的幅度更大，那么最先行动的厂商所面临的需求依然会下降。这一过程可以由图 8-4 来概括。

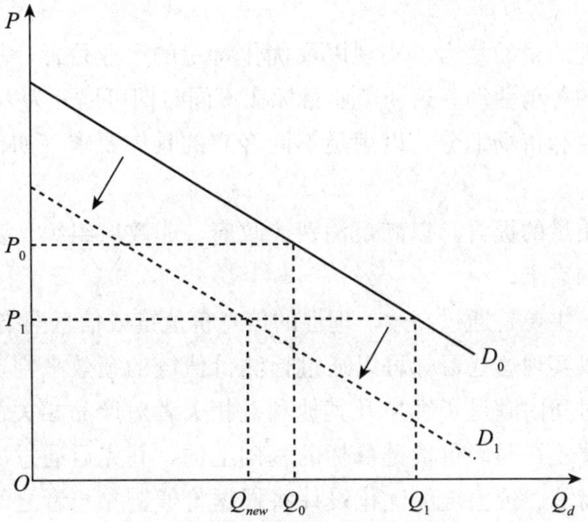

图 8-4　厂商甲和厂商乙的价格竞争

注：厂商甲将价格从 P_0降到 P_1。该降价策略将会使其销量从 Q_0增加到 Q_1。如果厂商乙也采取降价策略，那么在市场上消费者将可以在相同的价格下得到更多的产品，这意味着需求曲线 D_0将会移动到 D_1。而此时，厂商甲的销量则只有 Q_{new}，相对于 Q_0不是增加而是减少了。

价值链的一个主要收益在于通过参与主体之间的合作，提高满足不断变化的消费者需求的能力。沿着价值链通过增加价值来获取收益，就降低了对价格竞争的依赖。事实上，改变消费者对价值链产品的偏好，可以有效地将需求曲线“外推”（如图 8-5 所示，从 D_0移动到 D_1）。需求曲线的移动导致在任何价格水平下需求量的增加（如在 P_1的价格水平下，需求量从 Q_0变为 Q_{new}）。类似地，消费者愿意对任何给定的产品量支付更高的价格（对 Q_{new}的支付意愿从 P_1提高到了 P_0）。

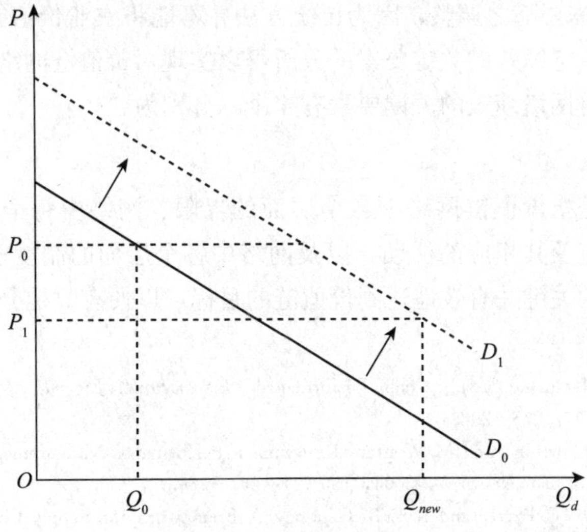

图 8-5　价值链的收益

四、农业价值链管理的绩效评估

农业价值链管理的目的是为了实现以及优化特定的产业目标，从而在战术战略和操作层面上指导日后的各项活动。这一产业目标在不同时期可以分为以下三个层面：

（1）网络差异性和市场细分，以满足不同客户的具体要求（如产品的品种以及质量方面的特殊要求）。

（2）产品综合质量的提升，以满足消费、政府、非政府组织、业务合作伙伴对安全和环境友好型产品的需求。

（3）网络优化，主要是通过高效、理性的信息价值链或信息网络降低成本。

实践中是否可以实现这些目标可以通过检测价值链的绩效来判定。价值链绩效是指价值链是否在特定时间内满足了客户及其他利益相关者对产品相关性能指标的要求。成功的价值链网络是建立在明确价值链目标的基础上的，并先后通过决定价值链绩效的关键要素来满足客户需求。价值链的优化设计将根据价值链参与者之间的竞争策略和特定市场环境以及产品的生产特点而定。对价值链网络进行绩效评估的目的是为了支持价值链的优化设计。

30年前，著名的制造及管理顾问奥利弗·怀特（Oliver Wright）曾经说过："You get what you inspect，not what you expect"。由此可见，绩效评估的重要性早已得到了管理学界的广泛认可。因此，我们必须设计一套机制，以便有效地指导工作的进程，并评估工作的效果。完善的绩效测量系统（performance measurement system，PMS）可以直接测量客户从这套机制中获得的价值。而学术界对绩效评估的研究在近十年中呈现出飞速增长的态势。代表作有 Beamon（1999）①、Lohman 等（2004）②、Gunasekaran 等（2004）③。出现这一增长态势的主要原因是商业环境的变化，尤其是农产品价值链的变化。例如，消费者对食品的某些属性如质量、安全性、多样性以及与产品有关的信息服务的需求日益增长。食品的供给和需求也不仅仅限于某一地区和国家，而是向国际化迈进。因此，PMS 也需要随之调整，因为传统方法并不能将农业价值链作为一个整体进行优化。我们通过对决定绩效的关键要素的分析可以实现对价值链网络绩效的评估。

决定农业价值链网络绩效的关键要素有 4 个，分别为：

1. 网络结构

网络结构主要是指价值链网络中各个层面的界限、网络中每个层面的主要参与者、参与者所扮演的角色及其相应的活动，以及网络中各个层面的制度安排。要厘清哪些参与者是价值链成功的关键并有效地达到价值链的目标，以便有效地分配管理重心和资源。

---

① Beamon，B. M. Measuring Supply Chain Performance，*International Journal of Operations & Production Management*，1999，19（3）：275－292.

② Lohman，C.，L. Fortuin，and M. Wouters. Designing a Performance Measurement System：A Case Study. *European Journal of Operational Research*，2004，156（2）：267－286.

③ Gunasekaran，A.，C. Patel，and R. E. McGaughey. A Framework for Supply Chain Performance Measurement. *International Journal of Production Economics*，2004，87（3）：333－347.

2. 商业流程

商业流程指的是一个具有特定的结构和测量标准的生产活动集合。这些生产活动是以为特定的客户或者市场生产特定的产品为目标的。商业流程和物理流程（以下简称“物流”）的不同点在于，物流主要是针对产品的运营（operations）和分销（distribution）；商业流程着重指的是新产品开发、市场营销、财务管理，以及客户关系管理。

3. 网络管理

未来的绩效评估系统将会纳入对社会和环境的绩效评估。即绩效评估将着重于产品本身的质量问题，产品生产者是不是在社会政策的允许下进行生产的，生产过程中使用的原材料是否符合客户要求（例如是不是转基因食品），以及生产耗费的资源（例如是不是使用新能源或者是否使用了童工）。价值链管理分为两个层面：物理技术层面和管理行为层面（如表 8-1 所示）。其中，管理行为层面是供应链优化的最主要障碍，因为它们可能会阻碍供应链成员之间的信任、合约以及开放的合作。

表 8-1　供应链管理的两个层面

物理技术层面	管理行为层面
生产技术的规划和控制方法	管理方法（即企业的经营理念和管理技术）
生产流程	企业文化
组织结构（如跨职能团队）	风险控制和报酬体系
通信和信息设施结构（如信息的透明度）	企业权力和领导结构
产品流通设施结构（如存货的位置）	—

4. 价值链资源

价值链资源分为两种：投入要素和转化资源。投入要素是指用于生产的产品所需要的资源。转化资源是指产品最终送抵客户手中所需的资源。价值链资源主要包括劳动力、机械以及信息、信息系统和信息基础设施。

然而，价值链网络是一个融合了多个参与者的集合。每个参与者都有自身的目标函数。而价值链网络的绩效评价是通过找出不同参与者的共同目标对网络的绩效进行评估，因此，本节讨论的绩效评价是对价值链网络实现产业目标状况的一个总体评估。如果要了解价值链中的每个参与者的商业活动随着时间推移的动态变化，则需要形成一套特殊的评价体系来对其进行分析和评估。

五、现阶段我国农业价值链管理的相关政策

现阶段我国农业价值链管理的主要政策以 2017 年中央一号文件为蓝本。2017 年中央一号文件明确提出“壮大新产业新业态，拓展农业产业链价值链”，具体指出了四种拓展农业价值链的方式：一是大力发展乡村休闲旅游产业，二是推进农村电商发展，三是加快发展现代食品产业，四是培育宜居宜业特色村镇。就第一种方式而言，通过大力发

展乡村休闲旅游产业，推进农业、林业与旅游、教育、文化、康养等产业深度融合。这一做法的主要目的是将农业价值链由生产向服务领域拓展。就第二种方式而言，推进农村电商发展主要指的是促进新型农业经营主体、加工流通企业与电商企业全面对接融合，推动线上线下互动发展。这一做法的主要目的是促进农业价值链由生产、加工向流通领域拓展。就第三种方式而言，加快发展现代食品产业的主要做法包括在优势农产品产地打造食品加工产业集群，积极推进传统主食工业化、规模化生产，大力推广“生产基地＋中央厨房＋餐饮门店”“生产基地＋加工企业＋商超销售”等产销模式等。这些做法的主要目的是促进农业价值链由生产向加工领域拓展。就第四种方式而言，培育宜居宜业特色村镇主要指的是围绕有基础、有特色、有潜力的产业，建设一批农业文化旅游“三位一体”、生产生活生态同步改善、一产二产三产深度融合的特色村镇。其主要目的是将农业价值链由生产向三产融合等领域进行拓展。2018 年中央一号文件进一步提出“构建农村一二三产业融合发展体系。大力开发农业多种功能，延长产业链、提升价值链、完善利益链，通过保底分红、股份合作、利润返还等多种形式，让农民合理分享全产业链增值收益”。将三产融合作为提升农业价值链的重要途径，通过延长农业产业链，从而提升价值链。产业链上的每一环节都可以创造价值，从而形成完整的价值链。价值链上各主体的利益分配形成价值链。随着对农业价值链的认识不断深入，产业链、价值链和利益链逐渐被当作一个整体，只有实现三者之间的耦合，才能最终实现农业供给侧结构性改革、农业现代化与农民增收的目标。产业链是基础，价值链是途径，利益链是结果，作为促进产业链基础的三产融合，在政策文件中多次被提到。习近平总书记在参加十三届全国人大一次会议山东代表团审议时的讲话中提出“围绕农村一二三产业融合发展，构建乡村产业体系”①。

2019—2022 年中央一号文件都连续强调促进农村三产融合。2019 年中央一号文件指出，三产融合对农民增收具有重要意义，强调“健全农村一二三产业融合发展利益联结机制，让农民更多分享产业增值收益”。2020 年中央一号文件对三产融合提出了更高的目标，即“支持各地立足资源优势打造各具特色的农业全产业链，建立健全农民分享产业链增值收益机制，形成有竞争力的产业集群，推动农村一二三产业融合发展”。2021 年中央一号文件继续强调“推进农村一二三产业融合发展示范园和科技示范园区建设”。2022 年中央一号文件将三产融合作为促进乡村产业发展的重要途径，提出“持续推进农村一二三产业融合发展。鼓励各地拓展农业多种功能、挖掘乡村多元价值，重点发展农产品加工、乡村休闲旅游、农村电商等产业……加快落实保障和规范农村一二三产业融合发展用地政策”。而对于农业中的粮食生产这一具体领域，习近平总书记在参加十三届全国人大二次会议河南代表团审议时的讲话中指出：“要推进农业供给侧结构性改革。发挥自身优势，抓住粮食这个核心竞争力，延伸粮食产业链、提升价值链、打造供应链，不断提高农业质量效益和竞争力，实现粮食安全和现代高效农业相统一。”②

---

① 中共中央党史和文献研究院. 习近平关于“三农”工作论述摘编. 北京：中央文献出版社，2019：149.

② 中共中央党史和文献研究院. 习近平关于“三农”工作论述摘编. 北京：中央文献出版社，2019：101.

案例分析

2022年中央一号文件有关农业价值及三产融合的论述

支持农业大县聚焦农产品加工业，引导企业到产地发展粮油加工、食品制造。推进现代农业产业园和农业产业强镇建设，培育优势特色产业集群，继续支持创建一批国家农村产业融合发展示范园。

实施乡村休闲旅游提升计划。支持农民直接经营或参与经营乡村民宿、农家乐特色村（点）发展。将符合要求的乡村休闲旅游项目纳入科普基地和中小学学农劳动实践基地范围。

实施“数商兴农”工程，推进电子商务进乡村。促进农副产品直播带货规范健康发展。

开展农业品种培优、品质提升、品牌打造和标准化生产提升行动，推进食用农产品承诺达标合格证制度，完善全产业链质量安全追溯体系。加快落实保障和规范农村一二三产业融合发展用地政策。

加快完善县城产业服务功能，促进产业向园区集中、龙头企业做强做大。引导具备条件的中心镇发展专业化中小微企业集聚区，推动重点村发展乡村作坊、家庭工场。加快实施“互联网+”农产品出村进城工程，推动建立长期稳定的产销对接关系。推动冷链物流服务网络向农村延伸，整县推进农产品产地仓储保鲜冷链物流设施建设，促进合作联营、成网配套。

总体上，在做优做强种养业的基础上，积极拓展农业的多种功能，挖掘乡村的多元价值，重点发展农产品加工、乡村休闲旅游、农村电商等三大乡村产业。在纵向上，要打造农业的全产业链，推动产业向后端延伸、向下游拓展，由卖原字号向卖品牌产品转变，推动产品增值、产业增效。在横向上，要促进农业与休闲、旅游、康养、生态、文化、养老等产业深度融合，丰富乡村产业的类型，提升乡村经济价值。

资料来源：吴宏耀．在做优做强种养业基础上，积极拓展农业多种功能．农业农村部网站，2022-02-23.

本章小结

价值链是企业为客户创造价值所进行的一系列经济活动的总称，企业也可以说就是这些活动的集合。价值链在经济活动中无处不在，大体分为三个层面：(1) 上下游关联的企业与企业之间存在的行业价值链；(2) 企业内部各业务单元的联系构成的企业价值链；(3) 企业内部各业务单元之间存在的运营作业链。价值链理论的发展大体经历了四个阶段，分别为传统价值链理论、虚拟价值链理论、价值网理论和价值星系理论。价值链和供应链是两个既相互联系又相互区分的概念。

农业价值链指的是在农产品生产过程中涉及的所有经济主体所建立起来的纵向合作的企业联盟和由此形成的互利共赢的伙伴关系。相对于工业价值链，农业价值链具有资产专用性高、风险性高、稳定性差、复杂性高等特征。

农业价值链管理是指建立在农业产业链基础上的企业内部和上下游企业之间为生产共同的最终农产品所经历的增加价值的经营过程，是链上主体企业（或组织）对农产品供应链上相关产业层次间的价值创造、价值协调、价值增加及价值分配等活动。决定农业价值链网络绩效的关键因素有4个，分别为：网络结构、商业流程、网络管理和价值链资源。

本章习题

1. 概括价值链的含义，简述价值链理论的发展历程。

2. 举例说明价值链与供应链之间的区别与联系。

3. 各找出一个农业价值链和工业价值链的例子，对比这两个例子，概括出农业价值链的主要特征。

4. 指出农业价值链管理的收益以及风险。

5. 概括农业价值链管理绩效评估的核心指标。

参考文献

1. Beamon, B. M., Measuring Supply Chain Performance, *International Journal of Operations & Production Management*, 1999, 19 (3): 275-292.

2. Chopra, S., M. Peter. *Supply Chain Management* (5th Edition), Prentice Hall PTR, 2012.

3. Gunasekaran, A., C. Patel, and R. E. McGaughey. A Framework for Supply Chain Performance Measurement. *International Journal of Production Economics*, 2004, 87 (3): 333-347.

4. Humphrey, J. Shaping Value Chains for Development: Global Value Chains in Agribusiness, Trade Programme Working Paper, 2005.

5. Lohman, C., L. Fortuin, and M. Wouters. Designing a Performance Measurement System: A Case Study. *European Journal of Operational Research*, 2004, 156 (2): 267-286.

6. Rolf, W. and T. Kollmann. Competitive Advantages in Virtual Markets—Perspectives of "Information-Based Marketing" in Cyberspace. *European Journal of Marketing*, 1998, 32 (7/8): 603-615.

7. 郑风田，程郁. 我国农村产业簇群的合作效率分析——云南斗南花卉个案分析. 中国农村观察，2005 (4).

8. 洪银兴，郑江淮. 反哺农业的产业组织与市场组织——基于农产品价值链的分析. 管理世界（月刊），2009 (5).

9. 李红霞. 家乐福超市农产品价值链管理研究及启示. 安徽农业科学，2008，36 (12).

10. 中共中央党史和文献研究院. 习近平关于“三农”工作论述摘编. 北京：中央文献出版社，2019.

第九章
合作经济与农民合作组织

本章要点

1. 回顾合作经济与合作社的起源、合作社原则及其演变，介绍国外农民合作社的发展状况；

2. 论述我国农民合作组织的发展状况；

3. 结合《中华人民共和国农民专业合作社法》，阐明农民专业合作社的基本原则与治理结构；

4. 结合农民专业合作社的发展实践，介绍农民专业合作社的服务功能与经营管理。

关键词

合作社；合作社原则；治理结构；功能；管理

导入案例

世界上第一家合作社：罗奇代尔公平先锋社

1844 年 12 月 21 日，在罗奇代尔，在查尔斯·豪沃斯的组织下，28 名纺织工人每人出资 1 英镑，经过较长时间的酝酿和准备，创立了名为“罗奇代尔公平先锋社”（以下简称“先锋社”）的工人日用品消费合作组织。先锋社的目的是改善社员对日用品的供给，维护社员物质利益和社会地位。先锋社从创立伊始就重视内部结构的合理、严密，他们讨论制定了一整套切实可行的合作社原则，并且严格执行这些原则。

这些原则主要有 8 项：(1) 开放成员资格。无论社员信仰为何都可以加入先锋社，社员自愿加入或退出。(2) 进行民主管理，实行“一人一票”。社员大会是先锋社的最高权力机构，先锋社的一切重大事项都必须经社员大会讨论决定，先锋社管理人员由社员大会选举产生。在选举及重大问题表决时，每个社员不论股份多少，每人只有平等的一票权力。(3) 资本享受固定利率。(4) 按交易量分配盈利。先锋社对盈余作必要的扣留之后，按社员购买社内货物的总额之比进行分配。这种分配方式不仅使劳动者具有了参加盈利分配的权利，还把社员的利益与先锋社的利益紧密地联系在一起，使社员更加关心先锋社的经营发展。(5) 用现金交易。无论在何种情况下，社员都不能以任何借口不用现金交易。不准赊入货物，也不准赊出货物，如有违反，处以罚款。(6) 供给货真价实的产品。如实向消费者介绍、提供商品，不缺斤短两。(7) 提供教育。先锋社为提高社员的文化知识和思想修养，根据先锋社的经济力量，逐步创办和发展文化教育事业。(8) 保持宗教和政治中立。这表明先锋社没有任何政治背景和目的，是一个不参与政治和宗教的经济团体，进而减少了政治干预，消除了社会上一些人把先锋社和社会主义者联系起来的疑虑，创造了先锋社发展的优良社会环境。除少数原则在发展的过程中作了修改，这些建社原则奠定了先锋社进一步发展的基础；随着先锋社的成功发展，这些原则亦被称为“罗奇代尔原则”，成为国际合作组织认定的合作社发展的经典原则。

资料来源：吕亚荣，李登旺，王嘉悦. 罗奇代尔公平先锋社的百年发展史：1844—1944. 华中农业大学学报（社会科学版），2014 (1).

小思考

思考一下，合作经济思想的起源是什么？合作社为什么会出现并逐步发展？

第一节　合作经济思想的起源与合作社发展

一、合作经济思想的起源

19 世纪的欧洲，与资本主义制度相伴而生的机器大生产带来了社会生产力的高速发展和社会财富的大量增加，但同时也带来了劳动者经济、生活状况的不断恶化，从而引发了工人、农民和手工业者与新兴资本主义制度之间的对立。在这一时期，以圣西门、傅立叶和欧文为代表的空想社会主义者目睹和批判了资本主义的弊端。他们幻想出了一个没有剥削、没有贫困、协同劳动、平等和谐的理想社会，并将合作社作为这个理想社会的组织基础。也就是说，合作经济思想肇端于空想社会主义。空想社会主义者把发展合作社作为改造资本主义制度的药方，他们寄希望于统治阶级的支持，反对阶级斗争，反对暴力革命。

科学社会主义的创始人马克思和恩格斯对空想社会主义者尤其是欧文的合作社思想和试验给予了很高的评价，但同时指出，空想社会主义者没有真正认识到资本主义社会的根本矛盾，不懂得社会发展的客观规律，没有找到社会改革的科学方法，他们的理想是空想的，他们的实践注定是要失败的。空想社会主义者尤其是欧文的合作社试验虽然失败了，但在社会上产生了很大的影响。欧文的失败警示人们，开办合作社要想成功，必须依靠自己的力量，必须适应现行的社会和经济条件，必须关注和改善社员的切身利益。

二、合作社原则及其演变

现在公认的世界上第一个成功的合作社是 1844 年在英国兰开夏郡成立的罗奇代尔公

平先锋社。该社初创时，成员为28名纺织工人；股份设定为每股1英镑；每名社员必须入股，但股份不限；投票权设定为一人一票。该合作社主要经营蜡烛、火柴、奶酪等生活日用品，租有一间地下室，每天营业2小时，社员按交易量返还盈利。到20世纪初，该合作社拥有连片商店和自营的加工厂。伴随着该合作社一起产生的是最早的合作社原则——罗奇代尔原则，即："入社自愿；一人一票；现金交易；按市价售货；如实介绍商品，不缺斤短两；按业务交易量分配盈利；重视对社员的教育；政治和宗教严守中立"。之后，合作社在世界各地发展起来。1895年8月19日，国际合作社联盟组织在英国伦敦成立，至今已在100多个国家拥有200多个会员组织，成为世界上规模最大、历史最悠久的非政府组织之一。

进入20世纪，合作社发展的地域越来越广，遍及世界五大洲的160多个国家和地区；涉及的领域也越来越多，如农业、工业、流通、金融、保险、医疗、交通、能源、运输、科教文卫等。从人们的衣、食、住、行到生、老、病、死，从生产到消费，从摇篮到坟墓，合作社提供的服务无处不在、无时不有。随着合作社的发展，国际合作社联盟的合作社原则也在不断演变，除了早期的罗奇代尔原则，还经历了1921年原则、1937年原则、1966年原则和1995年原则；但是，170多年来，合作社有三个原则一直未变，即民主控制原则、资本报酬有限原则和按惠顾额分配盈余原则。

三、农民合作社发展的模式和作用

国外的农民合作社有着较长的历史，而且大多办得比较成功，有农业科技服务合作社、农业流通领域合作社、农业互助保险与信贷合作社、农业生产者合作社、农村服务性合作社等，发挥的作用也很大。如各类金融合作社通过汇集农村闲散资金和向农村发放低利率贷款，直接推动了农业和农村现代化的进程；流通领域合作社则加速了产品流通，削弱了中间商剥削，抑制了垄断，改善了竞争环境；而遍布农村各个角落的各类服务合作社则共同组成了为农业现代化服务的网点。另外，各类合作社雇用的经济技术人员，也对保证成员农场的盈利和加速技术推广作出了一系列重要贡献。

在发展过程中，各个农民合作社由于各自所处国家的政治、经济、社会文化背景以及资源禀赋不尽相同，其发展模式也呈现出多样性。目前国外农民合作社的发展主要有两种模式：一是专业性的合作社发展模式。这类模式的主要特点就是专业性强，即合作社是以经营某项农产品或发挥某个功能为核心而组成的联合体，如蔬菜合作社、农机合作社、养牛合作社等。这类农民合作社主要存在于欧美发达国家。在那些国家里，农业经营规模普遍较大，农业生产发展的趋势带动了农民对合作的需求；而发达的工业则促使大量的劳动力从农业流向非农产业。农场规模的扩大和农民数量的减少为农民合作社的产生提供了条件并且为农业机械化生产的发展提供了保障。二是综合性的合作社发展模式。这类模式的主要特点就是综合性强，即合作社是一类集多功能于一体的综合性服务组织。这类合作社主要存在于亚洲地区，尤其是东亚地区。比较成功的是日本的农协和以色列的莫沙夫。另外，韩国、印度、泰国和中国台湾所组建的合作社也属于这种类型。如在日本，农协主要从事信用、贩卖、购买和共济这四种基本事业，并提供农业种植技术推广、食品加工技术扩散、病虫害防治、住宅改建、道路修建等与农民生产生活密切相关的服务。总之，日本农协就相当于一个综合性的平台，承载着与农民生产生活相关的多项服务。

20 世纪 80 年代以来，传统合作社在发展中国家的发展逐渐陷入停滞状态，在社会主义国家纷纷解体，在发达国家面对越来越大的市场竞争困境。事实表明，无论是老的合作社原则，还是 1995 年修改后的新的合作社原则，都不能适应经济发展和社会进步的要求。如资本报酬有限导致合作社筹资困难，社员进退自由导致合作社成员不稳定，信息不对称导致合作社内部控制成本高，平等原则导致“搭便车”和合作社决策效率低下等。正是在这种情况下，20 世纪 90 年代以来，北美地区（首先是美国）出现了一种被称为“新一代合作社”的合作社发展模式。它的主要特征是：社员资格由开放向封闭发展，传统的民主控制、经济参与原则向比例原则发展，在经营战略上更加强调盈利能力。主要体现在以下四个方面：(1) 成员资格不开放，合作社根据其经营规模确定资产总股本和接受成员的数量，并按成员入股数量确定其产品限额。(2) 合作社最基本的经济观念趋向比例原则，合作社的权责集中在交易额上。合作社投票权以社员交易额多寡为基础，交易者以交易额多寡认购股本，盈余额在成本经营的基础上被分配给交易者。(3) 合作社联社的作用趋于减弱，合作社越来越重视纵向一体化，以创造农产品附加值为主要战略；合作社与社员之间的商业化交易态势越来越明显，交货条件越来越严格，同时与非成员、非成员企业的交易增多。(4) 社员承购股金数额增大，通常每个社员承购股金在 5 000～15 000 美元之间，须事先支付，并且股金额度通常与交售农产品数量相联系，每个社员必须承购与其交货量相应的股金；总体上仍是合作社社员拥有多数股份，同时非成员资产增加，新的融资手段也会出现；社员股份也可交易，因此整个股本具有稳定性；有时合作社也向社区出售优先股，但优先股有利率限制，而且没有投票权。当前，农民合作社在世界各国的农业发展进程中都发挥着重要作用。在美国，合作社在主要农产品和农业投入品市场中所占的份额一般都在 1/3 以上（如奶制品为 83%，粮食和油菜籽为 38%，棉花为 42%，化肥为 45%，杀虫剂为 34%），由合作社加工的农产品占农产品总量的 80%，而且出口农产品中的 70%左右是由合作社生产的。在加拿大，合作社生产的农产品几乎占据着全国农产品市场的半壁江山，其中禽肉占 49%，蔬菜占 45%，奶制品占 42%。在挪威，全国 90%以上的农民都参加了各类合作社，合作社社员生产的牛奶占全国牛奶总产量的 99%，奶酪占 75%，肉类占 77%，蛋类占 79%，毛皮占 100%。此外，德国经济的发展，特别是农村地区的发展，在很大程度上要归功于合作社的作用和贡献。如今，德国 80%的农场主参加了各类合作社，农民合作社的市场占有率在肉类、谷物类和蔬菜类、奶制品类的交易中分别达到了 30%、50%和 75%，各类合作社 2006 年的销售总额达到 383 亿欧元。2004 年，法国各类农民合作社有 3 500 个，全国 90%的农户是合作社社员，农民合作社在法国农业和食品业中发挥着举足轻重的作用，合作社收购了全国 60%的农产品，创造了食品加工业中 40%的产值；全法国 40 家最大的乳品企业中，有 25 家是合作社；在葡萄酒行业中，全法国有 867 个葡萄酒酿制合作社，其葡萄酒产量占全法国产量的 52%。在荷兰的农民合作社中，采购合作社占有肥料供应市场 60%的份额和饲料供应市场 55%的份额，销售与加工合作社的农产品市场占有率一般都在50%以上，信贷合作社提供了全国90%的农民贷款。在丹麦，合作社在经济活动中也占有重要地位，合作社的毛皮产量占全国毛皮总产量的98%，猪肉制品占96%，黄油占93%，牛奶占91%，鸡蛋占65%，水果蔬菜占60%。澳大利亚有人口2 000多万，合作社社员达152.8万。新西兰合作社每年的业务额占全国GDP总值的21%。

纵观国外农民合作社的发展，我们可以发现具有如下特征的行业比较容易发展出农民合作社：商品率较高的行业；产品具有鲜、活特点，需要及时销售的行业；生产、加工过程对资产、技术要求较高的行业；交易频率高的行业，如奶业；市场管制较少的行业，如蔬菜、水果等。此外，从欧美合作社的发展经验中我们还可以发现，农民合作社不仅提高了农业生产和销售的组织化和产业化程度，而且在促进农村地区发展、提高农民收入、缩小城乡差距等方面也发挥了不可替代的作用。

小思考

1. 按劳分配是不是合作社的基本特征？
2. 如何区分合作经济与集体经济？
3. 如何理解合作社的资本报酬有限？
4. 合作社社员的股份合作与一般的股份制有何区别？
5. 合作社与投资者导向的企业（investor-oriented firm，IOF）有什么不同？

第二节　我国农民专业合作组织发展状况

一、我国农民专业合作组织的发展历程

20世纪80年代，我国农村的经济环境开始发生变化：在生产方式上，随着农村家庭联产承包责任制的推行，农民成为独立的商品生产经营主体；在市场环境上，农产品市场化进程加快，虽然国家在流通领域仍然对主要农产品进行垄断经营，但是计划经济体制下的政府行政干预已经弱化；在经济结构上，农村地区经济结构调整加快，政府开始鼓励农户开展多种经营；在思想观念上，农民的商品经济意识不断增强。于是，各类农民专业技术协会、研究会等农民合作组织开始涌现，它们主要解决的是技术引进难题。这一阶段是我国农民专业合作社发展的萌芽阶段。

20世纪90年代，农产品卖难问题出现，农户对农产品销售领域的合作有了更高的要求，农户合作的活动内容逐渐从技术合作领域扩展到共同购买生产资料、销售农产品乃至资金合作和配备相关农业生产设施等领域。农民专业合作组织的兴办方式日益多样化，组织形式也日趋紧密。许多农民专业合作组织不再是功能简单、组织松散的专业协会，已逐渐发展成为组织形式紧密、运作规范的经济实体，逐步涉足流通、加工领域，自主经营能力不断提升，越来越多地参与品牌创建等商业化操作活动。据统计，1998年

我国共有各类农村专业协会12万个，会员农户达620余万，已占全国农户总数的3.5%；从服务项目开展的情况来看，主要从事技术交流、技术培训、技术指导和技术信息传播的农村专业协会最多，占全国农村专业协会总数的53%。此外，有38%的农村专业协会还提供良种优化、生产资料采购、市场信息获取和产品运销等产前、产中、产后服务；有9%的农村专业协会已兴办了科研或经济实体，并对初级农产品实行储藏运销、深度开发和加工增值。1993年底，在我国农民专业合作经济组织中，从事加工业的仅占总数的0.81%；而到1998年底，加工类的农民专业合作经济组织在总数中的比重已上升到了2.4%。这一阶段是我国农民专业合作社发展的起步阶段。

21世纪以来，许多专业协会的实体性业务越来越多，开始从一般合作发展到共同投资、兴建经济实体阶段，农民专业合作组织开始步入蓬勃发展阶段。同时，我国各级政府越来越重视农民专业合作组织的发展，并把其视为发展现代农业和提高农民收入的重要平台和推动力量。中共十六大报告明确指出，要提高农民进入市场的组织化程度；中共中央十六届三中全会进一步提出，"支持农民按照自愿、平等的原则，发展各种形式的农村专业合作组织"。2004年中央一号文件在促进农民专业合作组织发展方面，又提出了一系列具体措施。2006年10月31日，第十届全国人民代表大会常务委员会第二十四次会议通过了《中华人民共和国农民专业合作社法》（以下简称《农民专业合作社法》），并宣布该法自2007年7月1日开始实施。《农民专业合作社法》指出，农民专业合作社是在农村家庭承包经营的基础上，同类农产品的生产经营者或者同类农业生产经营服务的提供者、利用者自愿联合、民主管理的互助性经济组织。农民专业合作社以其成员为主要服务对象，提供农业生产资料的购买，农产品的销售、加工、运输、贮藏以及与农业生产经营有关的技术、信息等服务。从此，中国的农民专业合作社第一次有了合法身份，并正式走上了历史舞台，能够作为市场主体之一与其他类型的经济实体在市场上进行交易，并开展经济活动。2008年10月，中共中央十七届三中全会又着重指出，要"按照服务农民、进退自由、权利平等、管理民主的要求，扶持农民专业合作社快速发展，使之成为引领农民参与国内外市场竞争的现代农业经营组织"。2018年7月1日起，新修订的《农民专业合作社法》开始实施，取消同类限制，进一步规范组织和行为，修订扶持政策，增设农民专业合作社联合社专章。由此，中国农民专业合作社的发展进入了一个新的历史发展阶段。党的十八大以来，党中央高度重视农民合作社的发展。习近平总书记在黑龙江考察调研时指出："农民专业合作社是带动农户增加收入、发展现代农业的有效组织形式，要总结推广先进经验，把合作社进一步办好。"① 2022年中央一号文件强调："支持家庭农场、农民合作社、农业产业化龙头企业多种粮、种好粮。聚焦关键薄弱环节和小农户，加快发展农业社会化服务，支持农业服务公司、农民合作社、农村集体经济组织、基层供销合作社等各类主体大力发展单环节、多环节、全程生产托管服务，开展订单农业、加工物流、产品营销等，提高种粮综合效益。"

据国家市场监督管理总局最新统计，截至2022年2月底，全国农民专业合作社超过221万家，入社农户超过1亿户。平均每个村有3家合作社，入社农户占全国农户的

① 中共中央党史和文献研究院．习近平关于"三农"工作论述摘编．北京：中央文献出版社，2019：147.

50%左右。同时，合作社逐步向三产融合多功能拓展。通过共同出资、共创品牌、共享利益等方式，组建起了1.4万多家联合社。

二、我国农民专业合作社的特征及发展趋势

(一) 农民专业合作社的特征

根据《农民专业合作社法》的规定，农民专业合作社是独立的市场经济主体，依法在工商行政管理部门登记取得法人资格后，享有生产经营自主权；农民专业合作社及其社员的合法权益受法律保护，任何单位和个人不得侵犯。农民专业合作社具有如下特征：

(1) 农民专业合作社以农民为主体，是由依法享有土地承包经营权和产品所有权的农村集体经济组织成员自愿组织起来的新型组织。农民至少应占成员总数的80%。加入农民专业合作社不改变家庭联产承包经营性质，与农村集体经济组织、联户经营、公司经营等有本质区别。

(2) 农民专业合作社以为社员服务为目标，在市场上从事营利性经营活动，是开展经营活动的实体型农民合作经济组织。它属于《农民专业合作社法》的调整范畴，不同于只为成员提供技术、信息等服务，不从事营利性经营活动的农民专业技术协会、农产品行业协会等农村组织。

(3) 农民专业合作社经营服务的内容具有很强的专业性，它以农产品的生产经营或者农业生产经营服务为纽带，提供农产品的加工、运输、贮藏、销售，生产资料的购买，以及与农业生产经营有关的技术、信息等服务。

(4) 农民专业合作社具有互助性质，成员参加合作社的目的是通过合作互助提高规模效益。这种互助性特点决定了它以社员为主要服务对象，决定了对社员服务不以营利为目的的经营原则。

(5) 农民专业合作社以尊重农民意愿为核心，坚持“民办、民管、民受益”，充分尊重农民的经营主体地位。坚持入社自愿、退社自由，地位平等、民主管理，实现利益共享、风险共担。

值得注意的是，农民专业合作社和我国20世纪50年代的合作化运动并不是一回事。农业社会主义改造即指农业合作化运动。在人民民主专政条件下，通过合作化道路，把小农经济逐步改造成社会主义集体经济，是中国共产党在过渡时期总路线的一个重要组成部分。党在完成土地改革以后，遵循自愿互利、典型示范和国家帮助的原则，采取三个互相衔接的步骤和形式，从组织带有社会主义萌芽性质的临时互助组和常年互助组(1949年10月至1953年)，发展到以土地入股、统一经营为特点的半社会主义性质的初级农业生产合作社（1954年至1955年上半年），再进一步建立土地和主要生产资料归集体所有的完全社会主义性质的高级农业生产合作社（1955年下半年至1956年底）。逐步实现土地公有化是我国农业合作化运动的基本特点。当前，很多农民由于受到20世纪50年代合作化运动的影响，一听到“合作社”，就想到搞“合作化运动”。事实上，发展农

民专业合作社不是又要搞“合作化运动”。

首先，合作社不动摇农村家庭联产承包经营制度。《农民专业合作社法》第二条关于在农村家庭承包经营基础上设立农民专业合作社的规定，说明农民专业合作社不会改变农村土地的家庭承包经营，发展农民专业合作社不是重新“归大堆”，也不是又要搞“合作化运动”。

其次，发展农民专业合作社可以进一步稳定和丰富以家庭联产承包经营为基础、统分结合的双层经营体制。农民专业合作社可以有效地解决家庭经营方式带来的千家万户的小生产与千变万化的大市场之间的矛盾，实现农民的规模经营，稳定和丰富农村基本经营制度。

再次，发展农民专业合作社要以市场运作为导向、以尊重农民意愿为核心。农民专业合作社是社会主义市场经济体制下产生的一种全新的农业经营组织，它的产生源于农民对农业生产经营过程中的产前、产中、产后服务的需求，发展动力在于参与市场竞争。

最后，法律充分保护农民专业合作社及其成员的财产权利。《农民专业合作社法》通过有限责任制度、退社制度、成员账户制度、盈余分配制度等，对农民专业合作社及其成员的财产权利进行保护。这与合作化运动中不承认个人私有财产权、只有集体所有权的制度完全不同。

（二）我国农民专业合作社的发展趋势

《农民专业合作社法》颁布后，农民专业合作社在国内如雨后春笋般迅速发展起来，经营产业涉及种植、养殖、林业、旅游、手工编织、农机服务等农村各个产业，服务项目涉及农资供应、农技推广、土肥植保、加工、储藏和销售等各个环节。随着市场竞争的日益充分、产业发展的日渐成熟和组织管理的逐步完善，我国农民专业合作社呈现出如下发展趋势：

1. 从户间合作向社际联合迈进

社际合作一般有两种方式：一是成立合作社联合社。虽然目前法律上还未认可合作社联合社的市场主体地位，但是合作社联合社的作用已发挥出来，如北京密云的奶牛合作联社、山西犇牛奶牛养殖联合社等。一些省（直辖市）相关政府部门甚至牵头成立了省一级合作社联合社组织，如浙江省、天津市等。二是对合作社之间实施合并，多个小合作社合并成一个大合作社，以提高市场谈判能力或实现规模经营与品牌创立。尤其是2018年7月1日起，新修订的《农民专业合作社法》实施，增加了“农民专业合作社联合社”一章，对联合社的发展起到了极大的推动作用。

2. 从单一功能向多种功能拓展

合作社服务逐渐扩展到产前、产中、产后各个环节。合作社越来越多地承担农业社会化服务的功能，金融服务功能也与日俱增。

除了经济功能以外，农民专业合作社的文化功能、政治功能也逐步显现，如一些合作社在其内部成立工会，组织文体活动；成立党支部、团支部，做好思想政治工作。在一些地区，一些基层机构或组织还依托农民专业合作社成立了消费合作社（为村里的红白喜事提供烟酒服务）、物业合作社（解决新农村物业问题，如村庄环卫等）、乡村旅游合作社等。此外，农民专业合作社功能拓展还体现在经营多元化上，比如一些养牛合作社开始兼营养猪、水稻种植合作社开始兼营养蟹等。这些现象都预示着农民专业合作社从单一功能向多种功能拓展的发展趋势，呈现专业规模经济与多元范围经济双轮驱动的发展模式。在很多地区，农民专业合作社都是一二三产业融合发展的主力军。

3. 从横向合作向纵向合作深化

随着农业产业链的不断延伸，农户若只从事农业生产环节的劳动，则得不到产业链中其他环节的利润，于是出现了以产业上下游主体间的合作为表现形式的纵向合作。实践中这样的纵向合作大致可分为两种形式：一种形式是由农民专业合作社自己去创办该产业的上下游主体，如生猪养殖合作社自己创办饲料加工厂和肉制品深加工企业；另一种形式是与现有的生产资料供应商与农产品营销商合作，形成类似“农户＋合作社＋龙头企业”的经营模式。

4. 从传统合作向新型合作演变

目前，在国内的农民专业合作社中，类似于“新一代合作社”的农民专业合作社也不少，特别是在一些需要较大资金投入或深加工设备配套的农业产业中。“新一代合作社”的主要特征是在合作社经营中引入了股权因素，体现“比例原则”；同时，“留股不留人”，使合作社内存在激励机制。但是，与欧美的“新一代合作社”相比，国内的“新一代合作社”也有其不同之处，欧美的是以农民合作为主、以股份合作为辅，而国内目前的状况是由大户或农业龙头企业牵头成立的合作社在现有合作社中占比较大。这些合作社多采用以股份合作为主的合作方式，收益权和控制权安排更有利于大户或农业龙头企业。

5. 从百花齐放向产业分化过渡

一些以优势产业和特色产品为办社依托，紧紧围绕特色优势农产品区域布局规划而培育发展出来的农民专业合作社，更能带动当地的农民调整农业种植结构，以优势产业和特色产品来增强合作社参与市场竞争的能力和营利能力。总的来说，像果蔬、林业、奶业、烟叶、水产、花木等相关产业的合作社成长比较快速，而一些大宗农产品合作社的发展比较缓慢。

6. 从弱外部性向强外部性延伸

合作社原来是弱势群体的联合体，其成立的本意是益贫性，虽有价值尺度的功能，但与外部的联系并不强。但是随着农民专业合作社的发展，其显示出愈加强烈的外部性，而且是正外部性，如通过组织信誉机制来保障农产品食品安全，通过减少流通环节（如农超对接）来稳定农产品价格，通过互助机制来缓解农村金融需求，通过合作社内的思想政治工作来促进农村的和谐稳定，通过合作社的岗位设置来解决大学生基层就业问题，等等。总之，作为一个抓手、一个平台，农民专业合作社已然成为农业、农村工作的“香饽饽”，受到越来越多的关注。

第三节 农民专业合作社的基本原则与治理结构

合作社基本原则的核心是社员拥有合作社的所有权、控制权和受益权，也就是通常我们所说的“民办、民管、民受益”。在《农民专业合作社法》中具体表述为：“成员以农民为主体；以服务成员为宗旨，谋求全体成员的共同利益；入社自愿、退社自由；成员地位平等，实行民主管理；盈余主要按照成员与农民专业合作社的交易量（额）比例返还。”合作社“民办、民管、民受益”的基本原则使得其治理结构与一般企业相比有较大的不同。

(一) 民办——社员所有

合作社是企业，是由成员共同所有和民主控制的企业，其最大的特点就是合作社的所有者和合作社服务的使用者是统一的，都是社员。在《农民专业合作社法》中，还规定了合作社的成员构成：“农民专业合作社的成员中，农民至少应当占成员总数的百分之八十。成员总数二十人以下的，可以有一个企业、事业单位或者社会组织成员；成员总数超过二十人的，企业、事业单位和社会组织成员不得超过成员总数的百分之五。”这就在成员基础上保证了农民专业合作社不变味：农民既是合作社的所有者，又是合作社服务的使用者。

作为合作社服务的使用者，社员能以相对优惠的价格从合作社购买农业生产资料、获得贷款与信息、享受各种农业技术服务，或以较有利的价格和强化了的市场竞争力量销售个人的农产品。作为合作社的所有者，社员可向合作社注入资本，对合作社原始资本的形成作出自己的贡献。社员的投资方式可以是多种多样的：可以直接投资，如按照合作社的要求购买身份股股金，或缴纳社费、会费，或响应合作社的倡议，购买更多的投资股；也可以通过与合作社交易返还的方式间接投资，如从合作社获得的交易返还金（如零批差价）中扣除一定的比例作为自己的资本投入。

一般的企业以效益最大化为其主要目标，公平的责任则由政府来承担，通过国民收入再分配来实现。而合作社企业既要满足社员的社会与文化的需要，又要促进其所在社区的持续发展。也就是说，合作社在追求效益的同时，还要兼顾公平，实际上分担了政府的一部分职能，所以许多国家规定，合作社可以享受税收减免优惠，这是对其效益方面损失的一种补偿，同时也说明合作社企业不同于资本控制或政府控制的企业。在美国，考虑到合作社是惠顾者的企业，经营活动并非以营利为目的，联邦政府规定经联邦所得税法认可，农业合作社的纯收入通常情况下可按单一税原则征税。《农民专业合作社法》规定：“国家通过财政支持、税收优惠和金融、科技、人才的扶持以及产业政策引导等措施，促进农民专业合作社的发展。国家鼓励和支持公民、法人和其他组织为农民专业合作社提供帮助和服务。”

小窍门

与股份公司相比，如何理解合作社的非营利性?

同样是水果批发销售，一个是合作社企业，由“社员—惠顾者”所有，一个是股份公司，由“投资者—股东”所有。股份公司的宗旨是从果农那里收购水果的价格尽可能低，出售给零售商的价格尽可能高，所得利润以红利形式返还给股东。合作社同样希望出售给零售商的水果价格尽可能高，但它无论以何种价格从果农那里收购水果，其盈余的一大部分要按果农交售水果的比例（按数量或金额）作为惠顾返还金分配给果农，在这一点上，它是非营利的。同时还应指出，合作社的营利性是有限度的，它不能不适当地抬高销售价，搞垄断价格，谋取暴利，否则，就丧失了作为合作社企业的合法身份。

(二) 民管——社员控制

合作社是由社员控制的。对于合作社的社员民主控制原则，最普遍的理解是在基层合作社这一级投票平等，一人一票，而不是一般股份制中的一股一票，这就在一定程度上防止了权力过分集中。但也有人主张，投票权应该与利润一样，按交易额分配，与合作社交易多的社员对合作社的贡献大，所负的经济责任重，理应有更多的决策权，一人一票会使合作社决策不合理、风险分担不平等。为防止合作社决策权全部由经济实力雄厚的社员控制，可以以一人一票为基础，另外增添以交易额为比例的投票数，但应有上限限制。在实践中，也有少数合作社的投票权完全按交易额分配。成员的投票权与交易额成比例所隐含的理论观点是：社员的经济利益是不均等的，向合作社交售 50 公斤与交售 5 000 公斤商品的社员承担的风险和责任是不一样的，因此投票权理应有所差别。而在地区一级的合作社中，基层合作社就往往不是一社一票了，而是按照基层社的规模（社员人数或交易额）大小来投票。

社员民主控制原则在《农民专业合作社法》中有较为清晰的规定：“农民专业合作社成员大会选举和表决，实行一人一票制，成员各享有一票的基本表决权。出资额或者与本社交易量（额）较大的成员按照章程规定，可以享有附加表决权。本社的附加表决权总票数，不得超过本社成员基本表决权总票数的百分之二十。享有附加表决权的成员及其享有的附加表决权数，应当在每次成员大会召开时告知出席会议的成员。”

在完善合作社治理结构的工作中，要区分治理（控制决策权）与管理（经营决策权）这两个概念。社员通过合作社社员大会或社员代表大会，民主选举出理事会及监事会来行使控制决策权，这属于治理部分；而聘请的专业经理通过领导专职经营人员（如销售团队、生产团队、财务人员等）来行使其经营决策权，这属于管理部分。

例如，在一个农产品销售合作社里，社员大会或社员代表大会是最高权力机构，社员或社员代表通过民主程序选举出理事会和监事会。合作社的章程对社员大会和合作社其他机构的责任都有明确规定。重大投资决策一般由社员大会（社员代表大会）或理事会作出，理事会和社员大会（社员代表大会）所作的最重要的决策是是否与其他合作社合并。理事会除了可以参与确定合作社投资方向和制定合作社发展战略等事宜外，还要负责处理合作社日常一系列与社员直接相关的事务（如社员所交售产品的质量认定、支付给社员款项的确定、社员交售产品的规则、合作社利润的年终分配方案的制订等）。以上所述活动均属治理范畴。而管理部门负责企业的日常经营，受雇佣的经理有权决定合作社的生产、雇员的工资，并可根据市场需求情况对合作社进行业务调整、销售方案选择或展开与消费者的价格谈判等。以上所述活动均属管理范畴。

小思考

结合下面的材料，思考合作社应该是"民主管理"还是"民主控制"。

Dairylea是美国东北部最大的牛奶销售合作社（marketing cooperative），拥有2 300个奶农成员，成员遍布美国纽约、宾夕法尼亚、佛蒙特、马萨诸塞、新泽西等东北部五个州，每年向市场提供55亿磅原料奶，年销售额超过10亿美元，在美国100个最大合作社排行榜中位居前50。从形式上看，Dairylea的社员是"自愿联合"起来的，没有人强迫他们加入或者不加入。但在该合作社，似乎很难谈得上"民主管理"，因为Dairylea本身是一家企业性质的机构，当然按照企业的规则进行管理，并没有给加入的奶农任何参与企业管理的权利。但Dairylea无疑是一家合作社，Dairylea的网站上是这么说的，其负责人介绍Dairylea的第一句话也是这么说的。这不是标榜，而是的确如此。否则，就无法解释其成员奶农经常讲到的"我是Dairylea的一分子"时的那份自豪感和满足感。这实际上是其自身利益能够得到充分保障的反映。既然保护社员利益的目的达到了，社员是否参与管理难道真的很重要吗？所以，关于合作社发展中的"民主管理"的含义很值得重新思考。我们查阅了国际合作社联盟各个时期的章程，都没有发现和"民主管理"相对应的英文表达，比较接近的是"民主控制"，用的是control这个词。即使是早期的罗奇代尔原则（入社自愿；一人一票；现金交易；按市价售货；如实介绍商品，不缺斤短两；按业务交易量分配盈利；重视对社员的教育；政治和宗教严守中立）中，也没有"民主管理"的概念。1895年，国际合作社联盟成立，把罗奇代尔原则列为联盟章程，并将其作为国际合作社联盟的办社原则；规定所有加入该组织的成员，首先要满足的条件就是要承认罗奇代尔原则。而"民主控制"原则是国际合作社联盟后来在对联盟章程进行修订时加上的。所谓的"民主管理"，在合作社规模较小的时候是适用的。但当合作社发展到一定阶段时，效率就成为合作社发展的生命线。这时合作社过分强调"民主管理"通常要以失去自身部分的经营效率作为代价。那样的话，农民的利益保障可能也就无从谈起了。

（三）民受益——社员受益

社员加入合作社的首要目的不是使自己的股本增值，谋求自己投资收益的最大化，而是通过入社来使用合作社的服务。合作社的剩余则按交易额（惠顾额）的比例返还给社员。有的学者指出，"资本"是股份制度的核心，而"交易额"（实际上体现的是社员对合作社活动的参与程度和社员对合作社服务的使用程度）是合作社制度的核心。由于交易额直接与社员相关，因此，我们也把合作社称为“人”的联合。交易额不仅是社员入社的必要条件，也是合作社赖以存续的衡量指标。交易额越多，说明社员对合作社的需求越大，合作社越有其存在的价值；交易额越少，则说明社员对合作社的需求越小；如无交易额，说明社员可以通过自助或其他渠道完成自身的交易，合作社则无存续的必要。合作社为社员提供服务，社员则通过使用服务为合作社作出贡献（如通过合作社购买生产资料、销售农产品、获取贷款、在合作社中劳动等），服务与贡献统一在合作社与社员间的交易上，合作社是提供交易的客体。显然，社员利用合作社的服务越多，对合作社的贡献就越大，理应享有越多的剩余索取权。合作社的经营依赖于社员作为其业务伙伴和惠顾者，激烈的市场竞争也要求合作社与社员之间保持稳固的业务关系，所以，业务惠顾就是社员对合作社的贡献；而交易额就是对社员惠顾贡献的准确计量。按交易额实行盈余返还就是把“回报”和“生产率”联系起来，是合作社激励机制的重要组成部分，也是合作社扩大市场份额、增强竞争能力的重要手段。

《农民专业合作社法》中的第四十三条和第四十四条论述了“民受益”的具体方式：农民专业合作社应当为每个成员设立成员账户，主要记载该成员的出资额、量化为该成员的公积金份额、该成员与本社的交易量（额）三项内容。在弥补亏损、提取公积金后的当年盈余，为农民专业合作社的可分配盈余。可分配盈余主要按照成员与本社的交易量（额）比例返还，返还总额不得低于可分配盈余的百分之六十。返还后的剩余部分，以成员账户中记载的出资额和公积金份额，以及本社接受国家财政直接补助和他人捐赠形成的财产平均量化到成员的份额，按比例分配给本社成员。

小思考

1. 研究和考察农民合作组织可以有不同的角度。现实中，理论界对农民合作组织存在一定的争论，主要是因为对合作组织的认识存在不同的视角。结合下面的材料，思考合作社研究应该运用“产业发展的视角”还是“农民权益的视角”。

基于产业发展的视角，为什么要发展农民合作组织？可以从市场经济、产业化经营、产业组织发展的角度来研究。这是因为在市场竞争不断加剧的情况下，小规模、分散的农户面临极大的风险和挑战，而建立农民合作组织，可以增强农民的市场谈判能力，帮助农民有效进入市场，解决农产品“卖难”等问题。因此，合作社的形成与发展，实际上既是农民和农业适应市场化的需要，又是农业组织化、农业纵向一体化和农业现代化的需要。无论是从世界各国农业的现状来看，还是从农业发展的一般规律来看，农民合作组织都是一个很重要的产业组织形式。这也是尽管中国的农民合作组织发展在历史上经历了很大的曲折，但当前政府对农民合作组织依然很重视，通过立法和制定一系列财税政策和措施鼓励其发展的根本原因。

基于农民权益的视角，这实际上主要是从政治学和社会学有关公平与权益的视角来看待和研究农民合作组织。很多学者认为，农业之所以是弱质产业，关键是农民是弱势群体，只有把农民组织起来，通过农民自身的组织来维护和争取他们在经济社会中应有的权益，才能真正解决农民的弱势性和农业的弱质性问题。由于农民合作组织具有组织农民的功能，因而在一定程度上能发挥维护与争取农民权益的作用。这就是为什么不仅经济学家，而且许多社会学家、政治学家也对农民合作组织感兴趣的原因。

2. 结合下面的资料，思考合作社里是否可能存在“大农吃小农”的逻辑。

当前，大农联合小农的大户领办型合作社成为合作社发展的主体力量。一些学者表示，大农联合小农组建合作社的最初目的是套取国家财政扶持资金和相关优惠政策，自然不会真正致力于完善合作社内部的民主管理和合作制度。小农无法分享合作收益，合作社对交易成本的节约也只会止于汇集社员的购销需求。在这样的合作社里，执行的是“大农吃小农”的逻辑：几个大户联合起来，其实质就是一个合伙制企业（亦可以称为合作社里的合作社），许多情况下他们只是充当了中间商的角色，进行倒买倒卖。一方面，高价卖出农产品和低价买进生产资料与技术的对象都是部门和资本；另一方面，低价买进农产品和高价卖出生产资料和技术的对象是小农，因为小农没有退出同大户这一中间商进行市场交易的选择（要不就接受直接同部门和资本打交道所带来的更高的市场交易成本），因此只能接受大户的盘剥。

第四节　农民专业合作社的服务功能与经营管理

农民专业合作社在一定程度上承担着社会服务功能。中共中央十七届三中全会指出，要加快构建以公共服务机构为依托、以合作经济组织为基础、以龙头企业为骨干、以其他社会力量为补充，公益性服务和经营性服务相结合、专项服务和综合服务相协调的新型农业社会化服务体系。支持供销合作社、农民专业合作社、专业服务公司、专业技术协会、农民经纪人、龙头企业等提供多种形式的生产经营服务。就农民专业合作社而言，农民通过加入合作社，实现农业生产活动与农业经营活动的合理分工，农户可以专心于农业生产，而将其他农业经营活动（例如农业生产投入品的采购，新技术的选择，信息的获取，产品的分级、包装、加工、贮藏、运输、营销以及品牌化等）分离出去，由农民专业合作社来统一经营与服务。合作社可以聘请职业经理人来具体开展合作社的产前、产中、产后、资金等各项服务，很多情况下这个职业经理人是由理事长兼任的。具有不同服务功能的农民专业合作社有着不同的合作社经营管理方法。根据各个合作社提供的产前、产中、产后、资金等服务的不同（还有的合作社提供综合服务），可以将合作社划分为五种类型。

（一）产前服务合作社

产前服务合作社的核心业务是向社员提供农业生产所需的各种投入品，笼统地讲就是提供农资服务，包括提供种子、肥料、农药、加工设备、灌溉与农机器材等。产前服务合作社外购批发或自我生产、制造、加工各种投入品，并最终零售给社员。在实践过程中，合作社“零售”农资的方式有许多种，有些合作社采取高出成本价出售农资的方式，有些合作社则采取以成本价出售农资，然后收取手续费的方式。合作社农资供应方式也有许多种，有些合作社采取成员预订后统一购买的方式，而有些合作社则采取先购买再卖给成员的方式；合作社的协约形式既有口头约定，又有正式契约；在订货时，有些合作社需要其社员预付保证金；在农资零售时，有些合作社为社员提供农资赊销服务。另外，各个合作社在农资“零售”过程中采用的结算方式也略有不同，有每笔结算的，有定期结算的，也有按需结算的，等等。

合作社提供的农资的价格与市场价格相比通常情况下会有一定的优惠，且农户通过合作社购买农业生产资料可降低其购买到伪劣农资的可能性。这是产前服务合作社存在的根本原因。同时，农业产前服务合作社的规模化经营还可帮助其取得有利的市场竞争地位。例如，浙江省金华市某中华鳖养殖合作社2003年有社员43户，养殖规模超过了260万只，年销售收入超过4 000万元，销售利润超过800万元。多家饲料企业看好该合作社的发展，纷纷与之洽谈供货事宜。合作社为了在保证质量的前提下尽可能地降低其社员的生产成本，饲料采购采取了招标的方式。合作社邀请了省内外7家知名的饲料生产企业出席饲料统一采购招标会，要求参加招标的企业不仅要保证饲料的优质优价，而且要提供中华鳖收购的保护价。

产前服务合作社形成购买规模后，不仅有利于合作社与生产资料的生产厂商建立起直接的供货关系，而且为合作社进一步降低成本、自我开展一些简单的投入品加工业务提供了可能，如一些养猪合作社在农资企业的帮助下建立了自己的饲料加工厂，进一步降低了其社员农户的生产成本。此外，合作社在为社员提供产前农资采购服务时，往往会把一些新的种子品种、优良禽畜品种、新型有机肥料、低毒环保农药、新工艺和新配方等引进给社员，有助于社员优化和提高其品种结构与生产水平。

（二）产中服务合作社

很多产中服务合作社的原型是当地的专业技术协会。在这类合作社中，社员仍以家庭经营为主，合作社主要提供技术服务，如新品种的介绍与培训、中间产品的加工、合作灌溉、检疫防疫、病虫害防治等等；其技术与信息渠道既有科研院所、政府机构，又有市场购买、企业直供等；其提供的服务既有有偿的，又有无偿的。另外，有些产中服务合作社还通过承担政府或科研院所的技术推广项目，将高产、优质、高效的农业生产技术带给基层农户。

案例分析

山东高唐神农甘薯种植专业合作社的服务功能主要体现在产中技术服务上，这当然与紫甘薯种植本身需要有较高水平的技术支撑有着很大关系。2008年该合作社引进了7个甘薯新品种，但最后，在综合考虑了市场竞争力、管理技术难度、效益稳定性等因素后，只推广了一个品种——日本紫甘薯王。此品种适应能力和抗病能力强、产量高、用途广、市场需求量大。在实际种植中，社员农户在合作社的技术指导下实现了4 000斤/亩～6 000斤/亩的预期产量和效益。高唐三十里铺杨庄的社员周某每亩年均产量均在4 700斤左右，临清青年办事处兴隆庄村民王某每亩年均产量约为5 100斤，冠县店子乡张某的亩产量最高达5 700斤，每亩直接经济效益为2 500元左右。合作社部分社员拥有一些专门的机械设备，在合作社的协调下可向其他社员提供起垄、刨薯等有偿服务，所收取的服务费用水平如下：起垄一般在25元/亩，刨薯一般在40元/亩～50元/亩。合作社每年都会组织开展针对社员的技术培训，每次培训的人数都能超过300人。神农合作社除了从各大农科院所获取技术外，还承担政府的农技推广项目——紫甘薯新品种引进和间作套种模式示范推广项目。神农合作社在推广紫甘薯新品种的同时，也进行紫甘薯间作套种模式的实验及推广。间作套种模式由于受到传统单一双季种植的影响，在实验推广中有一定的不统一性，但总的来看，比单一种植效益明显要好。尤其是西瓜与紫甘薯搭配的间作套种模式所带来的效益最为明显。例如，汇鑫办事处陈庄村村民陈某在紫甘薯种植的垅间套种了“龙卷风”这一品种的西瓜，单西瓜种植收入就远远超出种植的总投资，西瓜年亩均收益约为1 300元，同时紫甘薯年亩均收益为1 800多元。在实验基地，条件好的地块间作套种的紫甘薯与西瓜、芝麻的亩收益超过4 000元。

（三）产后服务合作社

产后服务合作社提供农产品销售、加工、储藏、运输等服务。农产品销售合作社是这类合作社的典型代表。在发达国家中，农产品销售合作社已经成为农产品销售的主力军。从各国实践来看，主要通过合作社销售的农产品包括小麦、稻谷、油料、棉花、茶叶、水果蔬菜、家禽家畜以及畜产品（如奶制品、鸡蛋、毛）等。在一些附加值高、保鲜期短的初级产品生产部门，合作社所占市场份额相当高，如在丹麦、荷兰、英国、瑞典、葡萄牙等国奶制品市场上，合作社所占市场份额高达80%甚至90%。

农产品销售合作社的服务核心是帮助社员销售他们自产的产品，并尽可能地使社员收益最大化。为了达到这个目标，一些农产品销售合作社还可能会聘请专业的销售经理和销售团队。在农产品销售合作社发展的早期，农户入社的直接动因主要有三个：一是获得稳定的农产品销售渠道。为了能够获得一个稳定的经营收入，农户想加入合作社，给自己的农产品寻找一个稳定的销售渠道。二是避免商贩的欺诈。农户由于生产规模小、信息渠道窄，容易被商贩欺骗；通过加入合作社，农户可以拓展自身的市场信息渠道，避免商贩的欺骗。三是通过加入合作社，农户可以提高自身农产品的市场议价能力。

随着农产品销售合作社的进一步发展，农户还可通过合作社提升自身的市场开拓能力，促进自产产品的标准化和品牌化，提高自己的营销水平和科技水平。此外，一些开展农产品初加工业务的销售合作社还可帮助农户提高其产品附加值。

当前，产后服务合作社基本上由龙头企业、专业大户、村集体、供销社等主体领办，正在向着农业产业化经营的方向发展。但其发展也面临着诸多挑战，如合作社生产要素的组合范围狭小、开放的社员资格制度经营缺陷明显、合作社经营战略选择空间有限等。

(四) 资金服务合作社

资金服务是合作社服务的一项重要内容。在日、韩农协体系中，资金服务是合作社价值链中产生利润的最主要的环节，并以此来抵消农协在提供农业产前、产中、产后服务时的赤字。合作社主要通过三种方式开展资金服务：一是以组织的名义向各类金融机构申请贷款，然后再转贷给社员，以满足社员生产生活资金需求；二是合作社为社员贷款提供担保或者社员为合作社贷款提供担保，以满足不同的贷款担保需求；三是合作社在其内部开展资金互助业务，以满足社员的资金需求。这样的资金服务发展起来以后，有助于小农远离高利贷的剥削，有助于小农生产的发展，有助于农民信用意识的增强，同时还有助于农村地区金融市场利率水平的下降。

小窍门

与农村资金互助社相比，在专业合作基础上开展资金互助的模式有何优劣?

当前，村镇银行、小额信贷公司和农村资金互助社开始逐渐成为我国农村金融市场的资金供给主体。从机构本身的性质来看，无论是村镇银行还是小额信贷公司，它们均是进行商业化运作的独立市场主体，其运营方式无法跳出市场逻辑，也就无法解决金融市场主体地位不对称问题和大市场与小生产的矛盾；相对而言，以农村资金互助社为代表的合作金融可能是更加适应农村生产关系的金融组织形式。然而，当前由于融资困难、组织制度不完善、内部管理不规范、外部生存环境不佳、正规化困境等原因，农村资金互助社发展缓慢。同时，农信社和农基会的改革经验教训也使得国家发展农村资金互助社变得更加小心谨慎。中国银行保险监督管理委员会的数据显示，截至2018年12月末，农村资金互助社仅达到45家，相比2009年才新增了34家。

在农村资金互助社缓慢发展的同时，在专业合作基础上开展资金互助的模式悄然兴起。2010年中央一号文件明确提出，“支持有条件的合作社兴办农村资金互助社”。相比一般的农村资金互助社，在专业合作的基础上开展资金互助模式的内部优势（离金融需求更近、更能克服信息不对称、两种合作互相促进、套用专业合作社扶持政策、范围经济）与外部机会（专业合作社蓬勃发展、国家高层认可、农业银行面向“三农”）明显；但同时该模式也存在一定的内部劣势（业务多样化影响专业合作发展、需要产业基础、社内资金受产业波动大）与外部威胁（地方政府和部门认识误区、缺乏法律和相关制度支持、村镇银行和小额信贷公司竞争），发展该模式应遵循“因地制宜、立足服务内部社员，互助资金需封闭运作”等原则。2014年中央一号文件明确提出，“坚持社员制、封闭性原则，在不对外吸储放贷、不支付固定回报的前提下，推动社区性农村资金互助组织发展”，为农村资金互助社的发展指明了方向。

(五) 综合服务合作社

从实践来看，一般意义上的综合服务合作社大致可以分为三类。第一类是专业服务基础上的综合服务，如合作社为生猪养殖户提供产前、产中、产后的全套服务，同时合作社内还开展资金互助，农户只负责农业生产，农业经营全部让合作社来承担。第二类是股份合作社，农户把土地、林地、奶牛等折价入股成立股份合作社，由合作社负责生产和经营，最后的合作社收益再进行按股分红。第三类是以社区为单位的综合性农民合作社，类似于日、韩的农协性质，合作社提供的服务不单单是一个品种，而是涵盖农、林、牧、渔等各个方面。此外，这类合作社还融合了政治与文化功能，为农户解决生产、生活等方方面面的问题。

小思考

虽然目前我国农民专业合作社发展迅速，但是仍有一些学者对专业合作社提出了质疑，认为我国应该发展综合性的农民合作社。他们认为针对专业农产品提供专业服务的专业合作社并不能满足兼业小农的需求，这就决定了多数兼业小农并不倾向于加入专业合作社，而只有少数专业农户倾向于加入专业合作社。你怎么看待这个问题？

本章小结

合作经济起源于19世纪的欧洲，是与资本主义经济相对立的。170多年来，合作社有三个原则一直未变，即民主控制原则、资本报酬有限原则和按惠顾额分配盈余原则。当前，农民合作社在世界各国的现代农业发展中都发挥着重要作用。20世纪90年代以来，北美地区出现了一种被称为“新一代合作社”的合作社发展模式，它的主要特征是：社员资格由开放向封闭发展，传统的民主控制、经济参与原则向比例原则发展，在经营战略上更加强调盈利能力。20世纪80年代以来，我国农民专业合作组织开始发展，政府将其视为发展现代农业和提高农民收入的重要平台与推动力量。当前我国农民专业合作社发展呈现出从户间合作向社际联合迈进、从单一功能向多种功能拓展、从横向合作向纵向合作深化、从传统合作向新型合作演变、从百花齐放向产业分化过渡、从弱外部性向强外部性延伸等发展趋势。农民专业合作社的基本原则是“民办、民管、民受益”。不同类型的农民专业合作社具有不同的服务功能与经营管理方式。

本章习题

1. 传统合作社与新一代合作社有何区别？新一代合作社与股份制企业又有何区别？论述合作社在世界经济发展中的作用。

2. 论述我国农民专业合作组织的发展沿革及其未来的发展趋势。《农民专业合作社法》如何定义农民专业合作社？

3. 如何理解农民专业合作社“民办、民管、民受益”的原则？其中，“民管”应该是“民主管理”还是“民主控制”？为什么？应该如何理解“真假合作社之辩”？

4. 论述不同类型农民专业合作社的服务功能，具体说明各种类型农民专业合作社的经营特点。

参考文献

1. 徐旭初. 中国农民专业合作经济组织的制度分析. 北京：经济科学出版社，2005.

2. 杜吟棠. 合作社：农业中的现代企业制度. 南昌：江西人民出版社，2002.

3. 徐更生，熊家文. 北京合作经济. 北京：中国商业出版社，1992.

4. 孔祥智，史冰清，钟真，等. 中国农民专业合作社运行机制与社会效应研究——百社千户调查. 北京：中国农业出版社，2012.

5. 孔祥智，金洪云，史冰清，等. 国外农业合作社研究——产生条件、运行规则及经验借鉴. 北京：中国农业出版社，2012.

6. 郭红东. 中国农民专业合作社发展——理论与实证研究. 杭州：浙江大学出版社，2011.

7. 吴恪元. 合作经济原理. 台北：茂昌图书有限公司，1995.

8. 许文富. 农业合作原理与实务. 台北：财团法人丰年社，2003.

9. 孔祥智，等. 合作与发展——成员异质性与农民合作社成长路径研究. 北京：经济管理出版社，2020.

10. 孔祥智，等. 合作社的再合作——联合式生成路径、运行机制与政策体系. 北京：经济管理出版社，2020.

11. 孔祥智，钟真，等. 合作社的再合作——山东省供销社综合改革与联合社发展研究，北京：中国农业出版社，2018.

PART FOUR

4

|第四编|

农业市场与贸易经济学

第十章
农产品供给与需求

本章要点

1. 掌握农产品供给与需求的内涵及影响因素；

2. 了解农产品的供给函数和需求函数；

3. 掌握农产品的供给弹性与需求弹性，学会利用价格弹性分析农业问题；

4. 学会分析农产品市场均衡的形成及调整过程；

5. 掌握蛛网理论，并用该理论解释农产品价格波动。

关键词

农产品供给；农产品需求；价格弹性；消费函数；均衡；蛛网理论；价格管制

导入案例

"几家欢喜几家愁"的农产品销售

同样种桃，2018年一些地方滞销，五六毛钱一斤都没人要；而在浙江奉化，水蜜桃论个卖，一个10多元还供不应求。市场一冷一热，差距在哪里？相比一些产区，奉化更看中品牌，多年标准化生产，"奉化水蜜桃"成为高品质的代名词，皮薄汁多，好吃放心，赢得了消费者的青睐。

小小桃子折射的是农产品供求变化。如今，人们不仅要吃饱、吃好，更要吃得健康，吃出个性。"菜篮子"需求升级了，"菜园子"生产在一些地方却往往跟不上。整体看，虽然农产品品种丰富，但多而不优，阶段性供过于求与供给不足并存。农业农村部发布的最新数据显示，2018年以来，多数农产品价格呈持续下跌走势，部分水果低价滞销，但优质产品一直价格稳定。

"市场缺什么，农民种什么"，道理谁都明白，但现实中同市场对接不够紧密的事还是不少。前些年大蒜价格高，一些地方大干快上，一调整就是十几万亩，盲目跟风一哄而上，结果是市场过剩，价格猛跌。从实践看，靠钱砸不出优势产业，越是追求短平快、贪大求全，往往越容易集聚市场风险。如果做不出特色、品质，风光过后，"菜贱伤农"现象令人痛心。

当前，农业发展环境发生了深刻变化，成本上升、价格下压，资源趋紧。在新形势下，深化农业供给侧结构性改革，不是简单地多种什么、少种什么。一场全方位变革，要注重体制机制改革，练好农业内功，构建现代农业产业体系、生产体系、经营体系，加快由增产向提质转变。

资料来源：人民网-人民日报，2018－07－29.

小思考

农产品供给与需求之间到底有着怎样的关系？

第一节　农产品供给与销售——农户生产者行为

一、农产品供给及影响因素

（一）农产品供给的内涵

农产品供给（supply）是指在某一特定的时期内，在一定的价格水平上生产者（农户）愿意且能够出售的某种农产品的数量。供给是出售意愿和出售能力的统一，因此，生产者具有出售意愿和出售能力是构成某种农产品有效供给的两个必备条件。供给有个人供给和市场供给之分，个人供给是指单个生产者的供给数量，市场供给也称总供给，表示在既定的市场价格下，所有愿意提供农产品的生产者提供的农产品数量之和。其他条件保持不变，若某种农产品的价格升高，则生产者对该产品的供给量增加；若价格下降，则供给减少。这一规律被称为供给原理（law of supply)。

（二）农产品供给曲线

1. 农产品供给曲线的内涵

农产品供给曲线（supply curve）是描述价格和农产品供给量之间关系的图形。如图 10－1 所示，农产品供给曲线是一条向右上方倾斜的曲线。供给曲线上的每一点都反映了价格和供给量的对应关系。例如，A 点表示，当农产品价格为 P_1时，供给量为 Q_1。供给曲线显示价格和供给量具有正相关关系，即农产品价格上升，供给量增加，此时价格和供给量的组合移到 B 点；农产品价格下降，供给量减少，此时价格和供给量的组合移到 C 点。我们把这种在同一条供给曲线上的变动称为供给量的变动。

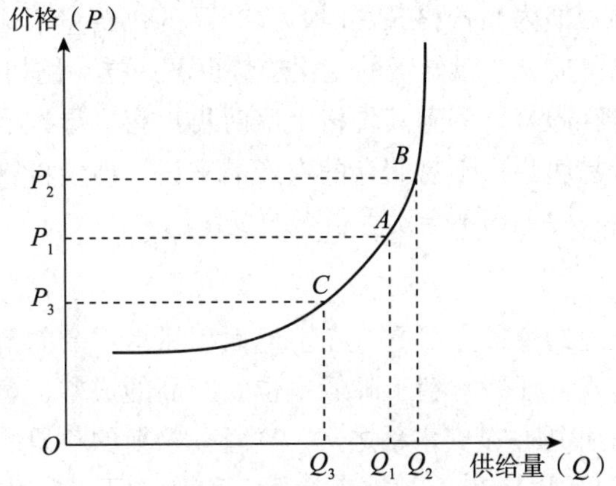

图 10-1 农产品供给曲线

2. 农产品供给曲线的移动

农产品供给曲线是假设其他条件不变的情况下，描述农产品的供给量如何随着价格的变动而变动，表现的是供给曲线上点的移动，如图 10-1 中从 B 点到 A 点和 C 点的移动。但是，有时某些因素会改变一种农产品既定价格水平下的供给量，这时供给曲线就会发生移动（shifts in supply）。例如，风调雨顺之年及新技术的采用可能会导致农产品供给增加。图 10-2 说明了供给曲线的移动。任何使既定价格水平下的供给量增加的变动都会使供给曲线向右移动，我们称这种移动为供给增加，如供给曲线 S_1 到 S_2 的移动。相反，任何使既定价格水平下的供给量减少的变动都会使供给曲线向左移动，这种移动称为供给减少，如供给曲线 S_1 到 S_3 的移动。我们把这种供给曲线的移动称为供给的变动。

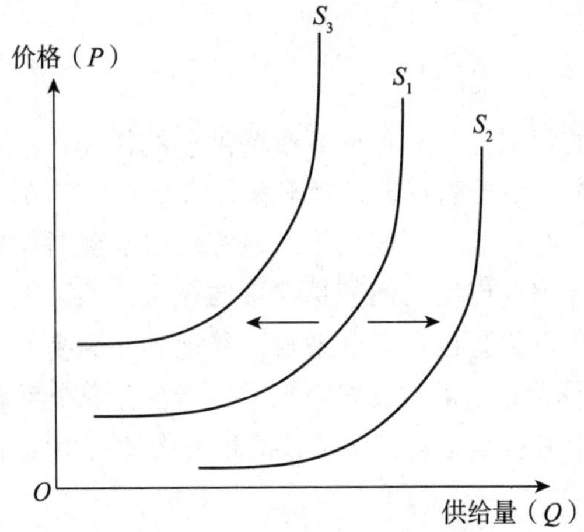

图 10-2 农产品供给曲线的移动

（三）农产品供给的主要影响因素

1. 农产品自身的价格（P）

根据供给原理，农产品的价格升高，供给量增加；价格下降，供给量减少。但是由于耕地面积的限制，在短期内当价格升高时，农产品的供给量不会无限制地增加。不同的农产品随着自身价格的变化，供给量的变化趋势也不一样。例如，当粮食价格下降时，农民可以选择把粮食储存起来，等到其价格上涨时再出售，导致当期粮食的供给量会明显减少。但对于蔬菜等易腐烂、不易储存的农产品来说，即使价格下降，农户也不得不低价出售，因此供给量在短期内不会发生很大的变化。

2. 技术进步（T）

农产品的供给受土地约束最为严重，在土地面积保持不变的情况下，单产的提高就主要依靠技术进步来实现。任何有利于降低单位农产品的成本、增加单产的技术都会增加供给。比如，2018 年我国“杂交水稻之父”袁隆平领衔的科研团队研发的超级杂交稻“超优千号”百亩试验田平均亩产 1 203.36 公斤，继续创下我国水稻大面积亩产的最高纪录，而 20 世纪 70 年代我国水稻亩产平均只有 400 公斤。

3. 替代商品与互补商品的价格（P_r）

除了农产品自身价格以外，其他相关商品的价格也会影响该农产品的供给量。在这里我们考察两种商品。一种是互补商品（complements），即通常同时消费才能满足消费者的某种需求的两种商品，如面包圈和奶酪。根据供给原理，当面包圈的价格上涨后，生产者会增加对面包圈的供给，从而奶酪的供给也会增加，因为它们被同时消费。因此，如果两种农产品是互补商品，一种商品的价格和另一种商品的供给量呈正相关关系。

另外一种是替代商品（substitutes），通常它们能够满足消费者相似的需求，所以我们不需要同时消费，而是选择其中的一种，如牛肉和猪肉。根据供给原理，如果牛肉价格上涨，农户就会多养殖肉牛而减少对猪的养殖，从而导致猪肉的供给量减少。因此，当两种农产品是替代商品时，一种商品的价格和另一种商品的供给量之间具有负相关关系。

4. 农产品储备（S）

农产品储备是流通的蓄水池，起着调节市场供求的作用。在农业生产歉收、供不应求时，库存量可以弥补市场供给的不足。对于容易储存的农产品，在现时市场供大于求、价格低落时，可以暂予储存，减少市场供给量，等价格上涨时再出售。例如，粮食储备对于一个国家乃至全世界粮食市场的调节具有重要意义。国际上习惯把粮食储备的年终库存量占当年消费量的比重称为粮食安全系数，并把其作为衡量当年世界粮食安全的标准，一般以 17%～18%作为最低的粮食安全水平。当粮食安全系数低于 17%时，世界粮食市场价格可能会迅速上升；当粮食安全系数高于 20%时，世界粮食市场价格可能会大幅度下降。

5. 政策因素（E）

农产品供给受政策影响也非常明显。当政府在农产品的生产上施加重税时，农产品供给一般会降低。当政府限定农产品出口，比如施加出口重税时，国内农产品供给就会增加。“十五”时期（2001—2005 年）之初，中国开始了以减轻农民负担为中心、取消“三提五统”等税外收费、改革农业税收为主要内容的农村税费改革。我国自 2006 年 1 月 1 日起废止《中华人民共和国农业税条例》，取消除烟叶税以外的农业特产税、全部免征牧业税，延续了 2 600 多年的“皇粮国税”成为历史。这些政策的实施减轻了农民的负担，提高了农民生产农产品的积极性，农产品供给增加。

6. 其他因素（O）

除以上几大因素外，农产品还受到诸如自然灾害、气候变化等外生因素的影响。在其他条件不变的情况下，风调雨顺，没有自然灾害，农产品的供给就会增加。中国自古就是一个蝗灾频发的国家，受灾范围、受灾程度堪称世界之最。农业部 2008 年 3 月发布的一份中国蝗灾预测报告显示，在中国，2008 年发生蝗灾的土地面积有 9 000 多万亩，造成的直接影响是农产品的减产甚至绝产。

二、农产品供给函数

我们讨论了影响农产品供给的诸多因素，如果我们把供给量和这些影响因素的关系表示成函数的形式，则称为农产品供给函数。我们用 Q_s 表示农产品的供给量，则供给函数可以由公式（10.1）表示：

$$Q_s = f(P, T, P_r, S, E, O) \tag{10.1}$$

式中，f 为函数关系符号；P 为农产品自身的价格；T 为技术进步；P_r 为相关农产品的价格；S 为农产品储备；E 为政策因素；O 为其他影响因素。

需要注意的是，以上供给函数的表达式并不是严格的数量关系，而只是显示农产品供给和影响因素之间的变化趋势关系。在进行经济分析时，我们通常会假定其他条件保持不变，研究一个或多个影响因素和供给量之间的数量关系。

三、农产品供给价格弹性

（一）供给价格弹性

农产品供给曲线体现了农产品的价格和供给量具有正相关关系，那么供给量对于价格变动的敏感程度如何呢？也就是说，当农产品自身价格上涨（下降）1%时，供给量会降低（增加）多少比例呢？这时我们需要引入供给价格弹性（price elasticity of supply）这个概念。供给价格弹性是指供给量变动的百分比与价格变动的百分比的比值，计算方法可由公式（10.2）表示。由于大部分农产品供给量的变化和自身价格的变化呈正相关关系，所以供给价格弹性是一个正值。

$$E_{sp} = \frac{\Delta Q/Q}{\Delta P/P} = \frac{(Q_1 - Q)/Q}{(P_1 - P)/P} \tag{10.2}$$

式中，E_{sp} 为供给价格弹性；ΔP 和 ΔQ 分别为价格的变化和供给量的变化；P 和 Q 分别为价格的初始值和供给量的初始值；P_1 和 Q_1 分别为变化后的价格和供给量。

当 $E_{sp}=0$ 时，供给对价格完全无弹性（perfectly inelastic），即当价格发生变化时，供给量不发生变化。农产品中，供给完全无弹性的商品几乎不存在。倘若我们相信世上存在一支独一无二的千年人参，那么这支千年人参的供给可以看作完全无弹性的，其供给曲线垂直于产量（Q）轴。

当 $0<E_{sp}<1$ 时，供给对价格缺乏弹性（inelastic），即供给量变化的比例小于价格变化的比例。从短期看，大部分农产品的供给对价格而言是缺乏弹性的，因为农产品具有一定的生长周期且不易储存，所以当价格发生变化时，农产品的供给量很难在短期内得到调整。

当 $E_{sp}=1$ 时，供给对价格具有单位弹性（unit elastic），即供给量变化的比例等于价格变化的比例。

当 $E_{sp}>1$ 时，供给对价格富有弹性（elastic），即供给量变化的比例大于价格变化的比例。

当 E_{sp} 无限大时，供给对价格具有完全弹性（perfectly elastic）。

（二）供给价格弹性的影响因素

农产品供给对价格的敏感程度受许多因素的影响，主要包括考察期限的长短、农产品的耐储存性以及农产品的成本构成。当然很多时候，农产品的供给价格弹性是受这些因素的综合作用影响的。

1. 考察期限的长短

考察农产品对价格的敏感程度可以从短期、中期和长期来判断。短期内，由于农产品生产具有周期性且不易储存，因此农产品的供给价格弹性很小。比如，一旦小麦播种后，农户就只能等小麦成熟后再向市场供应小麦；在小麦生长期间，农户对市场上小麦价格的变动几乎无能为力。从中期来看，我们发现农产品表现出较高的供给价格弹性。如果去年小麦的价格不断攀升，那么今年农户会选择大量增加小麦的种植面积，以期获得较高的收入。长期内，我们可以看到农产品供应表现出波动性。

2. 农产品的耐储存性

如果农产品不易储存或者储存费用很高，当价格较低时，农户无法或者不愿意储存部分农产品，所以当价格降低时，农产品的供给量不会减少；当价格升高时，因为没有存货，所以无法增加供给。对于较耐储存的农产品来说，农产品的供给可以根据价格的变化通过存货进行调整。因此，通常来说，耐储存的农产品的供给价格弹性较高，不耐储存的农产品的供给价格弹性较低。

3. 农产品的成本构成

对于我国以一家一户小规模为特征的农业生产来说，农产品的生产成本主要是固定资产折旧费和低值易耗品的费用。农机具、役畜、生产建筑物等都属于固定资产。种子、化肥、农药等属于低值易耗品。固定资产投入较高的农产品价格供给弹性较小，因为扩大生产需要更多的资金和时间，而且转产能力较弱。以反季节蔬菜的供给为例，增加供给需要大量的资金来修建新的温室，而且温室的修建也需要一定的时间，因此反季节蔬菜的供给价格弹性较小。

四、农产品销售：农产品从农户到消费者的流动

（一）农产品销售的内涵

当农产品被生产出来之后，其本身的特征和消费者的需求之间存在时间、地域和形态等方面的矛盾。那么如何实现农产品从农户到消费者的流动呢？这就需要农产品的营销（marketing）来完成。广义的农产品销售就是指农产品的营销，是指农产品中的商品部分，通过买卖的形式实现从生产领域到消费领域转移的全过程，包括农产品的采购、运输、储存和出售等各个环节。狭义的农产品销售是指营销中的出售环节，是指农产品及其加工品直接或者通过农产品农民经纪人、批发商、加工企业以及零售企业等中介组织出售给最终消费者的过程。在本章的分析中，农产品销售是指广义的概念。

（二）农产品销售的模式

1. 直接销售模式

直接销售模式是指农户直接把农产品出售给消费者的销售模式。例如，农户在农村的集市、农贸市场或者郊区的路边摊销售自己生产的农产品，还包括消费者自取、社区支持农业等模式。消费者自取模式和社区支持农业模式是随着消费者需求的多样化而发展起来的集生产、销售、休闲娱乐于一体的新型模式。

消费者自取（pick-your-own）模式是指消费者直接去农地里摘取自己想要的农产品，多针对蔬菜和水果。例如，很多种植草莓和樱桃的农户采取这一销售模式。消费者不仅可以买到新鲜的农产品，而且可以达到观光、休闲的目的。该模式销售灵活，农户收益高，但到农地采摘农产品的消费者往往没有保护农作物的动力，因此往往会对农作物造成损伤或者采摘不完全。

社区支持农业（community supported agriculture，CSA）模式于 20 世纪 70 年代起源于瑞士，并在日本得到最初的发展。当时的消费者为了寻找安全的食物，与那些希望建立稳定客源的农民携手合作，建立经济合作关系。从字义上看，“社区支持农业”指社区的每个人都对农场运作作出承诺，让农场可以在法律上和精神上成为该社区的农场，让农民与消费者互相支持以及共同承担粮食生产的风险和分享收益。在实际操作中，消费者可以在农场承租小块土地。

小思考

北京小毛驴市民农园就是我国社区支持农业的典型代表。该模式生态环保，深受关注食品安全的消费者欢迎，但是劳动密集型耕作方式导致农产品价格较高，不是大众消费者所能承担得起的。你怎么看待这种社区支持农业的消费模式？

2. 批发市场销售模式

批发市场销售模式是指通过建立影响力大、辐射能力强的农产品专业批发市场来集

中销售农产品。如北京新发地农产品批发市场是北京市交易规模最大的农产品专业批发市场。该模式销售集中且销量大，而且能在一定程度上实现集中运输、妥善储藏、加工和保鲜，能够满足消费者对分散性和季节性强的农产品的需求。但在现实运作中，农民经纪人在从事购销活动中，一方面压低收购价，另一方面提高销售价，不仅使得农民利益受损，而且往往造成当地市场价格信号失真。

3. 销售公司销售模式

销售公司销售模式是指通过区域性农产品销售公司，先从农户手中收购产品，然后外销。农户和公司之间的关系可以由契约界定，也可以是单纯的买卖关系。这种销售方式在一定程度上解决了小农户与大市场之间的矛盾，解决了农产品销售难的问题。销售公司具有集中农产品的能力，这就使得对农产品进行保鲜和加工等增值服务成为可能。但该模式风险较高，特别是该模式通过契约和合同来确立农户与公司的关系。当农产品供大于求、合同价格高于市场价格时，公司往往不按合同价收购契约户的农产品，导致农民收益受损；相反，当市场价格高于合同价格时，农户就会倾向于违约，使得公司受损。

4. 合作组织销售模式

合作组织销售模式是指通过综合性或区域性的社区合作组织，如流通联合体、农民专业合作社等，销售农产品。合作组织为农民销售农产品通常不采用买断再销售的方式，而主要是委托销售。销售所需费用，通过提取的佣金和手续费解决。合作组织和农民之间是利益均沾和风险共担的关系。该模式能够解决小农户与大市场的矛盾，有利于降低农民的风险，但是农民自愿参加合作组织的意识不强，而且合作组织缺乏动力，决策风险较高。

5. 农超对接销售模式

农超对接销售模式是指农户和商家签订意向性协议书，由农户向超市、菜市场和便民店等直供农产品的新型流通方式，主要是为优质农产品进入超市搭建平台。农超对接的本质是将现代流通方式引向广阔的农村，将千家万户的小生产与千变万化的大市场对接起来，构建起市场经济条件下的产销一体化链条，实现商家、农民、消费者共赢。农超对接的销售模式可以避免农户生产的盲目性，减少流通环节，降低流通成本，而且能够实现农产品从农田到餐桌的全过程质量监控。但在实际操作中，农户往往是弱势群体，通常由于谈判力弱而利益受到损害。

6. 电子商务销售模式

农产品电子商务销售模式是指将电子商务等现代信息技术手段引入现行的农产品生产、经营中，以保证农产品信息收集与处理的有效畅通，建立起适合网络经济的农产品营销体系。2020 年 4 月 20 日，习近平总书记在视察陕西省柞水县小岭镇金米村时指出，电商作为新兴业态，既可以推销农副产品、帮助群众脱贫致富，又可以推动乡村振兴，是大有可为的。[①] 2022 年中央一号文件指出：“促进农副产品直播带货规范健康发展。开

① 习近平. 时间｜电商大有可为. 新华社，2020-04-29.

展农业品种培优、品质提升、品牌打造和标准化生产提升行动，推进食用农产品承诺达标合格证制度，完善全产业链质量安全追溯体系。加快落实保障和规范农村一二三产业融合发展用地政策。”

第二节　农产品需求与消费——消费者消费行为

一、农产品需求及影响因素

（一）农产品需求的内涵

农产品需求（demand）是指在某一特定时期内，在一定价格水平上消费者愿意且能够购买的某种农产品的数量。需求是购买愿望和购买能力的统一，因此，购买者具有购买意愿和在现行价格条件下具有购买能力，是构成该农产品的有效需求的两个必备条件。需求有个人需求和市场需求之分，个人需求是指单个消费者的消费数量，市场需求是全部消费者的需求量的总和。其他条件保持不变，某种农产品的价格越高，消费者对该产品的需求量越少；价格越低，需求量越多。这一规律被称为需求原理（law of demand）。

（二）农产品需求曲线

1. 农产品需求曲线的内涵

农产品需求曲线（demand curve）是描述价格和农产品需求量之间关系的图形。如图 10－3 所示，农产品需求曲线是一条向右下方倾斜的曲线。需求曲线上的每一点都反映了价格和需求量的对应关系。例如，A 点表示，当农产品价格为 P_1 时，需求量为 Q_1。需求曲线显示价格和需求量具有负相关关系，即价格上升，需求量降低，此时价格和需求量的组合移到 B 点；价格下降，需求量上升，此时价格和需求量的组合移到 C 点。我们把这种在同一条需求曲线上的变动称为需求量的变动。

2. 农产品需求曲线的移动

农产品需求曲线是假设其他条件不变的情况下，描述农产品的需求量如何随着价格的变动而变动的曲线，表现的是需求曲线上点的移动，如图 10－3 中，B 点到 A 点和 C 点的移动。但是，有时某些因素会改变一种农产品既定价格水平下的需求量，这时需求曲线就会发生移动（shift in demand）。图 10－4 说明了需求曲线的移动。使既定价格水平下的需求量增加的任何变动都会使需求曲线向右移动，我们称这种移动为需求增加，如需求曲线 D_1 到 D_2 的移动。相反，使既定价格水平下的需求量减少的任何变动都会使需求曲线向左移动，这种移动称为需求减少，如需求曲线 D_1 到 D_3 的移动。我们把这种需求曲线的移动称为需求的变动。

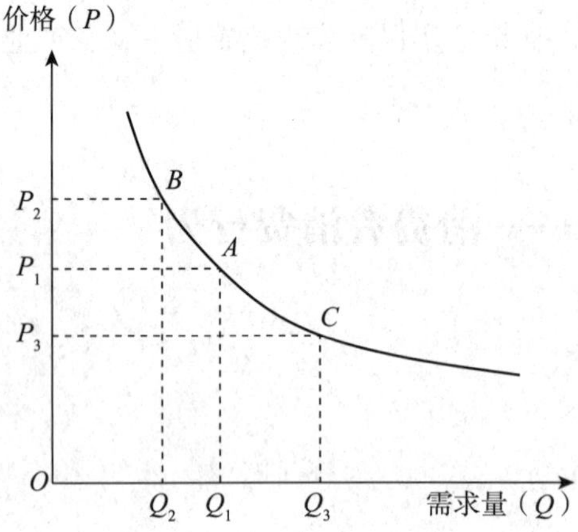

图 10－3　农产品需求曲线

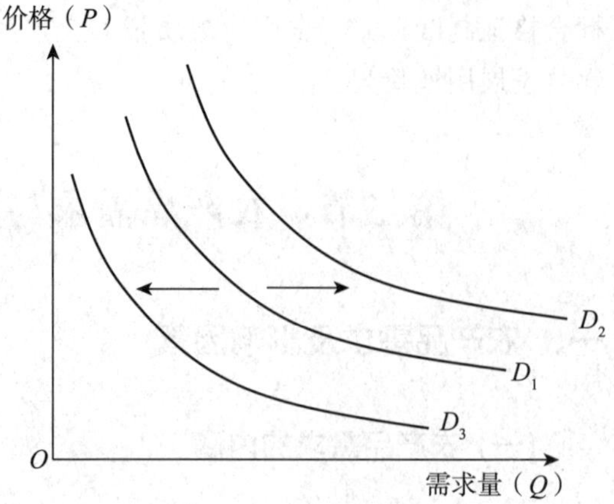

图 10－4　农产品需求曲线的移动

（三）农产品需求的主要影响因素

1. 农产品自身的价格（P）

根据需求原理，农产品自身的价格和其需求量呈负相关关系，即：价格上升，需求量减少；价格下降，需求量增加。当然，也有价格和需求量同方向变动的特例，一类是吉芬商品，另一类是奢侈品。

吉芬商品（Giffen goods）通常是消费者维持最低生活所需的商品。英国学者罗伯特·吉芬（Robert Giffen）于 19 世纪在爱尔兰观察到一个现象：1845 年，爱尔兰爆发了大饥荒，虽然土豆的价格在饥荒中急剧上涨，但爱尔兰农民反而增加了对土豆的消费。这是因为当时人们本来就非常贫穷，而土豆是其维持生计的食品。当土豆价格较低时，人们还有经济能力消费一些其他的食品。但当价格上涨时，为了维持生计，人们根本没有能力消费和以前同等数量的其他食品，只好转而消费更多的土豆。

奢侈品（luxury goods）因为其价格昂贵非一般人消费得起，消费奢侈品一般是为了炫耀，以显示其身份与地位。当价格很低时，拥有它就无法达到炫耀的目的，需求量反而下降。最典型的奢侈品就是珠宝。当珠宝价格很高时，购买它才足以显示自己的身份和地位，所以此时需求量会增加。

2. 消费者的收入水平（I）

对于大部分商品而言，收入和需求量呈正相关关系，即收入增加，需求量会随之增加，收入减少，需求量就会减少，这类商品称为正常商品（normal goods）。并不是所有商品都是正常商品，收入增加需求量反而减少、收入减少需求量反而增加的商品被称为低档商品（inferior goods）。低档商品并不是质量差的商品。对于某一消费者是低档商品的物品，对于其他的消费者来说并不一定是低档商品。

小思考

假设你的工资上涨了，或者税收降低了，从而你的可支配收入增加，你会购买更多的农产品吗？

当人们收入很少、生活水平很低时，收入的很大比例用于购买食物，而且随着收入的升高，购买食物的比例也会增加。但当收入达到一定水平之后，随着收入的增加，人们用于食物消费的比例会越来越少，这就是恩格尔定律（Engel's law）。图 10－5 说明了恩格尔定律。当收入达到 I^* 时，人们购买的食物已经能维持生存，此时对于人们来说，大部分食物是低档商品，所以当收入增加时，他们更倾向于购买其他商品，如衣服或者汽车。

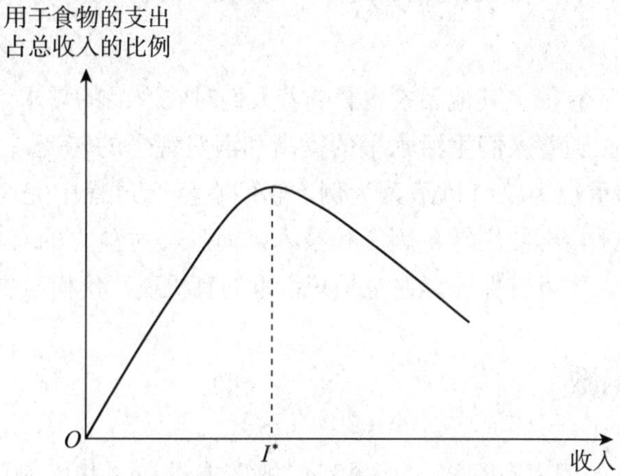

图 10－5　恩格尔曲线

3. 消费人口的数量和结构（N）

在消费水平一定的条件下，消费人口的数量和结构是影响农产品需求的最直接的因素。对于一个在校园里营业的商店来说，当暑假临近的时候，其水果的销量减少，因为学生陆续离开学校，学生数量的减少导致对水果需求量的减少。从长期来看，我国人口数量呈不断增长的趋势，农产品的需求也呈刚性增长。而在某一时点上，消费者的结构，例如年龄结构、性别结构、城乡结构等，也会对农产品的需求产生影响。城镇人口对农产品的需求要高于农村人口，因为大部分农村人口的农产品消费可自给自足。

4. 互补商品和替代商品的价格水平（P_r）

在美国，面包圈通常和奶酪一起吃，如果面包圈的价格上涨，需求原理告诉我们，消费者对面包圈的需求量将减少，那么消费者对奶酪的需求也会减少，因为它们通常同时消费。所以，当两种农产品是互补商品的时候，一种产品的价格和另一种产品的需求量之间具有负相关关系。而当牛肉的价格上涨时，人们就会减少对牛肉的消费，从而转向消费更多的羊肉。所以，当两种农产品是替代商品的时候，一种产品的价格和另一种产品的需求量之间具有正相关关系。

5. 消费者的偏好和消费习惯（F）

决定一个消费者需求的最明显的因素是偏好（preference）。消费偏好不仅受经济因素的影响，而且受社会因素、心理因素等的综合影响。消费者的偏好在受到经济因素、社会因素和心理因素等影响下会发生改变，从而导致对某种产品的需求量的变化。

消费习惯也是影响需求的重要因素。消费习惯的形成往往与所居住的自然环境、社会传统、消费者受教育程度以及文化背景等有关。美国万圣节之前，人们对橘黄色的南瓜的需求大量增加，因为美国有在万圣节用南瓜雕制南瓜灯的传统。

6. 消费者对未来的预期（E）

消费者对未来的预期（expectation）也会影响现在的需求。如果你预期明天苹果的价格会下降，那么你可能不愿意以今天的价格去买苹果，而是等到明天去买。如果你预期下个月的工资会上涨，那么这个月你可能会选择少储蓄，而用更多的收入去购买你所需要的农产品。

7. 其他因素（O）

除以上因素外，还有很多其他因素也影响着人们对农产品的需求，如政府的消费政策、产品品牌的知名度等。随着人们生活水平的提高和消费观念的转变，人们对产品的营养价值和质量安全越来越重视。以有机蔬菜为例，它们在生产过程中完全不使用农药、化肥、生长调节剂等化学物质，不使用转基因工程技术，而且经过独立的有机食品认证机构全过程的质量控制和审查，质量有保障。这也是超市里的有机蔬菜价格虽贵但很受欢迎的原因。

二、农产品需求函数

影响农产品需求的因素有很多，如果我们把需求量和这些影响因素之间的关系表示成函数的形式，则称为农产品需求函数。如果我们用 Q_d 表示消费者对农产品的需求量，则需求函数可以由公式（10.3）表示：

$$Q_d = f(P, I, N, P_r, F, E, O) \tag{10.3}$$

式中，P 为农产品自身的价格；I 为消费者的收入；N 为消费人口的数量和结构；P_r 为相关农产品的价格；F 为消费者的偏好和消费习惯；E 为消费者对未来的预期；O 为其他影响因素。

需求函数的表达式并不是严格的数量关系，而只是显示农产品需求和影响因素之间的变化趋势关系。在进行经济分析时，我们通常会假定其他条件保持不变，研究一个或多个影响因素和需求量之间的数量关系。例如，我们通常假定其他条件不变，分析收入和价格是怎样影响某种农产品的需求量的。

三、农产品需求弹性

（一）农产品需求价格弹性

前面我们讨论了大部分农产品的需求量和自身价格具有反向关系，那么需求量对于价格变动的敏感程度如何呢？也就是说，当农产品自身价格上涨（或下降）1%时，需求量会降低（或增加）多少比例呢？这时我们需要引入需求价格弹性（price elasticity of demand）这个概念。需求价格弹性是指需求量变动的百分比与价格变动的百分比的比值，其计算方法可由公式（10.4）表示。由于大部分农产品需求量的变化和自身价格的变化呈负相关关系，所以需求价格弹性是一个负值。

$$E_{dp}=\frac{\Delta Q/Q}{\Delta P/P}=\frac{(Q_1-Q)/Q}{(P_1-P)/P} \tag{10.4}$$

式中，E_{dp}为需求价格弹性；ΔP 和 ΔQ 分别为价格的变化和需求量的变化；P 和 Q 分别为价格的初始值和需求量的初始值；P_1和 Q_1分别为变化后的价格和需求量。

通常，我们考察的是需求价格弹性系数$|E_{dp}|$，即弹性数值的大小。

当$|E_{dp}|=0$ 时，需求对价格完全无弹性（perfectly inelastic），即当价格发生变化时，需求量不发生变化。通常我们近似认为，大蒜、葱、姜、胡椒粉等用量不多的调味品的需求价格弹性为零。

当$0<|E_{dp}|<1$ 时，需求对价格缺乏弹性（inelastic），即需求量变化的比例小于价格变化的比例。大部分农产品的需求对价格是缺乏弹性的，因为农产品是人们的生活必需品，而且农产品不耐储藏，所以当价格发生变化时，其需求量变化不大。

当$|E_{dp}|=1$ 时，需求对价格具有单位弹性（unit elastic），即需求量变化的比例恰好等于价格变化的比例。

当$|E_{dp}|>1$ 时，需求对价格富有弹性（elastic），即需求量变化的比例大于价格变化的比例。

（二）农产品需求收入弹性

农产品需求收入弹性（income elasticity of demand）是描述农产品需求量对于收入变化的敏感程度的指标，即当消费者收入上涨（下降）1%时，农产品需求量变化的比例。农产品需求收入弹性是需求变动的百分比与收入变动的百分比的比值，其计算方法可以由公式（10.5）表示。

$$E_{di}=\frac{\Delta Q/Q}{\Delta Y/Y}=\frac{(Q_1-Q)/Q}{(Y_1-Y)/Y} \tag{10.5}$$

式中，E_{di}为需求收入弹性；ΔY 和 ΔQ 分别为收入的变化和需求量的变化；Y 和 Q 分别为收入的初始值和需求量的初始值；Y_1和 Q_1分别为变化后的收入和需求量。

不同种类的商品具有不同的需求收入弹性，在这里我们把商品分为正常商品和低档商品。正常商品具有正的需求收入弹性，即：收入上升，需求量增加；收入下降，需求量减少。有时我们把正常商品分为正常必需品（normal necessities）和正常奢侈品（normal luxuries）。消费者对必需品的需求对于收入缺乏弹性，$0<|E_{di}|<1$，即需求上升（或下降）的比例小于收入上升（或下降）的比例。比如，随着生活水平的提高，当收入上升时，人们对新鲜蔬菜和食用粮食的需求并不会增加很多，这就是我们上面讨论过的恩格尔定律。因此，在一个经济周期中，整个市场对这些产品的需求量是基本稳定的。

消费者对奢侈品的需求对于收入富有弹性，即$|E_{di}|>1$。例如，当收入大幅度上升后，消费者会增加对名贵的酒及上等巧克力的购买；而在经济萧条状况下，消费者也会首先减少这类奢侈品的购买。

低档商品具有负的需求收入弹性，即$E_{di}<0$。当收入上升时，对低档商品的需求量降低；当收入下降时，需求反而增加。以我们在超市见到的冷冻蔬菜为例，冷冻蔬菜的营养价值远不如时令的新鲜蔬菜，其价格也因此比新鲜蔬菜低。当收入下降时，消费者可能就会增加对冷冻蔬菜的购买，而减少对价格相对较高的新鲜蔬菜的购买。

在一个给定的市场经济中，同一农产品的需求收入弹性会因不同的消费者而不同。被收入较高的消费群体视为必需品的商品，可能被收入较低的消费者视为奢侈品。而且，同一商品的需求收入弹性也会随着时间的推移而改变。消费者对于一种产品价值的认知不仅受自身消费偏好的影响，还会受到进入市场的新产品的影响。

四、农产品消费函数

消费函数（consumption function）反映人们的消费支出与决定消费的各种因素之间的依存关系，是消费者行为数量研究的重要组成部分。

1. 绝对收入假说和相对收入假说

消费函数这一概念最早由凯恩斯在《就业、利息和货币通论》（1936）一书中提出。凯恩斯认为，总消费是总收入的函数，这一理论被称为绝对收入假说（absolute income hypothesis，AIH）。根据这一理论，消费函数可以表示为：$C_t=a+bY_t$。其中，C_t表示t时期的总消费，Y_t表示t时期的总收入，a和b为参数。b为边际消费倾向（marginal propensity of consume，MPC），即增加的消费和增加的收入的比率。凯恩斯认为，收入的增加会以一定的比例转化为消费，且这个比例会随着收入的增加而不断减小，即著名的边际消费倾向递减规律。

顺应理论变革的需要，杜森贝利（Duesenberry，1949）和莫迪利安尼（Modigliani，1949）分别提出了相对收入假说（relative income hypothesis，RIH）。他们将“过去收入”引入消费函数，认为消费者的消费支出不仅受自己当前收入的影响，而且受自己过去收入和周围消费者的行为的影响。相对收入假说假设消费函数可以表示为$C_t=a+b_1Y_t+b_2C_{t-1}$，其中，C_{t-1}为$t-1$期的消费支出。该理论与绝对收入理论相比显然有很大的进步，至少它开始从消费者行为出发来分析问题。

2. 生命周期假说和持久收入假说

20世纪80年代，莫迪利安尼、布伦贝格（Brumberg）和安东（Ando）提出了生命周期假说（life cycle hypothesis，LCH），使得消费函数的研究有了很大的进展。该假说把消费与人的一生收入和财产联系起来，认为理性的消费者将根据效用最大化的原则使用一生的收入，安排一生的消费与储蓄，最终使一生中的收入等于消费。根据生命周期假说，总消费函数可以表示为$C_t=b_1Y_t+b_2Y^*+b_3A_t$，其中，C_t、Y_t、Y^*和A_t分别表示t期消费、t期收入、未来收入和t期财产。b_1、b_2和b_3分别是Y_t、Y^*和A_t的边际倾向。

弗里德曼（Friedman，1957）提出了持久收入假说（permanent income hypothesis，PIH），认为收入可以被分解为平均或预期的持久收入和暂时性收入，而消费由持久收入决定（即预期在较长时间内可以维持的稳定的收入流），不会对收入的短期变动有较大的反应。根据持久收入假说，消费函数可以表示为 $C_t=bY_t^p$，其中 C_t 和 Y_t^p 分别表示 t 期的消费支出和 t 期的持久收入，b 表示边际消费支出。如果将持久收入理解为消费者一生拥有的总资源的年金，那么持久收入假说将与生命周期假说非常相似。但二者的研究重点差别很大，生命周期假说的精髓在于可以专注于研究生命特征变化引起的“急需”（Modigliani，1986），而持久收入假说几乎不关注人口特征的变化对消费收入关系的影响或者从宏观出发的人口、收入和财富积累之间的关系，它更关注消费的动态行为。

3. 消费函数研究的新动向——不确定等价

不确定等价下的基本逻辑一般是：不确定性的存在大大刺激了消费者的预防性储蓄行为。卡罗尔（Carroll，2001）提出的“缓冲存货”模型是经典研究之一，他从消费者行为出发，认为同时具备不耐心和谨慎性两种特性的消费者倾向于维持一个固定的储蓄财富比，储蓄充当着应对未来收入冲击的缓冲器，当收入出现正的变动时，储蓄财富比下降，则消费者将增加储蓄以维持原有的比例。在众多对预防性储蓄的研究中，“缓冲存货”模型是理论基础最为完善的一个，也为今后的研究开辟了新的思路。

近年来，消费者心理也成为解释不确定等价下理论与数据分歧的重要研究方向。通常不确定性主要指消费者收入的不确定性。从消费者心理角度出发，真正影响消费决策的可能不是真实的收入波动，而是消费者的心理预期。虽然对于理性预期的研究并不新鲜，但是这条思路的延伸给出了许多新设想和新热点，如消费者双曲线偏好、文化和习惯对偏好的影响等，为进一步研究消费函数拓展了思路。

第三节　农产品的供需均衡——生产和消费的统一

一、农产品供需均衡的形成及其调整

（一）农产品市场均衡价格及数量

现在我们把供给和需求结合起来，分析它们是如何决定某一种农产品的市场价格和销售量的。如图 10-6 所示，某种农产品的市场需求曲线和供给需求相交于 E 点，对应的价格为 P_e，对应的需求量和供给量相等，为 Q_e。我们把在某种价格（如 P_e）条件下，市场上某种农产品的供给量和需求量恰好相等的状态称为该农产品市场均衡（equilibrium），这个价格被称为均衡价格（equilibrium price），这时的数量被称为均衡数量（equilibrium quantity）。在均衡价格下，消费者愿意且能够购买的数量恰好和生产者愿意且能够出售的数量相等，实现了生产和消费的统一。在实践中，中国政府十分关注农产品的价格稳定。习近平总书记指出：“要优化农业供给政策，积极稳妥改革粮食等重要

农产品价格形成机制和收储制度，以市场定价、价补分离为取向，以确保口粮绝对安全、防止谷贱伤农为底线，分类完善改革方案，释放反映供求关系的价格信号。”①

那么，当农产品的市场价格不等于均衡价格的时候会出现什么情况呢？

假设某种农产品的市场价格高于均衡价格，如图 10－6 中的 P_1，此时需求量为 Q_{d1}，供给量为 Q_{s1}，供给量大于需求量。此时该农产品存在过剩（surplus），即在现行的价格条件下，供给者不能卖出他们想卖的所有农产品，A 点和 B 点之间的距离为超额供给。供给者对于过剩的反应就是降低价格，从而使得需求量增加，供给量减少。价格会持续下降，直到降至 P_e，此时市场达到均衡的稳定状态。

同样，当农产品的市场价格低于均衡价格时，如图 10－6 中的 P_2，此时需求量为 Q_{d2}，供给量为 Q_{s2}，供给量小于需求量。此时该农产品存在短缺（shortage），即在现行的价格条件下，需求者不能买到他们想买的所有农产品，C 点和 F 点之间的距离为超额需求。供给者对于短缺的反应就是提高价格，从而使得需求量减少，供给量增加。价格会持续升高，直到升至 P_e，此时市场达到均衡的稳定状态。

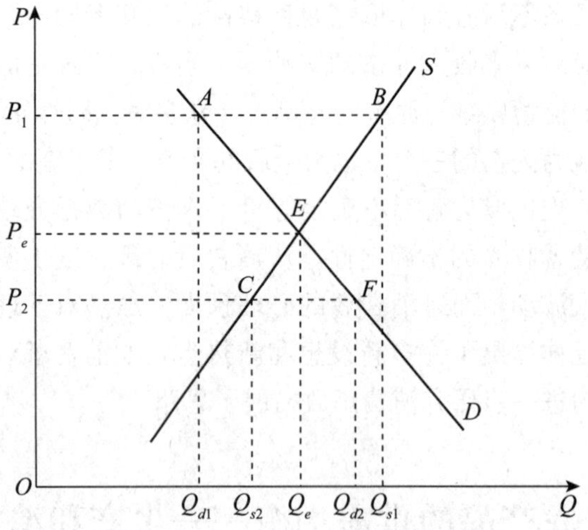

图 10－6　农产品市场均衡

（二）农产品市场均衡与需求和供给的变动

如果需求曲线或者供给曲线发生移动，即当市场需求或供给发生变动时，均衡价格和均衡数量会发生怎样的变化呢？

1. 农产品市场均衡与需求的变动

我们首先考虑农产品的供给曲线保持不变、需求发生变动（即需求曲线发生移动）的情况。前面我们讨论过农产品供给的特征之一是农产品生产周期长，从而使得农产品的供给在短期内不能得到调整，短期内供给曲线不发生变化。

如图 10－7 所示，供给曲线保持不变，为 S，初始的需求曲线为 D，此时的市场均衡

① 中共中央党史和文献研究院．习近平关于“三农”工作论述摘编．北京：中央文献出版社，2019：94.

点为 E，均衡价格和均衡数量分别为 P_e 和 Q_e。当需求增加时，即在任何一种价格水平下，消费者愿意且能够购买的农产品的数量增加了，需求曲线向右移动到 D_1，新的均衡点为 E_1，均衡价格和均衡数量分别为 P_{e1} 和 Q_{e1}。从图中可以看出，新的均衡价格和均衡数量都提高了。在下面的案例分析中，玫瑰花的需求因情人节的到来而增加，从而使得情人节当天玫瑰花的市场均衡价格比一年中的其他时间高得多，销售量也增加了很多。同样我们可以从图中看出，当需求减少时，新的均衡价格（P_{e2}）和均衡数量（Q_{e2}）都降低了。

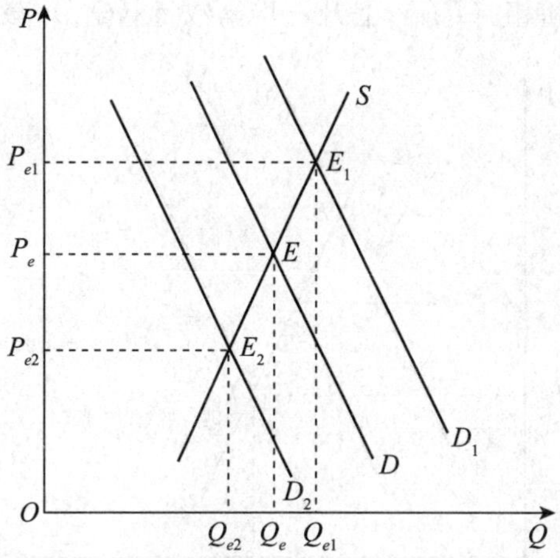

图 10－7 农产品市场均衡与需求的变动

案例分析

情人节的玫瑰花与巧克力

2 月 14 日是西方的情人节（Valentine's Day），情侣们在这一天互送玫瑰花和巧克力，用以表达爱意或友好。我们通常会发现情人节当天，玫瑰花的价格疯涨，而巧克力的价格却没有多大变化。近几年来，在芝加哥商店一打玫瑰花的价格已由平日的 8 美元上升到情人节的 19.99 美元。这一天的巧克力销售量占美国全年销量的 13%左右。然而，一盒巧克力的价格增长甚微。这是为什么呢？

玫瑰是一种长期生长的植物，花农不会因为情人节而多种玫瑰。他们唯一能做的就是在秋天的时候修剪一下玫瑰灌木，使得它们在 2 月份的时候能开出更多的玫瑰花，但这样也会减少 11 月份和 12 月份的玫瑰产量。为什么不多种玫瑰呢？一年中其他时间对玫瑰花的需求不会像情人节那天的需求那么多。如果他们多种玫瑰，情人节那天就会有足够的供应，但这意味着在其他的月份，他们会面临着供过于求的市场，就不得不扔掉过剩的玫瑰花。因此，玫瑰花的供给不能因价格的上涨而增加，其供给曲线非常陡峭。当需求量增加时，其市场均衡价格会猛增。

巧克力便于储藏，节前储备大量巧克力以满足节日需求很容易，因此巧克力的供给可以随时得到调整，其供给曲线比较平坦。所以当需求量增加时，其市场均衡价格也不会发生很大的变化。

2. 农产品市场均衡与供给的变动

我们现在考虑农产品的需求曲线保持不变、供给发生变化（即供给曲线发生移动）的情况。虽然短期内农产品的供给不会发生变化，但长期内供给会因为农产品的收获、进口等而发生改变。如图 10－8 所示，初始的市场均衡点为 E。当需求不变、供给增加时，供给曲线向右移动到 S_1，新的均衡点为 E_1，均衡价格和均衡数量分别为 P_{e1} 和 Q_{e1}。从图中可以看出，新的均衡价格下降了，而均衡数量增加了。同样我们可以从图中看出，当供给减少时，新的均衡价格（P_{e2}）上升，均衡数量（Q_{e2}）减少。

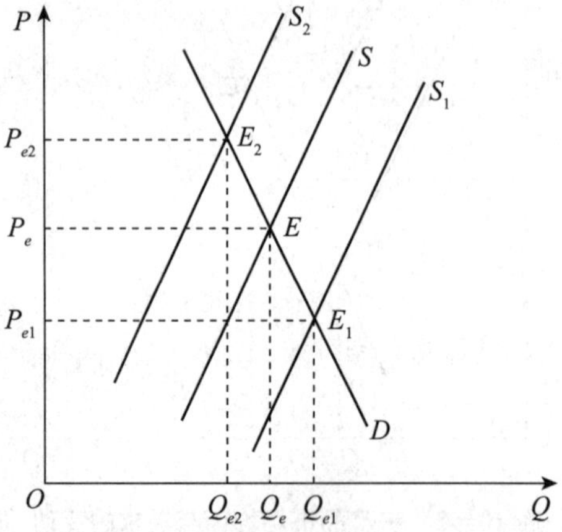

图 10－8　农产品市场均衡与供给的变动

小思考

农民的收益会如何随着市场均衡的变动而变化？假设今年农民粮食大丰收，那么农民获得的收益就会增加吗？请结合图 10－8，运用弹性的知识解释“谷贱伤农”“增产不增收”。

3. 农产品市场均衡与供给和需求的同时变动

如果需求和供给同时发生变化，即需求曲线和供给曲线同时发生移动，市场均衡点是如何调整的呢？有四种可能的情况：需求增加，供给增加；需求增加，供给减少；需求减少，供给增加；需求减少，供给减少。在这里我们以需求增加、供给增加为例，分析市场均衡价格和均衡数量的变化。

根据需求和供给变动幅度的相对大小，可能出现两种情况。图 10－9（a）表示需求变动的幅度大于供给变动的幅度，图 10－9（b）表示供给变动的幅度大于需求变动的幅度。通过对比，我们发现两种变动使得新的均衡数量都升高了，但它们对价格的影响是不确定的，前者使新的均衡价格升高，而后者使新的均衡价格降低。通过同样的方法，我们也可以分析其他三种情况对均衡价格和均衡数量的影响。

通过分析以上所有情形，我们可以总结出在需求变动和供给变动的任意一种组合下，均衡价格和均衡数量变化的预期结果，如表 10－1 所示。

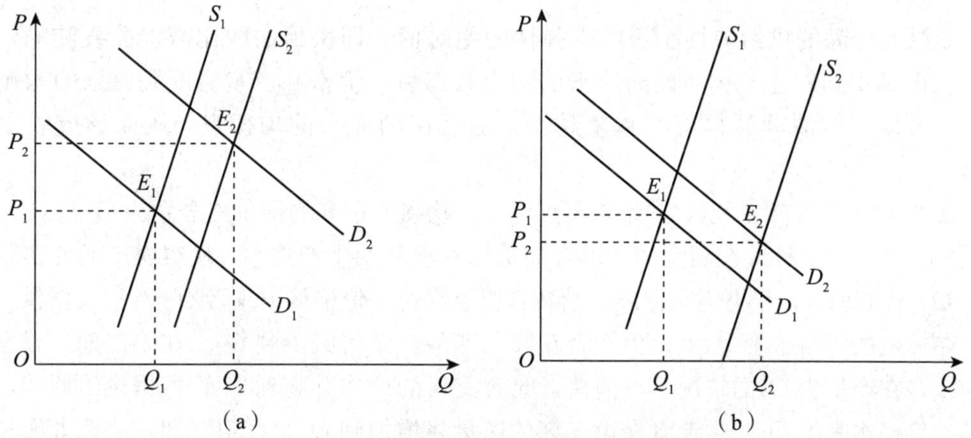

图 10-9　农产品市场均衡与供给及需求的同时变动

表 10-1　供给和需求变动时，价格和数量的变化

		供给不变	供给增加	供给减少
需求不变	价格	不变	下降	上升
	数量	不变	增加	减少
需求增加	价格	上升	不确定	上升
	数量	增加	增加	不确定
需求减少	价格	下降	下降	不确定
	数量	减少	不确定	减少

二、蛛网理论与动态均衡

蛛网理论（cobweb theory）是 20 世纪 30 年代出现的关于动态均衡分析的经济学理论，是运用弹性原理解释某些生产周期较长的商品的均衡点随着时间变动的理论。随着市场价格的变化，商品的供给量和需求量将围绕最初的均衡点呈蛛网状波动，所以相关理论被命名为蛛网理论。由于农产品具有生产周期长的特性，所以蛛网模型主要用于农产品动态均衡的分析。蛛网理论的基本假定是：（1）商品从开始生产到产品产出需要一定的时间，并且在这段时间内生产规模无法改变；（2）商品本期的产量决定本期的价格；（3）商品本期的价格决定下一期的产量。

（一）蛛网波动的类型

农产品供给弹性和需求弹性的不同，导致需求曲线和供给曲线的相对陡峭程度不同，从而使得农产品的产量和价格在波动过程中可以形成三类蛛网：收敛型、发散型和封闭型。

如果农产品的供给弹性小于需求弹性的绝对值，即供给曲线比需求曲线陡峭，这时，在市场受到外在干扰而偏离原来的均衡状态后，价格和产量会围绕原来的均衡水平上下波动，但波动的幅度会越来越小，随后回到原来的均衡点，从而形成收敛型蛛网。

如图 10－10（a）所示，初始均衡点为 E，均衡产量和均衡价格分别为 Q_e 和 P_e。假设在第一期由于某种外在因素的影响，如采用一项新的生产技术，使得农产品的实际产量由 Q_e 增加到 Q_1，根据需求曲线，消费者愿意支付的价格从 P_e 降到了 P_1；根据供给曲线，在较低的价格水平 P_1 下，生产者在第二期的产量将减少到 Q_2。在第二期，根据需求曲线，在产量为 Q_2 的情况下，消费者愿意支付的价格升高到 P_2；根据供给曲线，在较高的价格水平 P_2 下，生产者在第三期的产量将增加到 Q_3。在第三期，消费者愿意支付 P_3 的价格购买数量为 Q_3 的产品，于是实际价格又从 P_2 降到了 P_3，根据第三期的价格，生产者又会将第四期的产量减少到 Q_4。

如此循环下去，我们发现价格和产量的波动幅度越来越小，最后恢复最初的均衡点 E。因此，我们说均衡点 E 是稳定的均衡，即由于外在的原因，当价格和产量偏离均衡数值后，经济体系中存在自发的因素，能够使价格和产量恢复到均衡状态。

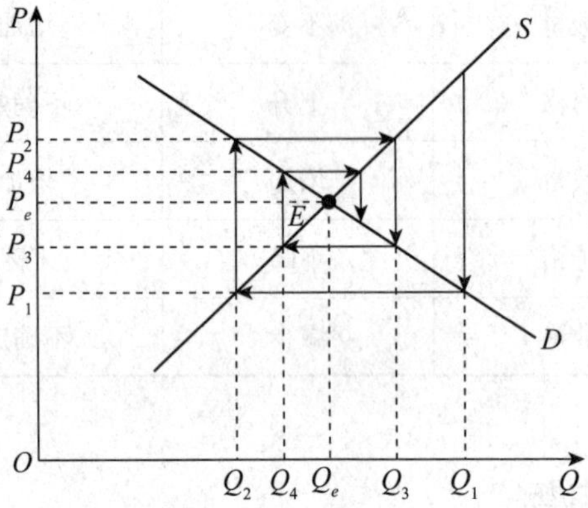

图 10－10（a） 收敛型蛛网

如果农产品的供给弹性大于需求弹性的绝对值，需求曲线比供给曲线陡峭。这时在市场受到外在干扰而偏离原来的均衡状态后，价格和产量上下波动的幅度会越来越大，偏离均衡点越来越远，从而形成发散型蛛网，如图 10－10（b）所示。在这种情况下，均衡点 E 是不稳定的，被称为不稳定的均衡。

如果农产品的供给弹性和需求弹性的绝对值恰好相同，这时，在市场受到外力的干扰偏离原来的均衡状态后，产量和价格会始终按同一幅度围绕均衡点上下波动，既不收敛地趋向均衡点，又不发散地远离均衡点，从而形成封闭型蛛网，如图 10－10（c）所示。

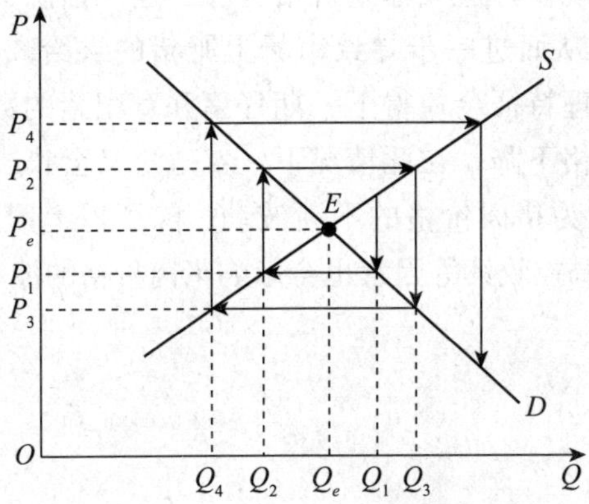

图 10-10（b）　发散型蛛网

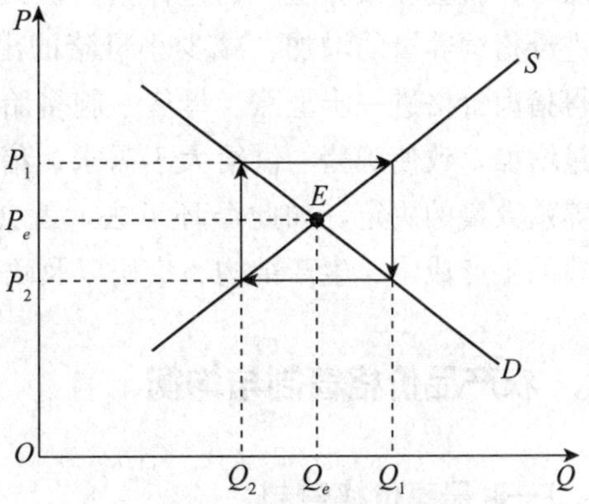

图 10-10（c）　封闭型蛛网

（二）蛛网理论与我国猪肉价格波动

中国是世界上最大的猪肉生产国和消费国，猪肉是我国肉食消费的重要来源。1985年以来，中国猪肉流通由计划流通体制向自由流通体制过渡，国家逐步放开对猪肉价格的管制。在市场供求规律以及其他因素的影响下，中国猪肉价格呈现出周期波动的状态。图 10-11 显示了我国猪肉价格的长期波动规律，3～4 年为一个周期。近年来我国猪肉价格波动的周期延长，波动的幅度增大。同时也有研究表明，近年来猪肉价格变动的发散型蛛网现象比较明显。

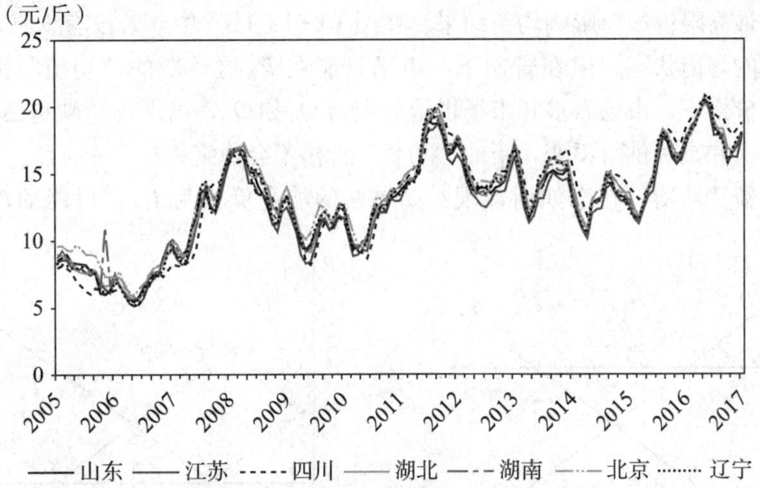

图 10-11　我国猪肉价格长期波动规律

导致猪肉价格波动较大的原因是多方面的，其中生猪的生产周期和生理特征是主要的影响因素。猪肉生产的一次循环必须经过繁育母猪、产仔和育肥三个阶段才能完成，而这个过程大约需要一年半的时间。而猪肉属于生鲜品，很难通过库存来调节供给。猪肉市场在受到某一外在因素（如疾病）的干扰下，当由于供需不均衡导致猪肉价格暂时上涨时，就会导致养殖户购进仔猪、扩大养殖规模，造成仔猪价格上涨。这一信息又会促进母猪饲养量的增加、减少小母猪的出栏，从而进一步导致市场上肥猪的供给减少，使得猪肉价格进一步上涨。母猪一胞多胎的生理特征会使得下一期仔猪和育肥猪的数量大量增加，致使肥猪的供给大于需求，猪肉价格下降。在此情况下，养殖户又会作出减少养殖数量的决定，如此循环下去，就会表现为猪肉价格的不断波动。除了以上因素，生猪的生产成本、生产结构、疾病以及政府的调控政策等因素也会影响猪肉价格的波动。

三、农产品价格管制与均衡

（一）最高价格管制

最高价格管制（又称最高限价）是指政府规定出售的农产品价格不高于规定限价。在图 10-12 中，市场自由运行时的均衡价格和均衡产量分别是 P_e 和 Q_e。若对农产品价格进行干预，设定最高限价，这一政策会带来什么样的影响和结果？在这里，我们考察以下三个方面的问题。

第一，最高限价是否有效？若最高限价高于竞争性市场均衡价格，比如在图 10-12（a）中，$P_h > P_e$，在管制价格 P_h 下，市场供给 Q_s 大于市场需求 Q_d，供求力量的抗衡无法使 P_h 保持在均衡状态，最终市场仍会按照管制之前的水平运行，维持均衡价格和均衡产量不变，我们说此时最高限价是无效的。若最高限价低于竞争性市场均衡价格，比如在图 10-12（b）中，$P_h < P_e$，此时原有的市场均衡无法自由实现（一旦实现原来的均衡水平，就违背了管制法规或条例），市场成交价格为最高限价 P_h，此时最高限价有效。

第二，最高限价如何影响均衡结果？在图 10-12（b）中，若没有管制，市场会自动回归到原有的均衡状态，但在管制下，市场只能在 P_h 这一新的“均衡”价格水平下运行。在管制价格下，市场需求和市场供给分别为 Q_d 和 Q_s，出现供给缺口 $\Delta Q = Q_d - Q_s$。如果市场需求和市场供给不变，新的“均衡”价格不会稳定。

第三，新“均衡”状态如何实现？如果新的均衡价格为 P_h，可能的均衡状态有三

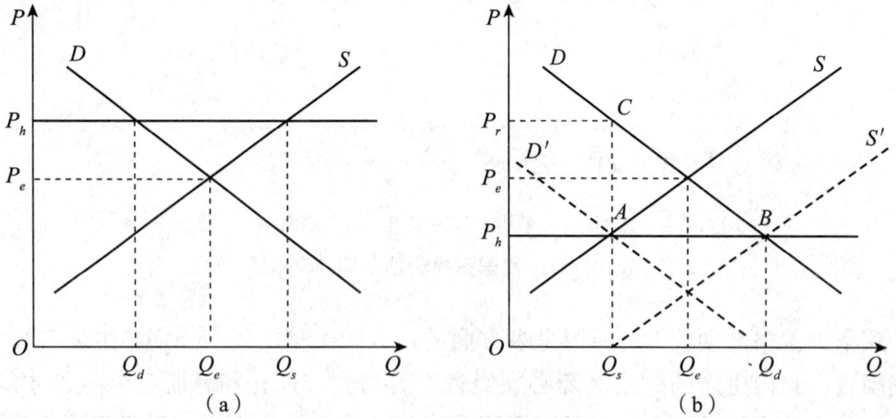

图 10-12　最高价格管制及其影响

种。一是均衡价格为 P_h、均衡产量为 Q_s，即均衡点 A，这一均衡状态需要通过改变市场需求水平来实现，比如需求曲线 D 向左侧移动至 D'。现实中，可以通过限制购买、配额等方式来改变当前的需求水平。第二种是均衡价格为 P_h、均衡产量为 Q_d，即均衡点 B，这一均衡状态需要通过改变市场供给水平来实现，比如供给曲线由 S 向右移至 S'。当粮食价格有上涨压力时，政府为了防止粮价上涨，就采取将储备粮投放市场，以此扩大市场供给的方式来实现。若市场需求和供给都没有显著的变化，D 与 S 保持不变，新的均衡点会出现在 C，即均衡价格为 P_r、均衡产量为 Q_s。这一均衡涉及稀缺资源的分配，我们日常生活中看到的排队是稀缺资源的一种分配方式。需要注意的是，在价格管制下，P_r 并不是市场上公开叫卖的价格，而是稀缺资源在市场外的价格，“黑市贸易”背后的经济学逻辑就是这样的。

（二）最低价格管制

最低价格管制（又称最低限价）是指政府规定出售的农产品价格不低于规定限价。当农产品供给增多、价格大幅下降时，政府往往会制定一个最低收购价格，以保障农民收入。在图 10－13 中，市场自由运行时的均衡价格和均衡产量分别是 P_e 和 Q_e。若对农产品价格进行干预，设定最低限价 P_t，这一政策又会带来什么样的影响和结果？同样也需要考虑以下三个方面的问题。

第一，最低限价是否有效？若最低限价低于竞争性市场均衡价格，如在图 10－13（a）中，$P_t < P_e$，此时市场需求 Q_d 大于市场供给 Q_s，供求力量的抗衡无法维持一个较低的均衡价格 P_t，最终市场仍会按照管制之前的水平运行，此时最低限价是无效的。若最低限价高于竞争性市场均衡价格，如 $P_t > P_e$，此时原有的市场均衡无法自由实现，市场成交价格为最低限价 P_t，此时最低限价有效。

第二，最低限价如何影响均衡结果？在图 10－13（b）中，若没有管制，市场会自动回归到原有的均衡状态，但在管制下，市场只能在 P_t 这一新的“均衡”价格水平下运行。在管制价格下，市场需求和市场供给分别为 Q_d 和 Q_s，进而出现需求缺口 $\Delta Q = Q_s - Q_d$。与最高限价类似，如果市场需求和市场供给不变，新的“均衡”价格不会稳定。

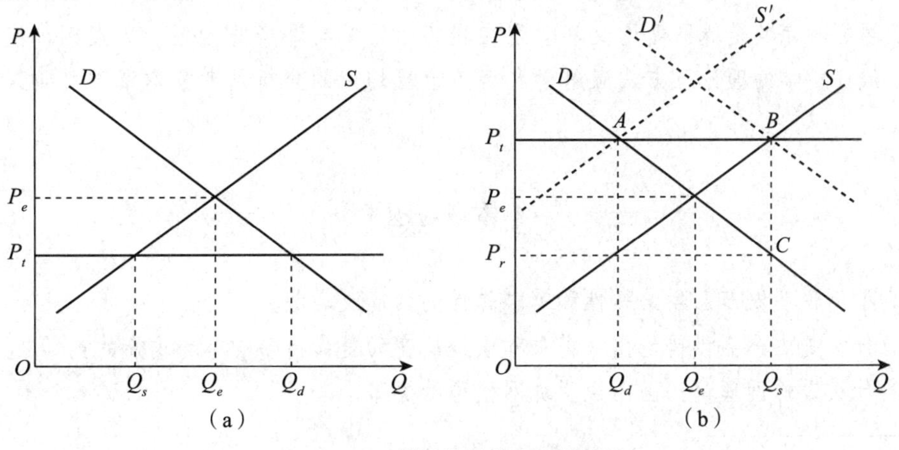

图 10－13　最低价格管制及其影响

第三，新“均衡”状态如何实现？如果新的均衡价格为 P_t，可能的均衡状态也有三种。第一种均衡在价格为 P_t、产量为 Q_d 的均衡点 A，这一均衡状态需要通过降低市场供给水平来实现，将供给曲线由 S 向左移至 S'。当粮食价格有下行风险时，政府为了防止粮价下降给农户带来损失，就采取收购粮食放进储备仓库以减少市场供应的方式来实现。第二种均衡在价格为 P_t、产量为 Q_s 的均衡点 B，这一均衡状态需要通过改变市场需求水平来实现，比如需求曲线 D 向右移动至 D'。若市场需求和供给都没有显著的变化，D 与 S 保持不变，新的均衡点会出现在 C，即均衡价格为 P_r、均衡产量为 Q_s，这是第三种均衡。在管制价格 P_t 下，市场供给 Q_s 大于市场需求 Q_d，过剩的农产品供应追逐市场上有限的需求，卖者理性的选择就是暗中降价，“市场外”价格回落到 P_r，农户得到的实际价格低于没有管制下的均衡价格。因此，意在提高农户出售价格的最低价格管制，可能最终因为市场竞争的压力而侵蚀农户的利润。

总的来看，本章介绍的是经济学中有关供给和需求的基本理论和分析方法。但不同国家、不同时期农产品供需状况和矛盾焦点不一样，这就要求我们在运用本章的理论和方法时要紧密结合新形势和新问题。习近平总书记指出：“新形势下，农业主要矛盾已经由总量不足转变为结构性矛盾，主要表现为阶段性的供过于求和供给不足并存。推进农业供给侧结构性改革，提高农业综合效益和竞争力，是当前和今后一个时期我国农业政策改革和完善的主要方向。要以市场需求为导向调整完善农业生产结构和产品结构，以科技为支撑走内涵式现代农业发展道路，以健全市场机制为目标改革完善农业支持保护政策，以家庭农场和农民合作社为抓手发展农业适度规模经营。”①

本章小结

供给和需求是最基础也是最重要的经济学概念，对农产品供给与需求的内涵及其影响因素的深刻认知是农业经济学的基础。供给与需求函数是我们分析经济现象的基本工具，尤其是生产与消费函数的发展与演变、供给需求函数及其各类弹性分析的扩展是我们深入学习农业经济学不能逾越的门槛。农产品市场均衡及其调整是一个应用性非常强的实践问题，尤其是蛛网理论及其模型在现实生活中有许多鲜活生动的案例，能否将本章前一部分所学的理论与方法应用于农产品市场均衡的分析是考察本章学习效果的最好办法。

本章习题

1. 举例说明农产品供给弹性和需求弹性的内涵及类型。
2. 什么是农产品供需均衡？需求和供给的变动是如何影响市场均衡的？
3. 什么是蛛网理论？画图说明蛛网模型的类型。

① 中共中央文献研究室. 习近平关于社会主义经济建设论述摘编. 北京：中央文献出版社，2017：198.

参考文献

1. 曼昆. 经济学原理：微观经济学分册. 5 版. 北京：北京大学出版社，2009.

2. 哈尔·R. 范里安. 微观经济学：现代观点. 8 版. 上海：格致出版社，上海三联书店，上海人民出版社，2011.

3. 杰弗里·M. 佩罗夫. 中级微观经济学（原书第 4 版）. 北京：机械工业出版社，2009.

4. 欧瑞秋，王则柯. 图解微观经济学. 北京：中国人民大学出版社，2005.

5. 蔡昉，王德文，都阳. 中国农村改革与变迁——30 年历程和经验分析. 上海：格致出版社，上海人民出版社，2008.

6. 艾利思. 农民经济学：农民家庭农业和农业发展. 2 版. 上海：上海人民出版社，2006.

7. 王俊豪. 管制经济学原理. 北京：高等教育出版社，2007.

8. 孙礼照. 我国农产品蛛网模型发散之迷. 数量经济技术经济研究，1990（5）.

9. 中共中央文献研究室. 习近平关于社会主义经济建设论述摘编. 北京：中央文献出版社，2017.

第十一章

农产品市场与价格

本章要点

1. 对我国农产品市场形态与价格演变有一个全景认识；
2. 熟悉与农产品价格决定相关的基本理论；
3. 了解农产品期货的基础知识。

关键词

农产品价格形成；价格波动；农产品期货

导入案例

2010年中国农产品的价格出现了显著上涨，引起了社会的普遍关注，因为农产品涨价与大众的日常生活息息相关。“豆你玩”“蒜你狠”“姜你军”“糖高宗”“棉花掌”等网络名词的盛行，从一个角度形象地描绘了大豆、大蒜、生姜、糖和棉花等农产品的疯狂涨价现象。无论是价格总指数还是菜篮子指数，最近五年农产品的价格保持了持续的上涨态势，处于高位运行。而2010年农产品价格总体上比往年更高，并且有继续上涨的趋势。从2005年9月底到2010年9月底，价格总指数从126增加到173，上涨了37%，5年内平均每年上涨7%。

关于农产品价格波动的成因，人们更是争论不休。以2010年农产品涨价现象为例，最为典型的争论便是“游资说”争论。以国家发展和改革委员会为代表的官方机构认为，一些游资和不法经营者采取欺诈、串通、哄抬、囤积等不正当手段操纵相关商品价格，是一些农产品价格上涨的直接推手；来自农业农村部的判断明确指出，游资炒作不是价格上涨的主要原因，供求问题是主要原因，灾害性天气和成本上升是重要影响因素。

小思考

你是怎样理解农产品市场和价格的？

第一节　中国农产品市场形态与价格演变

中华人民共和国成立至今，中国农产品市场经历了诸多波折，农产品价格也随之变动。

一、市价牌价并存阶段（1949—1952 年）

中华人民共和国成立之后，我国农业处于恢复生产时期，农业生产技术落后，农产品供给处于严重短缺状态，农产品市场也处于低水平发育时期。这一期间，统购统销体制逐渐形成。1950 年 3 月，我国颁布了《关于统一全国国营贸易实施办法的决定》，规定中央贸易部是全国国营商业、合作社商业和私营商业的统一领导机关，并逐步建立健全各级国营商业行政管理系统，负责管理全国重要商品的价格。从 1950 年 3 月到 1951 年底，中央贸易部相继成立了 15 个专业总公司，其中属于国内商业的有粮食、花纱布、百货、盐业、土产、石油、煤建、工业器材等 8 个公司。同时，政府间接控制的供销合作社及同业迅速扩大。在政府的宏观调控下，这一时期我国农产品市场得到了极大的稳定和发展。政府对农产品价格的调控，保证了农产品价格的正常波动，减少甚至杜绝了投机倒把行为。政府对农产品价格的调控也提高了农民的种粮积极性，鼓励农民增产增收，保证了农产品的正常供给。

二、计划定价阶段（1953—1956 年）

1953 年我国开始重点发展工业，实行五年计划，并进行消灭私营经济、个体经济的社会主义改造。这一时期农业发展落后，农产品市场需求明显大于供给。为了防止出现供销脱节、农产品价格大幅上涨的局面，国家对农产品采取了统购统销政策。从 1953 年下半年开始，国家通过依靠国营企业和合作社对农产品进行统购统销、规定批零差价、消灭私营批发商等措施，将农产品进行计划定价。中央管理价格的农产品，由过去的粮棉油等少数品种，逐步扩大到烟、麻、糖料等经济作物，猪、牛、羊、蛋等主要畜产品，主要副食品，主要中药材，主要土特产品等属于国家统购、派购的一、二类农产品。这个时期内，国家商业部门又进一步细分，先后又设立了农产品采购部、城市服务部、水产部等部门。各部在其主管的业务范围内负责本部门的物价工作。到 1956 年底，我国基本完成了社会主义改造，自由市场价格逐步退出市场，我国建立起了高度集中的计划经济体制。在计划经济体制下，农产品供求是在排除市场机制、扭曲产品和要素价格的情况下调节的。

三、中央与地方计划定价并存阶段（1957—1978 年）

这一时期的主要特点是中央政府与地方政府定价并存。1957 年国务院发出通知，要求各级政府设立物价委员会，由国务院财贸办公室兼管全国物价工作。1958 年中央政府和国务院提出要将更多的管理权限下放到地方。国务院有关部门只管理粮、棉、油、黄麻、苎麻、烤烟、茶叶、桐油、木材、生猪等10种农产品的价格，其他农副产品的价格都层层下放给各级地方管理。第一类农产品价格——国家计划收购的农产品价格和第二类农产品价格——国家统一收购的农产品价格由中央与各省（自治区、直辖市）共同商议，并将部分第二类农产品价格下放至地方管理；第三类农产品价格则由省（自治区、直辖市）进行管理，所有农产品在省（自治区、直辖市）内部的地区差价，本省（自治区、直辖市）都有权加以调整。由于缺乏经验，很快出现了市场物价混乱的状况。1959年全国物价会议确定，基本收回省下放给地、县的物价管理权限。对一些涉及面广的农产品，也收归国务院主管部门管理。1961年，中央政府提出了物价管理权限收归中央，要求加强物价集中管理，并恢复供销合作社以加强包括农村物价管理在内的农村商业管理。1962年，中共中央、国务院决定建立各级物价委员会，负责全国和各地物价综合平衡工作，管理主要工农业商品的出厂价和市场的购销价格。全国物价委员会成立后，继续收回下放过多的权力。1964年发布的国务院有关部门统一管理的商品目录，规定由中央管理价格的商品品种较之前增多，管理市场又有扩大。1973年，物价工作由国家计划委员会统一管理。"文化大革命"之后，计划经济体制发展到了一个严重集权的程度，开始批判自由贸易、否定自由市场，农村集市也被取消。1973年我国共有农村集市32 000个，比1965年减少了5 000个。到1976年底，全国还有集市29 277个，年成交额达102亿元。粮食市场，除福建、江苏、山东、河南、贵州五省完成征购任务可以放开外，其余省（自治区、直辖市）全部关闭。表11-1列出了1953—1978年全国农副产品收购价格总指数。

表11-1 1953—1978年全国农副产品收购价格总指数（以1952年价格为100）

年份	收购价格总指数	年份	收购价格总指数	年份	收购价格总指数
1953	109.0	1961	165.6	1975	171.6
1954	112.4	1962	164.6	1976	172.5
1955	111.1	1965	154.5	1977	172.0
1957	120.2	1966	161.0	1978	178.8
1960	129.4	1970	160.4		

资料来源：中国贸易物价统计资料1952—1983. 北京：中国统计出版社，1984：358；姚今观，纪良纲，等. 中国农产品流通体制与价格制度. 北京：中国物价出版社，1995：65.

四、调放结合、以调为主阶段（1979—1984年）

针对长期以来我国农产品价格管得过死、定价偏低和工农产品价格"剪刀差"过大的问题，中共中央十一届三中全会提出提高农产品价格。1979年国家大幅度提高了粮食、油料、棉花、生猪、鲜蛋等18种主要农副产品收购价格，平均提价幅度达24.8%，其中粮食提价20%，并将超购加价幅度由30%提高到50%，6种食用植物油统购价格提高25%且超购加价幅度也由30%提高到50%，棉花收购价格在上年提高的基础上再提高15.2%并且同时对超购部分实行30%的加价，生猪价格提高26.4%。1980年再次提高棉花收购价格，并提高了桐油、生漆等8种农副产品价格。同时提高了猪肉、牛肉、羊肉、水产品、鲜蛋、牛奶、蔬菜等7种副食品销售价格，其中猪肉销售价格提高30%，同时给城镇居民发放了补贴。1981年提高了大豆、豆油、烤烟、南方木材和毛竹收购价。1982—1984年期间，又对个别农产品价格进行了调整。

五、调放结合、以放为主阶段（1985—1991年）

1985年中央颁布了《关于进一步活跃农村经济的十项政策》，把农产品统派统购制度和价格体制调整作为重点，规定除个别品种外，国家不再向农民下达派购任务，按照不同情况分别实行合同定购和市场定购。国家取消了粮食、棉花统购统销政策，改按合同定购和市场定购。粮食合同定价按照“倒三七”，即三成统购价和七成超购加价计算；合同定购的棉花，北方按“倒三七”、南方按“正四六”比例计价。定购以外的粮食和棉花可以自由上市。同时，放开了除粮食、棉花、油料、糖料、烟叶、蚕茧等少数品种以外的绝大多数农副产品的购销制度，实行市场调节。1989年国家提高粮食合同定购价格16%并提高合同定购粮食的化肥奖售标准，提高食油收购价格。1990年再次大幅度提高食油定购价格，平均提高28%。

六、放开市场、加强市场调控阶段（1992—1997年）

1992年除粮食、棉花等六个品种的收购价格以及粮食和木材两个品种的销售列入政府定价目录管理外，其余农产品购销价格全部放开。1991年和1992年两次提高粮食销售价格，解决了粮食价格长期购销倒挂的历史难题，其余副食品价格购销倒挂难题也得到解决。1992年放开生猪、猪肉价格，至此副食品购销和价格全部放开。1992年起在部分地区试点全面放开粮食购销价格，1995年后实行政策性购销和商业性购销业务分开，两线运行。1994年和1996年两次大幅度提高粮食收购价格，提价幅度分别为30%和41%。1997年粮食收购价格基本放开。1993—1995年，先后三次大幅度提高棉花价格，提价幅度分别为10%、64.9%和28.7%。同时，针对农产品价格波动频繁的特点，国家开始构建主要农产品市场调控体系。1990年开始建立国家专项粮食储备和粮食保护制度；建立粮食风险基金和副食品价格调节基金；建立健全各类批发市场，畅通农产品流通渠道；建立农业发展银行，加强财政支农力度；建立健全各种社会化服务体系等。表11-2列出了1983—1997年部分农副产品收购价格指数。

表11-2 1983—1997年部分农副产品收购价格指数

年份	小麦	稻谷	玉米	大豆	油料	棉花	蔬菜	水果	糖料	畜牧产品	生猪	蛋类
1983	110.2	110.2	110.2	110.2	100.6	100.2	103.6	—	100.2	100.5	99.7	107.3
1984	100.6	100.0	100.0	100.0	101.2	101.1	98.7	—	103.6	104.1	102.1	103.7
1985	100.1	102.0	101.9	102.8	104.3	97.7	150.4	—	102.1	124.1	121.1	115.1
1986	104.3	106.3	115.5	120.2	104.6	99.5	101.2	108.0	104.8	103.0	104.4	112.1

续表

年份	小麦	稻谷	玉米	大豆	油料	棉花	蔬菜	水果	糖料	畜牧产品	生猪	蛋类
1987	103.4	113.2	104.1	103.4	106.0	104.7	126.2	109.2	110.3	117.9	118.6	123.7
1988	115.2	119.8	104.7	109.1	119.7	108.6	130.9	139.6	116.1	140.2	150.6	118.7
1989	121.9	130.7	131.8	122.8	119.8	122.7	117.3	90.2	135.1	110.2	110.5	115.6
1990	92.0	92.6	97.6	98.4	101.1	129.1	96.3	97.5	107.2	92.3	92.9	99.9
1991	94.2	95.9	88.2	99.8	97.9	102.1	107.8	106.8	104.5	97.4	96.6	93.6
1992	110.1	97.4	108.2	119.5	95.8	95.0	111.4	92.8	90.8	106.3	106.3	100.1
1993	105.4	124.6	119.2	122.7	120.7	111.5	122.9	100.5	100.0	114.2	114.5	113.3
1994	152.2	154.0	151.3	114.6	157.6	160.4	135.1	119.9	124.6	144.6	154.6	125.4
1995	133.1	120.8	140.9	113.1	103.1	131.5	122.7	113.2	142.6	115.8	116.0	113.5
1996	109.2	104.2	95.4	128.2	96.6	103.2	102.0	99.5	118.6	103.3	102.2	113.2
1997	89.0	88.2	94.2	100.1	104.8	99.8	91.6	88.6	97.6	101.8	110.1	86.3

资料来源：中华人民共和国农业部. 2001中国农业发展报告. 北京：中国农业出版社，2001.

七、进一步完善农产品价格形成机制阶段（1998—2003年）

1998年，我国开展了以“三项政策、一项改革”为核心的粮食流通体制改革，即按照保护价敞开收购农民余粮，国有粮食购销企业实行顺价销售，农业发展银行收购资金封闭运行，加快国有粮食企业自身改革。粮食主产区实行粮食购销市场化改革，购销价格由市场形成；粮食主产区执行保护价敞开收购农民余粮政策。1998年，国家降低了棉花收购价格，放开棉花销售价格；1999年建立政府指导下市场化形成棉花价格的新机制，棉花收购价格、销售价格均由市场形成，国家主要通过储备调节和进出口调节等经济手段调控棉花价格。2001年起，桑蚕鲜茧收购价格和干茧供应价格下放至省级价格主管部门管理，由各省根据实际情况确定，同时放开厂丝出厂价格。2001年3月出台的“十五”计划提出要“积极发展大宗商品批发市场，稳步发展期货市场”，期货市场由此步入稳步增长的阶段。

八、全面放开农产品价格，建立和完善政府调控下市场形成价格的机制阶段（2004年至今）

2004年起，我国全面放开了粮食收购市场，充分发挥市场机制在配置资源中的基础性作用，转化粮食价格形成机制。一般情况下，粮食收购价格由市场供求形成，国家在充分发挥市场机制作用的基础上实行宏观调控。为了保护农民利益和种粮积极性，2004年起对稻谷、2006年起开始对小麦（见表11-3）实行最低收购价政策。同时，针对局部地区大豆、玉米、油菜籽、棉花等农产品出现的价格下跌、卖难等问题，采取了临时收储措施，保护农民利益。

我国粮食最低收购价政策始于2004年，由于当时粮食总量不足，供求偏紧，为了保障国家粮食安全，调动农民种粮积极性，出台了最低收购价政策，为农民收益托底。之后，连续多年提高最低收购价水平，有效促进了粮食总量增加，但是也使粮食价格高于市场正常水平。日益严重的粮食高库存、进口激增等问题，凸显了临储价政策改革的紧迫性。2014年开始对东北和内蒙古大豆、新疆棉花进行目标价格补贴试点，逐步推动“价补分离”，建立农产品目标价格制度。2016年对玉米提出“价补分离”的政策设计，取消临时收储政策，实行“市场化收购”加“补贴”。2018年国家决定取消国家储备糖和储备肉交易服务价格政府定价，与此同时，小麦最低收购价也首次下调，这意味着我国粮食价格机制改革全面展开。

表11-3　逐年小麦最低收购价格预案　　单位：元/百斤

	最低收购价：白小麦	最低收购价：红小麦	最低收购价：混合麦
2006-03	76	69	69
2007-05	74	69	69
2008-02	77	70	70
2008-03	77	72	72
2008-10	87	83	83
2009-10	90	86	86
2010-05	90	86	86
2010-10	95	93	93
2011-05	95	93	93
2011-09	102	102	102
2012-05	102	102	102
2012-09	112	112	112
2013-10	118	118	118
2014-05	118	118	118
2014-10	118	118	118
2015-05	118	118	118
2015-10	118	118	118
2016-10	118	118	118
2017-10	115	115	115

资料来源：根据逐年小麦的最低收购价执行预案整理得到。

当粮食价格处于相对较高水平时，政府动用储备库粮食，由中国储备粮管理总公司（简称“中储粮”）在安徽粮食批发交易市场、中国郑州粮食批发市场、华中粮食中心批发市场等采取现场和网上同时竞价的方式进行粮食抛售，以此来稳定粮食价格。

党的十八大以来，构建以国内大循环为主体、国内国际双循环相互促进的新发展格局是应对外部形势复杂多变、经济发展迈向高质量发展的重大战略。“国内大循环”有助于理顺粮食价格形成机制。让农民种出放心粮、卖上舒心粮既是保障粮食安全的关键因素，也是保障种粮经营主体积极性的关键因素。“国内大循环”将通过深化粮食市场化改革，重点解决粮食流通市场中生产与流通环节不匹配的问题，依托粮食交易平台解决粮食销售过程中信息不对称的问题，理顺粮食价格形成机制。尤其是种粮农户难以获得粮食价格上涨的实惠、粮食价格上涨收益绝大部分被粮食流通市场中间环节主体赚走的问题。当前，临时收储政策已按照分品种施策、渐进式推进的原则向农产品目标价格体系转变，“国内大循环”将推进农产品目标价格政策迈向“深水区”。习近平总书记指出：“要深化粮食收储制度改革，增强稻谷、小麦最低收购价政策弹性和灵活性，让价格更好反映市场供求。”①

推进粮食市场化发展是粮食稳定供应的关键环节。有学者指出，粮食贸易和流通需要进一步市场化，尤其是当前我国粮食主产区与主销区空间距离扩大，传统的“南粮北运”逐渐转变为“北粮南运”和“北出南进”，粮食运输的快速通达对于粮食供给具有十分重要的意义。在“双循环”新发展格局下，“国内大循环”依托城乡大循环、区域大循环和要素大循环为创新完善粮食市场体系提供了机遇。首先，“国内大循环”有助于多元市场主体格局的逐步形成。“国内大循环”通过区域之间的协同合作，有助于促进国有粮食企业跨区域协作，以资本为纽带构建了跨区域、跨行业“产购储加销”协作机制。“国内大循环”将更好地发挥市场在资源配置中的决定性作用，为中小粮食企业的有序发展、形成粮食产业公平竞争的市场环境提供了有力支撑，推动粮食产业多元市场主体格局的逐步形成。其次，“国内大循环”有助于健全完善粮食交易体系。“国内大循环”的关键在于市场化改革。粮食市场化改革将会助推国家级交易平台建设，区域要素有序流动推动粮食仓储、加工、物流一体化以及南北、东西粮食运输一体化，将加快建成大宗粮食品种的区域性、专业性的粮食批发市场，最终推动以国家级粮食电子交易平台为核心、省（自治区、直辖市）粮食交易平台为支撑的市场化粮食交易体系落地。再次，“国内大循环”有助于进一步提升粮食市场服务水平。“国内大循环”通过搭建粮食产销合作平台，有效衔接粮食产销，活跃市场交易，实现粮食流通的现代化。《中国的粮食安全》白皮书资料显示：2018 年各类粮食交易会达到 3 935 场，实现粮食成交量 13 627 万吨、成交金额高达 2 319 亿元人民币。“国内大循环”以粮食交易大会为抓手，推进粮食产销区之间的区域性合作，做好粮食市场和流通。最后，“国内大循环”有助于完善粮食市场体系的构建。打通流通环节是以国内大循环为主体的核心内容，粮食产业树立“大市场”和“大流通”理念与“双循环”新发展格局的理念相一致，能够更好地完善粮食市场体系的构建。②

中华人民共和国成立以来，我国在农产品价格改革上取得了重大进展，尤其是改革开放后更是成效显著。农产品价格形成已从过度集中的计划经济向市场机制转变，除了烟叶收购价格实行政府定价之外，农产品流通政策在不断地向市场化迈进。另外，各大类农产品流通体制的市场化程度高低不同、进展速度不一。蔬菜、肉蛋、水产等副食品的流通市场化程度更高一些，并且这类产品的流通已经开始由注重数量向提高质量转化。

---

① 中共中央党史和文献研究院. 习近平关于“三农”工作论述摘编. 北京：中央文献出版社，2019：96.

② 张琛，孔祥智.“双循环”新发展格局与中国粮食安全. 湖北大学学报（哲学社会科学版），2021（5）.

与此同时，政府在最低收购价、临时收储、进出口干预、其他价格干预等方面已经建立了良好的市场调控体系。

第二节　农产品价格的形成机制与波动

一、农产品价格形成与决定

按照三分法标准，哈佛学派构造了市场结构（structure）、市场行为（conduct）、市场绩效（performance）的分析框架。市场结构决定企业在市场中的行为，而企业行为又决定市场运行的经济绩效。因此，为了获得理想的市场绩效，最重要的就是通过政府的产业组织政策来调整和直接改善不合理的市场结构。

1. 市场结构

市场结构是对市场内竞争程度及价格形成等产生战略性影响的市场组织特征。决定市场结构的因素主要是市场集中程度和产品差别化程度及进入壁垒高低。其中，市场集中度是用于衡量在特定产业或市场中卖者或买者相对规模的重要指标。

2. 市场行为

市场行为指企业在充分考虑市场供求条件和其他企业的关系基础后所采取的各种决策行为，包括定价策略、产品与广告策略、研发和排挤竞争对手的行为等。

3. 市场绩效

市场绩效指在一定市场结构和市场行为条件下市场运行的最终经济效果。评价指标主要有资源配置效率、利率水平、消费规模等。

市场结构往往分为四种，即完全竞争、垄断竞争、寡头垄断和完全垄断。完全竞争也称为“纯粹竞争”，是指市场上不存在任何垄断因素。这种市场结构的特点是：（1）产业集中度很低；（2）产品同质性很高；（3）不存在任何进入与退出壁垒；（4）拥有完备信息。与完全竞争相对的另一个极端的市场结构是完全垄断，即只有一个买者或卖者的市场。完全垄断的市场结构的特点是：（1）产业的绝对集中度为100%，因为市场上只有一个提供产品的企业。（2）没有替代产品。完全垄断企业出售的产品没有直接替代产品，所以它的产品的需求交叉弹性为零。（3）进入壁垒非常高。寡头垄断市场是指少数大企业控制着产业市场大部分产品的供给，它们具有较高的市场份额。这是一种介于完全竞争和完全垄断之间、以垄断因素为主同时又具有竞争因素的市场结构。它的主要特点是：（1）产业集中度高。（2）产品基本同质或差别较大。（3）进入和退出壁垒较高。垄断竞争是一种比较接近现实经济状况的市场结构，它介于完全竞争和完全垄断之间，且偏向完全竞争。它的主要特点是：（1）产业集中度较低；（2）产品有差别；（3）进入和退出壁垒较低。

按照上述分类标准，大宗农产品更接近完全竞争市场特征：农户生产规模小、产品同质性强、农民和消费者往往是价格接受者，而且市场信息相对充分。值得指出的是，不同农产品之间可能存在较大差异。比如前文提及的烟叶市场和棉花市场，政府干预相对较多，从很大程度上说市场机制在其价格形成过程中发挥的作用有限。在局部地区，购销商往往具有较强的议价能力，农户往往是价格接受者，此时，该商品市场更像完全垄断市场。

农产品由产地运至消费者手中，除非直销，通常要经过两个或者更多的环节才能进入消费市场。农产品供给往往受到许多因素影响，包括价格、成本、技术、可以利用的资源、进口数量等，其中任何一个因素的变化均会对供给量产生影响。过去价格、当期价格以及对价格的预期均会对供给量产生影响，供给量对价格变化的反应程度被称为供给弹性。农产品需求则受到产品价格、相关商品（替代商品和互补商品）以及可支配收入等变量的影响。

农产品在运输和销售过程中，集中货物、分级标准化、储藏、加工、包装、分配、运输、市场研究、产品研发活动、促销、融资等多项市场活动发生，经纪人、小商小贩、批发商、零售商、贸易商、超市、零售等多个市场主体参与，自然也发生了多项成本，农产品价格在此过程中也在各个环节上逐渐形成。消费者以零售价购买农产品的支出中，分为两部分：一部分流向农民分得比率（farmers share），一部分流向中间各个经营环节厂商部分的运销价差（marketing margin）。在分析中，往往使用消费者所支出的 1 元中有多少是流向农民的来说明农民对最终农产品所贡献的附加值。如表 11－4 所示，在不同农产品价格形成过程中，生产、加工与营销以及最终零售各个环节成本与收益有很大差异。更为详细的案例见专栏 1。

表 11－4　农产品价格形成及利润分配（%）

	粮食	肉类	牛奶	蔬菜
成本				
生产者	74	82	53.5	43
加工与营销者	13	13	46	19
零售者	13	5	0.5	38
利润				
生产者	12	43	34	79
加工与营销者	70	22	13	13
零售者	18	35	53	8

资料来源：农业部调研组. 农产品价格形成及利润分配调查. 农民日报，2008（5）.

专栏 1

粮食价格形成及利润分配

（一）生产环节

每斤粮食成本为 0.69 元，农民获利 0.055 元。粮食生产主要包括整地、播种、田间管理、收割四个阶段，发生的费用主要有种子、化肥、农药、机械作业、人工、水、电、土地租赁等。调查结果显示，玉米、稻谷和小麦平均生产成本每斤为 0.69 元，比上年上升 0.11 元；农民出售价为 0.74 元，提高 0.02 元；农民获利 0.05 元，减少 0.10 元。

（二）加工经销环节

经销商获利明显，平均每斤赚 0.09 元。玉米经销包括产地收购、储存、铁路海陆联运等阶段，每斤进价 0.67 元，发生成本 0.22 元，销价 0.90 元，经销商获利 0.01 元。湖南金健米业优质晚籼稻每斤进价 0.93 元，发生成本 0.78 元，销价 1.80 元（按大米销价 3.395 元折算），经销商获利 0.09 元。小麦进价每斤 0.68 元，加工成挂面的成本为 0.15 元，销价 1.01 元（按挂面销价 1.44 元折算），经销商获利 0.18 元。

（三）超市零售环节

每斤稻谷赚 0.055 元，每斤挂面赚 0.21 元。北京超市销售的湖南金健米业优质晚籼稻每斤进价 1.80 元，发生成本 0.12 元，销价 1.97 元（按大米销价 3.715 元折算），经销商获利 0.05 元。北京超市销售的黑龙江北大荒米业普通粳稻每斤进价 1.43 元，发生成本 0.14 元，销价 1.62 元（按大米销价 2.502 元折算），经销商获利 0.05 元。郑州超市每销售一斤挂面赚 0.21 元。

资料来源：农业部调研组. 农产品价格形成及利润分配调查. 农民日报，2008（5）.

农产品常见的价格形成方式有公开透明的拍卖（auction）、交易双方协商的契约价格（contract prices）、依据运输成本等公式定价（formula pricing）以及政府出台最低收购或其他行政干预价格（administered pricing）等。

实际上，一种商品可能通过多种方式来决定价格。比如小麦和稻米市场，先是通过契约价格，农户和相关企业签订契约价格，执行远期合约，或者直接在市场上销售，如果政府执行最低收购价预案，则受到市场保护，其他部分则由市场来决定价格。但是当价格处于较高水平时，政府则安排大规模竞价交易，通过扩大市场供给量降低或者稳定价格，同时通过拍卖价格影响当前市场价格。

二、农产品价格波动

一般来说，经济指标的月度或季度时间序列包括四种变动因素：长期趋势要素 T、循环要素 C、季节变动要素 S 和不规则要素 I。长期趋势要素 T 代表经济时间序列长期的趋势特性。循环要素 C 是以数年为周期的一种周期性变动，它可能是一种景气变动，也可能是经济变动或其他周期变动。季节变动要素 S 是每年重复出现的循环变动、以 12 个月或者 4 个季度为周期的周期性影响，是由温度、降雨、每年中的假期或政策等因素引起的。季节变动要素和循环要素的区别在于，季节变动是固定间距（如季或月）中的自我循环，而循环要素是从一个周期变动到另外一个周期、间距比较长且不固定的一种周期性变动。不规则要素 I 又称随机因子、残余变动或噪声，变动无规则可循。这类要素是由偶然发生的事件引起的，如罢工、意外事故、地震、水灾、恶劣气候、战争、法令更改或预测误差等。对于农产品价格波动而言，季节性波动和循环周期波动颇受关注。

1. 季节性波动

所谓季节性波动即每年有规则的价格重复形态。季节性波动可能缘于供给及加工的季节性、需求的季节性以及二者的组合。大部分农产品的生产与运销往往存在季节性，对农作物而言，气候因素、生物性生长特点容易导致季节性变化，比如小麦，从播种到收获，小麦一般会经历长达 8 个月左右的生长周期。具体来看，南方冬麦区因光照和气候因素，其生长周期会短一些，大约是 120 天；北方冬麦区的小麦生长周期是 190～210 天；西南部高海拔地区的小麦生长周期则可达 330 天以上。目前，我国按播种时期把小麦产区划分为春麦区、冬麦区和冬春麦区。一年当中，我国小麦的播种时间一般分布在 3、4 月和 9、10、11 月份，收割期在 3、4、5、6 月和 7、8、9 月份均有分布。绝大部分具备产能的冬麦区，收割时期主要集中在 6、7、8 月份。这是一年中我国小麦最大的产出时期。当小麦集中上市时，小麦价格一般处于较低价位，而当青黄不接之时，价格相对较高。一般来说，在春节左右，小麦消费进入一年中的高峰，这时小麦现货价处于上涨区间。春节时期迎来小麦的销售高峰，这种高峰可以持续 1 个月左右；紧接着，随着节后的用量减少，价格就会逐步回落；一直到了 4、5 月份青黄不接时，价格又会略有反弹；然后价格回落到 6、7 月份的低价区。每年 7 月份进入小麦的集中收割期，是冬麦上市的供应旺季，恰好大米等粮食替代品也是此时收割，最终导致供大于求，使得价格走向一年的最低价，这种状况一直持续到 8 月底 9 月初，具体如图 11－1 所示。从图 11－2 的季节性因子可以看出，由于季节性影响而引起糖价规律上涨的月份主要集中在秋季月份，而季节性的低点主要集中在冬季月份。

图 11－1　小麦价格季节性因子

图 11－2　白糖价格季节性因子

2. 循环周期波动

循环周期是指在一个相对固定的过程中价格呈现有规则且周期性的变动，周期长度为两个波谷或波峰的时间跨度。最为典型的是生猪价格周期。当生猪价格低落到某一程度时，养猪户开始屠宰母猪，且所饲养的小母猪也供屠宰而非留下作种猪用。这样由于母猪头数减少，经过一段时间后，市场上可供屠宰的生猪减少，结果猪价开始回升。猪价上涨，养猪业有利可图，养猪户开始扩大饲养规模。仔母猪开始停止宰杀并留作种猪用，可屠宰的生猪进一步减少，价格继续上涨。价格越上涨，越促使养殖户将小母猪留下作种猪用，于是价格愈加高涨。增加的母猪从生产仔猪到仔猪生长直至成长为可上市屠宰的生猪要 6～12 个月，届时屠宰量增加，猪肉生产量扩大。结果，价格下跌，再度促使母猪被宰杀，形成一个循环。相对来说，生猪周期相对较长，如图 11－3 所示，生猪市场价格存在显著的周期波动，周期为 35～45 个月。

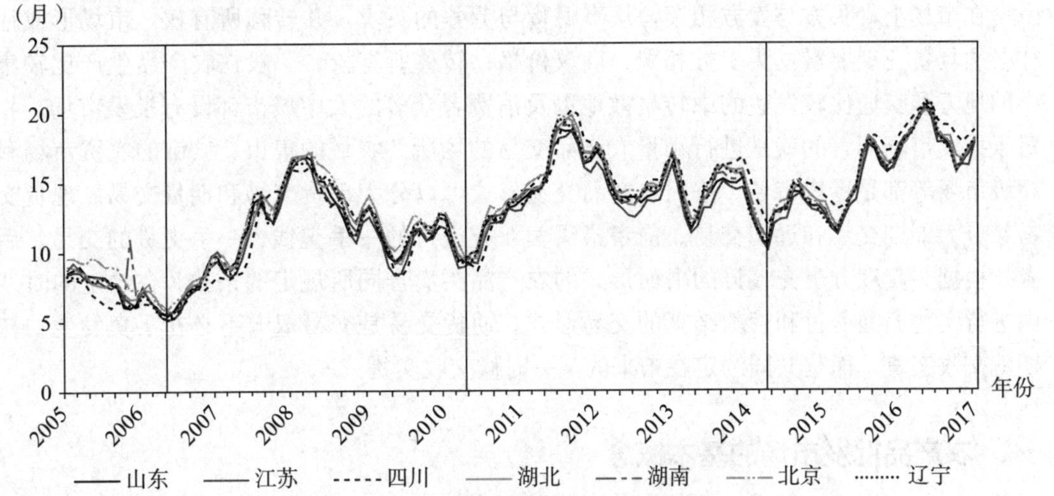

图 11－3　生猪价格和猪肉价格周期初步划分

3. 其他宏观因素

在现有理论中，宏观经济因素，比如货币冲击、利率、汇率，对农产品价格形成造成了较大波动。改革开放以来我国发生的几次较为严重的通货膨胀，每次都伴随着粮食供需紧张和价格大幅上涨，往往是通货膨胀率高时，粮食价格增长率更高，通货膨胀率低时，粮食价格增长率更低，如图 11－4 所示。诸多研究发现，宏观经济变量（货币、利率等）对于农产品价格的动态影响具有很强的解释力，从图 11－5 中也能看出货币供给变动与食品价格之间的相关性。

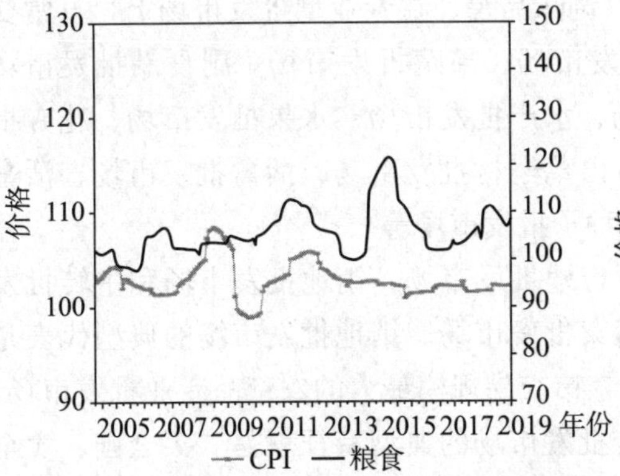

图 11－4　我国粮食价格指数和居民消费价格指数

图 11－5　货币供给（M2）变动

第三节　农产品市场与流通

在市场上，买方与卖方相聚，从事财货与劳务的买卖，并转移所有权。市场形成往往必须具备三个要素：买卖方相聚；商议价格；转移所有权。一般在农产品生产比较集中的地方和交通比较发达的中转集散地以及消费者众多的大中城市都设有批发市场。相对于批发市场而言的就是进行小量农产品交易的场所。农村的集市、城市的农贸市场和超级市场等都是零售市场。按照农产品交易形式可以分为现货交易和期货交易。现货交易又分为即期交易和远期交易。前者指买卖双方进行的一手交钱、一手交货的交易。后者指根据买卖双方事先签订的书面形式的农产品买卖合同所规定的条款，在约定的时期内进行实物商品交付和货款结算的交易形式。期货交易是交易双方不必在买卖发生的初期就交收实货，而是共同约定在未来的某一时候交收实货。

一、农产品批发市场的基本概念

农产品批发市场是以粮油、畜禽肉、禽蛋、水产、蔬菜、水果、茶叶、香辛料、花卉、棉花、天然橡胶等农产品及其加工品为交易对象，为买卖双方提供长期、固定、公开的批发交易设施设备，并具备商品集散、信息公示、结算、价格形成等服务功能的交易场所，是我国改革开放以后形成的商业业态。1984 年武汉建立了全国第一家农产品批发市场——武汉皇经堂农产品批发市场，农产品批发市场此后成为我国农产品流通的主流渠道和主要业态。2017 年全国有 4 469 家农产品批发市场，大中城市 80%以上的农产品经过批发市场进入百姓的“菜篮子”。

按交易商品的种类范围，农产品批发市场分为综合型批发市场和专业型批发市场两种。在综合型批发市场上，日常交易的农产品在三大类以上（如北京新发地农副产品批发市场），品种有蔬菜、水果、肉类、水产品、调味品等。在专业型批发市场上，日常交易的农产品在两类以下（含两类），如粮油批发市场、果蔬批发市场、副食品批发市场等，还有只交易一个品类的，如蔬菜批发市场、水产批发市场、水果批发市场、花卉批发市场、调味品批发市场、食用菌批发市场、山草药材批发市场、活禽批发市场、活畜批发市场、观赏鱼批发市场、禽蛋批发市场、种子批发市场等。

按照交易场所划分，农产品批发市场包括产地批发市场、销地批发市场和中转批发市场。产地批发市场的典型代表是山东寿光蔬菜批发市场。销地批发市场的典型代表是北京新发地农副产品批发市场，目前已成为北京市交易规模最大的农产品专业批发市场，在全国同类市场中也具有很大的影响力。中转批发市场的典型特征就是“买全国、卖全国”，如深圳布吉农产品中心批发市场，其经营的农产品不仅满足深圳市民消费，而且辐射到整个华南地区乃至全国。

按照市场治理模式来划分，农产品批发市场可以分为四种模式：一是国营商业部门创办的农产品批发市场；二是国家工商行政管理部门创办的农产品批发市场；三是乡

（镇）村集体创办的农产品批发市场；四是完全由私人投资创办的农产品批发市场。

二、农产品批发市场的发展现状

改革开放以来，我国已经基本形成了由批发市场和农贸市场占主导地位的农产品市场流通体系。农产品产地批发市场的功能是：顺畅产地农产品的流通；用产地市场指导农业结构的调整；运用市场力量提高农产品质量。销地市场或者说农产品销地批发市场是以大中城市为依托兴建的消费性市场，在“菜篮子”市长负责制的推动下得到迅速发展，其主要功能是解决城市居民的“菜篮子”供应，稳定关系居民生活的重要农产品价格。

我国农产品批发市场历经20世纪90年代的快速发展，此后进入市场布局调整、经营品种结构调整和市场基础设施改造升级、市场管理向规范化和现代化迈进的新阶段。据国家工商行政管理总局统计，自2001年以来，全国农产品批发市场数量稳定在4 000多家，而单体市场的交易规模明显扩大。2016年，我国农产品批发市场4 503家，产地市场约占70%。截至2015年底，亿元以上农产品专业批发市场发展到979家，摊位数为55.85万个，营业面积达到4 415.4万平方米，年成交额为16 483.8亿元。其中，粮油市场占10.9%，肉禽蛋市场占7.3%，水产品市场占18.9%，蔬菜市场占23.6%，干鲜果品市场占17.1%，其他农产品市场占22.2%（见图11－6）。随着城乡居民生活水平日益提高，人们更加关注农产品和食品的质量安全问题。在这样的农产品供给与需求背景下，我国农产品批发市场经过多年快速发展，基本构建起以批发市场为中心的市场体系，批发市场建设发展由数量扩张为主转入以稳定数量、优化布局结构、提升质量档次为重点的新阶段。

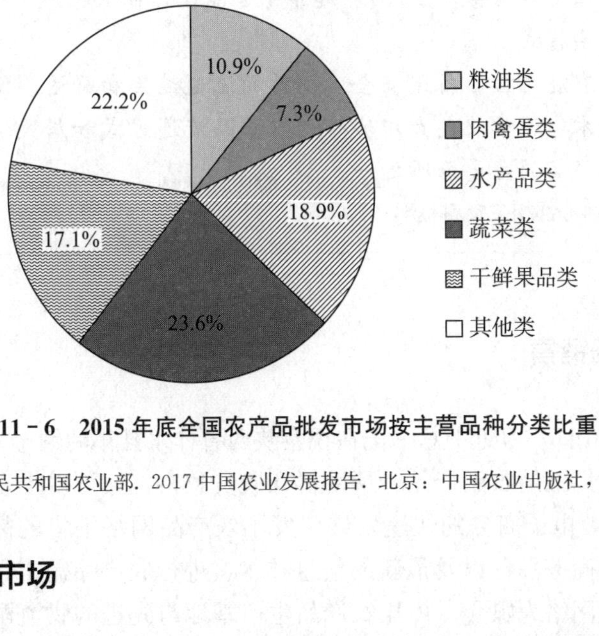

图11－6　2015年底全国农产品批发市场按主营品种分类比重图

资料来源：中华人民共和国农业部. 2017中国农业发展报告. 北京：中国农业出版社，2017.

三、农产品零售市场

农产品零售市场又称农产品消费市场，是通过零售方式直接为消费者提供农产品服务的最终交易场所（流通的最终环节），反映着农产品的生产者、加工者、经营者和消费者的多方面经济关系。农产品零售市场主要以露天市场、农贸市场和超市的形式存在。农产品集贸市场是主要进行农副产品零售交易的场所，是农民直接进入流通、销售农产品的主要渠道。农产品集贸市场是在一定区域范围内，以农产品的生产者和消费者互通有无为目的，以当地农产品为交易对象，以零售为主要形式的现货交易场所。

随着收入水平的提高，人们对于品质的诉求越来越高，相对于农产品流通企业来说，超市在市场销售方面更具优势，而且食品安全质量相对较高，因此，在农产品零售市场上，全国各地围绕流通模式展开了积极探索。“超市＋专业合作社＋农户”模式是目前“农超对接”支持发展的主要模式。商务部也会同其他单位积极推进“农超对接”试点工作，对于“农超对接”作出了如下发展定位：（1）全面推进农超对接，有利于搞活流通和扩大消费，促进农产品市场繁荣和居民消费能力提高；（2）有利于减少流通环节，降低流通成本，稳定市场价格和保障市场供应，促进农产品成交价格和数量维持基本稳定；（3）有利于提高农业生产组织化程度和增加农民收入，促进农民专业合作社的发展；（4）有利于保障食品安全和改善民生，对加快构建社会主义和谐社会也具有重要意义。

专栏 2

农产品“农超对接”

2006 年，商务部会同财政部实施了“双百市场工程”。2009 年，商务部开始开展“农超对接”工作，接着启动了农产品现代流通综合试点。

“农超对接”的本质是农产品生产和销售的直接对接，也就是从事农产品生产的农产品专业合作社、农户与从事农产品销售的超市直接对接。相对于农产品流通企业来说，超市在市场销售方面更具优势，因此，“超市＋专业合作社＋农户”模式是目前“农超对接”支持发展的主要模式。

政府通过推进农超对接，打造安全、高效的流通链条和舒适、便捷的消费环境。推广应用现代流通技术，逐步改变大中城市的农产品流通方式和居民消费习惯，使超市成为城市居民购买农产品的主要场所之一。

资料来源：根据商务部相关资料整理。

四、农产品网络销售

2020 年 4 月 20 日，习近平总书记在视察陕西省柞水县小岭镇金米村时指出，电商作为新兴业态，既可以推销农副产品、帮助群众脱贫致富，又可以推动乡村振兴，是大有可为的。[①] 近年来，电子商务的快速发展引发了农产品网络销售的热潮。农产品网络销售利用互联网电子商务平台以及最新的信息技术，进行农产品需求、价格、品质等信息的发布与收集，以网络为媒介，依托农产品生产基地与先进的物流配送系统，连接消费

① 习近平. 时间｜电商大有可为. 新华社，2020－04－29.

者和生产者，从而扩大农产品销售范围。传统农产品流通销售过程（从农产品产出到消费）通常要经历农产品经纪人、批发商、零售终端等多层中间环节，如今互联网技术改变了农产品流通渠道，衍生出多种不同的农产品电商模式。比如，消费者定制模式，农户根据会员的订单需求生产农产品，然后通过家庭宅配的方式把自家农庄的产品配送给会员。最主要的电商模式是商家到消费者的模式，即经纪人、批发商、零售商通过网上平台将农产品卖给消费者或专业的垂直电商直接到农户采购，然后卖给消费者的行为。一种是平台型的 B2C 模式，如天猫、京东、淘宝；一种是垂直型的 B2C 模式（即专注于售卖农产品的电商模式），如我买网、顺丰优选、本来生活等。

农产品网络销售能够有效解决传统线下市场所存在的信息不对称、搜寻成本高、流通环节多、区域性限制等诸多问题。通过互联网，农产品生产者和消费者都能够以比较小的成本了解农产品市场信息，包括价格、市场品质和数量需求等。并且网络销售的跨地域特性还能够打破时空限制，拉近消费者与生产者之间的距离，扩大市场规模，提高市场分工水平，开发全国乃至全球市场。

表 11－5 总结了 2017—2022 年我国出台的关于农村电商的政策。

表 11－5　2017—2022 年中国农村电商政策盘点

年份		出台部门	政策文件
2017 年	2 月	国务院	《关于深入推进农业供给侧结构性改革 加快培育农业农村发展新动能的若干意见》
	8 月	商务部、农业部	《关于深化农商协作 大力发展农产品电子商务的通知》
	12 月	农业部	《关于深入实施贫困村“一村一品”产业推进行动的意见》
2018 年	1 月	财政部	《农业综合开发财务管理办法》
	2 月	国务院	《关于实施乡村振兴战略的意见》
	5 月	财政部、商务部、国务院扶贫办	《关于开展 2018 年电子商务进农村综合示范工作的通知》
		工业和信息化部	《关于推进网络扶贫的实施方案（2018—2020 年）》
2019 年	1 月	国务院	《关于深入开展消费扶贫 助力打赢脱贫攻坚战的指导意见》
	3 月	国务院	《关于促进小农户和现代农业发展有机衔接的意见》
	4 月	财政部、商务部、扶贫办综合司	《关于开展 2019 年电子商务进农村综合示范工作的通知》
	5 月	财政部、商务部	《关于推动农商互联 完善农产品供应链的通知》
2020 年	2 月	国务院	《关于抓好“三农”领域重点工作 确保如期实现全面小康的意见》
		财政部、商务部	《关于疫情防控期间进一步做好农商互联 完善农产品供应链体系的紧急通知》
2021 年	2 月	国务院	《关于全面推进乡村振兴 加快农业农村现代化的意见》
	10 月	商务部、网信办、发改委	《“十四五”电子商务发展规划》
2022 年	2 月	国务院	《关于做好 2022 年全面推进乡村振兴重点工作的意见》

商务部数据显示，农村电商有效助力乡村振兴。2021 年，全国农村网络零售额达 2.05 万亿元，同比增长 11.3%，比 2014 年扩大了 10.4 倍。全国农产品网络零售额达 4 221 亿元，同比增长 2.8%。2022 年上半年，全国农村网络零售额为 9 759.3 亿元，同比增长 2.5%。①

第四节　农产品期货与期权

金融衍生产品通常是指从原生资产（underlying assets）派生出来的金融工具。金融衍生产品的共同特征是保证金交易，即只要支付一定比例的保证金就可进行全额交易，不需要实际上的本金转移，合约的了结一般也采用现金差价结算的方式进行，只有在期满日以实物交割方式履约的合约才需要买方交足货款。因此，金融衍生产品交易具有杠杆效应。保证金越低，杠杆效应越大，风险也就越大。根据产品形态，金融衍生产品可以分为远期、期货、期权和掉期四大类。远期合约和期货合约都是交易双方约定在未来某一特定时间、以某一特定价格、买卖某一特定数量和质量资产的交易形式。期货合约是期货交易所制定的标准化合约，对合约到期日及其买卖的资产的种类、数量、质量作出了统一规定。远期合约是根据买卖双方的特殊需求由买卖双方自行签订的合约。因此，期货交易的流动性较高，远期交易的流动性较低。掉期合约是一种由交易双方签订的在未来某一时期相互交换某种资产的合约。期权交易是买卖权利的交易。期权合约规定了在某一特定时间、以某一特定价格买卖某一特定种类、数量、质量原生资产的权利。期权合约有在交易所上市的标准化合约，也有在柜台交易的非标准化合约。

一、期货商品

一般来说，并不是所有商品均适合在期货市场上交易，只有具备下列属性的商品才能成为期货合约交易的标的物。第一，价格波动大。只有价格波动大的商品，市场交易主体才有规避风险的动机。换句话说，计划经济条件下或者垄断市场情况下，市场参与主体往往不需要发展期货。第二，商品本身供需量大。期货市场发挥功能是以商品供需双方广泛参与交易为前提的，只有现货交易量大而且更多经济参与主体在更大范围内充分竞争，才能形成权威价格。供给方或需求方数量相对较少，或者市场参与主体少，市场则不活跃，或者交易规模小，本身也容易被少数经济主体垄断。第三，易于分级和标准化。与现货市场交易和远期交易不同的是，期货合约已经对交割商品质量和标准作出了明确规定。第四，易于储存、便于运输。期货商品一般都是远期交割的商品，因此需要商品易于储存、便于运输，保证期货商品交割顺利进行。目前，我国上市的农产品期货商品主要集中在郑州商品交易所和大连商品交易所，具体商品如表 11－6 所示。相对来说，国外期货商品非常丰富，几乎涵盖了所有大宗农产品，粮食类有玉米、燕麦、小

① 关于政协十三届全国委员会第五次会议第 03257 号（商贸监管类 139 号）提案答复的函．中华人民共和国商务部网站，2022－10－31.

麦等，畜产品有活牛、活猪、猪肉等，其他还有大豆油、棉花、可可、干茧等。

表 11－6　我国主要期货商品

交易所名称	上市品种	网址
郑州商品交易所	强麦、普麦、棉花、白糖、PTA（精对苯二甲酸）、菜籽油、早籼稻、甲醇、玻璃、油菜籽、菜籽粕、动力煤、粳稻、晚籼稻、棉纱、苹果	http://www.czce.com.cn
大连商品交易所	玉米、玉米淀粉、黄大豆 1 号、黄大豆 2 号、豆粕、豆油、棕榈油、纤维板、胶合板、鸡蛋、粳米、生猪、聚乙烯、聚氯乙烯、聚丙烯、焦炭、焦煤、铁矿石	http://www.dce.com.cn
上海期货交易所	黄金、白银、铜、铝、锌、铅、镍、锡、螺纹钢、线材、热轧卷板、燃料油、石油沥青、天然橡胶	http://www.shfe.com.cn/

资料来源：根据网站资料整理（截至 2018 年）。

二、期货合约

期货合约是由期货交易所统一制定的、规定在将来某一特定时间和地点交割一定数量和质量的商品的标准化合约。一般包括合约名称、交易数量和单位条款、质量和等级条款、交割地点、交割月份、最小变动价位等具体规定，如表 11－7 和表 11－8 所示。交易单位是指每手期货合约代表的标的商品的数量，比如，玉米期货合约的交易单位是 10 吨/手，郑州商品交易所普通小麦期货合约的交易单位是 50 吨/手。涨跌停板幅度是期货交易所规定的某种期货合约在每个交易日的最大允许涨跌幅度。设置涨跌停板制度的目的是防止价格波动幅度过大，也是为了保护期货参与主体在市场价格剧烈波动中免受经济损失。为了控制风险，期货交易所在进行交易之前必须缴纳保证金，期货合约的保证金一般是由期货交易所根据不同的期货商品品种决定，其金额通常为期货合约的 5%～10%。比如，玉米期货合约的最低交易保证金为合约价值的 5%。具体例子如表 11－7、表 11－8、表 11－9 所示。标准化的期货合约方便了交易的各个环节，也使得交易能够更加顺利地进行。

表 11－7　大连商品交易所玉米期货合约

交易品种	黄玉米
交易单位	10 吨/手
报价单位	元（人民币）/吨
最小变动价位	1 元/吨
涨跌停板幅度	上一交易日结算价的 4%
合约月份	1、3、5、7、9、11 月
交易时间	每周一至周五上午 9:00—11:30，下午 1:30—3:00
最后交易日	合约月份第 10 个交易日
最后交割日	最后交易日后第 3 个交易日
交割等级	大连商品交易所玉米交割质量标准（FC/DCE D001－2009）（具体内容见附件）
交割地点	大连商品交易所玉米指定交割仓库

续表

交易品种	黄玉米
最低交易保证金	合约价值的5%
交易手续费	不超过3元/手（当前暂为1.5元/手）
交割方式	实物交割
交易代码	C
上市交易所	大连商品交易所

表 11-8　郑州商品交易所硬白小麦期货合约

交易品种	优质强筋小麦（简称“强麦”）
交易单位	20吨/手
报价单位	元（人民币）/吨
最小变动价位	1元/吨
每日价格波动限制	上一个交易日结算价±4%及《郑州商品交易所期货交易风险控制管理办法》的相关规定
最低交易保证金	合约价值的5%
合约交割月份	1、3、5、7、9、11月
交易时间	每周一至周五（北京时间，法定节假日除外） 上午9:00—11:30，下午1:30—3:00
最后交易日	合约交割月份的第10个交易日
最后交割日	合约交割月份的第12个交易日
交割品级	符合《中华人民共和国国家标准——小麦》（GB 1351-2008）的三等及以上小麦，且稳定时间、湿面筋等指标符合《郑州商品交易所期货交割细则》规定要求
交割地点	交易所指定交割仓库
交割方式	实物交割
交易代码	WH
上市交易所	郑州商品交易所

表 11-9　郑州商品交易所普通小麦期货合约

交易品种	普通小麦
交易单位	50吨/手
报价单位	元（人民币）/吨
最小变动价位	1元/吨
每日价格最大波动限制	上一个交易日结算价±4%及《郑州商品交易所期货交易风险控制管理办法》的相关规定
最低交易保证金	合约价值的5%
合约交割月份	1、3、5、7、9、11月
交易时间	每周一至周五（北京时间，法定节假日除外） 上午9:00—11:30，下午1:30—3:00
最后交易日	合约交割月份的第10个交易日
最后交割日	仓单交割：合约交割月份的第12个交易日 车船板交割：合约交割月份的次月20日

续表

交易品种	普通小麦
交割品级	符合《中华人民共和国国家标准——小麦》(GB 1351－2008)的三等及以上小麦，且物理指标等符合《郑州商品交易所期货交割细则》规定的要求
交割地点	交易所指定交割仓库及指定交割计价点
交割方式	实物交割
交易代码	PM
上市交易所	郑州商品交易所

三、期货交易制度

1. 交易所实行每日无负债结算制度

即在每日交易结束后，交易所按当日结算价结算所有合约的盈亏、交易保证金及手续费、税金等，对应收应付的款项实行净额一次划转，相应增加或减少会员的结算准备金。

2. 涨跌停板制度

涨跌停板是指期货合约允许的日内价格最大波动幅度，超过该涨跌幅度的报价被视为无效，不能成交。

3. 强行平仓制度

当会员、客户出现下列情况之一时，交易所有权进行强行平仓：(1) 结算准备金余额小于零且未能在规定时间内补足的；(2) 持仓量超出其限仓规定的；(3) 进入交割月份的自然人持仓；(4) 因违规受到交易所强行平仓处罚的；(5) 根据交易所的紧急措施应予强行平仓的；(6) 其他应予强行平仓的。

4. 保证金制度

在期货交易中，任何交易者都必须按照其所买卖期货合约价格的一定比例(通常为5%～10%)缴纳资金，作为其履行期货合约的财力担保，然后才能参与期货合约的买卖，并视价格确定是否追加资金，所交的资金就是保证金。

5. 限仓制度

指期货交易所为了防止市场风险过度集中于少数交易者和防范操纵市场行为，对会员和客户的持仓数量进行限制的制度。依制度规定了会员或客户可以持有的、按单边计算的某一合约持仓的最大数额，不允许超量持仓。

四、主要交易方式

(一) 期货交易的基本概念

期货交易就是指在期货市场上建立交易部位。如买入期货合约则被称为“买多”或者“多头”，也叫建立多头部位或者多头交易；如卖出期货合约则被称为“卖空”或者“空头”，也叫建立空头部位或者空头交易。完整的期货交易包括建仓和平仓两笔交易。建仓包括买入期货合约，也可以卖出期货合约。在没有平仓之前都叫持仓。部分概念如下：

（1）建仓：开始买入或卖出期货合约的交易行为称为“建仓”或“建立交易部位”。

（2）持仓：交易者手中持有合约称为“持仓”。

（3）头寸（交易部位）：等同于持仓的一种说法。期货合约买方处于多头部位，期货合约卖方处于空头部位。

（4）平仓：交易者为了了结手中的合约，进行反向交易的行为称为“平仓”或“对冲”。

（5）开盘价：开市前5分钟集合竞价产生的价格。

（6）结算价：当天某商品所有成交合约的加权平均价。

（7）涨跌幅：某商品当日最新价与昨日结算价之间的价差。

（8）追加保证金：当客户的持仓保证金超过该账户的总权益时，期货经纪公司在当日结算后向客户发出追加保证金通知书。

（二）期货交易的主要类型

按照交易主体交易目的的不同，期货交易分为三类，即套期保值交易、投机交易和套利交易。

1. 套期保值交易

套期保值交易是指买入（卖出）与现货市场数量相同但交易方向相反的期货合约，以期在将来某一时间通过卖出（买入）期货合约来抵偿因现货市场价格变动带来的实际价格风险。套期保值交易可以分为买入套期保值交易和卖出套期保值交易。买入套期保值交易是指通过买入期货合约以防止因现货价格上涨而遭受损失的行为，卖出套期保值交易是指通过期货市场卖出期货合约以防止因现货价格下跌而遭受损失的行为。套期保值交易的目的是把正常经营活动所面临的价格风险转移出去。影响套期保值效果的因素有很多，包括：（1）时间差异影响。因为购买或出售的时间难以确定，然而期货价格与现货价格的差异随时间变化而变化，并且对冲常常需要在合约的到期日之前进行，从而导致期货价格并不收敛于现货价格。（2）地点差异影响。不同地区的现货价格存在差异，并且现实中还存在导致现货价格与期货价格背离的因素。（3）品质差异影响。期货合约交割对商品质量作出了明确规定，可能与交易者手中的现货有实质性区别。（4）手续费、佣金、保证金的影响。这些费用都会对最终套期保值效果产生影响。

对于套期保值交易者而言，他们的目的是付出一定的成本以回避可能发生的风险或者损失。

案例1 2007年12月某玉米贸易企业通过自有粮库开始在产区收购玉米，进入2008年3月以后发现此时卖出玉米期货套期保值不仅可以防止玉米后期价格回落给企业造成损失，而且可以抓住市场上企业价格与现货价格的不利价差，于是企业进行了卖出套期保值操作。4月，随着企业现货销售完毕，企业平仓（见表11-10）。

表 11-10 卖出套期保值

操作	日期	长春现货价格（元/吨）	大连现货价格（元/吨）	期货合约	数量
建仓	2008-03-03	1 420	1 718	C0805	卖出 2 000 手
平仓	2008-04-02	1 400	1 623	C0805	买入 2 000 手

资料来源：大连商品交易所. 玉米投资手册，2009-08.

注：企业期货市场平仓利润为（1 718－1 623）×2 000×10＝1 900 000(元)，现货市场损失为（1 420－1 400）×2 000×10＝400 000(元)，再减去交易手续费 4 000×5＝20 000(元)。企业此次套期保值不仅弥补了现货市场价格下跌的损失，还获得了基差利润 168 万元。

案例 2 2008 年 3 月下旬，某饲料企业发现国储在产区大量收购玉米，造成收购价格逐渐上升，东北地区传统的运输瓶颈使得企业采购运输困难，整个玉米的销售区域库存减少。该企业判断玉米现货价格将持续上涨，但是由于运输问题，企业却无法采购，为了规避企业以后采购高价玉米的风险，于是企业决定在期货市场上买入玉米套期保值。企业分两次买入玉米 600 手。进入 5 月，企业发现期货市场的涨幅大大超过现货市场，企业在现货市场买入玉米进行正常生产，同时平掉期货头寸，不仅顺利锁定了采购成本，还抓住了期现市场的基差发生的有利变化，从而获得了超额利润（见表 11-11）。

表 11-11 买入套期保值

操作	日期	上海现货价格（元/吨）	大连期货价格（元/吨）	期货合约	数量
建仓	2008-03-31	1 780	1 780	C0809	买入 300 手
	2008-04-01	1 780	1 756	C0809	买入 300 手
平仓	2008-05-05	1 780	1 826	C0809	买入 300 手
	2008-05-07	1 790	1 825	C0809	买入 300 手

资料来源：大连商品交易所. 玉米投资手册，2009-08.

注：采购 6 000 吨玉米，企业虽然在现货市场多支付了（1 790－1 780）×3 000＝30 000(元)，但是在期货市场的平仓盈利（1 826＋1 825)×300×10－(1 780＋1 756)×300×10＝345 000(元)。减去手续费 1 200×5＝6 000(元)，企业获利 33.9 万元。现货市场签订合同要 30%的定金，而期货市场 C0809 合约只要 5%的保证金，企业还减少了资金费用，增加了流动资金。

2. 投机交易

期货市场投机是指通过买卖期货合约，待价位合适时对冲平仓以获取利润的投资行为，也可以分为多头投机和空头投机。一般而言，投机交易往往具有四个方面的特征：(1) 承担市场风险，获取风险利润；(2) 交易规模较大，交易活动频繁；(3) 持有时间短，信息含量大，时空覆盖广；(4) 经常利用对冲技术，一般无须进行实物交割。投机交易者是期货市场的重要组成部分。投机交易者增强了期货市场的流动性，承担着套期保值交易转移的风险，是期货市场正常运营的保证。

3. 套利交易

套利交易是期货市场上的一种特殊交易方式，它利用期货市场上不同月份、不同市场、不同商品的期货合约的相对价差，同时买入和卖出不同种类的期货合约，以此来获取利润。套利交易的假设前提是：(1) 套利者具有信息优势；(2) 市场常常发生扭曲；(3) 市场具有复原功能；(4) 套利影响市场走势；(5) 套利者厌恶风险。套利交易一般可以分为四类，即期现套利、跨期套利、跨市套利、跨商品套利，如表 11 - 12 所示。期现套利是指同一会员或投资者以赚取差价为目的，在同一期货品种的不同合约月份建立数量相等、方向相反的交易部位，并以对冲或交割方式结束交易的一种操作方式。跨期套利属于套利最常用的一种，实际操作中又分为牛市套利、熊市套利和蝶式套利。跨市套利是指利用同一商品在不同交易所期货价格的不同，在两个期货交易所同时买进和卖出同一交割月份的同种商品期货合约，以期在有利时机分别在两个期货交易所对冲手中的合约获利的交易行为。值得指出的是，目前国内三家商品交易所的上市品种都不一样，也就无法开展国内跨市套利，但是国内外铝、铜、大豆等商品可以开展跨市套利。跨商品套利是指利用两种不同的但相关性很强的商品之间的期货价格的差异进行套利，即买进（卖出）某一个交割月份的某一种期货合约，同时卖出（买入）另一种相同交割月份的期货合约或另一类关联的期货合约，以期在有利时机对冲手中期货合约来获利。跨商品套利需要满足三个条件：（1）两种商品之间具有关联性或相互替代性；（2）交易价格受到相同的一些因素影响；（3）买进或卖出期货合约通常应在相同的交割月份。根据商品之间关系的不同，跨商品套利可以分为两种。一种是相关商品间的套利，比如谷物中大豆和玉米、金属中铜与铝，它们之间都存在一定的替代性，价格相互关联，如果现行价差异常大，则可以买进低价格合约、卖出高价格合约，等到价差缩小时获利。另外一种便是原料和成品之间的套利，典型例子便是大豆与其加工品（豆粕和豆油）之间存在套利行为，如果彼此之间价格出现异常，偏离了正常范围，就可以在原料和加工品之间进行跨商品套利。

表 11 - 12　四种不同的套利

类型	特点
期现套利	期货市场和现货市场，交易者为现货商人
跨期套利	同一交易所同一商品的不同交割月份期货合约
跨市套利	不同的期货交易所
跨商品套利	不同合约在价格变动上表现出较强的联动性

五、 农产品期权

(一) 期权的定义与合约基本要素

期权是指赋予其购买者在规定期限内按双方约定的执行价格（exercise price 或 striking price）购买或出售一定数量某种标的资产（也叫潜含资产、原生资产，underlying assets）的权利的合约。在期权合约规定的有效期内，期权买方可以行使或转售这种权利。如果期权买方认为行使该权利对自己不利，就可以放弃行使这种权利，只是购买期权时的权利金不予退还。超过规定期限，合约就自动失效，所购的期权也随之作废。

权利金即期权的价格，是期货期权买方为获取期权合约所赋予的权利而必须支付给卖方的费用。对于卖方来说，它就是卖出期货期权的报酬，也就是期货期权的成交价。

对于卖方而言，卖出期货期权可以获得一笔权利金收入，而不必马上进行期货合约的交割。当然，它同时使卖方面临一定的市场风险，即无论期货市场的价格如何变动，卖方都必须做好履约的准备。影响期权权利金高低的因素包括执行价格、期货市价、到期日的长短、期货价格波动率、无风险利率及市场供需力量等。

执行价格是期权合约规定好的价格，不论将来期货价格涨得多高、跌得多深，买方都有权以执行价格买入或卖出。以强筋小麦期权为例，买进执行价格为 1 600 元/吨的看涨期权。如果强筋小麦期货上涨，不管涨到多少，买方都可以行权，获得 1 600 元/吨的期货多头持仓。如果强筋小麦涨至 1 650 元/吨，行权后即可获利 50 元/吨（未扣除权利金成本）。如果期货价格跌破 1 600 元/吨，买方可以放弃权利。

合约到期日指期货合约必须履行的时间，是期货期权合约的终点，一般是在标的的期货合约交割日之前一个月的某一时间。这是为了让期权卖方在买方行使权利时为履行义务而必须买入或卖出标的的期货合约时，还有一定的时间在期货市场上进行反向的期货合约交易来对冲平仓，使期权卖方有机会来避免他可能不愿意或不准备进行实物交割的局面的出现。

（二）期权的主要类别

按期权买者的权利，期权可分为看涨期权和看跌期权。

看涨期权（call option），又称买进期权、买方期权、买权、延买期权或“敲进”，是指期货期权的买方向期货期权的卖方支付一定数量金额的权利金后，即拥有在期权合约的有效期内，按照事先约定的价格向期权卖方买入一定数量的标的期货合约的权利，但不负有必须买进的义务。

看跌期权（put option）赋予期权买方未来按约定价格出售标的资产的权利，是指期货期权的买方向期货期权的卖方支付一定数量金额的权利金后，即拥有在期权合约的有效期内，按照事先约定的价格向期权卖方卖出一定数量的标的期货合约的权利，但不负有必须卖出的义务。如果对自己不利而不想卖，可以让期权到期作废，也可以将看跌期权转售给想要该期权的人。

按照执行方式划分，期权可分为美式期权和欧式期权。

美式期权（American option）指可以在成交后有效期内任何一天被执行的期权。也就是指期权持有者可以在期权到期日以前的任何一个工作日纽约时间上午 9:30 以前，选择执行或不执行期权合约。美式期权允许期权持有者在到期日或到期日前执行购买（如果是看涨期权）或出售（如果是看跌期权）标的资产的权利。

欧式期权（European option）指买入期权的一方必须在期权到期日当天才能行使的期权。

二者的区别主要在于执行时间。美式期权合同在到期日前的任何时候或在到期日都可以执行，结算日则是在履约日之后的一天或两天，大多数美式期权合约允许持有者在交易日到履约日之间随时履约，但也有一些合同规定一段比较短的时间可以履约，如“到期日前两周”。欧式期权合约要求其持有者只能在到期日履行合约，结算日是履约后的一天或两天。目前国内的外汇期权交易都是采用欧式期权合约方式。

本章小结

农产品市场与价格是整个农业政策的核心部分，政府往往运用各种市场与价格政策进行宏观调控来引导、干预农业生产。关于市场与价格方面的内容较为丰富，这里仅介绍了农产品市场的相关知识，包括现货市场和期货市场。现货市场包括批发市场和零售市场，以及农产品价格形成、决定与波动。我们需要掌握农产品批发市场具有商品集散地和价格形成中心两大功能。农产品期货市场的主要交易类型有套期保值交易、套利交易和投机交易，其中套利又分为期现套利、跨期套利、跨市套利和跨商品套利。

本章习题

1. 农产品批发市场的存在有什么作用？试从流通机构的角度分析其特点。
2. 收集某种农产品价格序列，运用描述性分析，对该价格序列开展多维度分析。
3. 收集和比较国内外不同发展阶段的农产品价格干预手段、措施。
4. 超级市场与传统集贸市场有什么区别？请用制度经济学分析评估“农超对接”政策。

参考文献

1. 程瑞芳. 我国农产品价格形成机制及波动效应分析. 中国流通经济，2007（3）.
2. 胡延松. 农产品价格形成机制和波动性. 经济导刊，2010（9）.
3. 黄海沧，等. 期货交易精要及案例. 杭州：浙江大学出版社，2005.
4. 李秉龙，薛兴利. 农业经济学. 2版. 北京：中国农业大学出版社，2009.
5. 彭森. 中国价格改革三十年1978—2008. 北京：中国市场出版社，2010.
6. 巫国兴. 我国农产品价格波动研究. 农业经济问题，1997（6）.
7. 曾寅初. 我国农产品批发市场的结构特征分析. 中国人民大学农业与农村发展学院工作论文.
8. 张忠根. 农业经济学. 2版. 杭州：浙江大学出版社，2016.
9. 周应恒. 农产品运销学. 北京：中国农业出版社，2006.
10. 朱道华. 农业经济学. 4版. 北京：中国农业出版社，2009.
11. 大连商品交易所. 玉米投资手册，2009-08.
12. 农业部调研组. 农产品价格形成及利润分配调查. 农民日报，2008（5）.
13. 农业部市场与经济信息司. 中国农产品批发市场发展报告（2010）. 北京：中国农业大学出版社，2010.
14. 中华人民共和国农业部. 2001中国农业发展报告. 北京：中国农业出版社，2001.
15. 张琛，孔祥智. “双循环”新发展格局与中国粮食安全. 湖北大学学报（哲学社会科学版），2021（5）.

第十二章
农产品国际贸易

本章要点

1. 了解我国农产品国际贸易历史；

2. 掌握国际贸易相关的基本概念、主要贸易理论发展脉络及前沿进展；

3. 掌握技术性贸易措施、贸易壁垒、技术法规和标准、合格评定程序等重要概念；

4. 掌握农产品技术性贸易措施贸易影响的产生机制、特点、形式和理论机制；

5. 了解国际贸易趋势与农产品国际贸易前景。

关键词

农产品；国际贸易；技术性贸易措施；TBT；SPS

导入案例

新冠肺炎疫情的突然暴发以及长期蔓延可能将会演变成为全球性的粮食危机，国际粮食市场将会更加复杂多变。例如新冠肺炎疫情期间，部分国家的粮食价格出现异动。2020 年 3 月，泰国大米出口价格上涨至每吨 550 美元，越南大米出口价格上涨至每吨超过 400 美元。全球性公共危机导致世界经济基本停摆，忧患意识使得部分西方国家更加重视粮食安全，全球粮食市场不稳定的预期使得一些国家更是试图通过限制粮食出口的方式以应对潜在的粮食危机，引发了全球粮食市场的异常波动。例如，作为全球第三大大米出口国的泰国宣布自 2020 年 3 月 24 日零时起，限制大米以及相关产品出口。世界主要稻米出口国印度也于 2020 年 4 月停止稻米出口。作为世界最大的小麦出口国，俄罗斯通过设置粮食出口临时配额的形式，从 2020 年 4 月 1 日到 2020 年 6 月 30 日将小麦等粮食出口总量限制在 700 万吨以内，远低于正常年份 3 500 万吨的小麦出口量。作为小麦主要出口国的哈萨克斯坦也决定限制对包括小麦在内的 11 种农产品的出口。限制主要粮食出口，将会抬高国际粮食价格。例如 2008 年的全球粮食危机导致 20 多个国家出现社会动乱，37 个国家陷入粮食危机，接近 8.5 亿贫困人口面临饥饿威胁。保障国内粮食安全，要科学应对复杂多变的国际粮食市场，尤其是削弱国际粮食价格上涨对国内粮食价格的不利影响。

资料来源：张琛，孔祥智. “双循环”新发展格局与中国粮食安全. 湖北大学学报（哲学社会科学版），2021（5）.

小思考

谈谈你对农产品国际贸易的理解。

第一节 中国农产品国际贸易的演变

一、农产品对外贸易政策变迁概述

（一）计划经济时期的“封闭式”贸易（1978年以前）

中华人民共和国成立之初，国内生产力水平低下，国际形势依然紧张。为了快速恢复国民经济和抵制西方世界的敌对态度，我国需尽快进行国家工业化，打破西方世界的封锁。作为传统农业大国，农产品进出口承担了这一历史重任。为换取外汇、储备国家工业化建设所急需的必要物资、巩固自身在社会主义阵营中的地位，我国农产品进出口贸易实行统一政策、统一计划、统一对外步调的管理体制。经营主体上表现为国营外贸企业垄断经营、不同产品进出口外贸专营。政策偏向上表现为鼓励出口，大量出口农产品以换取外汇，少量进口农产品以调节国内农产品尤其是粮食的供需不平衡。具体措施体现为严格的数量贸易限制与强烈的贸易定价干预两方面。

数量贸易限制主要有：（1）进出口许可证制度。各经营主体在开展对外贸易时，必须按政府所颁布的进出口条例的要求，先向当地外贸管理局提出申请，且载明进出口货物名称、规格、价格、国别等内容以备审核。审核通过，颁发许可证后方可从事进出口业务。1958年以前，我国对进出口商品全面实行许可证管理；1959—1980年，授予进出口货单以进出口许可证的作用。（2）指令性计划制度。各外贸专业公司的业务计划、商品调度、资金划拨等由中央贸易部门统一批准，地方不能干预。①

贸易定价干预主要表现为强制结汇制度。中国人民银行指定中国银行为唯一法定的外汇交易所。出口货物所得价款必须在中国银行履行结汇手续。进口需用外汇的，必须凭进口许可证等用汇文件向中国银行提出兑换外汇申请。

（二）开启改革后的“开放式”贸易（1978—1991年）

进入20世纪80年代，改革开放重大战略极大地促进了生产力的发展，尤其是一系列围绕农业和农村的改革给农产品国际贸易注入了新的活力。同时，随着中国与美国、日本等世界部分大国关系的缓和，继续巩固农产品出口创汇的地位，扩大农产品进出口规模成为农产品国际贸易改革的重点。为此，国家将指令性制度改为指令性计划、指导性计划和市场调节相结合的管理体制，打破了国营企业的垄断，逐步运用价格、利率等

① 由于中华人民共和国成立到改革开放之间发生过“大跃进”与十年动乱，以上措施在不同阶段或多或少有所中断。

手段调控对外贸易。在出口方面，国家鼓励发展农产品多种经营，以巩固农产品出口创汇的重要地位。在进口方面，依然要保持一定数量的粮食进口。此阶段具体保护措施主要体现在减少直接性的贸易定价干预和重视数量贸易限制措施两方面。

贸易定价干预表现为：(1) 农产品出口直接补贴改革。1987 年对初级产品的补贴额约为 20 亿元，占当年初级产品总额的 4%。1988 年实行贸易体制改革，补贴额在 1987 年的基础上冻结不变。1991 年取消了对出口产品的财政补贴，至此结束了出口直接补贴的时代，转向出口退税等间接性补贴政策。(2) 出口退税。国务院规定从 1985 年 4 月 1 日起实行对进口产品征税、对出口产品退税的管理办法，规定了退还税种，包括增值税、产品税、营业税和特别消费税。

数量贸易限制表现为：(1) 恢复并改革进出口许可证管理制度。1980 年恢复出口许可证制度，发布了《关于出口许可证制度的暂行办法》。1982 年国家公布了对 64 种农产品实行许可证管理。1984 年，国务院出台《进口货物许可制度暂行条例》。1988 年许可证覆盖了中国进出口的 2/3。1991 年，实施许可证管理的出口商品已达 110 种，进口农产品实行进口许可证管理的有 10 种。至此，中国进出口许可证体系基本形成。(2) 配额管理制度。国家在一定时期内对某些货物的进出口数量或金额直接加以限制。进口配额管理实行两级审批制度。配额管理主要是针对出口产品，尤其是农产品。到 1993 年国家实行计划配额管理的出口产品有 38 种，其中农产品有大米、玉米、大豆、茶叶、棉花、豆粕及豆饼、花生仁、羊毛及羊毛绒、兔毛和中药材。

(三) 全面改革后的“市场化”贸易 (1992—2001 年)

1992 年党的十四大确立了建立市场经济的目标，标志着改革开放进入全方位、多层次、宽领域格局的新时代。此时，农业综合生产能力大为增强，农产品供给充裕多样。与此同时，苏联解体与东欧剧变使世界政治经济体系完全由西方国家控制，这就促使我国的农产品国际贸易在继续发挥出口创汇功能的同时，也要尽快融入由西方世界构筑的国际体系中。这一时期，农产品国际贸易特征对内表现为统一政策、开放经营、平等竞争、自负盈亏、工贸结合，对外表现为减轻贸易保护程度，为加入 WTO 做好充分准备。具体保护措施体现在减轻贸易价格干预与减少数量贸易限制两个方面。

贸易价格干预表现为：(1) 浮动汇率制的实施。1994 年 1 月 1 日，人民币官方汇率与外汇调剂价格正式并轨，我国开始实行以市场供求为基础的、单一的、有管理的浮动汇率制。企业和个人按规定向银行买卖外汇，通过银行间外汇市场形成市场汇率。中央银行设定一定的汇率浮动范围，并通过调控市场保持人民币汇率稳定。浮动汇率制的实行使得人民币大幅度贬值，极大地刺激了农产品出口，仅 1994 年增长幅度就达 26%，出现了连续六年的对外贸易顺差。(2) 大幅降低关税税率。为了做好加入 WTO 的准备，我国在 1992—1997 年间连续 4 次大幅度降低关税，农产品的平均关税税率从 1992 年的 45.4%降到了 2001 年的 19.8%，其中，1996 年和 1997 年降税分别涉及 4 900 个和 4 800 个税号产品。在大幅度降低农产品进口关税的同时，我国还逐步取消了一些非关税壁垒，部分农产品出口配额实行招标制。

数量贸易限制表现为：(1) 停止直接出口补贴。1991 年国家取消了对出口产品的财政补贴，并进一步完善出口退税制度。(2) 完善出口退税制度。1995 年农产品出口退税率为 3%。1999 年农产品的退税率提高到 5%。2002 年出口的棉花增值税为零，出口的大米、小麦、玉米增值税为零，按出口企业成本核算法确定出口货物购进价格，按 13% 的退税率计算应退税额。(3) 实行关税配额制度。1996 年后，为了与 WTO 接轨，我国对一些大宗农产品实行进口关税配额管理，包括粮食、植物油及油菜籽、羊毛、糖、棉花等。

(四) 入世后的逐步"自由化"贸易 (2002 年至今)

进入 21 世纪后，国内经济快速发展，经济总量已排名全球第二。农业现代化步伐加快，农业产业化规模不断升级、链条不断完善。在国际方面，2001 年中国加入了世界贸易组织，融入了全球经济大家庭，国际地位不断上升。国内外形势的巨大变化促使中国农产品国际贸易政策在遵循 WTO 非歧视、自由贸易、公平竞争原则的同时，要发挥改善人民生活、保障国家安全的重要作用。具体贸易政策表现为贸易价格干预、减轻数量贸易限制与重视产品质量障碍三个方面。

贸易价格干预主要表现为进一步降低农产品关税水平。例如 2000 年农产品关税水平均值为 26%，36 大类具体农产品关税水平也处于 7%和 65%之间。而 2002 年，农产品平均关税下调到 20%，36 大类具体农产品关税水平仅处于 7%和 48%之间，波动幅度大为降低，到 2018 年，农产品平均关税税率降低到 7.5%。

数量贸易限制表现为：(1) 取消了进口许可与数量限制。(2) 扩大了大宗农产品关税配额管理的范围，由 2000 年的 15 种扩大到 2009 年的 4 大类 11 个小类，并不断完善配额管理制度。(3) 取消了所有农产品的出口补贴，但也在一定程度上损害了中国农业的利益，造成农产品过剩现象。

产品质量障碍主要表现为对进出口动植物产品使用科学的检验检疫标准。目前我国进出口检验检疫已形成比较完善的管理体系，包括《中华人民共和国进出口商品检验法》《中华人民共和国进出境动植物检疫法》《中华人民共和国国境卫生检疫法》《中华人民共和国食品安全法》《中华人民共和国进出口商品检验法实施条例》《中华人民共和国进出境动植物检疫法实施条例》《中华人民共和国国境卫生检疫法实施细则》。我国曾经出现过对部分牛肉和猪肉进行进口限制、对美国柑橘和西太平洋地区小麦进行进口限制。

二、农产品对外贸易特征变迁概述

(一) 农产品国际贸易规模不断扩大

改革开放前，农产品国际贸易是中国对外贸易的主要类型，扮演着出口创汇的重要角色。1950 年中国出口总额为 5.5 亿美元，其中农副产品及其加工产品占总出口的 90.7%[①]，达到 4.9 亿美元。随着 20 世纪 80 年代农产品对外贸易的改革与巩固农产品出

① 武力. 中华人民共和国经济史 1949—1999. 增订版·上卷. 北京：中国时代经济出版社，2010.

口创汇地位的政策偏向，农产品出口表现出持续上升、稳步发展的态势。其中，1985年、1988年均出现超过15%的增速。进入21世纪后，贸易自由化的快速发展促使农产品出口增幅加大，除2009年有小幅下降外，其余年份均保持平均15%的增幅。在进口方面，因人民生活质量的提升和贸易保护的不断减轻，农产品进口规模出现了有波动的上升。尤其是加入WTO后，我国遵循WTO的规则取消了多种贸易壁垒，农产品贸易保护程度大大降低，农产品进口呈现较快增长态势，出现了巨大的贸易逆差。2020年农产品出口总额约为2003年的3.5倍，而进口总额约为2003年的9.6倍（见图12-1）。

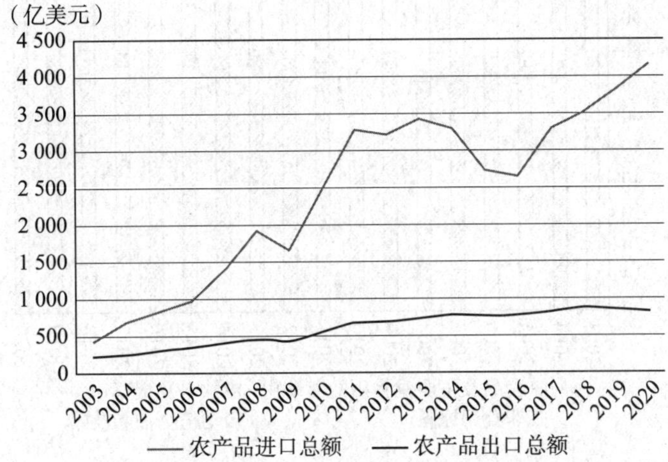

图12-1　2003—2020年中国农产品进出口总额

资料来源：由《中国统计年鉴》《中国对外贸易经济年鉴》相关数据整理而得。其中，农产品统计口径为“国际贸易分类标准SITC”初级产品中的食品及主要供食用的活动物、饮料及烟草、非食用原料、动植物油脂及蜡四类加总所得。如无特殊说明，本章以下图表资料来源均与此相同。

（二）农产品国际贸易出口结构稳定，进口结构变化较大

由于我国农产品国际贸易一直施行“奖出限入”的政策，农产品出口的地位不断得到加强，表现出以劳动密集型产品为主的相对稳定的格局。从1980年到2010年，食品及主要供食用的活动物的出口一直占据着重要地位，由20世纪80年代的近60%上升到近些年来的约70%。非食用原料在1985年出现快速增长，占到1/3以上的比重，但仍不能阻挡不断下降的趋势，从1985年42%的高峰跌落到了2001年的14.5%。其他类产品占比很小，虽然饮料及烟草、动植物油脂及蜡在20世纪90年代占比有所增大，一度分别达到8%与3%，但在21世纪头10年又下降到4%与1%左右（见图12-2）。2020年，食品及主要供食用的活动物占比76.19%，饮料及烟草占比3.03%，非食用原料占比19.09%，动植物油脂及蜡占比1.68%。

进口格局则随着农产品国际贸易政策的不断自由化、国内需求结构的转变和转基因农产品的出现而发生了巨大变化。1990年以前，为满足基本生活需要，食品及主要供食用的活动物进口占据绝对优势，保持着占中国农产品50%左右的进口份额。1990年以后，随着人民生活质量的提高与饮食结构的改变，食品及主要供食用的活动物进口份额快速下降，

尤其是2005—2011年期间仅占10%左右。而非食用原料进口份额由20世纪80年代初期的20%一下猛增到1986年的50%，首次超过了食品及主要供食用的活动物的进口，成为中国农产品进口的第一大项。此后非食用原料进口份额不断扩大，突出表现为大豆和油菜籽等压榨性原料进口比重明显增加。截至2020年底，非食用原料进口份额达到72.38%。动植物油脂及蜡的进口份额在20世纪80年代有小幅度上涨，到1995年前后达到最大，之后呈下降趋势，2020年仅为2.56%。饮料及烟草的占比一直较小（见图12-3）。

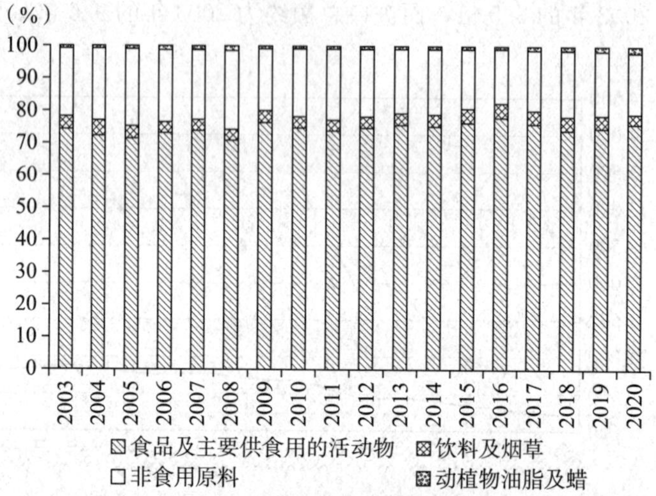

图12-2 2003—2020年农产品出口结构图

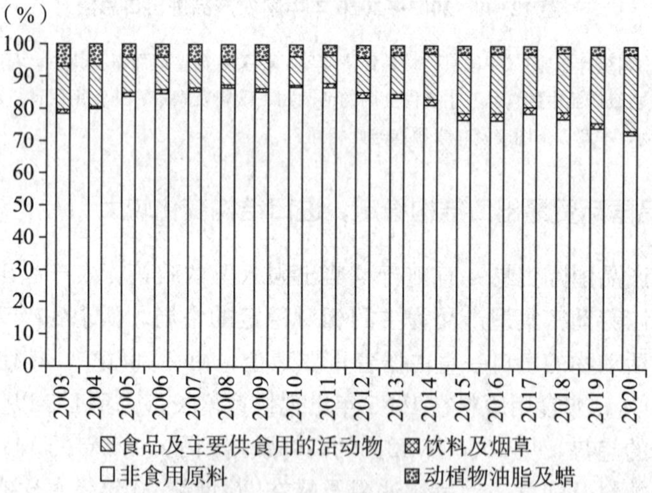

图12-3 2003—2020年农产品进口结构图

（三）农产品国际贸易市场分布多元化

计划经济时期由于西方世界的封锁，我国主要的贸易伙伴为苏联、东欧国家以及一些发展中国家。其中苏联占绝对主导地位，可以达到全部对外贸易额的一半以上。改革开放后，中国在世界上的地位发生了变化，贸易伙伴呈现多样化趋势。在出口方面，亚洲市场占主导地位，但比重在逐步下降，从 2005 年的 65.8%下降到 2010 年的 59.8%。相反，欧洲与美洲所占比重分别从 2005 年的 16.5%和 12.1%上升至 2010 年的 17.9%和 13.5%。在进口方面，亚洲是主要市场，其中中国香港的转口贸易发挥了重要作用。20 世纪 80 年代期间，中国香港的农产品年均出口增长率达 17.28%。90 年代后则逐步形成以北美地区为主的结构趋势，欧洲、大洋洲和非洲的比重均略有降低（见图 12-4、图 12-5）。

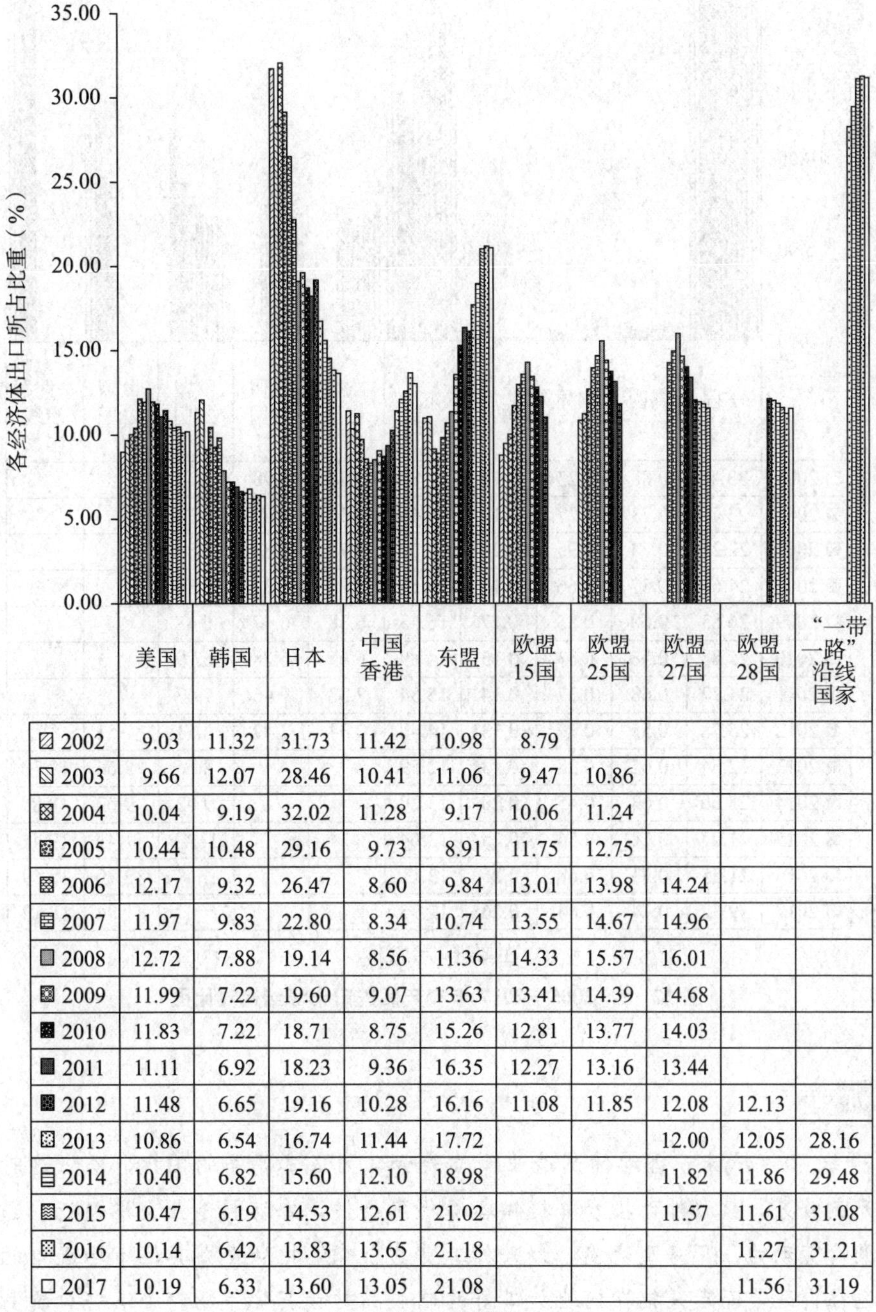

	美国	韩国	日本	中国香港	东盟	欧盟15国	欧盟25国	欧盟27国	欧盟28国	"一带一路"沿线国家
2002	9.03	11.32	31.73	11.42	10.98	8.79				
2003	9.66	12.07	28.46	10.41	11.06	9.47	10.86			
2004	10.04	9.19	32.02	11.28	9.17	10.06	11.24			
2005	10.44	10.48	29.16	9.73	8.91	11.75	12.75			
2006	12.17	9.32	26.47	8.60	9.84	13.01	13.98	14.24		
2007	11.97	9.83	22.80	8.34	10.74	13.55	14.67	14.96		
2008	12.72	7.88	19.14	8.56	11.36	14.33	15.57	16.01		
2009	11.99	7.22	19.60	9.07	13.63	13.41	14.39	14.68		
2010	11.83	7.22	18.71	8.75	15.26	12.81	13.77	14.03		
2011	11.11	6.92	18.23	9.36	16.35	12.27	13.16	13.44		
2012	11.48	6.65	19.16	10.28	16.16	11.08	11.85	12.08	12.13	
2013	10.86	6.54	16.74	11.44	17.72			12.00	12.05	28.16
2014	10.40	6.82	15.60	12.10	18.98			11.82	11.86	29.48
2015	10.47	6.19	14.53	12.61	21.02			11.57	11.61	31.08
2016	10.14	6.42	13.83	13.65	21.18				11.27	31.21
2017	10.19	6.33	13.60	13.05	21.08				11.56	31.19

主要出口经济体

图 12-4　2002—2017 年农产品出口市场结构对比图

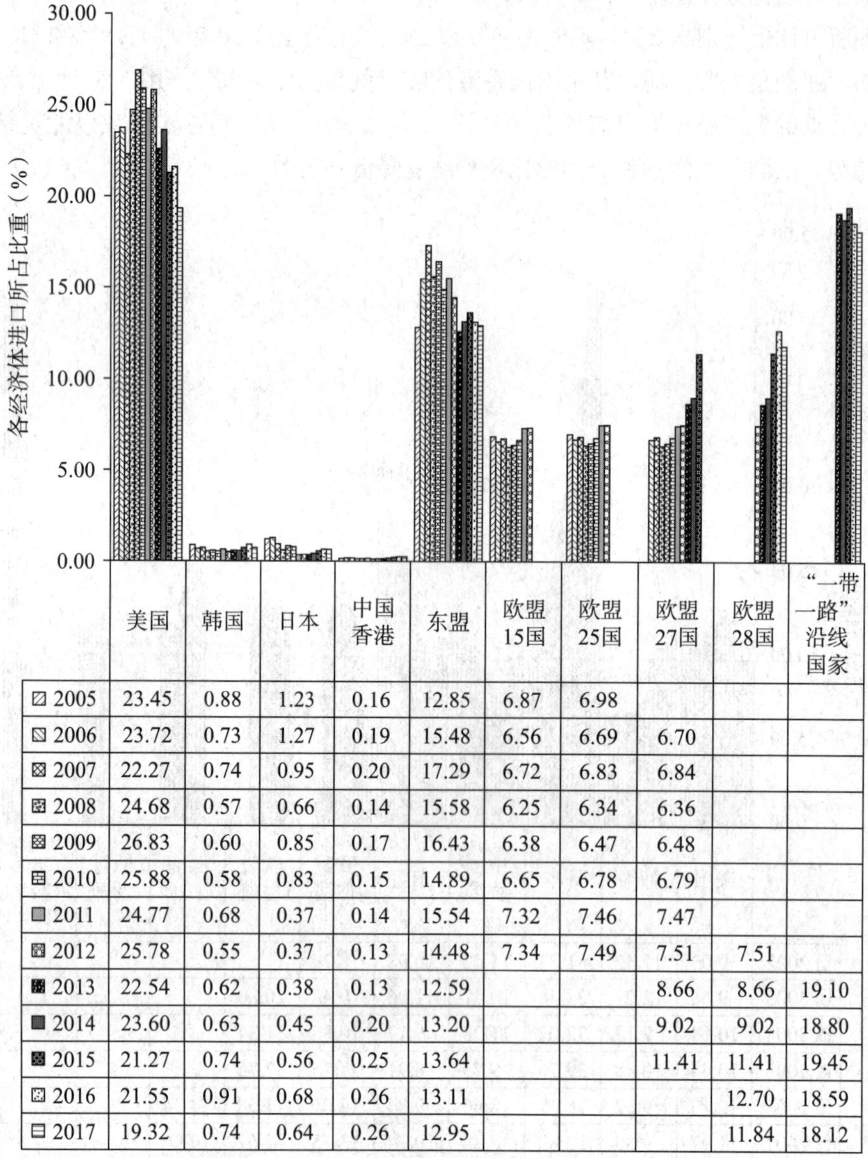

	美国	韩国	日本	中国香港	东盟	欧盟15国	欧盟25国	欧盟27国	欧盟28国	“一带一路”沿线国家
2005	23.45	0.88	1.23	0.16	12.85	6.87	6.98			
2006	23.72	0.73	1.27	0.19	15.48	6.56	6.69	6.70		
2007	22.27	0.74	0.95	0.20	17.29	6.72	6.83	6.84		
2008	24.68	0.57	0.66	0.14	15.58	6.25	6.34	6.36		
2009	26.83	0.60	0.85	0.17	16.43	6.38	6.47	6.48		
2010	25.88	0.58	0.83	0.15	14.89	6.65	6.78	6.79		
2011	24.77	0.68	0.37	0.14	15.54	7.32	7.46	7.47		
2012	25.78	0.55	0.37	0.13	14.48	7.34	7.49	7.51	7.51	
2013	22.54	0.62	0.38	0.13	12.59			8.66	8.66	19.10
2014	23.60	0.63	0.45	0.20	13.20			9.02	9.02	18.80
2015	21.27	0.74	0.56	0.25	13.64			11.41	11.41	19.45
2016	21.55	0.91	0.68	0.26	13.11				12.70	18.59
2017	19.32	0.74	0.64	0.26	12.95				11.84	18.12

主要进口经济体

图 12－5　2005—2017 年农产品进口市场结构对比图

案例分析

20 世纪 70 年代末，香港的制造业面临着劳动力成本高昂的困扰，恰好这时内地推行改革开放政策，鼓励外商投资并提供各种优惠条件，香港制造业大举内迁，通过利用内地的廉价劳动力、厂房及地皮，大兴加工贸易。香港把从世界其他市场进口的原料及半成品运往内地，而后又把在内地加工好的制成品转销其他市场。香港转口贸易平均年递增率在整个 20 世纪 70 年代高达 22.8%。80 年代，香港转口贸易在香港总进口或出口中所占的比重仍居高不下，香港成为全球最大的转口港。从 1988 年开始，香港转口贸易中有80%以上与内地有关，内地或作为转口的供应来源地，或作为转口目标市场。虽然90年代两地转口贸易增幅减小，内地对香港作为中介的依存度有所减弱，但香港仍是内地十分重要的进出口贸易伙伴。

农畜产品是香港与内地主要的转口项目之一。早在1962年，中央就开始重视港澳地区的食品蔬菜供应问题，决定安排三趟运载鲜活冷冻商品的快车服务。751、753和755三次快车分别从武汉、上海和郑州南下，保证内地鲜活商品"优质、适量、均衡、应时"地供应港澳。自运行35年来，三趟列车共运往港澳活猪8 700余万头、牛520余万头、冻货200多万吨及大量的活禽、蔬菜、水果、蛋白等，累计为国家创汇数百亿元。

资料来源：李岳云，石宗英. 香港的转口贸易//江苏省政协文史资料委员会，江苏省中国现代史学会. 百年沧桑论香港.《江苏文史资料》编辑部，1997.

第二节　国际贸易理论与农产品国际贸易

一、国际贸易相关的基本概念

习近平总书记指出："善于用好两个市场、两种资源。在国内粮食生产确保谷物基本自给、口粮绝对安全的前提下，为了减轻国内农业资源环境压力、弥补部分国内农产品供求缺口，适当增加进口和加快农业走出去步伐是必要的，但要把握好进口规模和节奏，防止冲击国内生产，给农民就业和增收带来大的影响。"① 国际贸易是指世界各国（或地区）之间商品和服务的交换活动，由进口贸易和出口贸易组成，又称为进出口贸易。它既包括有形商品的交换，也包括无形商品（劳务、信息、技术等）的交换。

对外贸易是指一国（或地区）与世界其他国家（或地区）的商品和服务的交换活动。世界总国际贸易量由各国（或地区）的对外贸易组成，但不等于各国（或地区）对外贸易量的简单加总。

出口额是指一个国家一定时期内向国外出口的商品和服务的全部价值，是按出口国离岸价格（FOB）即出口国港口船上价格计算的，包括出口税、出口国的国内税和其他费用。

进口额是指一个国家一定时期内向国外进口的商品和服务的全部价值，是按进口国到岸价格（CIF）即FOB价格加上运费、保险费和运输过程中发生的其他费用计算的。

贸易差额即一个国家一定时期内出口额与进口额之间的差值。当两者基本相等时，称为贸易平衡，当出口额大于进口额时为贸易顺差，反之为贸易逆差。

当贸易活动在买卖国间的运输中转需要经过第三国时，对于第三国而言，就构成了过境贸易，由于第三国并没有在此过程中通过买卖取得商品所有权，一般此类过境商品活动不列入一国的进出口贸易量统计。

① 中共中央党史和文献研究院. 习近平关于"三农"工作论述摘编. 北京：中央文献出版社，2019：80.

二、国际贸易基础理论

国际贸易理论主要回答三个问题：国际贸易发生的原因、贸易结构和贸易结果。国际贸易发生的原因主要考察一国参与或不参与国际贸易的动力和动机；贸易结构主要考察一国的贸易结构和世界贸易结构是什么、为什么；贸易结果考察贸易给一国或全球的经济和社会福利带来的变化。国际贸易理论经历了从古典贸易理论、新古典贸易理论到现代贸易理论的发展阶段。

（一）古典贸易理论

1. 重商主义

重商主义是15—17世纪欧洲资本原始积累时期代表商业资本利益的经济思想和政策体系，是西方国际贸易理论体系中最早的贸易保护理论。重商主义理论认为国际贸易是零和博弈，一方受益必然导致另一方受损。要增加国民财富必须扩大贸易顺差。

重商主义的发展分为早期和晚期。早期约从15世纪到16世纪中叶，被称为重金主义，代表人物是英国的约翰·海尔斯（John Hales）和威廉·斯塔福德（William Stafford）。他们认为金银是唯一的财富，而国内商品间的交换并不能增加财富，必须通过国际贸易在商业中获得金银财富。主张国家必须采取行政或法律手段进行干预，扩大商品出口换回金银财富的同时，减少甚至禁止国外商品的进口，绝对禁止贵重金属外流。

晚期重商主义约从16世纪下半叶到17世纪，又被称为贸易差额论，代表人物是托马斯·孟（Thomas Mun）、约西·蔡尔德（Josiah Child）和查尔斯·达芬南（Charles Davenant）。他们批驳了早期重商主义禁止金银输出的思想，提出了“货币产生贸易，贸易增多货币”的著名论断，主张通过保持贸易顺差以获得更多货币输入。

就农产品贸易政策而言，重商主义主张保护农业，英国在1660—1689年间，通过若干法令限制谷物的进口，出台了《谷物法》。

2. 绝对优势理论①

绝对优势理论（theory of absolute advantage）是最早主张自由贸易的理论，由英国古典经济学派主要代表人物亚当·斯密（Adam Smith）创立。该理论对重商主义进行了批判，认为国民财富应以商品、劳务的生产而非金银积累来衡量，出口的基本作用是支付进口，经济活动的最终目的是消费。各国通过专业化与劳动分工，均能从相互贸易中获益，世界财富也会由此增加。并认为竞争性市场在极大程度上是存在的，生产要素在市场内部自由流动，在市场这只“看不见的手”的作用下，能够比人为的政府干预更有利于解决冲突和增加社会财富。

绝对优势理论提出，分工所带来的专业化生产可以提高劳动生产率，分工的原则是绝对成本优势。绝对成本是指生产某种产品的劳动成本的绝对差异，即某一生产主体生产某种产品所耗费的劳动成本绝对低于另一生产主体。国际分工是各种形式分工中的最高阶段。

① 哈里·兰德雷斯，大卫·C. 柯南德尔. 经济思想史. 4版. 北京：人民邮电出版社，2014：85－110.

国际分工的基础是各国自然禀赋或后天的有利条件的差异。由此达成了如下关键性共识：随着时间的推移，任何国家都可以通过分工和专业化自动获得某种产品的绝对成本优势。

然而需要注意的是，斯密对自由放任市场的拥护是有限定的，他认为，在某些特定的领域和背景下实行政府干预是必要的。例如，他主张对幼稚产业应维持关税保护，对会削弱国家防卫力量的领域也应该采取贸易管制。最重要的是，斯密提倡政府提供具有极大社会利益但私人主体因没有足够利润而无法提供的产品。以上例外均与农业的国民经济地位和农产品贸易的特殊性相关，具有重要意义。

3. 比较优势理论

比较优势理论（theory of comparative advantage）是在绝对优势理论的基础上由英国古典经济学家大卫·李嘉图（David Ricardo）提出的，其代表作为 1817 年 4 月出版的《政治经济学及赋税原理》。他同样主张自由贸易，但主要是从资源最有效配置的角度考察国际专业分工和自由贸易的利益。

比较优势理论认为国际贸易收益的决定因素不是绝对优势而是相对优势。即使一国在两种商品生产较之另一国均处于绝对劣势（优势）的情况下，该国仍需集中生产并出口劣势程度更小（优势程度更大）的产品，进口劣势程度更大（优势程度更小）的产品，这样两国都能从专业化和贸易中获益。

李嘉图提出比较优势理论的初始动机是试图处理当时被集中关注和引起激烈争议的英国《谷物法》的经济政策问题。在分析《谷物法》所引起的经济问题中，李嘉图阐明了农业收益递减原理，揭示了《谷物法》通过高关税保护免受国外竞争，不仅通过收入再分配使收入从资本家流向地主，减缓了英国经济增长速度，而且减少了所有国家普通公民的福利。比较优势理论的提出直接导致了《谷物法》的废除，对贸易自由化有着重要影响。

（二）新古典贸易理论

古典贸易理论建立在劳动价值论的基础上，在分析框架中劳动是创造价值和造成成本差异的唯一要素。随着资本主义生产关系的出现，产品生产不再由单一要素决定，资本作为生产要素的比重越来越大。19 世纪末 20 世纪初，以里昂·瓦尔拉斯（Léon Walras）、阿尔弗雷德·马歇尔（Alfred Marshall）为代表的新古典经济学逐渐形成。在新古典经济的框架下，新古典贸易理论有了以下两项重要突破：在多种生产要素、多种产品框架内分析贸易的发生；以一般均衡方法分析国际贸易、要素变动和国内供求关系的相互影响。

1. 赫克歇尔-俄林生产要素禀赋理论

20 世纪初，瑞典经济学家埃利·赫克歇尔（Eli Heckscher）和他的学生伯蒂尔·俄林（Bertil Ohlin）共同提出和发展了生产要素禀赋理论，又称为 H-O 模型。该理论认为，贸易产生的基础是各国资源禀赋的差异和各商品生产要素的比例差异。生产要素不局限于劳动，资本、土地和其他生产要素在生产中对劳动生产率和生产成本都会产生影响。不同的商品生产需要不同的生产要素配置。根据产品所需要素投入比率的不同，主要可分为劳动密集型产品和资本密集型产品。各国生产要素储备比例也存在差异，有的国家资本相对雄厚，被称为资本充裕国家；有的国家人口相对众多，被称为劳动力充裕国家。充裕程度由人均资本来衡量，是一个相对概念。

H-O模型认为，各国应该集中生产并出口那些充分利用本国充裕且廉价要素的产品，以换取那些密集使用其稀缺且昂贵要素生产的产品。同时，由于生产要素不具备完全可分性，专业化规模生产会带来内部规模经济与外部规模经济。各国发挥资源优势并追求规模经济的贸易模式就导致了区域间贸易的产生和发展，并使参与国的福利都得到改善。在一般均衡分析中，贸易所得可以用社会福利水平的提高来衡量，贸易利益主要来自两个方面：商品交换和生产调整。

20世纪40年代，保罗·萨缪尔森（Paul Samuelson）用数学方式演绎了H-O模型，指出国际贸易对各国收入差距的影响，将必然使不同国家间生产要素的相对价格和绝对价格均等化，这也被称为生产要素价格均等化定理或H-O-S定理（赫克歇尔-俄林-萨缪尔森模型）。该模型潜在地认为，在没有要素跨国流动的条件下，仅通过商品的自由贸易也能实现世界范围内生产和资源的有效配置。与该理论相关的还有另外两个基本定理——罗伯津斯基定理和斯托尔珀-萨缪尔森定理。

针对要素禀赋变化对贸易的影响，罗伯津斯基定理认为：在两种商品世界中，如果一国拥有的要素总量不变，且相对价格固定不变，一种生产要素增长会减少另一种商品的产量，表明要素禀赋的变化决定着资源配置的变化。

针对国际贸易对本国要素报酬的长期影响，斯托尔珀-萨缪尔森定理认为：出口产品生产中密集使用的要素（本国充裕要素）的报酬提高；进口产品生产中密集使用的要素（本国稀缺要素）的报酬降低；而不论这些要素在哪个行业中使用。

2. 里昂惕夫之谜①

20世纪50年代初，美籍苏联经济学家华西里·里昂惕夫（Wassily Leintief）用投入产出分析的方法，两次对美国200多种商品的贸易情况进行详细计算，均发现H-O模型不成立。美国是资本-技术密集型国家，亚洲国家包括日本属于劳动密集型国家。根据H-O模型，美国应大量出口资本密集型产品、大量进口劳动密集型产品。但实际情况完全相反，由此引发了经济学家对主流国际贸易理论的反思，促进了现代国际贸易理论多元化发展，成为新古典贸易理论与现代贸易理论的分界点。

（三）现代贸易理论

1. 新贸易理论

新贸易理论是指20世纪80年代初以来，以保罗·克鲁格曼（Paul Krugman）为代表的一批经济学家提出的一系列关于国际贸易的原因、国际分工的决定因素、贸易保护主义的效果以及最优贸易政策的思想和观点。起初，新贸易理论旨在用实证的方法解释贸易格局，填补传统贸易理论的逻辑空白，后来发展成为以规模经济和非完全竞争市场为两大支柱的完整的经济理论体系。

规模经济贸易理论的代表人物是美国经济学家保罗·克鲁格曼。该理论以企业生产

① 丁凯. 国际贸易理论发展综述. 经济纵横，2004（9）.

中的规模经济和世界市场的不完全竞争为基础，用以解释二战后发达国家间和各国产业内贸易。规模经济是指随着生产规模的扩大，单个企业的生产效率显著改进或生产成本大幅降低，从而导致了盈利水平的增长，它是规模报酬递增结果的货币体现。不完全竞争即垄断竞争，也就是垄断与竞争并存的市场结构。

在规模经济和垄断竞争条件下，任何一国均不可能囊括某一行业的产品，国际分工和相互贸易具备必然性。贸易可能仅仅是在能够形成一体化的世界市场，企业因在更大范围内销售产品而获得规模经济的一种途径。规模经济贸易理论解释了资源禀赋无差异的国家也可以通过规模经济形成竞争力。在各国偏好、技术和要素禀赋均一致的条件下，也会产生差异化产品之间的产业内贸易。

传统贸易理论没有对单个企业进行研究，主要研究的是产业间贸易。在新古典贸易理论中，大多数研究都假定规模报酬不变，一般均衡模型只是限定了企业所在产业部门的规模，企业的规模是模糊的。新贸易理论主要研究的是规模报酬递增和不完全竞争条件下的产业内贸易。传统贸易理论是建立在完全竞争的市场框架下的，认为完全竞争市场和自由贸易最有效率。新贸易理论则认为现实中市场的有效性值得怀疑，应该对本国经济有重要促进作用的战略性产业进行扶持和补贴。

2. 新新贸易理论

新新贸易理论是指以马克·梅利兹（Marc Melitz）为代表的异质性新贸易理论（heterogeneity of new trade theory）和以波尔·安特斯（Pol Antràs）为代表的企业内生性边界模型（endogenous boundary model）理论。前者说明了同产业的不同企业在是否出口问题上的选择，后者说明了一个企业在资源配置方式上的选择。新新贸易理论较好地将产业组织理论和契约理论的概念融入贸易模型。新新贸易理论界定了新的贸易比较优势的来源：企业异质性和企业组织选择。两者已成为国际贸易与对外投资领域的一块基石。

在新古典经济学分析框架下，企业作为利润最大化的专业化生产者，具有完全理性预期，而且拥有完全的信息、知识和预见能力。企业的各种生产要素具有可分、可流动、可调整的基本属性。这些研究假设使模型得以简化。如果不考察企业的生产率差异、企业特征差异及内部组织和行为的差异，研究本身与现实状况严重不符，难以得出可靠的结论，也难以形成有用的决策启示。至此，基于异质性企业视角的新新贸易理论应运而生。异质性新贸易理论诠释了贸易带来的行业内企业的优胜劣汰过程。该理论指出，企业异质性是企业是否出口、出口行为和竞争力的来源，资源向生产率更高的企业或企业内生产率更高的核心产品和核心工艺环节移动，从而在微观层面提高了资源配置效率。

梅利兹（Melitz，2003）所构建的模型是异质性新贸易理论的基本框架，主要由消费者偏好、技术设定、企业出口决策等部分组成。基本模型推导的结论表明，出口生产效率分割点高于零利润生产率分割点，出口海外市场门槛的高低取决于固定成本，从而导致了出口行为的自选择现象：生产率最高的企业才会选择出口，中等生产率水平的企业主要面对国内市场，而低生产率企业则会被迫退出市场。后续诸多学者对其进行了持续的调整、补充和扩展，并得出了一系列对企业行为和竞争优势的突破性认识。例如伯纳德等（Bernard et al.，2011）以梅利兹（Melitz，2003）的模型为基础，构建了一个基于多产品、多目的地的异质性企业模型。他们假定，企业的利润取决于企业能力和企业-

产品特性。企业能力对于所有产品具有同一性，但产品特性对于不同出口地存在显著差异。出口企业将性能最差的产品提供给国内市场，将性能最好的产品提供给海外市场，尤其是高收入水平的海外市场，从而解释了长期以来，包括发达国家在内普遍存在的"ship the good apples out"（最好的苹果用于出口）的贸易现象。基于新新贸易理论，国际贸易不仅有利于国际分工，而且有利于产业内资源、企业内资源的优化配置，有利于差异化产品和差异化市场战略的形成。贸易自由化有效促进了优胜劣汰，使得生产率更高的企业获得了更多的市场份额，进而促进了平均生产率的提高。

以安特斯为代表的企业内生性边界模型理论主要解释了企业组织形式的差异，考察了是否进行外包或一体化、外包或一体化是否跨越国界等决策作为企业的内生组织选择。该理论指出，不同部门的生产率水平差异和不同产业部门的技术与组织形式差异对国际贸易、FDI和企业的组织选择均会产生影响。企业的生产率水平不同，选择的所有权结构和供应商地点也不尽相同，契约制度的质量变化对企业组织形式会产生不同程度的影响。

第三节　农产品技术性贸易措施与国际贸易规则

一、技术性贸易措施的相关协定与规则

技术性贸易措施是一种区别于技术性贸易壁垒的概念。它主要是指世界贸易组织（WTO）制定的《技术性贸易壁垒协定》（Agreement on Technical Barriers to Trade，简称《TBT 协定》）和《实施卫生与植物卫生措施协定》（Agreement on the Application of Sanitary and Physanitary Measure，简称《SPS 协定》）所管辖的各种形式的非关税壁垒措施。技术性贸易措施通常以维护国家安全、保护人类健康和安全、保护动植物的生命和健康、保护环境、保证产品质量、防止欺诈行为等为理由，通过采取技术法规、标准、合格评定程序、卫生与植物卫生措施来实现。

（一）技术性贸易措施与技术性贸易壁垒

1. 技术性贸易措施

技术性贸易措施存在广义和狭义之分，狭义的技术性贸易措施主要指以 WTO/TBT 为核心的一系列技术性贸易措施。广义的技术性贸易措施主要包括技术性贸易壁垒（TBT）和卫生与植物卫生（SPS）措施两大类。[①] 技术性贸易壁垒是指一国以维护国家基本安全、保障人类健康和安全、保护生态环境、保证产品质量、防止欺诈行为等合法目的为由而采取的技术法规、标准、合格评定程序等种种强制性或非强制性的技术性限制措施。技术性贸易措施要求对进口产品非歧视地实施强制性标准。卫生与植物卫生措

① 还有一部分学者认为广义的技术性贸易措施除了《TBT 协定》和《SPS 协定》外，还包括 WTO 的《与贸易有关的知识产权协定》（WTO/TRIPS）、WTO 的《服务贸易总协定》（WTO/GATS）中的"绿色条款"，以及信息技术壁垒等。常见的用法为包括 TBT 和 SPS 两大类。

施是为保护人类、动物、植物的生命或健康所必须采取的措施，包括农副产品的诸多方面，如对疫病、农兽药残留、微生物指标、重金属等的要求。

2. 技术性贸易壁垒

技术性贸易壁垒是贸易限制手段之一。国内外关于技术性贸易壁垒的定义众多，如技术措施论、市场失灵论、体制差异论和贸易障碍论等。这些定义虽然都有一定的合理性，但大多只说明了技术性贸易壁垒的某个或几个方面，对技术性贸易壁垒内涵的解释并不全面。从技术性贸易措施和技术性贸易壁垒的内在联系出发，笔者将技术性贸易壁垒定义为：由于各国的技术法规、标准、合格评定程序、检验检疫措施等技术性贸易措施的体系不同或水平不同，或信息不足，或不能相互协调，或歧视性地制定和实施而给国际贸易造成的障碍。

按照上述定义，技术性贸易壁垒的限制具有客观和主观两个方面的作用：一方面是基于市场失灵的保护，即由于市场失灵，从而在存在信息不对称以及与生产或消费有关的负外部效应的情况下，一国政府或非政府机构制定的技术性贸易壁垒可以起到客观地限制不符合本国要求的外国商品进入，保护本国市场的作用。另一方面则是基于经济利益的保护。当然，技术性贸易壁垒有故意被滥用的可能，即一国政府以实现社会公共目的为由，制定技术性贸易壁垒以达到限制外国竞争性产品进入和保护国内产业与经济利益的目的。

案例分析

在技术性贸易壁垒的各种情况中，食品外贸产业遭受影响最大的是产品检验检疫制度，主要包括：对农药、兽药残留量的规定；对加工过程添加剂的规定；对动植物虫害的规定；对其他污染物的规定；对生产加工、卫生、安全的规定；等等。

商务部调查显示，我国有绝大部分农业及食品出口企业受国外技术性贸易壁垒的影响，造成每年损失巨额美元，国外实施的技术性贸易壁垒已成为制约我国农产品出口的最大障碍。同时，国外技术性贸易壁垒对我国农产品还表现出严重的歧视性，检验标准远远超出了合理的范畴，且禁令实施快而取消慢，以千方百计将中国农产品挡在国门之外，削弱我国农产品的竞争优势。

有些国家对进口产品和本国产品实施双重检疫标准，遂使我国的出口产品遭受不公正的待遇。例如，欧盟禁止从我国进口动物源性产品的事件便是一个典型的双重标准案例。在此案例中，欧盟一方面以中国动物源性产品氯霉素超标为由禁止进口，另一方面却允许其成员将含氯霉素的动物产品向其他国家出口。这种做法显然不符合 WTO 的非歧视原则。此外，欧盟要求我国动物源性产品中氯霉素含量标准不得超过 0.1～0.3 PPB，但实际上目前世界上大多数实验室的仪器都难以做到，更不要说发展中国家的实验仪器，即使是欧盟各国本身也不具备对所有产品实行氯霉素含量精确检测的条件。

技术性贸易措施可以按照不同的标准进行分类。按合理性划分，技术性贸易措施可分为合理的技术性贸易措施和不合理的技术性贸易措施。如果是出于保护人类或动植物健康、保护环境等正当目的而制定的措施，只要符合《TBT 协定》和《SPS 协定》规定的原则和要求并且不超过所必需的程度，这些技术性贸易措施就是合理的。技术性贸易措施在实践中会在主观或客观上对商品的国际自由流动产生影响，如果这种影响对国际贸易造成了障碍，这种技术性贸易措施就构成了技术性贸易壁垒，这类技术性贸易措施就是不合理的。对技术性贸易措施合理性的判断，WTO 给出了基本的标准（见图 12－6）。按照对我国出口贸易的损害性质分类，技术性贸易措施又可分为有损害的技术性贸易措施和无损害的技术性贸易措施。因此，技术性贸易壁垒主要是指不合理的、有损害的技术性贸易措施，它主要包括标准、技术法规和合格评定程序三种。

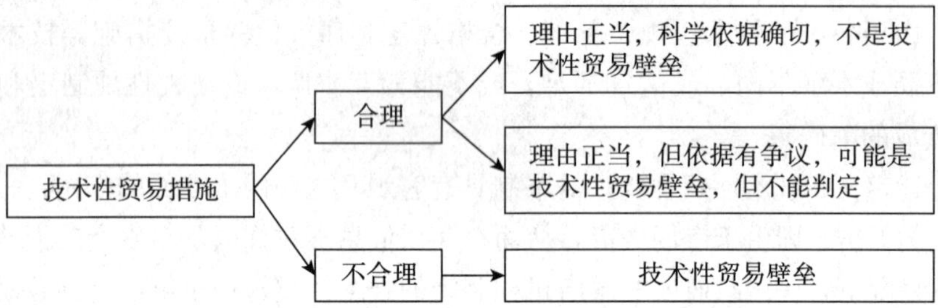

图 12－6　WTO 对技术性贸易措施合理性的判断标准

从图 12－6 可以看出，即使合理的技术性贸易措施，如果不合法或科学依据不充分、有争议，依然在 WTO 规则的法律层面构成非法的技术性贸易壁垒。因此，需要从合法、非法和客观技术性贸易壁垒角度进行分类对待：如果进口国为了实现上述合法目标而按 WTO 规则实施技术性贸易措施，但给国际贸易造成障碍时，可以认为这种技术性贸易壁垒是合法的；如果进口国以保护国家安全、生态环境和居民健康等合法目标为借口，实施有违 WTO 规则的技术性贸易措施而给国际贸易造成障碍时，则构成非法的技术性贸易壁垒；如果是由于贸易各方因技术性贸易措施的体制性差异或经济技术水平差距而给国际贸易造成障碍时，可以认为这是一种客观性的贸易壁垒，不构成非法性。只有对进口产品制定过分严格、未经过科学评估、缺乏科学依据、不合理地违背 WTO 规则的技术性贸易措施，才构成对商品进口实行的非法贸易保护主义。它违背了各缔约方的产品以合理保护国民、动物和植物健康为目标，在本国市场上进行公平竞争的基本原则。依据上述分析，技术性贸易壁垒的概念体系可以用图 12－7 表示如下。

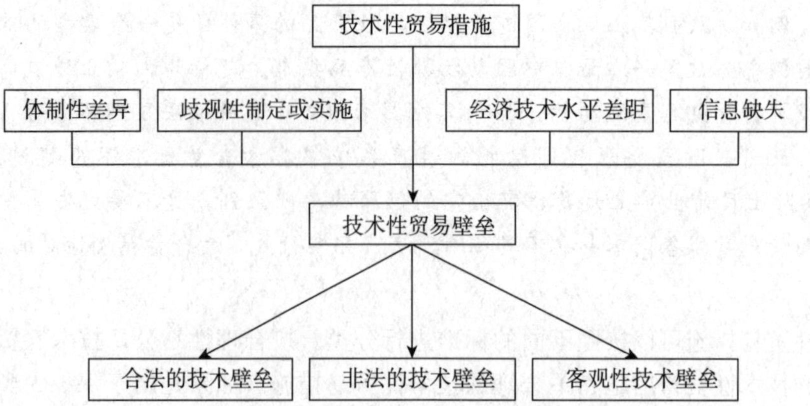

图 12－7　技术性贸易壁垒的概念体系

(二) TBT 与 SPS 措施

1. TBT 措施

在技术性贸易的诸多措施中，标准、技术法规和合格评定程序是构建一国技术性贸易体系的三个基本要素，三者以产品为依托构成一个有机整体。

(1) 标准。根据《技术性贸易壁垒协定》中的定义，标准为经公认机构批准的、规定非强制执行的、供通用或重复使用的关于产品或相关工艺和生产方法的规则、指南或特性的文件。该文件还可包括或专门关于适用于产品、工艺或生产方法的专业术语、符号、包装、标志或标签要求。在技术性贸易措施中，标准具有基础性地位。根据不同的分类标准，标准可以划分为不同的类型，可用概念框架图表示（见图 12-8）。

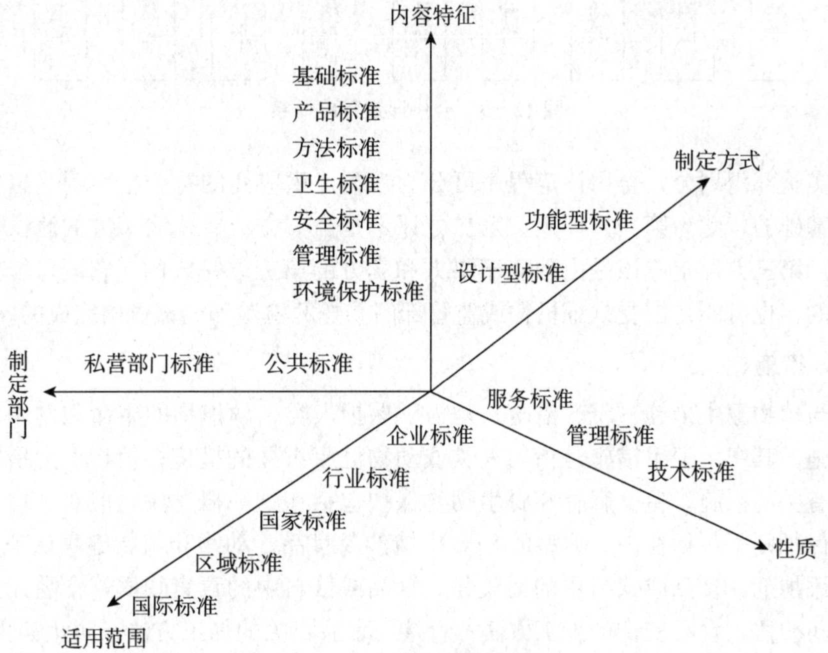

图 12-8　标准的概念框架

(2) 技术法规。标准的壁垒作用是显性的、直接的，而技术法规的壁垒作用往往是隐性的、间接的；标准的采用是自愿性的，而技术法规的实施则是强制性的。因此，在《技术性贸易壁垒协定》的文本条款中将“标准”与“技术法规”拆分开来。按照 WTO《技术性贸易壁垒协定》附录Ⅰ的定义，技术法规（technical regulations）是指规定强制执行的产品特性或其相关工艺和生产方法、包括适用的管理规定在内的文件。技术法规的法律界限判定有三条标准：文件必须适用于某个可确认的产品或某类可确认的产品；文件必须规定产品的一个或多个特性；文件必须是强制性的。文件只有符合这三条标准，才能被确定为属于《技术性贸易壁垒协定》中技术法规的范畴。技术法规存在诸多形式和类别，如根据技术法规的法律层次可分为立法机构制定发布的法律和政府部门制定的法规；根据技术法规的描述性特性，亚太经济合作组织（简称“亚太经合组织”，

APEC）将技术法规分为规定性技术法规和功能导向型技术法规。

(3) 合格评定程序。合格评定程序由产品认证发展而来，是指任何用以直接或间接确定是否满足技术法规或标准有关要求的程序。合格评定程序包括抽样、检测和检验程序；评价、验证和合格保证程序；注册、认可和批准程序以及它们的组合（见图 12－9）。合格评定程序要评定的不仅是与标准的符合性，更重要的是对技术法规的符合性，是用来规范合格评定活动的一套规则。在检验检疫领域，合格评定程序的主要表现形式为检验监督管理制度和认证认可制度。

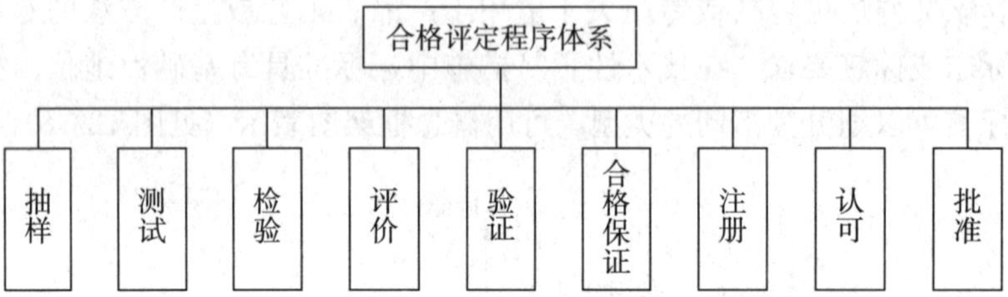

图 12－9　合格评定程序体系

按照实施部门划分，合格评定程序可分为三类。供应商的符合性声明是以它们的自我评估为基础的，此为第一方评定。第二方评定是由买方或者代表买方的测试和检验机构完成的。第三方评定应该是由独立于买方和卖方的第三方完成的，它既可能是由认证机构完成的，也可能是由受认证机构或监管部门委托的检验和测试机构完成的。

2. SPS 措施

卫生与植物卫生措施（SPS 措施）是为了保护人类、动植物的生命和健康而采取的技术性措施。其中，卫生措施是指与人类或动物健康有关的措施；植物卫生措施是指与植物卫生有关的措施。鱼、森林和野生动物保护包括在这一概念中，但对环境本身及动物福利的保护则不包括在内。典型的 SPS 措施涉及食品、动物和植物健康认证，食品或饮料中的添加剂，食品或饮料中的污染物，食品或饮料中的毒素物质，食品或饮料中的农药或兽药残留，食品安全的加工方法，直接与食品相关的加工方法，防止病虫害传入、植物和动物检疫以及其他进口要求。

3. TBT 措施与 SPS 措施的区别

一是适用范围不同。《TBT 协定》第 1 条第 5 款规定："本协定之规定不适用于《实施卫生与植物卫生措施协定》附件 1 所定义的动植物卫生措施"；《SPS 协定》第 1 条第 4 款规定："对不在本协定范围的措施，本协定的任何规定不得影响各成员在《技术性贸易壁垒协定》项下的权利"。具体而言，《TBT 协定》几乎涵盖所有产品，既包括工业品，也包括农业品，但它不适用于《SPS 协定》附件定义的措施；《SPS 协定》只适用于农产品和食品。

二是在制定 TBT 措施和 SPS 措施时对待科学依据的态度不同。在制定 TBT 措施时，科学依据的使用可以根据技术规定的服务目标而定。为了保护健康和安全制定的措施必须以科学依据为基础；为了保护国家安全和防止欺骗制定的措施则不一定要以科学依据为基础。但是，在制定 SPS 措施时，协议规定所有的措施必须以科学原理为依据，科学依据不可模棱两可。没有充分科学依据的动植物卫生检疫措施不能继续实施；在科学依据不充分的情况下，可临时采取某种 SPS 措施，但应在合理的期限内作出评价。

三是在最惠国待遇问题的规定上不同。TBT 措施要求产品标准的技术规定应该在最惠国待遇的基础上适用于所有渠道的进口产品。对于 SPS 措施的要求，尤其是那些目的在于预防动植物携带疾病进入的规定，可以依据在一个国家或地区内病虫害的传播水平来确定。旨在防止动植物携带病虫害进入一国的动植物卫生检疫措施如果具有一定的灵活性，可以偏离最惠国待遇原则；目的在于确保食物安全（例如有关添加剂、污染物或残余物质的水平）的规定必须遵循最惠国待遇原则。

四是对成员偏离国际标准的条件有不同的规定。TBT 措施规定，在存在国际标准的情况下，出于气候或地理因素或根本性的技术问题的原因，成员可以采用与国际标准不同或高于国际标准的国家标准；SPS 措施规定，如果有科学依据，或成员在风险评价的基础上认为更高水平的动植物卫生保护更合适，那么就可以实施和维持比现有国际标准高的标准。

二、农产品技术性贸易措施

(一) 农产品技术性贸易壁垒的产生

农产品技术性贸易壁垒的产生有其深刻的社会和技术背景。保护生态环境和保障人类健康等合法目标是技术性贸易壁垒产生的根本原因；科学技术的进步为技术性贸易壁垒的兴起提供了技术和物质条件；农业环保产业发展的巨大利润空间是技术性贸易壁垒产生的诱致性因素；贸易保护主义则助长了滥用技术性贸易壁垒的倾向。具体而言，主要体现在以下几个方面：

1. 全球环境恶化，人类生存与发展面临巨大威胁

在过去的 30 年里，全球环境状况持续恶化，主要表现为大气和江海污染加剧、大面积土地退化、森林面积急剧减少、淡水资源日益短缺、生物多样性受到严重威胁等。为了解决环境问题，国际社会从经济、政治和法律等多方面采取了一系列措施，其中之一就是将贸易与环境挂钩。贸易对环境产生了一定的破坏，如加剧了资源开采、增加了污染物排放、扩大了有害物质和病菌的传播范围等。通过限制对环境有害产品、服务、技术等的进出口贸易，可以实现保护环境的目的。

2. 随着人们收入水平的提高，对农产品质量和安全的要求越来越高

随着人们生活水平的提高和健康意识的增强，人们对农产品的质量和安全有了更高的要求，但是，农产品质量安全状况的改善并没有与人类需求的提高保持同步。近年来，国际上各种农产品不安全事件频繁发生，给人类健康带来了极大的威胁，也给所在国造成了巨大的经济损失，引发了人们对农产品安全状况的普遍担心。一方面，民众对食品安全事件如疯牛病、禽流感、三聚氰胺奶粉的关注督促政府采取更有效的监管；另一方面，民众对农产品质量安全的普遍关注使一些国家以保护本国居民健康为由，通过实施严格的技术法规、标准和认证制度来阻止他国农产品进入变得合理、合法。

3. 现代科学技术迅速发展，食物生产制造日益复杂化且突破了传统模式

当前，随着转基因技术、激光技术、加工技术的发展，食物生产制造更加技术化、现代化、复杂化，食物供应链不仅冗长复杂，而且往往跨越国界。因此，食品制造和食品安全监管均依赖于科技实力。而技术性贸易壁垒本质上以科技实力为基础，科学技术的快速发展和风险评估要求使其难以防御，具有复杂性和发展上的动态性。目前，利用技术差距来构建技术贸易壁垒，已成为发达国家保护本国产业的常用手段。从发达国家和发展中国家之间发生的诸多贸易争端来看，一些发达国家凭借技术优势制定相关贸易措施，加强对本国产业保护水平的做法，收到了积极的效果。

4. 新贸易保护主义盛行，技术性贸易措施具有强隐蔽性

2008 年全球金融危机后，面临国内经济复苏和保障就业的压力，新贸易保护主义在全球范围内盛行。部分发达国家频繁采用表面与国际贸易规则不直接发生冲突的贸易保护措施，如反倾销、技术贸易壁垒和绿色贸易壁垒，这些措施常常以保护人类健康、生态环境和消费者权益以及推进公平贸易为由，实现贸易保护名义上的合法化。技术性贸易措施由于具有形式上的合法性和内涵上的合理性，很容易被贸易保护主义所利用，因而受到越来越多国家的青睐，被频繁使用。技术性贸易壁垒较传统贸易保护手段隐蔽，离不开 WTO 法律框架和一系列国际公约的“例外”“豁免”条款。如世界贸易组织《技术性贸易壁垒协定》规定：“允许各参加国为提高产品质量、保护人类健康和安全、保护动植物生命和安全、保护环境或防止欺诈行为等提出一些例外规定。”

（二）农产品技术性贸易壁垒的表现形式

农产品技术性贸易壁垒的外在表现形式多样，而且随着社会经济的发展和科技水平的提高，其表现形式还会不断变动和扩展。就目前世界农产品贸易中各国普遍采用的技术性贸易壁垒而言，主要有如下几种形式：

1. 技术法规和标准

一些国家通过立法手段，不断制定出严格的农产品质量标准，凡不符合质量标准的农产品均很难进入进口国。例如美国食品与药品管理局（FDA）颁布的《加工和进口水产品安全卫生程序》规定，凡出口到美国的水产品，其生产加工企业都必须实施危害分析与关键点控制（HACCP）管理，并经美国官方机构注册。

与一般工业品不同，农产品没有统一的国际标准。各国被允许在遵循 WTO 规则前提下设置超出国际标准严格程度的技术贸易措施。例如各国对蔬菜瓜果的农药残留限定存在显著差异。其中欧盟、日本、新西兰与澳大利亚均采取无具体限定即默认值的全覆盖系统。

2. 合格评定程序

一些国家往往对进口农产品制定严格的质量认证制度和烦琐的合格检验程序，收取高昂的认证费用，以此提高进口农产品的进入门槛，从而间接地限制农产品的进口。

3. 食品包装和标签制度

对产品包装和标签规定苛刻的要求和烦琐的内容，给进口商品增加了技术和费用负担。随着全球环境恶化，一些国家特别是发达国家颁布了有关包装的法律、法规，对包装材料的内容、包装废弃物的处理、包装容器结构等作出了规定。

4. 动物福利要求

世界卫生组织认为动物有五大福利：生理福利，即不受饥渴；环境福利，即有适当的居住空间；卫生福利，即免受伤病的威胁；行为福利，即保证动物表达天性的自由；心理福利，即减少动物的恐惧和焦虑感。例如，英国动物福利条款对猪的福利待遇作出了详细规定：刚出生的小猪须吃不少于 13 天母乳；猪窝须铺稻草；须供其拱食泥土。运输途中须置于清洁卫生环境中，按时喂食和供水，运输时间超过 8 小时要休息 24 小时；须隔离屠宰，准确快速电击昏迷后放血。欧盟自 2004 年起规定，市场所售鸡蛋须标明是“自由放养鸡”所生还是“笼养鸡”所生。这些国家对动物从出生、养殖、运输到屠宰加工过程制定了一系列具体、严格的标准，其他国家要想向其出口动物源性产品就必须符合这些动物福利指标，有的产品会因此被直接禁止进口。

(三) 农产品技术性贸易壁垒的贸易效应

1. 对贸易规模的影响

技术性贸易壁垒对进口产品价格和数量具有双重控制作用，即它既具有配额的数量控制机制，又形成了一种特殊的价格调节机制，其作用类似于关税，但有其特殊性，是一种复合机制，对进口国和出口国的产业结构、经济结构和社会福利水平会产生联动影响。

(1) 短期效应。

从短期来看，技术性贸易壁垒（TBT）和其他的非关税壁垒一样，具有很强的刚性，只要产品不符合进口国设置的技术标准就几乎不可能进入该国市场，因此对农产品国际贸易的影响就是强制性地改变了贸易量，限制了贸易规模。图 12 - 10 反映了发展中国家作为出口方，即 TBT 的受限国，发达国家作为进口方，即 TBT 的实施国的情况。

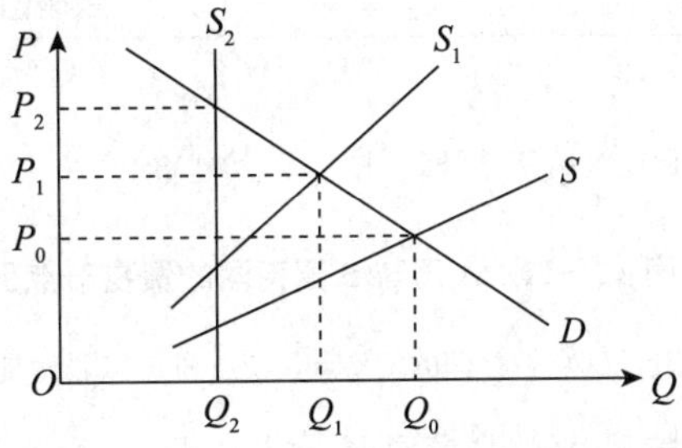

图 12 - 10　TBT 对贸易规模的限制

图中，S 线代表发展中国家某种农产品的国际市场供给曲线，D 线代表发达国家对受限产品的需求曲线。假设在技术性贸易壁垒实施前，国际市场上该种农产品的出口量和进口量均衡且数量为 Q_0，此时均衡价格为 P_0。现在发达国家对发展中国家的该出口农产品实施技术性贸易壁垒。发展中国家受生产技术及原料、管理等因素的制约，生产成本提高、供给弹性变小，供给曲线内移到 S_1，均衡价格上升到 P_1，而贸易量下降为 Q_1。由于农产品众多出口企业无法在较短时期内达到发达国家提出的技术标准，供给曲线也可能是 S_2，供给弹性极小，此时国际市场均衡价格进一步上升到 P_2，贸易量则降至 Q_2，限制了农产品的贸易规模，使得国际市场价格上升。

（2）长期效应。

从长期来看，实施国的技术性贸易壁垒一方面会提高出口国农产品的生产成本，另一方面也有可能会改变实施国消费者对出口国农产品的偏好，从而改变其对出口国的农产品需求。这两方面相结合，必然会影响农产品的贸易总额。

假设 A、B 两国之间有多种农产品贸易，若 A 国向 B 国出口产品 i（$i=1, 2, \cdots, m$），根据李嘉图比较优势原理，须满足条件 $P_{iA}<P_{iB}$；若 B 国向 A 国出口产品 j（$j=1, 2, \cdots, m$），则须满足条件 $P_{jB}<P_{jA}$。先假设发达国家 B 提高了产品 i 的技术标准，为了达到这一技术水平，发展中国家 A 生产产品 i 的成本增加了 C_A，B 国生产产品 i 的成本增加了 C_B，而 A 国没有提高自身的技术标准，或者说没有设置所谓的技术性贸易壁垒，其他条件不变，则有：$P_{iA}=a_{iA}\times W_A(1+C_A)$，$P_{iB}=a_{iB}\times W_B(1+C_B)$；$P_{jA}=a_{jA}\times W_A$，$P_{jB}=a_{jB}\times W_B$。

由 $P_{iA}<P_{iB}$ 可得：$a_{iA}/a_{iB}<[W_B(1+C_B)]/[W_A(1+C_A)]$；

由 $P_{jB}<P_{jA}$ 可得：$a_{jA}/a_{jB}>W_B/W_A$。

由于发展中国家 A 的技术水平比 B 国低，发达国家 B 提高产品 i 的技术标准后带来的成本增加满足 $C_A>C_B$，所以，$[W_B(1+C_B)]/[W_A(1+C_A)]<W_B/W_A$，因此，A 国向 B 国出口农产品 i 需满足 $a_{iA}/a_{iB}<[W_B(1+C_B)]/[W_A(1+C_A)]$，B 国向 A 国出口农产品 j 需满足 $a_{jA}/a_{jB}>W_B/W_A$。而当农产品恰好满足 $[W_B(1+C_B)]/[W_A(1+C_A)]<a_{iA}/a_{iB}<W_B/W_A$ 时，则成为非贸易品。由图 12－11 可以更加直观地看到这一点。

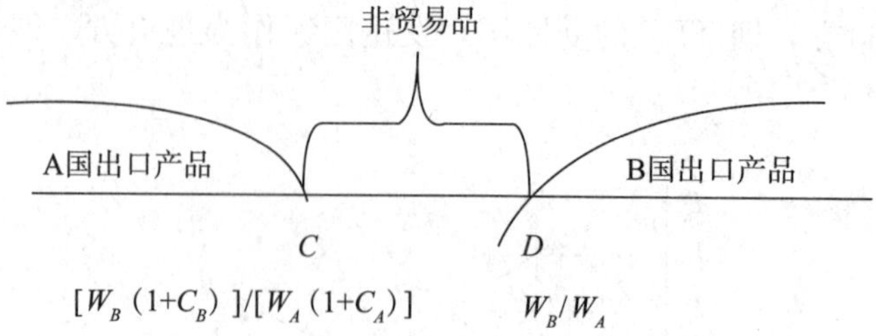

图 12－11　A 国与 B 国两国的贸易节点图

注：其中 C 点是 A 国的贸易点，D 点是 B 国的贸易点，C 点和 D 点之间是非贸易品区域。

从图 12－11 中可以直接看出，非贸易品的产生是 A 国贸易点的左移造成的，而 B 国的贸易点并没有改变。也就是说，长期中，技术性贸易壁垒使 A 国的可贸易农产品减少，而B国的可贸易农产品的范围不变，事实与实际极为相符。在现实中，发达国家增加技术性贸易壁垒会使发展中国家可出口的农产品越来越少，从而使发达国家的贸易所得增加、发展中国家的贸易所得减少。照此发展，技术性贸易壁垒的不断涌现将导致的长期后果就是世界农产品贸易市场的萎缩和世界农产品贸易总额的下降。

2. 对贸易条件的影响

所谓贸易条件（terms of trade）又称交换比价或贸易比价，是指一国单位出口商品价格和单位进口商品价格之间的比率，也可理解为一个单位的出口商品可以换回多少进口商品。在现实中，尤其是在中国，贸易条件恶化的理由更加直观：（1）由于TBT的存在使原先可以出口的产品出口受阻，导致国内市场供求失衡，价格下跌；即使该产品能够出口到国际市场（一些对技术水平要求低的发展中国家），出口价格指数也随之下降，贸易条件恶化。（2）要想保住在发达国家的市场份额，就必须提高产品技术档次。由于技术、设备、原材料、认证、检验等方面的因素，生产成本上升，出口产品的价格相对于进口的机器设备、原材料的价格而言会有下降趋势，也容易导致贸易条件的恶化。

实施技术性贸易壁垒不仅会对受限国或者说发展中国家造成社会福利的损失，就实施国或者说发达国家而言，也是有福利损失的，尤其是对比关税而言，实施TBT对其福利的损失更大，具体分析如下：

（1）小国模型。

假定TBT实施国仅仅出于保护本国农业的目的，而对某类进口农产品制定不必要的复杂苛刻的技术法规或强制性标准，只是为了增加外国该类农产品生产者的成本，使其竞争力下降，从而保护本国农业的发展。为了方便分析，另外假设TBT实施国也就是某类农产品的进口国不会因为进口农产品而导致同类农产品的供给或者需求发生变化。

假设某类农产品的出口国认为发展中国家为达到进口国或者发达国家的某种技术性法规或强制性标准要求必须付出的额外成本为C。此处借鉴克里索夫（Krissoff，1997）在对美国苹果贸易的局部均衡分析中提出的等量关税概念，假定进口国实施TBT之后，该类农产品进口价格上涨的幅度相当于等同于贸易限制程度的关税，即成本C，这同时表明技术性贸易壁垒相当于是给国内农产品生产者提供的价格支持。如图12-12所示，其中图（a）为进口国在实施技术性贸易壁垒前后农产品价格变化的部分均衡分析，图（b）为从世界市场中进口国超额需求角度进行的分析。其中ID为进口需求曲线，如果假设TBT实施国是小国，进口国不实施技术性贸易壁垒时，国内生产者和消费者接受世界价格P_W，进口$Q_{D1}-Q_{S1}$或Q_1。实施某种技术法规或强制性标准后，受限国支付成本C后进口，进口价格为P_W+C，进口降为$Q_{D2}-Q_{S2}$或Q_2，进口国生产者剩余增加面积a，消费者剩余减少面积$a+b+c+d$，净福利损失为$b+c+d$。如果TBT的实施国征收关税，净福利损失仅为$b+d$，因为由进口水平和关税成本C共同决定的面积c最终成为政府收益。可见，对某类农产品的进口国而言，使用技术性贸易壁垒对农业进行产业保护的福利损失超过关税，因为成本C是实际的支出。

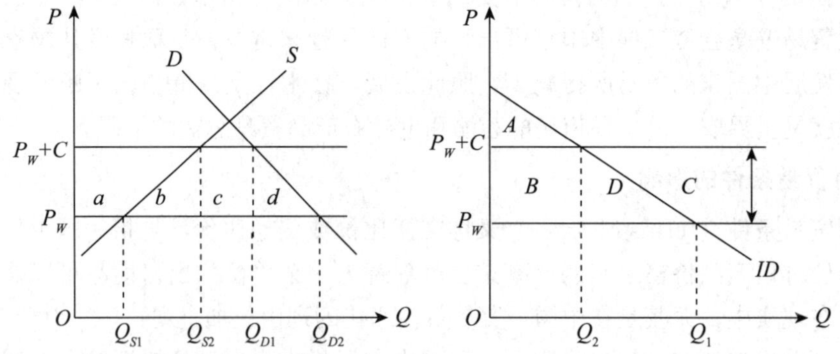

（a）TBT实施国市场　　（b）世界市场

图 12－12　出于农业保护的 TBT 实施效应（小国）

（2）大国模型。

这里的大国指的是该国具有一定的需求垄断优势，它对某类农产品实施技术性贸易壁垒后足以通过进口量的调整来影响国际市场供求，进而影响世界市场价格的变化，改变贸易条件。这是从两个层面起作用的：一是技术性贸易壁垒的成本增加作用，大国进口数量的下降导致进口价格下降，大国贸易条件得以改善；二是从技术性贸易壁垒的信息提供角度来看，由于消费信心增强导致进口数量增加，进口价格提高，大国贸易条件恶化。实际中，技术性贸易壁垒的信息通知作用对世界价格的影响较小，基本上可以忽略不计，因此，贸易条件效应主要表现为贸易条件改善，这也是大国积极使用技术性贸易壁垒的原因之一。

如图 12－13 所示，大国对某类农产品实施技术性贸易壁垒之后，由于受限国要想达到标准而成本增加，从而导致进口价格上升，进口需求减少导致该类农产品的世界市场价格下降为 P_W^*，所以，大国价格上升幅度小于技术性贸易壁垒的成本 C，大国价格上升部分和世界价格下跌部分之和构成了成本，即 $C=C_1+C_2$。也就是说，大国该类农产品消费者和出口国间的成本也就是 TBT 在受限国之间分摊，各自分摊的份额取决于商品的进口需求弹性和出口供给弹性。大国进口需求弹性越大，进口下降幅度越大，就越能压低世界价格，从而将符合成本更多地转移给出口国。如果出口国供给缺乏弹性，就会更

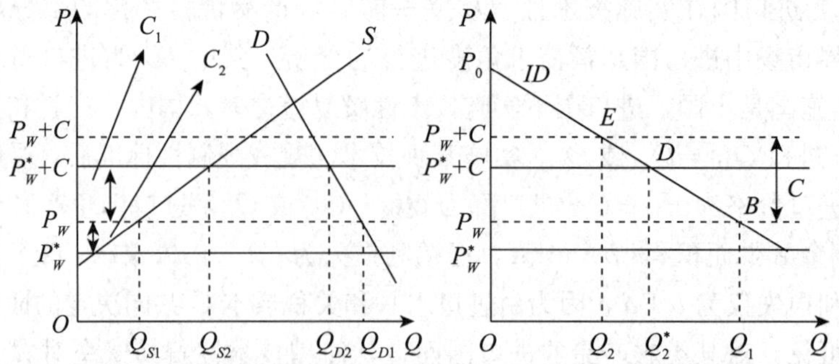

（a）TBT实施国市场　　（b）世界市场

图 12－13　出于农业保护的 TBT 实施效应（大国）

多地承受进口国转嫁的符合成本。反之，大国进口需求弹性越小，出口供给弹性越大，技术性贸易壁垒对世界价格的影响就越小，将符合成本转嫁给出口国的能力就相对要小。

进一步分析大国贸易福利的变化，进口量由进口需求曲线 ID 与大国国内价格 P_W^*+C 共同决定，为 Q_2^*，贸易收益为面积 $P_0D(P_W^*+C)$，与大国实施技术性贸易壁垒前的贸易收益 P_0BP_W 相比损失了 $(P_W^*+C)P_WBD$，这是对农产品进行保护的代价。但与前面的小国模型相比，大国的贸易损失减少了 $(P_W^*+C)(P_W+C)DE$，这是由于两方面原因：一是由于世界市场价格下降导致的贸易条件改善，二是由于世界市场价格下降导致的贸易增量，从小国情况下的 Q_2 增加到 Q_2^*。也就是说，尽管大国与小国同样实施技术性贸易壁垒进行农产品贸易保护，但由于贸易条件改善和成本的分摊，大国可以付出更少的代价，但是依然存在福利的净损失。

由此可以得出结论：如果某类农产品进口大国实施贸易壁垒之后，由于世界市场价格降低，产生了贸易条件效应，进口国将一部分成本转嫁给出口国承担，使大国对农产品保护的成本降低，这也促进了大国不断地战略性实施 TBT。但是，尽管如此，其付出的成本也是巨大的：技术性贸易壁垒使国内农产品价格提高，在进口数量减少的同时，国内该类农产品生产者得以按照更高的国际市场价格扩大生产，国内生产增加。这样虽然直接保护了生产者的利益，但是在较高的价格水平上，低效率的企业能够以比过去更高消耗的方式维持生产，而高效率的企业也能够获得一个生产者剩余增量。而且，该类农产品生产的增加会在国内产生广泛的波及效应，包括对该类农产品投入的需求增加以及同类或替代产品的国内价格提升等，一些企业可能会因此而得到额外收益。但是，就该国经济总体而言，技术性贸易壁垒的实施使国内资源从生产具有比较优势的出口商品转移到相对处于劣势的进口商品，资源配置的效率下降，所以，大国实施技术性贸易壁垒以期对本国农产品进行保护，其结果是以资源扭曲为代价，国家整体社会福利受到损失。

第四节 国际贸易趋势与农产品国际贸易前景

一、当今世界国际贸易趋势

知识经济是建立在知识和技术基础上的经济活动。它主要依据人力资本和知识资产对各类资源进行科学、合理、集约和高效的配置，运用知识和智力开发资源，进而形成知识密集型高新技术产业。知识和技术将成为知识经济时代经济增长的重要生产资源，知识经济的发展对国际贸易的各个方面都将产生重大的影响。

（一）国际贸易交易方式多元化

信息网络技术和电子商务的发展推动了一种独立的新型贸易形式——国际信息服务贸易——的逐渐形成。它的形成与发展极大地拓展了国际贸易的空间和场所，简化了交易程序和过程，使得国际贸易的方式和渠道正在悄无声息地发生着巨大转变。据国外专业机构调查与预测，未来全球国际贸易的绝大部分都会通过网络形式完成。国际贸易交易方式和渠道的多元化发展，将促使贸易双方代理成本和运输成本大大缩减，反应和供货速度将会更快，这些都将促进贸易更快发展。

（二）国际贸易交易对象高技术化

随着当今科学技术的迅猛发展，国际贸易交易对象逐步趋于高技术化。纵观全球国际贸易交易对象的发展历程，有以下明显的特点：第一，高技术、高成分的产品将成为未来有形商品贸易的主体；第二，高技术贸易所占的地位将越来越重要，并且发展趋势逐年扩大；第三，信息产品与服务、金融服务、投资服务等国际服务贸易迅猛发展。据世界银行和其他国际组织预测，未来几年，国际服务贸易的增长速度会继续高于货物贸易，保持在10%左右。国际贸易交易对象的高技术化要求我们必须重视科学技术，重视科技创新，重视人才的培养与成长环境。

（三）国际贸易协调贸易化

电子通信产业的快速发展，促使国际贸易商品结构正在发生巨大的变化。知识成为知识经济时代经济发展最重要的直接资源，以知识产品为交易对象的服务贸易和技术贸易也将日趋专业化、规模化。国际贸易商品结构的变化又使得国际经济协调的重点向贸易领域倾斜，逐渐从自然资源转向知识资源。国际贸易协调的范围和重点向以知识产权为代表的知识经济领域转变。这些趋势都对我国的知识产权保护工作提出了更高的要求。政府必须重视对知识产权的保护，建立有效的激励机制，以适应国际贸易的发展趋势。

（四）国际贸易交易市场垄断化

在知识经济快速发展的21世纪，企业的跨国经营与发展，无论是从数量上还是效益上都出现了新的飞跃。由于跨国公司一般垄断了国际技术创新的80%以上和国际技术贸易90%的份额，因此，在国际交易市场中，跨国公司的垄断地位日益加强，跨国公司逐渐成为新技术的开发者和技术贸易的主要交易者。据《商业周刊》报道，全球500家大型跨国公司的总产值已占全球总产值的45%以上；全球5万多家跨国公司内部和相互贸易占世界贸易总额的60%以上。由以上统计数据足以看出，未来的国际贸易中跨国公司的垄断地位将会进一步加强。

（五）国际贸易贸易规则规范化

纵观国际贸易的发展历程，其从产生之日起就向着规范化的趋势发展。随着知识经济时代的到来，虽然新事件层出不穷，但对于国际贸易规范化的要求越来越强烈。究其深层次原因，主要有两点：一方面，新经济对国际贸易的流通主体的影响已经突破了传统国际贸易以货物贸易为主的局限，信息技术转让等知识性服务贸易日益成为国际贸易活动的主要内容；另一方面，WTO的成立更加有利于指导和监督各成员的贸易行为是否规范化。可以肯定，国际贸易规范化的发展将越来越有利于世界贸易的发展，世界贸易的发展也必将越来越规范化。

二、农产品国际贸易前景

在农产品贸易领域，习近平总书记有诸多经典阐述。在2013年中央农村工作会议上，习近平总书记指出："积极稳妥利用国际农产品市场和国外农业资源是一项长期战略布局，实际上我国一直在实施。据测算，通过国际贸易和合作，我们利用了国际上相当于七亿亩播种面积的土地生产粮食和大豆、棉花、糖料等农作物。现在，有必要积极稳妥扩大这一战略布局，但必须谋定而后动。在全球粮食等主要农产品供求格局大体不变的情况下，如果我们突然大幅度增加进口、越过拐点之后，必然引起全球粮价暴涨，那就会引来污水泼身，政治上、外交上、贸易上都得不偿失。而到人家那里租地、买地或搞合作开发，也绝非易事。南美、非洲等虽然有大量可开垦的耕地，但需要大量投入，真见成效也需要一个过程。土地对任何国家来说都是个敏感问题，容易在一些人挑唆下引发民族主义情绪。因此，推动农业走出去，要充分研判经济、技术乃至政治上的风险，提高防范和应对能力。"① "大国小农"是我国的基本国情农情，从21世纪以来农产品供给的状况看，20亿亩耕地能够满足14亿人口吃饭的需求，但不能使14亿人吃得更好，因此，充分利用国际国内两个市场、两种资源就成为我国的必然选择。这就要求我们必须准确把握国际农产品市场变动的趋势和规律。

(一) 绿色贸易壁垒日益普遍

绿色贸易壁垒是20世纪70年代出现的一种新型非关税壁垒。它看似合理地存在于国际贸易领域，利用消费者的环保心理和对健康的追求，设置限制进口的障碍。当今的消费者在遭遇了一系列极端性的灾害气候和全球性的疾病蔓延后，越来越意识到环保的重要性，对农产品和食品的生产及质量也提出了更高的要求，甚至考虑到了动物的生存环境和捕获方式。这样一来，利用绿色贸易壁垒设置进口限制以保护生态环境和食品安全看似非常可行，但实际上在实施过程中并不是完全依靠科学的标准和做法。

欧美等发达资本主义国家越来越频繁地利用极具隐蔽性的绿色贸易壁垒限制农产品进入以保护国内农产品市场，造成了农产品国际贸易竞争的不平等性。绿色贸易壁垒不仅采用苛刻的环保标准、检验检疫制度，还对商品的包装、标签提出了一系列要求。其中，包装、标签规定对我国外贸发展的影响尤其突出。欧美一些国家对其进口商品采取绿色包装、标志认证制度，凡是出口到这些国家的产品都必须通过检验获得绿色认证标志并印制在出口商品包装上，否则一律不准进口，而获得这些绿色标签并非易事。它以发达国家的生产水平要求绿色生产，不仅生产过程要绿色环保，甚至对消费、回收过程也要进行监管，确保绿色。美国也曾明令未经处理的中国木质包装箱、木制托盘禁止进入美国市场，以免带入天牛虫卵危害美国森林。所以我国出口到美国的商品包装中凡是用到了木材、藤条柳条、稻草之类的都必须经过熏蒸处理并出具熏蒸证书，大大增加了

---

① 习近平. 在中央农村工作会议上的讲话（2013年12月23日）//十八大以来重要文献选编（上）. 北京：中央文献出版社，2014：666-667.

农产品的出口成本，有些企业还会因为不严格执行导致检验不合格，使得商品出口受阻。而我国的农产品进口方面的绿色贸易壁垒由于起步晚、制定标准存在技术难度，所以未能很好利用这一手段保护国内的农产品市场。

（二）突破技术壁垒日益重要

中国农产品打入世界市场的首要非关税贸易壁垒就是技术壁垒，中国农产品的生产技术与发达国家相比确实存在差距，国内农产品生产模式和规模导致生产环节监控力度不强、产品质量不高，这是中国农产品遭遇技术壁垒的一大原因。国家市场监督管理总局每个季度都会对农产品质量进行抽查，但是抽查结果往往不尽如人意，其中蔬菜农药残留量的抽查结果最引人注目。大部分蔬菜水果农药超标率居高不下，不仅影响农产品出口，也确实会对消费者的健康造成不良影响。当然我们也不排除西方国家滥用技术壁垒，用发达国家的生产技术标准来要求发展中国家，制定严苛的技术指标来排斥发展中国家的农产品。

（三）贸易自由化程度进一步提高

开放农产品市场、降低农产品进口关税、取消农产品非关税壁垒是农产品贸易自由化的必经之路。在多方努力之下，我国农产品贸易自由化取得了一定的进展。在多边方面，在各方共同努力下，历经艰难的多哈回合谈判后，作为最大发展中成员的中国会在加入 WTO 所作承诺的基础上进一步开放国内市场，中国农产品市场将进一步与国际接轨，自由化程度将大大提高。

在双边方面，自 2002 年以来，我们已经与 26 个国家和地区签订了 19 份自由贸易协定，自贸伙伴遍及亚洲、大洋洲、南美洲和欧洲，中国农产品对外贸易自由化程度将逐渐提高。

农产品对外贸易自由化不仅使我国能获得直接的经济收益，还能提高农业保护的透明度，农产品的安全性和可预见性也会有较大幅度的提高。这将使中国的对外经济体制更好地融合于世界经济体制之中，加速中国农业经济向深层次发展，并对我国农业产业结构、产品结构的调整和升级换代有很好的促进作用，为我国创造良好、稳定的农产品贸易环境。

（四）贸易策略取向进一步明细化

农产品对外贸易策略明细化将使得农产品在生产、出口等各方面方向更为明确、目标更为明显。而发展农产品出口贸易的首要目标也不仅仅是出口创汇，而是要发挥我国农产品的比较优势，调整农产品产业结构。

我国政府曾制定过进口棉花滑准税制度，即进口棉花的进口关税税率随着棉花品质的提高而降低。该策略的目的就是为了提高进口棉花的质量，鼓励国内进口商进口高品质棉花，以便生产出品质更高的纺织品，提高棉纺品的附加值和国际竞争力。此外，我国还出台过针对进口新闻纸征收的反倾销税、取消主要粮食作物的出口退税制度、对重点粮食作物征收出口暂定关税等。这都是农产品贸易策略明细化的表现。

（五）我国农产品对外贸易逆差将持续存在

从2008年起，我国农产品贸易连续4年存在高额逆差，虽然2009年的逆差额有小幅度回落，但2010年和2011年农产品贸易逆差增长很快，而且将呈现贸易逆差持续存在的状态，其原因有四。

首先，由于中国城镇化发展进程过快，国内许多重点城市的城区不断向外围扩张，有些城市的规模已经是中华人民共和国成立时的若干倍了。随着城市规模的扩大，其必将向周边的郊区及农村征地并将其纳入城市建设规划，这样一来必将使得有限的耕地面积不断减少，平原耕地被征收建起了高楼大厦，有些地区的农民就将耕地向坡地发展，但这不利于保持水土，且容易造成生态危机。为了制止这一现象，国家出台了退耕还林政策，规定坡度在25度以上的坡地停止耕种、植树造林。如此一来，耕地的绝对面积大幅度下降，我国农产品生产的数量受到影响，在国内农产品供不应求或者不具备比较优势的时候，只有加大进口，造成逆差增加。

其次，由于城市化建设加快，城市对用工人员的数量有较大的需求，造成许多农业劳动力外出务工，脱离农业生产。本来就有限的农业耕地在农业劳动力大量流失的情况下又出现了一些荒地，或者这些耕地由尚留在农村的老人、妇女耕种，在一些没有普及机械化操作的山区，老弱妇孺的农业生产效率可想而知。这也必将使得劳动生产率得不到提高、农产品产量无法提高，导致逆差的产生。

再次，我国农业发展模式还没有完全由粗放型增长过渡到集约型增长，农业生产中的技术性因素投入不足。这里，技术性因素既包括物的因素，也包括人的因素。从物的角度来说，反映为农业生产机械化程度不高、农业生产技能普及度不高，很多农村还在用老一套的经验从事生产，不积极汲取最新的生产技术和农业信息。

最后，随着中国人口规模的扩大和工业化进程的加快，我国对粮食、油料一类的农产品需求量大大增加，而这些本来就是我国不具备比较优势的产品，也是进口量较大的农产品，农产品贸易逆差因此将呈现长期存在的状态并有扩大的趋势。

（六）我国农产品对外贸易结构将在竞争中得到优化

调整农产品对外贸易结构也是我国发展农业经济的目标之一，我国将依靠国际农产品市场上的竞争及相关信息来配置农业生产资源、调整农产品结构，并在此基础上优化农产品贸易结构。在农产品市场开放、信息及时的状态下，蔬菜、水果、花卉等具备比较优势的劳动密集型产品的出口将继续增长。在国内外消费者消费数量上升、消费档次提高的情况下，还可针对消费者的需求偏好生产适销对路的农产品。

除了产品结构得到优化外，农产品对外贸易的地域结构也需要进一步优化。在出口上要大力发展周边国家市场及有潜力的非洲、拉美市场，打造我国农产品出口地的多元化局面。在进口方面也要打开局面，争取获得更多的农产品来源地信息，以便货比三家，保障国内消费者的利益，更可以避免农产品来源地过于集中而受制于人。

（七）新发展格局下我国农产品贸易布局

利用好国际国内两个市场、两种资源，是减轻资源环境压力和保障主要农产品有效供给的关键。国内国际双循环相互促进，为开创国内国外联动、产销衔接、优势互补、相互促进的国际粮食市场新局面提供了机遇。首先，“国内国际双循环相互促进”将有助于推动我国粮食企业“走出去”。在国内国际双循环相互促进的背景下，粮食企业“走出去”的进程将不断加快，粮食和重要农产品在生产、加工、仓储、物流、装备制造等供应链海外建设能力将不断增强，全球粮食产业链布局得以逐步形成。其次，“国内国际双循环相互促进”将有助于引进国外先进科技水平。粮食企业不仅要“走出去”，更要将先进科技水平“引进来”，依托粮食贸易，实现与国外资本和技术的紧密合作，在农产品加工、仓储、物流、贸易、信息等关键环节上加大技术引进、投资并购和资本运作。最后，新发展格局将有助于提升我国在国际粮食市场的话语权。考虑到我国仍有部分农产品需要进口，为规避贸易风险，需要我国积极参与全球粮食规则制定，在粮食安全公共储备、出口限制等议题上发挥引领作用，强化与“一带一路”沿线国家和其他潜在合作伙伴的协作关系。“双循环”新发展格局加快了我国参与世界粮食安全治理的速度，粮食进口布局转向“一带一路”沿线区域，国际粮食市场的话语权不断增大。①

本章小结

我国农产品国际贸易先后经历了计划经济时期的“封闭式”贸易、开启改革开放后的“开放式”贸易、全面改革开放后的“市场化”贸易和入世后的逐步“自由化”贸易四个发展阶段。技术性贸易措施主要是指世界贸易组织《技术性贸易壁垒协定》和《实施卫生与植物卫生措施协定》所管辖的各种形式的非关税壁垒措施，包括采取技术法规、标准与合格评定程序。标准和技术法规各自遵循着一定的原则来发挥其作用。当今世界国际贸易趋势主要表现为方式多元化、对象高技术化、协调贸易化、市场垄断化和规则规范化。农产品国际贸易的前景良好，绿色壁垒和技术壁垒日益增多，自由化程度和竞争策略也有所发展。对于我国来说，农产品国际贸易逆差将继续存在，同时我国农产品对外贸易结构也将在竞争中得到优化。

本章习题

1. 我国农产品国际贸易经历了哪些历史阶段？
2. 什么是技术性贸易措施？什么是技术性贸易壁垒？
3. 简要介绍 TBT 措施与 SPS 措施，分析其在国际贸易中的作用。
4. 简述新新贸易理论与传统贸易理论以及新贸易理论的区别。
5. 当前农产品国际贸易的发展趋势是什么？

参考文献

1. 保罗·杰罗斯基，理查德·J. 吉尔伯特，亚历克西斯·杰克明. 进入壁垒和策略

① 张琛，孔祥智.“双循环”新发展格局与中国粮食安全. 湖北大学学报（哲学社会科学版），2021（5）.

性竞争．北京：北京大学出版社，2004.

2. 保罗·克鲁格曼，茅瑞斯·奥伯斯法尔德．国际经济学．5 版．北京：中国人民大学出版社，2002.

3. 保罗·克鲁格曼．战略性贸易政策与新国际经济学．北京：北京大学出版社，2000.

4. 庄佩芬．农产品国际贸易．北京：对外经济贸易大学出版社，2011.

5. 张海东．技术性贸易壁垒与中国产业安全．上海：上海财经大学出版社，2006.

6. 王孝松，谢申祥．国际农产品价格如何影响了中国农产品价格．经济研究，2012 (3).

7. 仇焕广，杨军，黄季焜．建立中国—东盟自由贸易区对我国农产品贸易和区域农业发展的影响．管理世界，2007 (9).

8. 周曙东，胡冰川，吴强，等．中国—东盟自由贸易区的建立对区域农产品贸易的动态影响分析．管理世界，2006 (10).

9. 曾寅初，陈忠毅．海峡两岸农产品贸易与直接投资的关系分析．管理世界，2004 (1).

10. 张琛，孔祥智．“双循环”新发展格局与中国粮食安全．湖北大学学报（哲学社会科学版），2021 (5).

PART FIVE

5

|第五编|

国家与农业

第十三章
粮食安全

本章要点

1. 掌握粮食安全的定义与内涵；

2. 掌握测度国家（或区域）粮食安全的方法；

3. 了解和粮食安全相关的基本理论，掌握农产品贸易、粮食储备等在保障粮食安全中的重要作用；

4. 了解中国为了保障粮食安全作出的努力与战略部署；

5. 了解新时期国家粮食安全观。

关键词

粮食；食物；粮食安全；粮食储备；粮食减损

导入案例

随着新冠肺炎疫情持续蔓延，全球粮食生产、物流、消费等多个环节受到严重冲击。全球公共卫生危机是否会引发粮食危机，越来越受到各界关注。

专家认为，目前全球粮食供应整体充足但分配不均，疫情导致一些脆弱国家的粮食安全受到威胁。各国需加强政策沟通与协调，共同维护国际农产品供应链稳定和粮食安全。

联合国粮食及农业组织（FAO，以下简称“联合国粮农组织”）认为，目前全球粮食供应总体而言没有问题，尤其是玉米、小麦、大豆、大米等主要产品供应充足。但与此同时，粮食分配并不均衡。联合国粮农组织会同其他国际组织联合发布的《全球粮食危机报告》显示，截至2021年末，全球有53个国家或地区有逾1.93亿人经历了粮食危机或粮食不安全程度进一步恶化，比2020年增加近4 000万人，创历史新高。

目前疫情已经对全球粮食系统造成了影响，使既有的粮食问题进一步加剧。在生产层面，疫情影响农业劳动力和相关生产要素的投入，导致生产受阻；在物流层面，疫情导致人员和物资流动受限，进而影响粮食物流；在消费层面，疫情导致经济增长放缓，收入下降、失业以及当地市场粮食供应受限影响了人们及时获取粮食。

资料来源：陈占杰. 新冠疫情会否引发全球粮食危机. 新华财经观察，2020-04-23.

小思考

你是怎样理解粮食安全的？

每当国内粮食价格相对较高、国内发生了自然灾害、中国大量进口粮食、全球粮价上涨、外资并购国内涉农企业、国内涉农企业实施“走出去”等都会引发有关中国粮食问题的争论。有关中国粮食安全一直处于争论之中，争论的焦点包括：中国存不存在粮食问题？中国粮食安全吗？如何实现国内粮食市场稳定？等等，美国世界观察研究所所长莱斯特·布朗于1994年在《世界观察》杂志上发表了题为《谁来养活中国?》的文章，把中国粮食问题提升到全球的关注焦点，并且很多时候把粮食问题意识形态化、粮食问题政治化。所以，中国粮食问题、中国粮食安全问题往往是历届政府关注的重点内容之一，政府把农业生产（尤其是粮食生产）放在重中之重的位置，历来都坚持“手中有粮，心中不慌”，因此，粮食自给率、粮食综合生产能力、保障粮食有效供给、18亿亩耕地红线等往往被视为政策的切入点和关键点。习近平总书记指出：“粮食问题不能只从经济上看，必须从政治上看，保障国家粮食安全是实现经济发展、社会稳定、国家安全的重要基础”①。

第一节　粮食安全的基本内涵

一、粮食与食物的概念辨析

和粮食最为相关的概念是本科类的谷物，包括水稻、小麦、玉米、谷子、高粱、大麦、黍稷、燕麦等。此外，荞麦虽然不属于禾本科植物而属于蓼科植物，但也被纳入谷类作物。在这些谷类作物中，水稻、小麦、玉米三大谷物通常被人们称为三大主粮，谷子、高粱、大麦等其他谷物一般被人们称为杂粮。

传统意义上，我们经常将谷物、豆类和薯类统称为粮食。其中，豆类包括大豆、蚕豆、豌豆、绿豆、小豆等，而薯类则包括甘薯、马铃薯等。这种界定也是国内最常用最流行的粮食概念。这样的粮食概念与人们通常所说的“人食五谷杂粮”是一致的。国家统计局也是按照这样的口径来统计粮食产量的。

资料小贴士

国家统计局的粮食产量指标解释

粮食产量：指农业生产经营者日历年度内生产的全部粮食数量。按收获季节包括夏收粮食、早稻和秋收粮食，按作物品种包括谷物、薯类和豆类。其产量计算方法为：谷物按脱粒后的原粮计算，豆类按去豆荚后的干豆计算；薯类（包括甘

① 中共中央党史和文献研究院. 习近平关于“三农”工作论述摘编. 北京：中央文献出版社，2019：73.

薯和马铃薯，不包括芋头和木薯）1963 年以前按每 4 公斤鲜薯折 1 公斤粮食计算，从 1964 年开始改为按 5 公斤鲜薯折 1 公斤粮食计算；城市郊区作为蔬菜的薯类（如马铃薯等）按鲜品计算，并且不作粮食统计。1989 年以前全国粮食产量数据主要靠全面报表取得，1989 年开始使用抽样调查数据。

食物是指食品或为生物体提供能量和生存所需营养的可食用物质。食物所包含的内容超出了粮食。也就是说，粮食仅仅是庞大的食物体系中的一部分。从 FAO 的统计体系来看，food 的内容包括：谷物、淀粉块茎（木薯、马铃薯、甜薯、红薯等）、糖类、豆类、坚果、油料、蔬菜、水果、刺激物（咖啡、可可豆、茶）、调料、酒类、肉类、食用蛋白、动物脂肪、奶类、蛋类、鱼和海产品、其他水产品及其他，种类多达 18 类。而 grain 的含义远远不能覆盖另外的十几种食物类别。

归纳起来，关于我们所探讨的粮食安全语境下的粮食概念，要点是把握住两条：一是约定俗成，就是按照国家统计局的统计口径界定粮食的范围，粮食涵盖谷物、豆类和薯类；二是从大食物观的视角来理解粮食，正如习近平总书记所指出的，现在讲粮食安全，实际上是食物安全。

二、有关农业粮食体系的几个概念

1. 农业粮食体系

农业粮食体系包含从事食品类和非食品类农产品初级生产，以及参与所有食品（包括非农产食品）贮藏、聚集、采后处理、运输、加工、配送、销售、处置和消费的所有参与者及其相互关联的增值活动。农业粮食体系中，粮食体系包括来自种植业、畜牧业、林业、渔业、水产养殖业及其他来源（如合成生物学）的所有供人类食用的食品。人造肉等非农食品目前几乎可以忽略不计，但有可能发展壮大，对农业粮食体系韧性产生重大影响。非农食品虽然能减少气候事件和虫害相关风险，但同时也有可能产生负面影响，尤其是造成农业食品生产人员失业和丧失生计。

农业粮食体系通过购买化肥、农药、农业和渔业设备等投入品，以及为非粮商品生产提供中间投入品（例如，为生物燃料生产提供玉米或为纺织品生产提供棉花）与非粮供应链相互作用。经济、社会和自然的整体环境决定并影响着农业粮食体系及其多种生产体系。

2. 农业粮食体系韧性

农业粮食体系韧性指农业粮食体系抗御任何破坏性因素，长期可持续地确保人人可获和易获充足、安全和营养的食物，并维系农业粮食体系参与者生计的能力。

3. 粮食供应链

粮食供应链包括一系列关联活动，涵盖种植业、畜牧业、林业、渔业和水产养殖的初级粮食生产；贮藏、运输、加工增值活动；批发和零售。

4. 可持续农业粮食体系

可持续农业粮食体系指让所有人享有粮食安全和营养，维系农业粮食体系参与者的生计，不损害后代粮食安全和营养的经济、社会和环境根基的体系。这类体系必须在经济（即可盈利、保公平）、社会（产生广泛的社会效益）和环境（有益于或不影响自然环境）方面具有可持续性。

粮食供应链由各类参与者开展的相互关联的活动构成，它们反过来也会利用可以提供投入品和物流服务的侧链。粮食供应链消化冲击的能力取决于每个环节的韧性。多元、丰余和互联互通的粮食供应链可加强农业粮食体系的韧性，为粮食生产、采购和配送提供多种途径。

三、粮食安全的定义与内涵

目前有关粮食安全的定义有 200 多种（Maxwell and Smith，1992），这既表明了社会各界对粮食问题的关注程度，也凸显了粮食安全问题争论的复杂性和争议性。每一次粮食危机（或者全球粮价大幅度上涨时），比如 1974 年石油危机、1996 年粮食价格上涨、2008 年全球粮食危机，都自然地引发了人们对粮食安全的反思与重新认识。国际上粮食安全的定义演变如表 13－1 所示。1983 年 FAO 提出，“食物安全的最终目标是，确保所有人在任何时候都既能买得到又能买得起所需要的任何食品”；之后 1992 年国际营养大会提出，在任何时候人人都可以获得安全营养的食物来维持健康能动的生活。值得指出的是，国际社会提倡的“food security”即“食物安全”一词，其含义远比国内粮食安全定义丰富得多。

表 13－1　国际上关于粮食安全的定义

时间	作者	定义
1974	世界粮食峰会	食物安全指的是人类的一种基本生存权利，即保证任何人在任何地方都能得到为了生存与健康所需要的足够食品。
1983	FAO	食物安全的最终目标是，确保所有人在任何时候都既能买得到又能买得起所需要的任何食品。
1986	世界银行《贫穷与饥饿》	所有人在任何时候都能获得足够的粮食来满足其积极而健康的生活。
1992	国际营养大会	在任何时候人人都可以获得安全营养的食物来维持健康能动的生活。
1994	《人类发展报告》	所有人在任何时候都能在物质上和经济上获得基本的粮食。
1996	世界粮食峰会	只有当所有人在任何时候都能在物质上和经济上获得充足、安全和营养的粮食来满足其积极和健康生活的膳食需求及食物消费偏好时，才实现了粮食安全。
2001	《2001 年世界粮食不安全状况》	粮食安全即所有人在任何时候均能在物质上、社会上与经济上获得足够的、安全的以及营养的粮食来满足其积极和健康生活的膳食需求与食品偏好。

资料来源：根据相关资料整理。

尽管学术界对于粮食安全的定义争论不休，但是我们审视粮食安全的定义时容易发现：（1）粮食安全的定义强调粮食安全指的是人类的一种基本生存权利。从这个意义上来看，粮食安全具有公共产品的性质，保障国家的粮食安全更多表现为政府宏观调控，是一个国家的农业政策目标，却不是农民生产者的目标。（2）粮食安全的定义要求确保为民众提供足够的粮食，让人们有充足的食物。与此同时，要求最大限度地稳定粮食供应，防止以政治、经济、流通等任何理由阻碍粮食的供应，并且要求确保所有需要粮食的人都有条件获得粮食，这些条件包括收入支付能力及经济水平等。"既买得到粮食又买得起粮食"，这实质上是同一个问题的两个方面，包括了可供给量（availability）和购买能力（affordability），即把粮食供给量和民众的购买力放在同等重要的地位，一方面要求发展粮食生产，提供丰富的食品，另一方面要求增加收入，特别是增加弱势群体的收入和贫困人口的收入，提高他们购买粮食的能力。值得指出的是，这里的粮食供给量不等于生产量，供给量至少是生产量、储备量和贸易量的总和。当粮食歉收时，如果有充足的粮食库存，或者便利、及时的贸易，仍旧不会威胁民众的粮食安全。把购买力纳入粮食安全的内涵中是把粮食安全定义从宏观层面拓展到微观层面的粮食安全，尤其是家庭层面的粮食安全。结合粮食安全的公共产品属性，我们容易理解每当出现粮食危机时，低收入群体往往是首要的受害者，所以在粮食安全的讨论中给予低收入群体（尤其是女性和儿童）较多关注。（3）粮食安全的定义不局限于粮食自给率，在追求粮食供给上更加强调可获得性（accessibility），包括物理上的可获得性（physical access）与经济上的可获得性（economic access）。在现实中，即使粮食数量充足，而且有购买力，也仍旧需要满足可获得性才能称得上真正的粮食安全。2003 年非典、2008 年南方雪灾与汶川地震、2013 年雅安地震都凸显了关注粮食可获得性的重要性。在交通运输造成不利影响的形势下，尤其是远距离运输，粮食及时通达消费者是影响粮食安全的重要因素。（4）充分利用（utilization）。粮食利用是指人们有能力不仅通过适当的膳食，而且通过清洁的水、适当的卫生条件及粮食安全的其他非粮食性因素来利用粮食，把非食物投入引入了粮食安全的概念，强调充足的食物、安全的饮用水、卫生与健康服务以及营养和儿童保健知识在促进粮食安全中的重要作用。比如母亲的营养知识对儿童健康的作用很重要，提高妇女的教育水平或增加她们的营养知识对儿童营养改善的效果要较收入提高带来的影响更大、更快速。（5）稳定性（stability）。稳定性强调人们在包括突发危机在内的任何时候都能够获取粮食的保障，避免地震、海啸、台风、水灾以及干旱等外部冲击破坏粮食供给，最大限度地稳定粮食供应。从国际组织和学术界文献来看，普遍获得认同的粮食安全定义包括了可供给量、可获得性、充分利用和稳定性。显然，这样定义要比国内相关文献中关注的粮食自给率更加丰富。在粮食连续增产的情况下，有许多专家指出，我国粮食安全保障的长期基本特征——脆弱平衡、强制平衡、紧张平衡并未改变，要警惕我国粮食安全保障能力下降，但是根据上述定义，在重视粮食安全能力之外，保障中国粮食安全仍旧有许多盲点需要给予足够关注。

速水（Hayami，1998）把粮食危机分为四类：（1）由战争或其他大灾难引发的偶发性危机（contingent crisis）；（2）由气候变迁引发的全球普遍的粮食歉收的周期性危机

(cyclical crisis)；(3) 由经济制裁或粮食禁运引发的政治危机 (political crisis)；(4) 由人口增长速度远快于粮食产量增长速度引发的马尔萨斯危机 (Malthusian crisis)。

四、粮食安全的测度

1. 粮食产量波动系数

粮食产量波动系数反映粮食总产量偏离趋势产量的程度，而人均粮食占有量表示至少要达到的粮食供给状况。通常认为，将粮食产量波动系数控制在2%左右的水平是比较理想的。

2. 人均粮食占有量

人均粮食占有量能够反映一个国家或地区的粮食生产水平，是评价粮食安全最直接的指标，而中国历年人均粮食占有量整体呈现上升的趋势。

3. 粮食自给率

一国（或地区）粮食自给率的高低主要取决于该国（或地区）土地、水资源等方面的自然资源禀赋条件。此外，交通运输条件、贸易环境、国际工业化水平等也都会对一国（或地区）的粮食自给率产生影响。一般情况下，粮食自给率与粮食安全水平的高低成正比。

4. 粮食储备水平

粮食储备是一个国家（或地区）保证粮食总体调控顺利进行、维护国家粮食安全的重要物质基础，因此，粮食储备水平也是反映粮食安全水平的一个重要指标。按照FAO的最低安全储备标准，世界谷物的粮食储备量最低要达到谷物需求量的17%～18%，其中，周转储备占12%，后备储备占5%～6%。

5. 低收入居民粮食需求满意程度

低收入居民粮食需求满意程度也是衡量一国或地区粮食安全程度的重要指标。在粮食供给量一定的情况下，增加低收入阶层的粮食供给，可以显著地提高一国（或地区）的粮食安全水平，是确保国家政治、经济稳定的重要保障。

五、我国粮食安全的基本内涵

我国是世界第一人口大国，拥有世界五分之一的人口，1949年中华人民共和国成立以来，能否解决和如何解决亿万人民的吃饭问题，始终是摆在我们党和政府面前的头等大事。经过数十年的艰苦奋斗和不懈努力，我们不仅成功解决了人民生活的温饱问题，而且城乡人民生活质量和营养水平显著提升，国家粮食安全取得了举世瞩目的巨大成就。在很大程度上可以说，我们七十多年的奋斗历程其实也就是国家粮食安全能力与水平不断提升的过程。显然，由于有着长期艰苦卓绝的实践基础，我国的粮食安全概念与国际上通用的FAO所定义的粮食安全是不能简单地画等号的，而且随着实践探索的深入，人们对粮食安全的理解与认识也在不断丰富与拓展。概括起来，我国的粮食安全概念主要有以下三个方面的基本内涵。

首先是粮食的数量安全。新中国成立时全国粮食产量为11 318万吨，人均占有量只有208.9公斤。因此，粮食增产进而提高粮食人均占有量，不仅是我国农业发展的核心与首要任务，而且也事关经济社会稳定与国家安危。过去几十年包括改革开放以来，我国曾出现过几次粮食持续增产后的徘徊甚至减产局面，每次扭转起来都是非常不容易。这也就意味着，粮食的数量安全始终是我国粮食安全的物质基础与可靠保证，任何时候与任何情况下，我们都不能忽视和放松粮食生产，保护农民等生产者种粮的积极性与调动地方政府抓粮的积极性始终是国家农业政策基本的出发点和落脚点。

其次是粮食的质量安全。1984年我国粮食总产量首次登上4亿吨的大台阶，达到40 731万吨；人均粮食占有量接近400公斤，达到392.8公斤。这一重大历史性突破，标志着长期困扰我国的亿万人民的生活温饱问题得到基本解决。随之而来的不仅是农业结构的调整和农村多种经营的发展，而且人们对粮食等农产品的需求日益走向多元化和优质化。由此，如何在确保粮食总量供给的基础上提升粮食的质量安全能力与水平，就日益尖锐地成为我国粮食安全面临的现实难题与突出矛盾。党的十八大以来，粮食安全的内涵不断拓展延伸。随着人们消费水平的不断提升，在吃得饱的基础上，为了满足城乡居民吃得好、吃得营养、吃得健康的需求，粮食安全从以前注重数量转为数量质量并重，在保障数量供给的同时，更加注重农产品质量和食品安全。

最后是粮食的产业安全。在世界一体化与经济全球化的时代潮流之下，不仅我国的农业不是孤岛，我国的粮食产业发展也身处激烈的国际竞争的大环境之中。当今时代的农业竞争也已不再局限于具体产品和某个环节之间的竞争，而是体现为整个产业链或产业体系之间的竞争。自从2001年我国加入世界贸易组织以来，种粮成本上升、比较效益下降、国内外粮食价格倒挂、粮食产业竞争力弱以及大豆持续大规模进口，这些都对我国粮食的产业安全状况提出了许多前所未有且日益提高的新要求，迫切要求从产业安全角度构建粮食产业链、价值链、供应链三链融合并协调发展的现代粮食产业体系。

上述三个方面的粮食安全的基本内涵意味着，伴随着粮食产业发展和粮食消费需求变化，我们对粮食安全的理解和认识也要不断深化，即要树立“谷物基本自给、口粮绝对安全”的新的粮食安全观。随着城乡居民食物消费结构日趋多元，肉、蛋、奶等重要农产品的消费需求刚性增长，粮食产销日趋分离使粮食产业链安全问题日益凸显，需要统筹国内国际两个大局，从传统“口粮观”向“大食物观”转变，从保障口粮供给向保障粮食与重要农产品供给转变，从保障产出端安全向保障全链条系统安全转变，确保重要农产品特别是粮食供给的综合生产能力，提升粮食生产全产业链综合竞争力，努力构建新时代粮食安全发展新的格局。

第二节 气候、自然灾害与粮食安全

一、我国农业灾害类型与不同灾种的时序变化特征

（一）我国农业灾害类型

我国发生的多种灾害按成因可划分为地质灾害、气象灾害、环境污染灾害、火灾、海洋灾害、生物灾害 6 类，再按不同表现方式细分为 44 个种类。其中气象灾害，也常被称为自然灾害，包括干旱、洪涝、干热风、霜冻、台风、雹灾、尘暴、寒潮、白灾。我国巨大的粮食灾损主要是由自然灾害造成的，并且我国的自然灾害又极为频繁，已成为影响我国农业稳定发展的一个重要因素。

（二）我国不同灾种的时序变化特征

1. 洪涝灾害时序特征分析

洪涝受灾面积与灾害程度在时间序列上呈现一定程度的异步性，且灾害强度更加明显地刻画了洪涝的演变特征。通过分析我国平均受灾面积曲线可见，1949—1968 年洪涝受灾处于高频波动阶段，1969—1991 年洪涝受灾呈现波动上升态势，1992—2015 年平均受灾面积表现出高频波动下降趋势，其中 1991 年平均受灾面积达到峰值。1949—2015 年灾害强度指数曲线表明，1949—1968 年洪涝灾害强度指数波动下降，1969—2002 年灾害强度指数呈波动上升走势，洪灾受灾强度不断增大，2002 年达到灾害强度峰值，2003—2009 年灾害强度指数波动下降，2010—2015 年灾害强度指数呈波动上升趋势（见图 13－1 和图 13－2）。

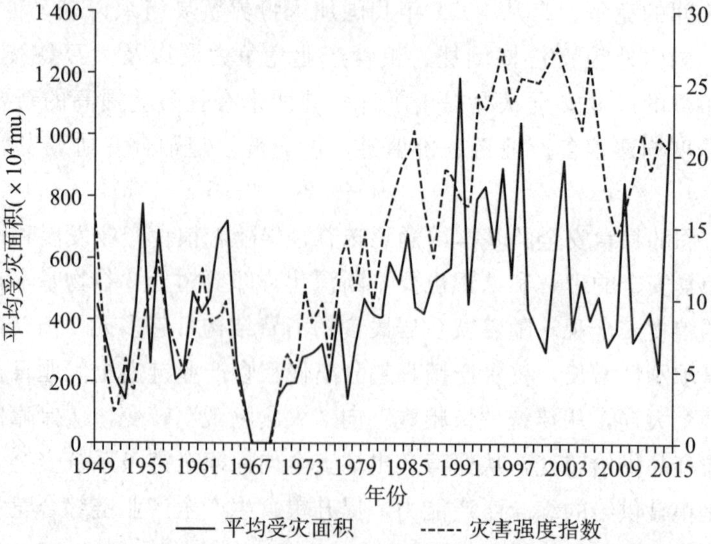

图 13－1 1949—2015 年中国洪涝灾害趋势

资料来源：赵映慧，等. 1949—2015 年中国典型自然灾害及粮食灾损特征. 地理学报，2017（7）.

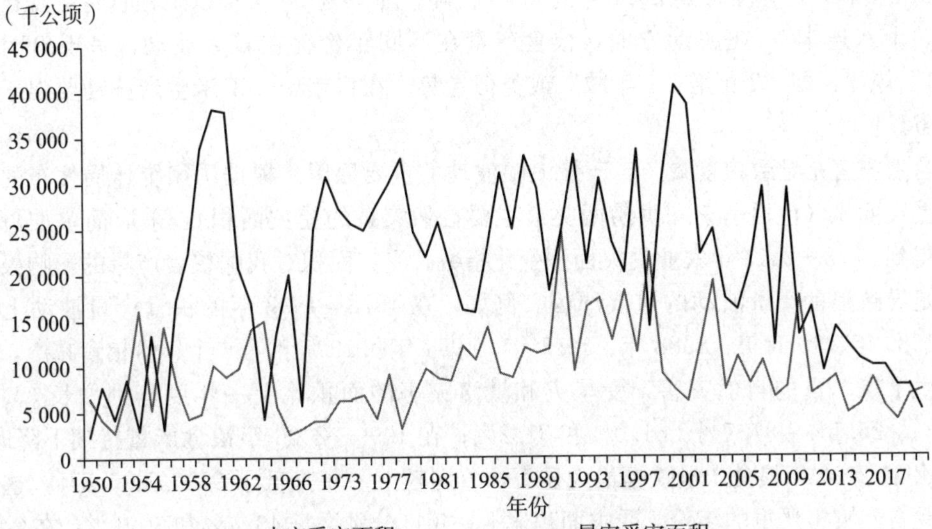

图 13-2　1949—2020 年中国水灾及旱灾受灾面积

资料来源：国家统计局.

2. 旱灾时序特征分析

旱灾平均受灾面积与灾害强度指数长时序性具有较强的同步性。旱灾平均受灾面积与灾害强度指数在 1949—1961 年、1969—2000 年呈波动上升趋势，1962—1968 年、2001—2015 年呈现波动下降趋势；1959—1961 年三年旱灾形成了一个小波峰，2000 年全国旱灾平均受灾面积与旱灾强度指数达到最大值（见图 13-3）。

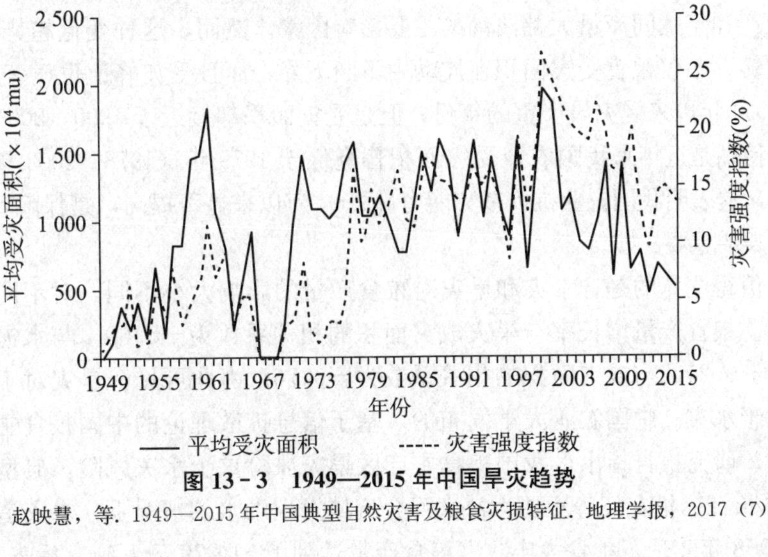

图 13-3　1949—2015 年中国旱灾趋势

资料来源：赵映慧，等. 1949—2015 年中国典型自然灾害及粮食灾损特征. 地理学报，2017（7）.

二、自然灾害与粮食波动

我国粮食生产变化经历了 1978—1998 年波动上涨、1999—2003 年持续下跌、2004—2014 年持续增长、2015—2021 年波动上涨四个系统性变化时期，粮食产量由

1978年的3.05亿吨增长到2021年的6.83亿吨，尤其是2004年以来粮食持续增产，实现了“十八连丰”。在波动方面，粮食产量在不同年份存在较大波动，呈现出明显的“2+1”规律，即“2年增、1年减”或类似走势。在口粮中，玉米生产波动要强于小麦和稻谷。

自然灾害是导致粮食减产、产量大幅波动的重要原因。根据国家统计局发布的历年农业受灾面积（包括旱灾和洪涝两类最主要自然灾害的受灾面积），采取简单加总的方法，得到1978—2013年农业受灾面积变化指数。受灾面积对我国粮食产量的影响极为显著，是导致粮食产量波动的重要原因。例如，在1978—1998年的粮食产量波动上涨时期，1980年、1985年、1988年、1991年、1994年和1997年等6个年份粮食减产，当年都发生了较严重的自然灾害，受旱灾和洪涝灾害的面积比上一年度分别增长66.2%、53.2%、25.1%、87.7%、61.0%和51.2%；在1999—2003年粮食产量持续下降时期，2000年和2003年粮食产量跌幅最为显著，分别较上一年降低了9.1%和5.8%，这两年也是受自然灾害严重的年份，受灾面积比上一年度分别增长43.4%和30.1%；在2004—2014年的粮食“十一连增”时期，2007年、2009年和2013年增幅较低，这些年份都是受灾严重的年份；在2015—2021年的粮食“连丰”时期，2016年、2018年粮食产量增幅近乎0，这也是2015—2021年全国受灾面积最大的两年。

农业抗灾减灾能力增强是实现粮食产量连续增长的重要保障。我国粮食受灾面积及其占总播种面积比例的变化可以分为两个阶段：1978—2003年间的波动中上升阶段和2004—2013年间的波动中不断下降阶段。1978—2003年，粮食受灾面积在波动中持续增长，由1978年的18.6百万公顷增长到2003年的26.8百万公顷，占农作物播种总面积的比重由18.6%提高到26.6%。在这一时期，我国农业抗灾能力较弱，是导致部分年份粮食急剧减产和年度间产量大幅波动的主要影响因素。然而，这种变化趋势在2003年之后出现了逆转，不仅粮食受灾面积在波动中不断下降，而且受灾峰值也显著降低。例如，2007年是2004年以来受灾最严重的年份，但是受灾面积却接近于1999—2003年受灾最轻微的年份。特别是近年来我国农业受灾面积普遍低于1979年（1978—2003年间的最低年份）的水平，这表明我国农业抗灾减灾能力自2004年以来显著提高，是保障我国粮食产量实现连续增长的重要支撑。

另外，值得注意的是，水灾和旱灾对粮食产量的影响大小不同，对不同作物的影响大小也不同。粮食产量增长率与旱灾成灾面积的相关系数为−0.69，与水灾成灾面积的相关系数为−0.21，与成灾面积的相关系数为−0.76。由此可见，旱灾对于粮食产量的影响相对大于水灾。中国农业大学发布的《基于信息扩散理论的中国粮食主产区水旱灾害风险评估》研究报告指出，我国粮食主产区旱灾风险重于水灾风险。典型的例子便是1998年全国长江、松花江等主要大江大河全流域发生洪水的情况下，水灾造成了诸多损失，但是1998年实现了粮食大丰收（粮食产量达到了51 229.5万吨，后来直到2008年才恢复到这个水平）。然而，1997年和2000年等水灾较轻、旱灾严重的年份，粮食产量则出现了大幅度减产。另外，水旱灾害叠加对于粮食产量的影响相对较大，比如2003年（粮食产量下降了5.8%）。按照水灾的影响程度来分，水稻最为明显，小麦次之，玉米较不显著。按受旱灾的影响程度来分，玉米最为明显，水稻次之，小麦较不显著。其中，玉米产量变动与旱灾成灾面积之间相关系数达到－0.67。

究其原因，主要在于三个方面：首先，正如《基于信息扩散理论的中国粮食主产区水旱灾害风险评估》研究报告所指出的，我国粮食主产区的水灾风险空间分布格局为：南方长江中下游省份多以中度风险为主，东北和黄淮海地区主要为低风险区。旱灾风险在东北和黄淮海地区以高、中风险为主，南方长江中下游省份的风险相对较低。而稻米主要分布在南方和东北；玉米主产区主要在东北和黄淮海夏播玉米区；小麦主产区主要包括两个：黄淮海麦区和长江中下游麦区。其次，"涝灾一条线，旱灾一大片"形象地描述了水灾与旱灾影响范围的差别，水灾的影响一般呈线状分布，而旱灾的影响呈片状分布，影响范围比较大。气象学中强调，造成洪涝灾害的暴雨主要发生在冷暖气团交汇的狭长的锋面地带，而干旱则是在范围广阔的单一气团内形成的。最后，从防灾和灾后补救来看，旱灾的影响时间较长、范围较广，北方大范围的春旱和异常年份雨季不下雨的伏旱，就是在大陆干暖空气的长期控制下形成的，这样春旱影响着夏粮的产量，伏旱影响着秋季粮食的产量，并且当持续旱灾时，往往缺乏有效的措施来进行补救。

总体来看，我国粮食生产取得了一定成就，但仍面临许多挑战。在农业生产中，存在基础设施薄弱、科技支撑不够等问题，粮食生产受自然灾害影响严重，粮食波动仍旧很大。在促进粮食生产、保障粮食安全、稳定经济发展、促进农民增收等方面仍然有许多路要走，未来我国要进一步加大农业投入，提高抗击自然灾害的保障能力，适时、适度地采取政策措施进行调节、控制，达到减弱粮食产量波动的目的，实现粮食生产长期稳定发展。

第三节　粮食储备与粮食安全

粮食储备是为了应对粮食生产波动和规避市场价格波动风险而进行的粮食储存行为，因此，会对粮食市场价格和市场预期产生重要影响。粮食储备行为既影响粮食市场的供给，也影响粮食市场的需求，是影响粮食市场的重要因素。

一、粮食储备的意义

诸多学者都关注过粮食储备的属性和作用。史红伦（2012）[①] 认为，粮食储备的本质属性是公共产品，既具有"后备性"的安全储备性质，又具有"商业性"的周转储备性质，由此决定了粮食的供求平衡和粮食安全不能完全由市场获得，需要政府干预来矫正和弥补，政府应对市场失灵承担起更多责任。这为政府粮食储备的关键地位提供了合理的解释。与粮食市场运行机制不同，政府粮食储备具有政策性、公益性特征，主要服务和服从于国家宏观调控目标。回望中国粮食储备体系的发展历程可知，粮食储备体系是因国家粮食安全的需要而建立和发展起来的，在实践中对保障粮食安全发挥了重要作

① 史红伦．从公共经济学视角看粮食储备的属性．中国粮食经济，2012（3）．

用。习近平总书记指出："搞好粮食储备调节。设立常平仓是我国的传统，在稳市、备荒、恤农方面具有重要作用。我国地域广阔，国家粮食储备适当多储一点、多花一点钱，安全系数高一点是必要的，但也要讲性价比、讲效率效益。政府也不能完全包揽，要调动市场主体收储粮食的积极性，有效利用社会仓储设施进行储粮。"① 具体来看，其意义主要体现在以下三个方面。

（一）应对自然灾害与其他外部冲击

粮食储备体系在应对地震、雪灾、干旱等重大自然灾害和突发事件中发挥了关键作用。2008 年初，南方雨雪冰冻灾害影响了国内粮油市场稳定，国家加大了对粮食流通和市场供给的调控力度，在批发市场进行政策性粮食和食用油销售，保证了粮油市场的充足供应；2008 年汶川特大地震发生后，国家迅速向灾区发放救灾储备粮油，保证灾区群众每人每天一斤优质口粮，解决了重大灾害后人民群众最基本的生活需要；2010 年青海玉树地震后，国家投放 3.68 万吨中央储备粮油；2010 年西南地区出现百年不遇的特大旱情后，国家向灾区调入储备粮 142 万吨，保证了灾区粮油供应，成为稳定当地粮食市场的"主心骨"（见表 13－2）。

表 13－2　2008 年和 2010 年灾害情况

自然灾害	覆盖地区	受灾人口（万人）	农作物受灾面积（万公顷）	粮食投放量（万吨）
南方雪灾、汶川地震（2008）	贵州、湖南、安徽、四川等多个省份	47 795	3 999	89
西南 5 省特大旱情、青海玉树地震（2010）	云南、贵州、广西、四川、重庆、青海等省份	42 610.2	3 742.6	145.68

资料来源：民政部、农业农村部网站.

2019 年新冠肺炎疫情暴发后，粮食应急保障体系的"三道防线"发挥了积极作用：一是拥有充足的原粮储备；二是在人口集中的大中城市和价格易波动地区建立了满足 10～15 天的成品粮储备；三是布局应急加工企业、应急供应网点、应急配送中心和应急储运企业。在新冠肺炎疫情大背景下，粮食储备体系在调节供求、稳定市场和保障应急供应方面发挥了重要作用。

（二）发挥市场调节的"稳定器"作用

近年来，国家综合利用政策性粮食竞价销售、储备粮油轮换、适时进口转储、跨省移库和产销衔接等手段，以向粮油加工企业定向销售等方式及时满足市场需求，稳定了各主体的市场预期，维护了粮食市场的基本稳定。例如，2007—2008 年的世界粮食危机期间投放中央储备粮，在全球粮价大幅震荡的形势下确保了国内粮食价格不大涨、不大落，基本供给不脱销、不断档，主要粮食品种价格基本保持稳定；2012 年共投放政策性粮食 370 亿斤，组织政策性粮食跨省移库 65 亿斤、产销对接 487 亿斤，保障了粮食市场

① 中共中央党史和文献研究院．习近平关于"三农"工作论述摘编．北京：中央文献出版社，2019：78.

供应和价格基本稳定。2003年以来，国际粮价年均波幅在20%以上，特别是2008年、2010年、2012年和2021年波幅均超过40%，而我国国内粮价呈现年均小幅上涨。

(三) 促进农民增收，解决农民“卖粮难”问题

从古至今，平抑粮价、赈灾备荒、供养军队都是国家粮食储备不可或缺的功能，但随着我国产业结构调整和国家粮食储备政策更新，当今的粮食储备功能也延伸到了辅助农村事业发展和促进农民增收。粮食价格是影响农民生产决策的关键因素，是促进粮食生产稳定发展的最有效措施。随着粮食最低收购价政策的启动，我国政府粮食储备的功能进一步延伸，将保护粮食主产区粮农利益、解决粮食过剩时农民“卖粮难”和价格下跌问题纳入政府粮食储备的政策目标中。2005年以来，为解决粮食总产量连续几年下滑及农民增收难的问题，国家在主产区相继实施最低收购价和临时收储政策，保障和稳定了农民收入。

二、粮食储备的分类

根据不同的标准，可以对粮食储备作不同的分类。一是根据主体可以分为中央政府储备、地方政府储备、社会粮食储备；二是按照粮食的具体形态可以分为原粮储备与成品粮储备，原粮即为小麦、稻谷等未经加工的粮食，成品粮为面粉、大米等经过加工的粮食；三是按照时间长短可以分为长期储备和短期储备。长期储备是指储存时间超过一年；短期储备是指储存时间在一年以内。下面主要对不同主体的粮食储备分类展开说明。

1990年国务院决定建立国家专项粮食储备制度，同时要求各省级政府也要逐步建立地方粮食储备。1996年国务院要求各地必须按照“米袋子”省长负责制的要求充实地方粮食储备。1998年国务院决定对中央储备粮实行垂直管理体制，国家粮食储备局负责中央储备粮管理，并监管6个区域性中央储备管理公司。2000年组建国家粮食局，负责中央储备粮行政管理工作，同时成立中储粮总公司，具体负责中央储备粮的经营管理，将地方储备粮分为省级储备、地市级储备和县级储备，根据粮权归属由各级地方政府负责管理和动用，并承担相应的支出责任，由此构成了我国粮食储备的分级储备制度。

(一) 中央储备粮

中央储备粮是国家为确保粮食宏观调控和应急保供需要而建立的中央粮食库存，粮权属于国务院，主要用于全国范围内应大灾、守底线、稳预期，是保障国家粮食安全的“压舱石”。

中央储备粮按照《中央储备粮管理条例》和有关规章制度及相关政策进行管理，由中央财政承担支出责任，国家粮食和物资储备局负责行政管理，中国农业发展银行提供贷款支持，中储粮集团公司具体负责经营管理并对中央储备粮的数量、质量和储存安全负责。

目前中央储备粮规模相对较小，口粮储备不足1 000亿斤，占口粮消费比不足15%。如果按照国际17%～18%的库存消费比标准，中国玉米和大豆的储备量至少应分别增加

到 5 300 万吨和 1 800 万吨，稻谷和小麦库存需要在现有基础上增加 22%。

（二）地方储备粮

地方储备粮主要用于保应急、控粮价、稳市场，是区域内应急保供的第一道防线。目前地方储备粮分为省级储备粮、地（市）级储备粮和县级储备粮，以省级储备粮为主，粮权分属相应的各级地方政府，并分别承担支出责任。

各地根据当地实际采取不同模式进行管理。在库存管理上，有的通过上级粮食部门委托基层粮食部门进行在地管理，有的通过地方储备粮管理办公室（中心）进行统一管理，有的通过地方储备粮管理公司进行管理。在轮换管理上，有的由地方财政对承储企业实行定额包干轮换，有的由地方财政对轮换盈亏兜底。

2014 年 12 月国家有关部门重新核定地方储备粮规模并且要求 2016 年底前全部落实到位。其中主要问题是：大中城市可能有能力、有意愿完成储备，但是对于欠发达地区或者之前库存相对薄弱区域，完成储备规模、形成良好的轮换制度以及有较好的企业管理相对较难。

（三）其他粮食库存

政策性粮食库存、企业商品粮食库存、农户存粮和城镇居民家庭存粮虽然不属于政府粮食储备，但也是我国粮食库存的重要组成部分，是规划管理政府粮食储备时需要考虑的重要因素（见图 13－4）。

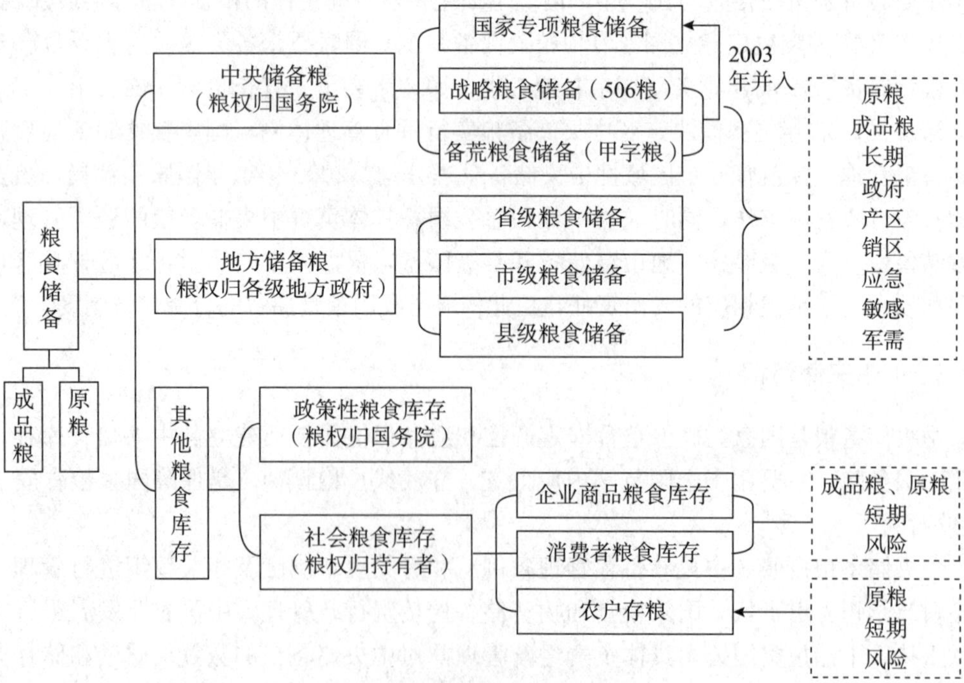

图 13－4　粮食储备体系图

1. 政策性粮食库存

政策性粮食库存指按照国家小麦、稻谷最低收购价政策和玉米、油菜籽、大豆临时收储政策收购形成的粮食库存，加上这些库存粮食轮换一次后形成的一次性储备库存，以及地方政府实施政策性收储形成的粮食库存。这部分粮食库存由国家粮食和物资储备局会同有关部门进行行政管理，中央财政承担收购、保管和利息费用及销售盈亏，中国农业发展银行提供收购贷款，中储粮集团公司具体负责库存管理并对中央储备粮食的数量、质量和储存安全负责。政策性粮食库存虽然所有权属国务院，但与政府储备不同的是，政策性粮食库存一般不进行定期轮换，主要通过公开竞价销售、定向销售、划转处置等形式进行库存消化。

2. 社会粮食库存

社会粮食库存指所有权或使用权不属于中央或地方政府的粮食库存，权益主体为涉粮企业、农户或城镇居民，根据所有权不同分为企业商品粮食库存、农户存粮和城镇居民存粮三类。由粮权所有者自行管理，企业商品粮食库存和农户存粮是社会粮食库存的主要组成部分。

三、 储备规模

建立和维持适度规模的粮食储备是实现粮食安全的重要手段，粮食储备水平的变化是衡量和评价粮食安全的一个重要指标。扩大储备粮规模，可以增强国家对粮食的宏观调控能力。但是，粮食储备本身是要花费成本的（包括直接的粮食储备成本和过度储备可能引起的社会福利损失）。粮食储备规模过小可能导致粮食不安全，粮食储备规模过大又会增加仓容压力和财政负担，因此，粮食储备规模成为重要的研究问题。

根据粮食供求平衡方程，粮食储备、粮食生产、粮食进口共同构成了粮食供给。只有粮食总供给满足粮食总需求，才能实现粮食安全。也就是说，粮食供给能保障粮食的年消费量不低于一定的需求量（最低需求量）。如果不考虑粮食净进口，当由于粮食生产波动引起供给不足时，粮食储备应该能弥补；当粮食生产过剩时，粮食储备可以缓解过大的粮食供给。因此，当粮食总需求一定（或按一定趋势变化）时，合理的粮食储备规模主要取决于粮食生产波动。

实际上，粮食储备的目标是多元的，粮食储备的规模取决于粮食生产波动状况、粮食储备本身的效率、储备成本、国家财政状况、粮食生产的机会成本以及农产品国际贸易的形势等因素。一般以最大的粮食安全和最小的储备成本作为粮食储备的两个目标，考虑若干约束条件，构造粮食专项储备规模优化模型。从一定程度上说，模型中的两个目标是相互冲突的。提高粮食安全水平必然要求更大的粮食储备规模，而粮食储备规模的增大又会导致粮食储备成本的增加。降低粮食储备成本即要求减小粮食储备规模，而粮食储备规模的减小又会导致粮食安全水平的下降。因而，实际的粮食储备规模选择就是要在这两个目标之间进行权衡取舍。对于这两个目标的储备规模优化问题，求解的一种可行办法是：在设定一个粮食安全水平后，根据储备的全额调节方式确定粮食的储备规模。常用的模型有全额模型、差额模型、比例模型。

（一）全额模型

朱泽（1998）[①] 曾分析和推算了我国的粮食储备合理规模，全额模型即借鉴了其基本思想。全额模型的基本思路是：当某年度的产量波动超过某一设定的可容忍波动幅度时，就用专项储备予以调节，吞吐量等于实际产量与趋势产量的差额；当某年度的产量波动在设定的可容忍波动幅度范围以内时，就由市场和其他方式予以调节，不动用专项储备。只要粮食生产波动超出设定的上限，就吞入过多粮食进行储备，减少粮食市场供给；只要粮食生产波动超出设定的下限，就抛出粮食储备，增加粮食市场供给。这样可将粮食供给能力平滑到趋势产量的水平上，“熨平”市场波动。当某年产量处于界内时（如 B、C、D 点所示），就任由市场和其他方式调节，而不动用专项储备，如图 13－5（a）所示。

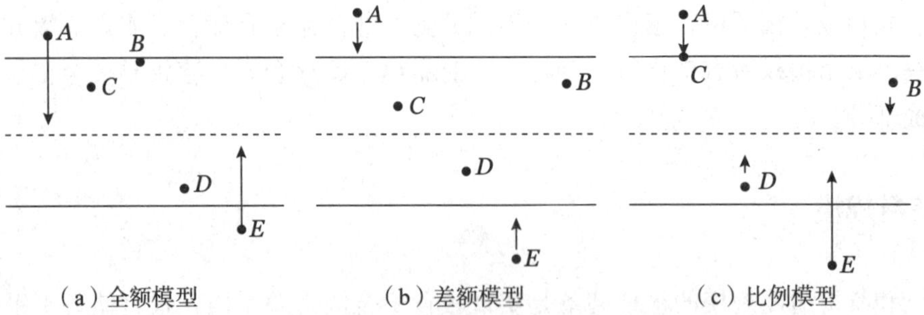

图 13－5　三种不同模型的粮食吞吐调节方式示意图

（二）差额模型

差额模型是在全额模型的基础上调整而得的，因其只对超出可容忍波动幅度部分的差额进行调整，故被称为差额模型。其与全额模型的区别在于储备粮吞吐调节方式不同。图（b）中两条实线和虚线仍然分别代表粮食产量波动的可容忍的上下界限和趋势产量。当某年的产量波动超过可容忍波动幅度的上限（如 A 点）或低于可容忍波动幅度的下限（如 E 点）时，可利用专项储备进行吞吐调节，将其粮食供给能力平滑到可容忍波动幅度的边界线水平上（而不是趋势产量水平）；当某年的产量处于界内时（如 B、C、D 点所示），就任由市场和其他方式调节，而不动用专项储备。

（三）比例模型

比例模型也是在全额模型的基础上调整而得的，因其对实际产量与趋势产量的差额按一定比例进行调整，故被称为比例模型。其与全额模型的区别也在于储备粮吞吐调节模式不同。图（c）中两条实线和虚线仍分别代表粮食产量波动的可容忍的上下界限和趋势产量。每年的产量波动，无论是处于边界线以内的年份还是处于边界线以外的年份（如 A、B、D、E 点），都通过储备粮的吞入或抛出使粮食供给平滑到趋势产量一定比例

① 朱泽．中国粮食安全问题．武汉：湖北科学技术出版社，1998．

（与一定的粮食安全水平相对应）的水平上。安全边界线（上下限）代表了相应的粮食安全水平，通过粮食储备对产量波动进行调节的比例由产量波动最大的年份所需要抛出或吞入的数量和相应的可容忍的粮食波动幅度决定。图（c）中，最大波动年份的波动 A 点所能平滑到的水平 C 点（C 点恰好处于粮食安全线上）所需要动用的粮食储备量为当年粮食产量与趋势产量的差额，再与调整比例相乘的乘积，这样，余下未调整部分正好与设定的粮食波动可容忍幅度相等。于是，调整比例就是通过用最大的波动指数去除可容忍的粮食波动幅度而得到的。各年份所平滑到的水平与趋势产量的差额（即不动用粮食储备进行调整的波动额）则由市场和其他方式调节。

在比例模型下，不管该年度产量波动的大小如何，都进行同一比例的调整，这样可以减轻产量波动的冲击，克服了全额模型下突变式处理办法的弊端。

马九杰和张传宗（2002）① 利用全额模型、差额模型、比例模型计算了不同安全水平下粮食储备规模的模拟结果，如表 13－3 所示。

表 13－3　不同安全水平下粮食储备规模的模拟结果　　单位：万吨

粮食安全水平	$a_1=100\%$	$a_2=99\%$	$a_3=98\%$	$a_4=97\%$	$a_5=96\%$	$a_6=95\%$
全额模型						
应持有储备	9 226	9 140	8 733	8 586	7 770	7 242
过剩粮食吞入准备	12 758	12 760	11 789	11 407	7 070	6 218
极端储备能力	21 984	21 900	20 522	19 993	14 840	13 460
差额模型						
应持有储备	9 226	7 365	5 968	4 580	4 337	4 089
过剩粮食吞入准备	12 758	10 153	7 731	6 585	5 717	3 874
极端储备能力	21 984	17 518	13 699	11 164	10 054	7 963
比例模型						
应持有储备	9 226	8 580	8 027	7 381	6 827	6 181
过剩粮食吞入准备	12 758	11 865	11 099	10 206	9 441	8 548
极端储备能力	21 984	20 445	19 126	17 587	16 268	14 729

资料来源：马九杰，张传宗. 中国粮食储备规模模拟优化与政策分析. 管理世界，2002（9）.

第四节　贸易自由化与粮食安全

一、贸易自由化的定义及其对粮食安全的重要性

（一）贸易自由化的概念界定

首先需要明确的是，贸易自由化并非等同于贸易，贸易由来已久，现已成为国际社

① 马九杰，张传宗. 中国粮食储备规模模拟优化与政策分析. 管理世界，2002（9）.

会不可或缺的组成部分，而贸易自由化则意味着政府不加干涉，由市场掌握决定权、解决一系列后续问题。本节探讨的贸易自由化对粮食安全的影响也是以这个概念为前提的。

(二) 贸易自由化对粮食安全的重要性

尽管随着世界经济的发展，全球粮食安全得到了很大的改善，但是，由于农业和粮食生产周期长，受自然资源和气候条件的约束，粮食和其他农产品生产往往存在较大的波动。除了经济增长水平、要素价格、市场供求变化等因素外，气候变化和自然灾害也是影响粮食波动的重要因素，因此，与其他产业不同，粮食和农业生产具有年度间不稳定的特性。同时，由于农产品生产周期长，食品加工需要时间，不能及时对需求变化产生反应，因此往往导致了市场价格的波动。此外，又由于粮食和食品不耐储存，对短时期内出现的巨大供求波动的反应能力也会受粮食储备水平的制约，因此，保持粮食安全对世界各国都是一个永恒的、十分重要的政策议题。

虽然严格来说农业贸易政策仅影响整个世界贸易的一小部分，但是它们对世界上最贫困国家的几十亿农民与农业社区仍可产生深远的影响。不论是面向国际市场、国内市场还是自己消费的小农户，他们的生计和粮食安全都受到全球贸易格局和全球规则（即国际农业贸易框架）的影响。因此，厘清贸易自由化对粮食安全的影响机制，并具体分析中国自身的实际情况，对选择正确的政策方向、切实保障粮食安全至关重要。

二、 贸易自由化对粮食安全的影响

自 20 世纪 80 年代起，随着全球范围内自由经济政策的崛起，农业贸易自由化的压力越来越大。但贸易自由化究竟对粮食安全有何影响是一个至关重要且备受争议的问题。

(一) 贸易自由化对粮食安全的正面影响

支持贸易自由化的学者认为，开放的贸易模式可以提高粮食安全性。具体而言，他们认为，贸易自由化可以提升农业生产效率，有利于贸易各国发挥各自的比较优势，从而增加粮食供给。这是因为当今种植业还未发展到完全脱离自然条件限制的程度，因此各国由于地理环境不同必会产生不同的优势与劣势，因而在种植业发展方面使用比较优势理论是很合适的，苛求资源禀赋匮乏的国家保证粮食自给自足不仅浪费资源，对其也是不切合实际的。而贸易自由化无疑是常年处于粮食净进口国地位或无力满足本国粮食需求的国家的福音，如日本、冰岛等。

同时，他们还提出，一方面，贸易自由化可以促进要素在全球范围内更为有效地配置，调节粮食价格，增加农民福利，降低粮食不安全程度。具体来说，贸易自由化可以通过两种方式达到影响粮食价格、稳定粮食市场的目的：一是引入外部刺激，二是增加替代产品。假设一个国家完全置身于世界粮食市场之外，该国的粮食供给量与需求量一定，国内粮食生产运营商作为唯一的供给者会倾向于囤积粮食、抬高价格，以期获得更大的利润，而国内的消费者只能被动接受。而若该国参与了国际粮食贸易，就可以通过进口粮食来达到稳定粮价的目的。另一方面，贸易自由化也使得进口国的粮食种类与加工品种增多，若一种粮食产品的价格上升，人们可以购买其他替代品，从而减少购买粮食的支出，福利也就自然增加了。

（二）贸易自由化对粮食安全的负面影响

在抵制农业贸易自由化的学者看来，世界各国的粮食产业发展阶段不一致，所处战略地位也不相同，贸易自由化可能会进一步导致各国利益差异化。他们认为，贸易与农产品市场自由化进一步强化了现实中发达国家传统的贸易壁垒，以及国内为支持保护而新设立的贸易壁垒（技术和环境壁垒），仅将发展中国家的农民暴露在不公平的国际经济环境中，使得发展中国家实际上在国际贸易中处于十分不利的地位。例如，贸易自由化意味着世界范围内粮食产业将面临更加激烈的竞争，消费者对于物美价廉产品的天然倾向可能会使本国尚在发展的粮食产业陷入困境，最终退出竞争。这不仅会导致该国粮食产业痛失本国市场份额，还可能会间接影响其对定价权的掌控，最终不利于保障国家粮食安全。可见，贸易自由化并非对所有国家都会产生积极影响。

同时，贸易自由化也可能使得部分国家进口依赖度提高，导致粮食安全的风险增加。贸易自由化实现后，鉴于各国粮食产业现有能力参差不齐，要素禀赋也不尽相同，无论是依据本国资源实际情况选择主动放弃，还是本国产业因遭受冲击、难以抗衡外来竞争而被动退出，都会使国内粮食的进口依赖度提高，导致风险增加。如果这又是该国国民赖以生存的口粮的话，风险程度甚至会更高。

三、中国实施粮食贸易自由化的可行性分析

由上述分析可见，贸易自由化是一把“双刃剑”，对粮食安全既具有积极的作用，又具有消极的作用。在此背景下，中国是否应当积极推进粮食贸易自由化，及其对粮食安全的影响如何，需要具体问题具体分析。结合多方因素来看，中国暂时不具备实施粮食自由贸易的条件，很难通过贸易自由化提升保障中国粮食安全的效率。

（一）中国粮食贸易自由化缺乏现实条件

从国际国内两个方面来看，中国实行贸易自由化的条件尚不成熟。国际方面的阻力体现在当前贸易体制及贸易法规的不完善上，而国内方面则来自现实条件的不足。从中国农业的现实条件来看，中国的粮食种植业效率与收益都不高，这使得中国的粮食在世界市场上竞争力有限。因此，如果贸然实行贸易自由化，依据比较优势理论，中国资源将会渐渐从不具备竞争优势的粮食种植业转向优势的水产品或蔬菜种植产业，等于是将自己的饭碗交到了别人的手里。自古代以来，中国就一直奉行“无粮则乱”的治国思想，习近平总书记也在一次次讲话中反复强调“中国人的饭碗任何时候都要牢牢端在自己手上”。显然，这样将饭碗交给别人的结果是中国目前无法接受的。

（二）中国实施粮食贸易自由化难以提高保障粮食安全的效率

纵观世界市场，粮食贸易市场并不是完全竞争市场，而是存在四大粮商等少数行业领头羊，这些企业具有较强的市场力量。粮食贸易自由化将使得各国粮食厂商在一个更大范围内争夺世界粮食的控制权与定价权，这也是粮食贸易的实质。而中国的大型粮食厂商，无论是从数量还是实力来看，都暂时无法与外国的垄断粮商相抗衡。如果贸然采取粮食贸易自由化，最可能出现的结果便是中国小型粮商逐渐被边缘化，直至被挤出市场，而中国的大型粮商在世界市场上也无力抢占制高点，不能获得粮食贸易中的话语权。由此导致的整个世界粮食市场由少数几个大型粮食厂商控制的局面，与我国想更高效地保障中国粮食安全的目标相悖。2013 年，习近平总书记在中央农村工作会议的讲话中指出："善于用好两个市场、两种资源。在国内粮食生产确保谷物基本自给、口粮绝对安全的前提下，为了减轻国内农业资源环境压力、弥补部分国内农产品供求缺口，适当增加进口和加快农业走出去步伐是必要的，但要把握好进口规模和节奏，防止冲击国内生产，给农民就业和增收带来大的影响。"①

第五节　粮食损失与粮食安全

一、粮食损失的概念

联合国粮农组织认为，粮食损失是指任何改变粮食的可用性、可食性、有益于健康的特性或质量，从而减少了它对人的价值后果的各种行为。粮食浪费是由于不合理的消费目的和行为，以及缺乏节约精神等主观意识，在现有的条件下原本可以避免的食物损失。粮食浪费属于道德范畴，不属于经济或技术学探讨的范围，学术上大多使用粮食损失与浪费这一综合概念。根据我国粮食流通实际，粮食损失是指粮食从收获环节开始到形成食物的供应链环节产生的损失、损耗，包括有形损耗和无形损耗；粮食浪费一般是指粮食制成食物未被有效利用的状态，包括有形浪费和无形浪费，有形浪费比如餐桌浪费，未有效保存而变质、过期的食物，无形浪费比如因食用过多粮食而引起的肥胖、营养过剩等形态。

二、全球粮食浪费现状

从全球来看，粮食浪费现象严重。2017 年联合国全球事务理事会数据表明，全球每年浪费的食物价值都超过 1 万亿美元，其中最发达的欧美国家占总量的 60%。据统计，2021 年，全球每年有 40%的食物未被食用，总计约为 25 亿吨。报告显示，美国和欧洲等发达国家食品浪费问题尤为严重。发达国家农场中被浪费的食物占全球总量的 58%，

① 中共中央党史和文献研究院．习近平关于"三农"工作论述摘编．北京：中央文献出版社，2019：80.

人均农场食物损失明显高于发展中国家。粮食损失与浪费带来了严重的经济与资源环境代价。全球每年浪费的食物折合成经济成本高达 7 500 亿美元，从资源上讲相当于浪费了全球 23%～30%的耕地面积、23%的肥料消费以及 33 亿吨温室气体。

(一) 欧洲国家

据统计，欧盟成员国每年浪费食物超过 1.4 亿吨。其中，法国每年浪费食物约 1 000 万吨，大约相当于 2 500 万人一年所需的粮食，价值高达 160 亿欧元；德国每年废弃的食物约为 1 100 万吨，大约相当于 2 750 万人一年所需的粮食，价值约 300 亿欧元；西班牙每年浪费 770 万吨食物，大约相当于 1 925 万人一年所需的粮食；意大利每年浪费食物 510 万吨，大约相当于 1 275 万人一年所需的粮食。

(二) 北美国家

在北美国家中，美国和加拿大的粮食浪费最为严重。美国是全球浪费食物最多的国家。全美生产的农产品当中，每年约有 6 000 万吨、价值 1 600 亿美元的农产品遭丢弃，2017 年人均有 600 美元的食物被丢弃。加拿大生产的食品每年有 58%被浪费，约为 3 550 万人一年所需的粮食，其中有 300 万吨粮食是直接被扔进垃圾桶的，482 万吨食品是在加工过程中被浪费和丢弃的。

三、中国粮食浪费现状

近年来，我国粮食损失与浪费的问题不断凸显，其中损失和浪费的粮食总量接近 1.2 亿吨，大致为全国粮食年产量的 18%～19%，进一步加剧了我国既有的粮食供求紧平衡和结构性问题。粮食的损失与浪费还导致了严重的环境问题。经测算，1.2 亿吨的粮食浪费量相当于消耗了 2.67 亿亩播种面积、458.9 万吨施用化肥及 316.1 亿立方米农业用水。据估计，我国粮食损失与浪费的碳足迹为 3 亿多吨二氧化碳，相当于 2019 年全国温室气体排放总量的 3%。

从生产环节来看，中国粮食在不同的生产环节均产生了大量的损失与浪费。调查数据显示，我国粮食产后的综合损失率接近 16%，其中，收获、运输、干燥和储藏等主要环节的损失率分别为 5%、2%、3%和 6%。

从消费环节来看，食用油浪费率高达 43.96%；在粮食消费中，农村家庭浪费率为 2.4%，城市餐饮浪费率为 11.7%，大学生食堂浪费率为 12.13%。

从品种类型来看，我国不同类型的食物损失率不同。粮食、蔬菜、水果等的食物损失率分别为 7%～10%、15%～20%、10%～15%，相比而言，粮食的损失率较低，但仍高于发达国家 3%的损耗水平。稻谷、小麦、玉米、大豆、马铃薯、甘薯这 6 个调查品种的平均产后综合损失率为 14.31%。在粮食内部，不同粮食品种的损失率也有所不同。其中，稻谷产后综合损失率最高，约为 25.19%；小麦产后综合损失率最低，约为 9.72%，不到稻谷产后综合损失率的一半。从粮食类别来看，谷物产后综合损失率最高，为 15.97%，豆类产后综合损失率为 11.00%，在上述三个粮食类别中损失率最低。

四、减少粮食浪费的举措

(一) 美国经验

1. 法律法规

美国关于食物浪费的法律法规以引导社会主体向非营利组织捐赠食物为主，强制性、处罚性的规定较少。一是通过《比尔·爱默生乐善好施食品捐赠法》(1996)、《联邦食品捐赠法》(2015) 等降低社会主体向非营利组织捐赠食物的成本。二是通过税收减免和提供补贴的方式激励企业捐赠食物的行为，例如 2008 年发布的《保护美国人免受税收上涨法》。三是加速新技术在减少食物浪费领域的运用，例如 2015 年发布的《食品回收法》。

2. 政策措施

美国构建了差异化食物回收等级体系（减少来源、捐给饥饿的人们、喂饲动物、工业用途、堆肥、堆填/焚烧等六个层次），提高了食物垃圾的利用效率。此外，美国还通过投资、教育、工具开发、技术援助、创新升级技术等方式助力反食物浪费。

3. 运行机制

一是多部门协作。政府机构之间通过签署联合协议，合力减少食物浪费。2016 年，美国农业部和环境保护署发起了“美国 2030 年食品损失与浪费冠军倡导者”计划；2018 年，美国农业部、环境保护署、食品与药品管理局共同发起了“减少食物浪费的倡议”。二是非政府组织。喂养美国 (Feed America) 和减少食物浪费联盟 (Food Waste Reduction Alliance) 是美国著名的反饥饿、反食物浪费的非政府组织，致力于节约粮食。

(二) 法国经验

1. 法律法规

在法律的覆盖面上，法国通过制定法律扩大了反食物浪费的行业和领域。例如 2016 年的《反食物浪费法》要求各大超市将未售出但仍可食用的食品捐赠给非政府组织，并鼓励餐饮业让消费者把未能吃完的食物打包回家。2018 年通过的《农业和食品法》(修正案) 规定，在全国餐厅推广强制打包盒。在法律的内容上，一方面，法国采用为捐赠食物的企业提供税收减免的方式提升了企业自觉捐赠多余食物的积极性。例如，法国税法第 238 条对捐赠食物的企业设置了税收减免的激励。另一方面，法国加大了对浪费食物行为的处罚力度。《关于反浪费和发展循环经济的第 2020－105 号法律》《反食物浪费法（2016）》对浪费食物行为作出了罚款的规定。

2. 政策措施

2013 年，法国发布了《反食物浪费国民公约》，2017 年该公约得到续签，并提出了 16 项具体措施，要求各行业加入公约所倡导的工作当中，并提出了针对不同行业或部门的工作分工。2020 年，法国农业与环境部门下设的食品总局正在评估政府及公约签署方

2017—2020 年间在公约中所签署的承诺的履行情况。

3. 运行机制

一是多部门协作。法国设置了专门的反食物浪费联合机构，由农业与食品局、能源部、食品总局、企业总局等部门通力协作，共同助力反食物浪费。二是非政府组织。该国存在着食物银行等非政府组织，它们发挥了一定的作用。农业食品工业和农业生产者还通过捐赠包装或标签有缺陷的物品、水果以及尺寸不佳或剩余的蔬菜来参与反食物浪费。

（三）我国的举措

我国属于典型的人多地少国家，改革开放以后，粮食供给从严重不足到“总量平衡，丰年有余”，再到“紧平衡”，2004 年以来一直处于净进口状态，并且从长期来看不可能发生根本性变化。因此，我国历来厉行节约，反对浪费。在 2013 年中央农村工作会议上，习近平总书记指出：“高度重视节约粮食。我国在粮食生产、流通、加工、消费环节存在大量浪费现象，餐桌上的浪费尤为惊人。……浪费粮食的不良风气必须坚决刹住!”① 2021 年 4 月 29 日第十三届全国人民代表大会常务委员会第二十八次会议通过了《中华人民共和国反食品浪费法》，从法律上对食品浪费现象进行约束，明确了国家厉行节约、反对浪费的基本方略，指出“国家倡导文明、健康、节约资源、保护环境的消费方式，提倡简约适度、绿色低碳的生活方式”。

《中华人民共和国反食品浪费法》明确了各级人民政府在反食品浪费中的主体责任。第四条规定：“各级人民政府应当加强对反食品浪费工作的领导，确定反食品浪费目标任务，建立健全反食品浪费工作机制，组织对食品浪费情况进行监测、调查、分析和评估，加强监督管理，推进反食品浪费工作。县级以上地方人民政府应当每年向社会公布反食品浪费情况，提出加强反食品浪费措施，持续推动全社会反食品浪费。”第六条规定：“机关、人民团体、国有企业事业单位应当按照国家有关规定，细化完善公务接待、会议、培训等公务活动用餐规范，加强管理，带头厉行节约，反对浪费。公务活动需要安排用餐的，应当根据实际情况，节俭安排用餐数量、形式，不得超过规定的标准。”法律要求机关、人民团体、国有企业事业单位对全社会起示范作用。法律还规定了餐饮服务业、设有食堂的单位、学校、超市等要采取各种必要的措施防止食品浪费。《中华人民共和国反食品浪费法》的实施，为我国反对粮食等各类食品浪费构建了基本框架。

第六节 国家粮食安全战略

一、新时期国家粮食安全观的提出

进入 21 世纪之后，随着农业和农村经济战略性结构调整的全面展开以及加入世界贸

---

① 中共中央党史和文献研究院. 习近平关于“三农”工作论述摘编. 北京：中央文献出版社，2019：82-83.

易组织后的新形势，我国的粮食供求状况出现了一系列新变化，呈现出新特点。一方面是粮食的大幅减产和之后的粮食总产量“十二连增”，另一方面是我国的农产品贸易由顺差转为逆差和大豆进口迅猛增长。由此，我们长期奉行的同时也是1996年《中国的粮食问题》白皮书中宣告的基本方针——“立足国内资源、实现粮食基本自给”还要不要坚持？以及“在正常情况下，粮食自给率不低于95%，净进口不超过国内消费量的5%”的目标与承诺还能不能守得住？如何看待和回答这些问题，不仅在国内人们普遍关心，而且在国际上也引起了高度关注。这就是新时期国家粮食安全观提出的基本背景。

基于我国粮食供求关系出现的这些新变化、新特点，综合考虑国内资源环境状况和国际市场贸易条件等因素，正是在这样的形势下，习近平总书记在2013年中央农村工作会议的讲话中提出了新世纪的“天问”：“我国粮食是不是过关了呢?”并给予回答：“总体看，我国粮食安全基础仍不稳固，粮食安全形势依然严峻，什么时候都不能轻言粮食过关了。”在此基础上，作出了“保障国家粮食安全是一个永恒课题，任何时候这根弦都不能松”的论断，提出“中国人的饭碗任何时候都要牢牢端在自己手上”“我们的饭碗应该主要装中国粮”。如何确保国家粮食安全？习近平总书记指出：“就要进一步明确粮食安全的工作重点，合理配置资源，集中力量首先把最基本最重要的保住，确保谷物基本自给、口粮绝对安全。”① 这些论断确立了党的十八大以来我国粮食安全的基本方略。

二、新时期国家粮食安全观的内涵

2014年中央一号文件明确提出了新时期国家粮食安全观，即“以我为主、立足国内、确保产能、适度进口、科技支撑”。明确指出：“任何时候都不能放松国内粮食生产，严守耕地保护红线，划定永久基本农田，不断提升农业综合生产能力，确保谷物基本自给、口粮绝对安全。更加积极地利用国际农产品市场和农业资源，有效调剂和补充国内粮食供给。在重视粮食数量的同时，更加注重品质和质量安全；在保障当期供给的同时，更加注重农业可持续发展。”2019年，我国政府发布了《中国的粮食安全》白皮书，向全世界庄严宣布了我国新时期国家粮食安全观，重申实现粮食安全的基本措施就是藏粮于地、藏粮于技。

新时期国家粮食安全观是建立在大农业观与大食物观的基础上的。尽管涵盖种养业的农业作为国民经济的基础产业，其基本的经济功能是给人类提供生存与发展的各种食物来源，但是，随着经济社会发展和人们对农业认识的不断深化，不仅农业的经济功能在拓展和丰富，而且其社会功能、生态功能以及文明传承功能等也被人们更加深刻地认识与挖掘。在保障目标上，长期以来我国谷物基本自给、口粮绝对安全，聚焦于“吃得饱”，现在将从“吃得饱”向“吃饱吃好”“营养健康”“丰富多样”拓展。在保障范围上，过去长期以保障粮食供给为主，现在将从以保障粮食（“米袋子”）供给为主，向守

① 习近平．在中央农村工作会议上的讲话（2013年12月23日）//十八大以来重要文献选编（上）．北京：中央文献出版社，2014：660-662.

好“米袋子”的同时保障“菜篮子”（即肉蛋奶蔬菜水果水产品）和植物油（“油瓶子”）等各类食物有效供给拓展。在2017年中央农村工作会议上，习近平总书记指出：“老百姓的食物需求更加多样化了，这就要求我们转变观念，树立大农业观、大食物观，向耕地草原森林海洋、向植物动物微生物要热量、要蛋白，全方位多途径开发食物资源。”①

新时期国家粮食安全观更加强调国家粮食安全的质量与效率。“谷物基本自给、口粮绝对安全”并不意味着我们放弃立足国内资源实现粮食基本自给的方针，而是顺应时代发展的新形势更加富有成效地提升国家粮食安全的能力与水平。

新时期国家粮食安全观的背后是我国整体经济实力与国家粮食安全能力的提升。经过几十年的不懈努力，特别是改革开放以来的持续稳定发展，我国综合国力大幅提升、人民生活迈向全面小康。这使我们在应对国家粮食安全可能出现的各种风险挑战时有了坚实的后盾支持与足够的保障条件。

理解把握大农业、大食物和大粮食的粮食安全概念，坚持在新时期国家粮食安全观的引领下守稳守牢谷物基本自给、口粮绝对安全的底线，积极稳妥地推进实施“以我为主、立足国内、确保产能、适度进口、科技支撑”的国家粮食安全战略，是我们积极应对百年未有之大变局中可能面临的各种风险挑战与诸多不确定性的应尽职责和应有担当，是我们践行把中国人的饭碗牢牢端在自己手中之承诺的庄严使命与伟大事业。

本章小结

我国是人口众多的大国，解决好吃饭问题，始终是治国理政的头等大事。因此，粮食问题不能只从经济上看，必须从政治上看，保障国家粮食安全是实现经济发展、社会稳定、国家安全的重要基础。经过70多年的不懈努力，我国不仅从根本上解决了亿万人民的生活温饱问题，而且实现了十多亿人从温饱迈向小康的历史性跨越，特别是2021年粮食总产量达到6.8亿吨，连续七年稳定在6.5亿吨以上，可以说，我们已经走出了一条有中国特色的粮食安全道路。确保国家粮食安全，不仅要有世界眼光和全球视野，充分运用国际国内两种资源和两个市场来谋划国家粮食安全；也要增强合作精神与双赢意识，努力为世界粮食安全作出负责任大国应有的贡献。

本章习题

1. 我国保障粮食安全经历了哪些历史阶段？

2. 我国粮食储备经历了哪些历史阶段？什么是粮食储备？粮食储备在保障粮食安全中扮演什么样的角色？

3. 结合农产品贸易发展历程，思考农产品贸易对于国内粮食稳定供给的作用。

4. 从历史角度探讨中国在减灾防灾上作出的努力。

---

① 中共中央党史和文献研究院. 习近平关于“三农”工作论述摘编. 北京：中央文献出版社，2019：98.

参考文献

1. Hodges R J.，J C. Buzby，and B. Bennett. Postharvest Losses and Waste in Developed and Less-developed Countries：Opportunities to Improve Resource Use. *Journal of Agricultural Science*，2011 (149).

2. Clapp，J. Trade Liberalization and Food Security：Examining the Linkages，日内瓦：贵格会联合国办事处，2014.

3. 詹琳，杜志雄. 统筹食品链管理推动粮食减损降废的思考与建议. 经济纵横，2021 (1).

4. 胡越，等. 减少食物浪费的资源及经济效应分析. 中国人口·资源与环境，2013 (12).

5. 樊琦，祁华清. 既要重视粮食生产，更要做好粮食产后节约减损. 中国粮食经济，2014 (7).

6. 申宇哲，等. 反食物浪费政策如何落地：国际经验与本土实践. 中国农业资源与区划，2022.

7. 王济民. 粮食生产周期性波动的规律及明后两年生产前景预测. 农业部软科学委员会委托课题，1997.

8. 刘剑文. 论贸易自由化与我国粮食安全. 农业经济问题，2004 (6).

9. 宋伟良，方梦佳. 贸易自由化对中国粮食安全的影响及对策研究. 宏观经济研究，2012 (10).

10. 马九杰，张传宗. 中国粮食储备规模模拟优化与政策分析. 管理世界，2002 (9).

11. 史红伦. 从公共经济学视角看粮食储备的属性. 中国粮食经济，2012 (3).

12. 朱泽. 中国粮食安全问题. 武汉：湖北科学技术出版社，1998.

13. 张琛，孔祥智. "双循环"新发展格局与中国粮食安全. 湖北大学学报（哲学社会科学版），2021 (5).

14. 本书编写组. 粮食安全干部读本. 北京：人民出版社，2021.

15. 赵映慧，等. 1949—2015年中国典型自然灾害及粮食灾损特征. 地理学报，2017 (7).

16. 李茂松，等. 50年来我国自然灾害变化对粮食产量的影响. 自然灾害学报，2005 (2).

17. 肖俊彦. 警惕我国粮食安全保障能力下降. 农业经济问题，2012，33 (6).

18. 张林秀，辛贤.《贫困地区教育与儿童健康》中国农村贫困与扶贫政策研讨会，2000-01-27.

19. 朱信凯. 现代农业发展视野下的国家粮食安全战略. 中国人大，2012 (15).

第十四章

政策与农业发展

本章要点

1. 了解政府干预农业活动的必要性；
2. 了解现阶段我国农业政策目标；
3. 了解我国农业政策基本分类和实施效果。

关键词

市场失灵；政府干预；农业政策；农业发展；政策目标；政策效果

导入案例

在1933年经济大萧条时期，美国的农业生产力遭到破坏，罗斯福政府为鼓励农民进行粮食生产，颁布了第一部农业法案《农业调整法》，其主要内容是加大政府对粮食生产的支持和补贴，用强制性的行政手段提高粮食的价格，以促进农民生产粮食的积极性。虽然这一政策的初衷是好的，也在一定程度上刺激了农民种植粮食的积极性，但是由于强制性地提高粮食价格导致粮食生产过度，造成了粮食的过度供给。美国政府从1990年的农业法案开始，着手推动粮食生产的市场化，削减粮食补贴。2002年《农业安全与农村投资法案》颁布后，美国扭转了10余年的粮食生产市场化局面，重新利用价格补贴手段来保障粮食的生产和粮农的收入。2008年颁布的农业法案在先前的基础上，不仅扩大了农民的补贴范围，而且提高了补贴金额。在最新颁布的2014年农业法案中，美国政府着重强调了粮食可持续发展问题，并针对粮食的可持续生产制定了一系列战略措施。

资料来源：魏玉君，叶中华. 美国粮食安全保障政策变迁：启示与借鉴. 世界农业，2019 (3).

小思考

你是怎样理解农业来政策对农业产业的调节作用的？

第一节　政策与农业政策

一、市场失灵与政府干预

(一) 市场失灵及其表现

西方经济学的创始人亚当·斯密在《国民财富的性质和原因的研究》一书中提出，市场机制就像一只“看不见的手”（invisible hand），可以对经济活动进行自发和有效的组织，从而使每个人在追求自身利益的同时，给整个社会带来共同利益。这种主张“自由放任”的古典经济理论以完全竞争市场为前提假设，是一种完全理想的市场状态。当某些条件不具备时，市场机制就难以实现资源配置的帕累托最优状态，出现所谓的“市场失灵”（market failure）。市场失灵为政府介入经济活动提供了最为直接的理由。

1. 市场失灵

（1）市场失灵的含义。所谓市场失灵是指在资源配置的某些领域完全依靠市场机制的作用无法实现帕累托最优状态。它有狭义和广义两层含义。狭义的市场失灵主要表现为在外部负经济效应、垄断生产和经营、公共产品的生产、信息不对称情况下的商品交易以及社会收入分配不均等问题的调节上运作不灵。广义的市场失灵除了包括狭义的市场失灵的内容外，还包括由宏观经济总量失衡导致的经济波动。

（2）市场失灵的原因。造成市场失灵的原因有很多，既有内在功能缺陷的因素，也有外部条件缺陷的因素。市场机制内在功能的缺陷是由市场作用机制的自发性、滞后性和不确定性引起的，常常导致虚假需求和盲目生产、公共产品供给不足以及对经济活动的远景缺乏导向等。市场机制的外部条件缺陷是指市场发挥最佳功能所要求的理想条件在现实经济活动中往往不具备或不完全具备，如信息不对称、垄断、外部经济等。

2. 市场失灵的表现

市场失灵主要表现在以下几个方面。

（1）公共产品问题。公共产品是与私人产品相对应的概念，是私人不愿意生产、无法生产或无法全部生产，而必须由政府提供的产品，如国防、司法、公安、公共照明、电视信号接收等。公共产品在消费过程中具有非排他性和非竞争性的特征。从本质上讲，生产公共产品与市场机制的作用是矛盾的，私人生产者是不会主动生产公共产品的。因此，为了弥补这一市场缺陷，必须通过政府提供公共产品，以达到社会资源的合理配置。

（2）外部效应问题。外部效应是指某经济主体的活动给社会或其他经济主体造成了有利或不利的影响，却并未因此而获得报酬或提供费用，而受影响者也没有因此承担费用或得到补偿。外部效应分为正外部效应和负外部效应。外部效应是独立于市场机制的存在，它不能通过市场机制自动减弱或消除，必须借助市场之外的力量予以纠正。政府可以通过行政措施、经济措施和法律措施，遏制和消除负外部效应，刺激私人部门的正外部效应，或者由政府出面直接从事具有正外部效应的经济活动。

（3）市场垄断问题。市场垄断是指市场中少数几家或独家供应商提供全部市场供给的市场结构。市场垄断使得垄断厂商可以通过控制产量来提高产品价格，甚至成为市场价格的单方面制定者，形成远远高于实际成本的产品价格。垄断扭曲了价格机制，抑制了市场竞争，妨碍了经济效率的提高，不利于实现帕累托最优状态。这种情况的纠正需要依靠政府的力量。

（4）信息不对称问题。在现实经济活动中，市场主体对信息的获取很难达到理想程度，交易各方对商品质量、性能、价格等信息的占有是不对称的，掌握信息比较充分的人员往往处于比较有利的地位，而信息贫乏的人员则处于比较不利的地位。在信息不对称的情况下，市场交易中的一方就会利用自身的信息优势侵害另一方的利益，从而破坏资源的最优配置状态，造成市场失灵。市场一般不能完全自行解决这一问题，政府需要提供更多的信息或制定一些约束性的法律法规。

（5）分配不公问题。在市场机制的作用下，由于个人天赋和能力不同，即使给予社会成员相同的发展权利和机遇，最后的结果也可能完全不同。各种经济利益主体追求自身利益的最大化，必然导致收入差距扩大，以致出现贫富悬殊、两极分化和社会割裂现象。这说明，市场竞争在实现效率的同时，在公正分配上却难以作为，也可能自发地产生极大的收入分配不平等。严重的贫富差距会影响社会的稳定，因此，需要政府对市场进行干预和调控。

（6）宏观经济问题。失业、通货膨胀和经济失衡一直是困扰市场经济国家的严重经济问题。同时，由于信息不完全，高度分散的决策主体可能会作出非理性的决策，导致经济剧烈波动、物价持续上涨、国民经济长期停滞、国际收支失衡。按照亚当·斯密的观点，市场可以自发地对宏观经济失衡进行调节，但这种调节是事后调节，具有滞后性，而且要付出极其高昂的代价。因此，解决失业、通货膨胀等问题以实现宏观经济的稳定和持续增长便成为政府的重要职责之一。

（7）公共秩序问题。公共秩序是指市场经济良性运行所需要的制度和规则体系，是监督和保障市场处于有序状态的一系列游戏规则。市场经济不能自发地形成成文的规则和制度，难以界定产权、调节冲突、维护公共秩序。公共秩序的建立是通过一定的政治过程采取集体行动的结果，并依赖于一定的公共组织而得到有效执行。政府在建立公共秩序方面处于责无旁贷的地位。

（8）市场的不完全问题。市场除了无法有效提供公共产品和具有外部效应特征的产品外，对另外一些产品如保险也难以保证适度供应，此时就存在着市场不完全的问题。在保险市场上，私人提供的保险范围太窄，并不能为可能面临的各种重大风险提供保险，如农业保险、森林保险等，这为政府介入提供了理由和空间。另外，资本市场在提供贷款方面也存在许多问题。有些盈利水平低甚至可能亏损的贷款服务，如农业贷款、助学贷款、中小企业贷款等，金融机构往往不愿意提供，这就需要政府的介入。

（二）政府干预经济的理论演变

在经济思想史上，经济学家们对政府干预经济的必要性，政府干预经济的范围、程度、方式、效果等方面的认识存在很大差别。在不同的历史时期，往往存在着占统治地位的经济学说。发展到今天，西方发达国家均强调发挥市场经济的基础作用，并在不同程度上重视国家干预的辅助作用。在经济思想上，经济自由主义和国家干预主义呈现出融合趋势：国家干预主义在强调国家干预的必要性和重要性时，更加注重市场机制作用的发挥；而经济自由主义则逐步由彻底的自由放任向承认国家干预的合理性转变。国家干预主义和自由主义之间的争论已经不是要不要国家干预的问题，而是国家在多大程度上进行干预以及如何进行干预的问题。① 依据西方经济学家对政府与市场关系的认识，其理论演变大致可划分为以下五个阶段：一是流行于15—17世纪中叶的重商主义，二是从1776年亚当·斯密出版《国民财富的性质和原因的研究》到20世纪20年代的自由放任主义思想，三是20世纪30—50年代末期的国家干预主义，四是20世纪70年代的新自由主义，五是20世纪70年代以后出现的新凯恩斯主义。②

他山之石

政府应对市场失灵有四种选择。

一是采取直接行动。如果在医疗服务的提供方面存在市场失灵，可以将医药行业国有化，就像第二次世界大战后的英国那样。如果在为穷人提供住房方面存在市场失灵，可以建立政府住房工程。

二是为私人部门提供激励。政府可以像对农业那样通过补贴直接提供激励，也可以通过税收系统提供激励。补贴和税收使政府处于操纵价格系统以达到其目的的地位。

三是强令私人部门行动。强令就是以法律制裁为后盾的要求。比如，政府会要求想得到一项大规模的住房建设工程许可的房地产开发商为低收入者提供一定数量的住房，或者帮助修建当地的道路或建一所学校。

四是组合选择。政府经常将两种或多种行为方式结合在一起。不同的国家选择不同的政策组合，比如医疗服务。美国政府为老人和穷人支付医疗费用，在自己开办的医院为退伍军人提供医疗服务，通过税收优惠让雇主为雇员提供医疗保险，强令厂商为雇员提供最低水平的医疗保险。英国政府经营整个医疗服务系统。其他一些国家政府为每个人提供医疗保险。

资料来源：斯蒂格利茨. 经济学（上）. 2版. 北京：中国人民大学出版社，2000.

二、政府调节农业的必要性

在市场经济条件下，农业本身所具有的特征导致市场在某些方面失灵，需要政府采

① 潘明星，韩丽华. 政府经济学. 4版. 北京：中国人民大学出版社，2015.

② 郭小聪. 政府经济学. 4版. 北京：中国人民大学出版社，2015.

取一定的政策手段加以宏观调控。市场在农业中失灵的主要原因在于农业的外部性、农业的公共产品性、农业的弱质性和农业的不稳定性①，在我国还有农产品市场竞争力弱、农业发展相对滞后等原因。

（一）农业的外部性

农业的外部性有正有负，涉及许多方面，需要政府进行调节和干预。一般而言，发展中国家经济发展水平较低，农业人口比重大，农村社会保障体系缺乏，农村贫困问题较严重，农业对于经济缓冲、扶贫、农业劳动力就业以及社会福利替代方面具有较大的正外部效应。而农业的负外部性包括水土流失、水资源耗竭、地表水和地下水污染、野生动物栖息地丧失、面源污染等。

（二）农业的公共产品性

农业具有多功能性，所提供的许多非商品产出具有不同程度的非排他性和非竞争性，即具有公共产品或准公共产品的部分特性。如粮食安全所带来的社会稳定，良好环境所带来的高生活质量，生物多样性所带来的选择价值和存在价值等。农业非商品产出的公共产品性，提出了政府对农业进行调控的必要性。

（三）农业的弱质性

农业在与其他产业的竞争中处于相对不利的地位：第一，土地用于非农产业的报酬远远高于农业，使农地的流失不断增加，保护耕地的压力越来越大。第二，农业的比较利益低下，使得农业中的生产要素，如资金和较高素质的劳动力流向非农产业，造成农业发展后劲不足。第三，相对于新兴的非农产业来说，农业劳动生产率比较低。第四，农产品的需求弹性比较小、恩格尔定律的作用、农产品不耐储运等特点，使得农业与非农就业者之间的收入差距拉大。农业天生具有的这些弱质性，必须依靠政府的力量才能解决，单靠农业自身是无法解决的。

（四）农业的不稳定性

农业的不稳定性主要表现为以下五个方面：第一，农业受自然条件影响很大，生产相对不稳定。第二，宏观经济环境的变化或不景气对农业造成的冲击大。第三，受土地等自然条件的限制以及动植物本身生物学特性的制约，农产品短期供给的弹性比较小。第四，农业的生产周期较长以及信息的不完备，造成农产品短缺和过剩效应放大，使农业生产产生较大的波动。第五，农产品大多具有易腐性，不耐储存，且储存费用高。农业的不稳定性要求政府必须建立农业保障机制和农业市场调控机制。

（五）农产品市场竞争力弱

中国原来实行的是计划经济体制，市场机制发育相对不足，表现为市场主体缺乏或

---

① 何江，等. 农业经济学. 江门：江门人民出版社，2000.

错位、市场体系不健全、市场运作法规不完善等。一旦出现一些始料未及的问题就会导致粮食与副食商品的价格疯涨，出现“蒜你狠”“豆你玩”“姜你军”“糖高宗”“油你涨”现象。这反映出中国农产品结构的不合理。为此，政府要培育和完善农产品市场与农业要素市场，制定完善的农业市场规则，维护市场秩序，以便形成一个完整的农产品市场体系。

（六）农业发展相对滞后

中华人民共和国成立后的很长一段时间，绝大部分农业剩余通过工农产品价格“剪刀差”的形式转移到工业部门，农业自身没有扩大再生产的实力，发展相对滞后。进入21世纪以来，中国开始步入“工业反哺农业”阶段。但农业是天生的弱质产业，产品需求弹性越来越小，农业技术进步相对缓慢，资源调整较难，农产品是典型的“均质产品”，不易创新，造成农业的贸易条件不断恶化，比较利益下降。因此，在工业化后期，对农业实行保护和支持政策，缩小农业与非农产业就业人员的收入差距，成为政府对农业进行宏观调控的重要目标。

小思考

市场在配置资源时存在失灵现象，那么政府调节农业是否也存在政府失灵现象？其主要表现是什么？

三、现阶段我国农业政策的指导思想和主要目标

（一）指导思想

理论指导实践，实践验证理论。推动理论与实践相结合，一直是中国共产党的优良传统。习近平总书记关于“三农”工作的重要论述是现阶段我国农业政策的根本出发点和落脚点，如在党的十九大报告中，明确提出“确保国家粮食安全，把中国人的饭碗牢牢端在自己手中”，这为我国的粮食安全政策提供了明确的方向。具体来说，现阶段我国农业政策的指导思想是：以习近平新时代中国特色社会主义思想为指导，深入贯彻党的十九大和十九届历次全会精神，统筹推进“五位一体”总体布局，协调推进“四个全面”战略布局，认真落实党中央、国务院决策部署，坚持稳中求进，立足新发展阶段，完整、准确、全面贯彻新发展理念，构建新发展格局，坚持农业农村优先发展，坚持农业现代化与农村现代化一体设计、一并推进，以推动高质量发展为主题，以保供固安全、振兴畅循环为工作定位，深化农业供给侧结构性改革，把乡村建设摆在社会主义现代化建设的重要位置，实现巩固拓展脱贫攻坚成果同乡村振兴有效衔接，全面推进乡村产业、人才、文化、生态、组织振兴，加快形成工农互促、城乡互补、协调发展、共同繁荣的新型工农城乡关系，促进农业高质高效、乡村宜居宜业、农民富裕富足，为全面建设社会主义现代化国家提供有力支撑。

坚持加强党对“三农”工作的全面领导。始终把解决好“三农”问题作为全党工作的重中之重，坚持五级书记抓乡村振兴，健全党领导农村工作的组织体系、制度体系和工作机制，确保农业农村现代化沿着正确方向前进。

坚持服务和融入新发展格局。把新发展理念完整、准确、全面贯穿于农业农村现代化全过程和各领域，主动服务和积极融入以国内大循环为主体、国内国际双循环相互促进的新发展格局。

坚持农业农村优先发展。强化政策供给，在资金投入、要素配置、基本公共服务、人才配备等方面优先保障农业农村发展，加快补上农业农村短板。

坚持农民主体地位。树立人民至上理念，在经济上维护农民利益，在政治上保障农民权利，激发农民积极性、主动性、创造性，不断满足农民对美好生活的向往。

坚持统筹发展和安全。坚持总体国家安全观，树立底线思维，充分发挥农业农村“压舱石”作用，防范和化解影响农业农村现代化进程的各种风险。

坚持改革创新。加快推进农业农村重点领域和关键环节改革，破除制约城乡融合发展的体制机制障碍，推动农业科技成果转化为现实生产力，增强农业农村发展后劲。

坚持系统观念。统筹国内国际两个大局，整体谋划农村经济建设、政治建设、文化建设、社会建设、生态文明建设和党的建设，全面协调推进农业农村现代化。

坚持因地制宜和分类推进。科学把握农业农村发展的差异性，保持历史耐心，分类指导、分区施策，稳扎稳打、久久为功，推进不同地区、不同发展阶段的乡村实现现代化。

（二）主要目标

正确的目标是制定正确政策的基础，农业政策的正确制定必须有正确的农业目标。现阶段我国农业政策的总目标为：保证农业持续、稳定、协调、创新发展。持续是指处理好农业资源的合理开发利用、节约和保护的关系，保证环境友好、生态改善，推进农业由依赖资源消耗的粗放经营方式转向节约资源的可持续发展方式。稳定是指实现农业生产增长和粮食安全，保障农民收入增加和生活富裕，推进农业发展由数量扩张转向质量提升。协调是指农业与其他产业之间的融合发展，防止农业萎缩和发展滞后，以第一产业为基础，发挥农业多功能和农业全产业链等优势，做强第一产业、做优第二产业、做活第三产业，实现农业由第一产业为主转向三次产业融合发展。创新是指推进农业供给侧结构性改革、加快培育农业发展新动能、大力发展现代农业，实现农业技术、制度、管理创新，实现农业由常态发展转向绿色发展、创新发展。到 2025 年，农业基础更加稳固，乡村振兴战略全面推进，农业农村现代化取得重要进展。梯次推进有条件的地区率先基本实现农业农村现代化，脱贫地区实现巩固拓展脱贫攻坚成果同乡村振兴有效衔接。到 2035 年，乡村全面振兴取得决定性进展，农业农村现代化基本实现。

现阶段我国农业政策的具体目标主要有四个方面：

（1）夯实农业生产基础，加快建设现代农业生产体系。

深入实施国家粮食安全战略和重要农产品保障战略，落实藏粮于地、藏粮于技，健全辅之以利、辅之以义的保障机制，强化生产、储备、流通产业链供应链建设，构建科学合理、安全高效的重要农产品供给保障体系，夯实农业农村现代化的物质基础。

一是稳定粮食播种面积，提升粮食等重要农产品供给保障水平。加强粮食生产能力建设，守住谷物基本自给、口粮绝对安全底线；压实粮食安全政治责任，完善粮食生产扶持政策，优化粮食品种结构；发展现代畜牧业，加快渔业转型升级，促进果菜茶多样化发展。粮食综合生产能力稳步提升，产量保持在1.3万亿斤以上，确保谷物基本自给、口粮绝对安全。生猪产能巩固提升，棉花、油料、糖料和水产品稳定发展，其他重要农产品保持合理自给水平。

二是加强耕地保护与质量建设。坚守十八亿亩耕地红线，落实最严格的耕地保护制度，加强耕地用途管制，实行永久基本农田特殊保护。推进高标准农田建设，实施新一轮高标准农田建设规划，高标准农田全部上图入库并衔接国土空间规划“一张图”。提升耕地质量水平，实施国家黑土地保护工程，推进耕地保护与质量提升行动，加强和改进耕地占补平衡管理，健全耕地质量监测监管机制。

三是优化农业生产布局，加强粮食生产功能区建设，以东北平原、长江流域、东南沿海地区为重点，建设水稻生产功能区；以黄淮海地区、长江中下游、西北及西南地区为重点，建设小麦生产功能区；以东北平原、黄淮海地区以及汾河和渭河流域为重点，建设玉米生产功能区。同时，加强重要农产品生产保护区建设，加强特色农产品优势区建设，服务国家重大战略，协同推进重点区域农业发展。农业生产结构和区域布局明显优化，物质技术装备条件持续改善，规模化、集约化、标准化、数字化水平进一步提高，绿色优质农产品供给能力明显增强。

四是提升农业抗风险能力。增强农业防灾减灾能力，加强防洪控制性枢纽工程建设，加强农业气象综合监测网络建设，健全动物防疫和农作物病虫害防治体系，发挥农业保险灾后减损作用，扩大稻谷、小麦、玉米三大粮食作物完全成本保险和种植收入保险实施范围，支持有条件的省份降低产粮大县三大粮食作物农业保险保费县级补贴比例。提升重要农产品市场调控能力，深化农产品收储制度改革，健全粮食储备体系，加强粮食等重要农产品监测预警，开展粮食节约行动，实施新一轮中国食物与营养发展纲要。稳定国际农产品供应链，实施农产品进口多元化战略，健全农产品进口管理机制，稳定大豆、食糖、棉花、天然橡胶、油料油脂、肉类、乳制品等农产品国际供应链。保障农业生产安全，健全农业安全生产制度体系，实施农业安全生产专项整治三年行动，实施粮食等重要农产品安全保障工程，构建渔业安全治理体系，强化农机安全生产，加强农药安全使用技术培训与指导，加强农村沼气报废设施安全处置。

（2）提升产业链供应链现代化水平，形成现代乡村产业体系。

坚持立农为农，把带动农民就业增收作为乡村产业发展的基本导向，加快农村一二三产业融合发展，把产业链主体留在县域，把就业机会和产业链增值收益留给农民，实施乡村产业链供应链提升工程。

一是优化乡村产业布局，健全乡村产业体系。以农业农村资源为依托，以农民为主体，培育壮大现代种养业、乡村特色产业、农产品加工流通业、乡村休闲旅游业、乡村新型服务业、乡村信息产业等，形成特色鲜明、类型丰富、协同发展的乡村产业体系。以拓展二三产业为重点，纵向延伸产业链条，横向拓展产业功能，多向提升乡村价值。

同时，推进县镇村联动发展，强化县域统筹，推进县域、镇域产业集聚，促进镇村联动发展，实现加工在乡镇、基地在村、增收在户。

二是推进乡村产业园区化融合化发展。建设现代农业产业园区和农业现代化示范区，加快“一村一品”示范村镇、农业产业强镇和优势特色产业集群建设。以县（市、区）为单位创建一批农业现代化示范区，示范引领农业现代化发展，探索建立农业现代化发展模式、政策体系、工作机制，形成梯次推进农业现代化的格局。同时，提升农村产业融合发展水平，依托乡村特色优势资源，打造农业全产业链。鼓励发展农业产业化龙头企业牵头、家庭农场和农民合作社跟进、广大小农户参与的农业产业化联合体。稳步推进反映全产业链价值的农业及相关产业统计核算。

三是发展乡村新产业新业态。优化乡村休闲旅游业，推动农业与旅游、教育、康养等产业融合，发展田园养生、研学科普、农耕体验、休闲垂钓、民宿康养等休闲农业新业态。发展乡村新型服务业，积极发展生产性服务业，拓展生活性服务业。同时，加快农村电子商务发展，扩大电子商务进农村覆盖面，深入推进“互联网＋”农产品出村进城工程，优化农村电子商务公共服务中心功能，实施“数商兴农”，打造农产品网络品牌。

四是推进农村创业创新。支持农民工、大中专毕业生、退役军人、科技人员和工商业主等返乡入乡创业，鼓励能工巧匠和“田秀才”“土专家”等乡村能人在乡创业。推动城市各类人才投身乡村产业发展，建设一批农村创业创新园区（孵化实训基地）、农民工返乡创业园，打造一批众创空间、星创天地等创业创新孵化载体。建立农村创业创新导师队伍，制定分区域、差异化创业创新扶持政策，支持有条件的县乡政务大厅设立创业创新服务窗口，提供“一站式”服务。

（3）推进创新驱动发展，健全现代农业经营体系。

深入推进农业科技创新，健全完善经营机制，推动品种培优、品质提升、品牌打造和标准化生产，不断提高农牧渔业发展水平，通过实施农业质量效益和竞争力提升工程，提升农业质量效益和竞争力。

一是强化现代农业科技支撑。开展农业关键核心技术攻关，完善农业科技领域基础研究稳定支持机制；聚焦基础前沿重点领域，加快突破一批重大理论和工具方法；聚焦生物育种、耕地质量、智慧农业、农业机械设备、农业绿色投入品等关键领域，加快研发与创新一批关键核心技术及产品；提升农业重大风险防控和产业安全保障能力。加强农业战略科技力量建设，加强国家现代农业产业技术体系建设，强化高水平农业科研院校建设，实施国家农业科研杰出人才培养计划，打造国家热带农业科学中心。同时，促进科技与产业深度融合。

二是推进种业振兴。加强种质资源保护，全面完成农作物种质资源、畜禽遗传资源和水产养殖种质资源普查，摸清资源家底，抢救性收集珍稀、濒危、特有资源与特色地方品种；启动农业种质资源精准鉴定评价，推进优异种质资源创制与应用，构建种质资源 DNA 分子指纹图谱库、特征库和农业种质资源数据库；加强国家农作物、林草、畜禽、海洋和淡水渔业、微生物种质资源库建设。同时，开展育种创新攻关，加强种业基地建设，强化种业市场监管。

三是提高农机装备研发应用能力。加强农机装备薄弱环节研发，加强大中型、智能化、复合型农业机械研发应用，打造农机装备一流企业和知名品牌；推进粮食作物和战略性经济作物育、耕、种、管、收、运、贮等薄弱环节先进农机装备研制；加快研发制造适合丘陵山区农业生产的高效专用农机；攻关突破制约整机综合性能提升的关键核心技术、关键材料和重要零部件；加强绿色智能畜牧水产养殖装备研发。同时，推进农业机械化全程全面发展，推动绿色环保农机应用。

四是健全现代农业经营体系。培育壮大新型农业经营主体，实施家庭农场培育计划，完善家庭农场名录制度；实施农民合作社规范提升行动，支持农民合作社联合社加快发展；完善新型农业经营主体金融保险、用地保障等政策；建立科研院所、农业高校等社会力量对接服务新型农业经营主体的长效机制；推动新型农业经营主体与小农户建立利益联结机制，推行保底分红、股份合作、利润返还等方式。健全专业化社会化服务体系，发展壮大农业专业化社会化服务组织，培育服务联合体和服务联盟，开展农业社会化服务创新试点示范，加快发展农业生产托管服务。

（4）全面推进乡村振兴，为农业发展提供坚实支撑。

农村基础设施建设取得新进展，乡村建设行动取得积极成效，村庄布局进一步优化，农村生活设施不断改善，城乡基本公共服务均等化水平稳步提升。农村生态环境明显改善，农村人居环境整体提升，农业面源污染得到有效遏制，化肥、农药使用量持续减少，资源利用效率稳步提高，农村生产生活方式绿色低碳转型取得积极进展。乡村治理能力进一步增强。党组织领导的农村基层组织建设明显加强，乡村治理体系更加健全，乡风文明程度有较大提升，农民精神文化生活不断丰富，农村发展安全保障更加有力。农村居民收入稳步增长，城乡居民收入差距持续缩小，农民科技文化素质和就业技能进一步提高，高素质农民队伍日益壮大。

一是实施乡村建设行动，建设宜居宜业乡村，为农业发展提供基础支撑。把乡村建设摆在社会主义现代化建设的重要位置，大力开展乡村建设行动，聚焦交通便捷、生活便利、服务提质、环境美好，建设宜居宜业的农民新家园。科学推进乡村规划，完善县镇村规划布局，加快推进村庄规划。实施乡村公共基础设施建设工程，加强乡村基础设施建设，完善农村交通运输体系，提升农村供水保障水平，加强乡村清洁能源建设，建设农村物流体系。整治提升农村人居环境，因地制宜推进农村厕所革命，梯次推进农村生活污水治理，健全农村生活垃圾处理长效机制，整体提升村容村貌。加快数字乡村建设，加强乡村信息基础设施建设，发展智慧农业，推进乡村管理服务数字化。实施农村基本公共服务提升工程，提升农村基本公共服务水平，提高农村教育质量，全面推进健康乡村建设，完善农村养老服务体系，提升村级综合服务能力。多措并举畅通农民增收渠道，实施农村消费促进行动，优化农村消费环境。

二是加强农村生态文明建设，建设绿色美丽乡村，为农业发展提供环境支撑。以绿色发展引领乡村振兴，实施农村生态文明建设工程，推进农村生产生活方式绿色低碳转型，实现资源利用更加高效、产地环境更加清洁、生态系统更加稳定，促进人与自然和谐共生。推进质量兴农绿色兴农，提升农业标准化水平，强化农产品质量安全监管，提升绿色发展支撑能力。加强农业面源污染防治，持续推进化肥农药减量增效，循环利用农业废弃物，加强污染耕地治理。保护修复农村生态系统，强化农业资源保护，健全草原森林河流湖泊休养生息制度，推动农业农村减排固碳，推进重点区域生态环境保护。

三是加强和改进乡村治理，建设文明和谐乡村，为农业发展提供智力支撑。以保障和改善农村民生为优先方向，实施现代乡村治理体系建设工程，突出组织引领、社会服务和民主参与，加快构建党组织领导的自治法治德治相结合的乡村治理体系，建设充满活力、和谐有序的善治乡村。完善乡村治理体系，加强农村基层组织建设，提升乡村治理效能，深入推进平安乡村建设。提升农民科技文化素质，健全农民教育培训体系，培育高素质农民队伍。加强新时代农村精神文明建设，加强农村思想道德建设，繁荣发展乡村优秀文化，持续推进农村移风易俗。

专栏 14-1

"十四五"推进农业农村现代化主要指标

相关主要指标见表 14-1。

表 14-1　"十四五"推进农业农村现代化主要指标

序号	指标	2020 年基期值	2025 年目标值	年均增速〔累计〕	指标属性
1	粮食综合生产能力（亿吨）	—	>6.5	—	约束性
2	肉类总产量（万吨）	7 748	8 900	2.8%	预期性
3	农业科技进步贡献率（%）	60	64	〔4〕	预期性
4	高标准农田面积（亿亩）	8	10.75	〔2.75〕	约束性
5	农作物耕种收综合机械化率（%）	71	75	〔4〕	预期性
6	畜禽粪污综合利用率（%）	75	>80	〔>5〕	约束性
7	农产品质量安全例行监测合格率（%）	97.8	98	〔0.2〕	预期性
8	农产品加工业与农业总产值比	2.4	2.8	〔0.4〕	预期性
9	较大人口规模自然村（组）通硬化路比例（%）	—	>85	—	预期性
10	农村自来水普及率（%）	83	88	〔5〕	预期性
11	乡村义务教育学校专任教师本科以上学历比例（%）	60.4	62	〔1.6〕	预期性
12	乡村医生中执业（助理）医师比例（%）	38.5	45	〔6.5〕	预期性
13	乡镇（街道）范围具备综合功能的养老服务机构覆盖率（%）	54	60	〔6〕	预期性
14	农村居民人均可支配收入增速（%）	3.8	—	与 GDP 增长基本同步	预期性
15	集体收益 5 万元以上的村占比（%）	54.4	60	〔5.6〕	预期性
16	县级及以上文明村占比（%）	53.2	60	〔6.8〕	预期性
17	农村居民教育文化娱乐消费支出占比（%）	9.5	11.5	〔2〕	预期性

资料来源：国务院关于印发"十四五"推进农业农村现代化规划的通知（国发〔2021〕25 号）.

注：1. 包含农村现代化指标。

2. 〔〕内为 5 年累计数。

即学即用

2021 年 11 月 12 日，国务院印发的《“十四五”推进农业农村现代化规划》提出：“粮食等重要农产品供给有效保障。粮食综合生产能力稳步提升，产量保持在 1.3 万亿斤以上，确保谷物基本自给、口粮绝对安全。生猪产能巩固提升，棉花、油料、糖料和水产品稳定发展，其他重要农产品保持合理自给水平。”请结合所学知识，分析这一目标提出的科学合理性。

第二节　当前我国农业政策框架

中华人民共和国成立以来，党和国家根据不同时期国民经济和农业发展状况，实行了一系列农业政策措施。《中共中央关于党的百年奋斗重大成就和历史经验的决议》指出：党始终把解决好“三农”问题作为全党工作重中之重，实施乡村振兴战略，加快推进农业农村现代化，坚持藏粮于地、藏粮于技，实行最严格的耕地保护制度，推动种业科技自立自强、种源自主可控，确保把中国人的饭碗牢牢端在自己手中。经过改革开放 40 多年的发展，我国农业政策已形成了比较完善的框架结构，这一政策框架主要包括 12 个方面的内容，可划分为基本农业政策、发展生产的农业政策和保护利益的农业政策，见图 14－1。

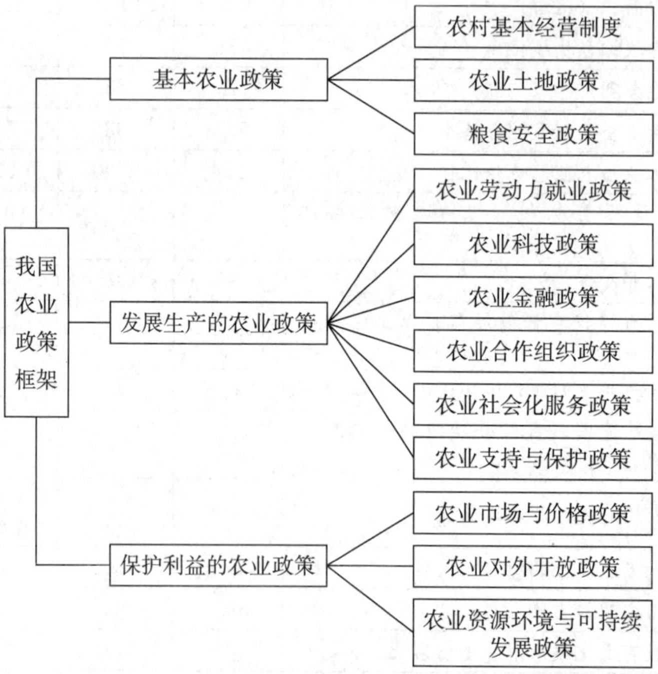

图 14－1　当前我国农业政策框架

资料来源：孔祥智. 农业政策学. 北京：高等教育出版社，2014.

一、基本农业政策

(一) 农村基本经营制度

中国农村改革 40 多年的一条重要历史经验就是由亿万农民创造并形成的适应社会主义市场经济体制、符合农业生产特点的农村基本经营制度。这就是以家庭承包经营为基础、统分结合的双层经营体制。《中华人民共和国宪法》规定："农村集体经济组织实行家庭承包经营为基础、统分结合的双层经营体制。"这一政策的主要内容有：农村土地等主要生产资料归集体所有，以家庭承包经营为基础，集体的统一经营与农户的分散经营相结合，土地承包经营权可以依法流通转让，增强集体组织服务功能，支持农民开展多种形式的联合与合作等。2013 年 12 月 23—24 日，中央农村工作会议在北京举行，习近平总书记指出："坚持党的农村政策，首要的就是坚持农村基本经营制度……坚持农村土地农民集体所有，这是坚持农村基本经营制度的'魂'"。①

2002 年 8 月 29 日，第九届全国人民代表大会常务委员会第二十九次会议通过了《中华人民共和国土地承包法》，对家庭联产承包责任制实施以来的各项土地承包政策进行了法律层面的系统总结和完善。2008 年党的十七届三中全会提出要"稳定和完善农村基本经营制度"。2012 年 11 月党的十八大提出"坚持和完善农村基本经营制度，依法维护农民土地承包经营权、宅基地使用权、集体收益分配权"。2013 年中央一号文件指出："围绕现代农业建设，充分发挥农村基本经营制度的优越性，着力构建集约化、专业化、组织化、社会化相结合的新型农业经营体系，进一步解放和发展农村社会生产力，巩固和发展农业农村大好形势。"这是进入 21 世纪后中央首次在一号文件中明确提出发挥农村基本经营制度的优越性问题。2017 年 10 月党的十九大进一步提出：巩固和完善农村基本经营制度，深化农村土地制度改革，完善承包地"三权"分置制度。保持土地承包关系稳定并长久不变，第二轮土地承包到期后再延长三十年。2021 年 11 月 11 日，党的十九届六中全会通过的《中共中央关于党的百年奋斗重大成就和历史经验的决议》指出："我国改革从农村实行家庭联产承包责任制率先突破，逐步转向城市经济体制改革并全面铺开，确立社会主义市场经济的改革方向，更大程度更广范围发挥市场在资源配置中的基础性作用，坚持和完善基本经济制度和分配制度。"可以说，以家庭承包经营为基础、统分结合的双层经营体制是我国农村改革最重要的制度性成果，是党的农村政策的基石，是农村改革取得伟大成就的制度基础，也是各项"三农"政策确立的基础。

(二) 农业土地政策

农业土地政策是指农业土地政策主体（主要是政府）为了实现农业土地利用目标，完成农业土地管理任务而制定、实施的协调人与农地之间关系的一系列准则、计划或规定，包括农业土地承包经营政策、农业土地流转政策、耕地保护政策、土地整治政策等。

① 习近平. 在中央农村工作会议上的讲话（2013 年 12 月 23 日）//十八大以来重要文献选编（上）. 北京：中央文献出版社，2014：668.

2019年8月26日第三次修正的《中华人民共和国土地管理法》指出：“将土地分为农用地、建设用地和未利用地”；“农用地是指直接用于农业生产的土地，包括耕地、林地、草地、农田水利用地、养殖水面等”。以上所说的农用地是广义的农业土地。狭义的农业土地特指耕地。这里的农业土地政策主要针对狭义的农业土地，即耕地。

耕地资源约束是我国农业发展的“瓶颈”和“短板”，我国人均耕地少、优质耕地少、后备耕地资源少，国家把保护耕地作为我国基本国策长期坚持。就我国耕地保护而言，围绕保持耕地数量和提高耕地质量为核心内容进行，主要包括建立基本农田保护制度、实现耕地占补平衡、实行最严格的耕地保护制度、加强耕地质量建设、实行农用地转用审批、执行土地开发整理复垦、完善征地制度等一系列政策。《中华人民共和国土地管理法》第三条规定：“十分珍惜、合理利用土地和切实保护耕地是我国的基本国策。”第四条规定：“严格限制农用地转为建设用地，控制建设用地总量，对耕地实行特殊保护。”1982年中央一号文件提出：“我国人多地少，控制人口、保护耕地是我们的重大国策。”1986年3月21日，《中共中央、国务院关于加强土地管理、制止乱占耕地的通知》指出：“十分珍惜和合理利用每寸土地，切实保护耕地，是我国必须长期坚持的一项基本国策。”1997年国家提出“实行世界上最严格的耕地保护”。2003年中共中央十六届三中全会提出要实行最严格的耕地保护制度。2008年中共中央十七届三中全会突出强调，要“健全严格规范的农村土地管理制度”，实行最严格的耕地保护制度。2011年8月23日，中共中央政治局集体学习时强调，当前和今后一个时期，要切实坚持和完善最严格的耕地保护制度，切实实行最严格的节约用地制度。2012年《全国现代农业发展规划（2011—2015年）》提出：“继续实行最严格的耕地保护制度，加强耕地质量建设，确保耕地保有量保持在18.18亿亩，基本农田不低于15.6亿亩”。2012年11月，党的十八大提出“严守耕地保护红线，严格土地用途管制”。2013年中央一号文件指出：“落实和完善最严格的耕地保护制度，加大力度推进高标准农田建设。”2016年10月，国家发展和改革委员会发布《全国农村经济发展“十三五”规划》，提出“切实保护耕地资源”，实行最严格的耕地保护制度，严守耕地红线，确保耕地保有量不低于18.65亿亩，完成永久基本农田划定，确保基本农田保护面积不低于15.46亿亩，并实现全面落地到户、上图入库。2017年10月，党的十九大进一步提出“严格保护耕地，扩大轮作休耕试点，健全耕地草原森林河流湖泊休养生息制度”。2018年中央一号文件提出：全面落实永久基本农田特殊保护制度，加快划定和建设粮食生产功能区、重要农产品生产保护区，完善支持政策。2019年中央一号文件提出：严守18亿亩耕地红线，全面落实永久基本农田特殊保护制度，确保永久基本农田保持在15.46亿亩以上。完成高标准农田建设任务，到2020年确保建成8亿亩高标准农田。2020年中央一号文件提出：“坚守耕地和永久基本农田保护红线。”2021年中央一号文件提出：坚决守住18亿亩耕地红线。采取“长牙齿”的措施，落实最严格的耕地保护制度。坚决遏制耕地“非农化”、防止“非粮化”。实施新一轮高标准农田建设规划。2022年中央一号文件提出落实“长牙齿”的耕地保护硬措施。实行耕地保护党政同责，严守18亿亩耕地红线。全面完成高标准农田建设阶段性任务。

（三）粮食安全政策

粮食事关国计民生，粮食安全是国家安全的重要基础。党的十八大以来，习近平总书记心系“三农”，始终重视粮食安全。习近平总书记多次强调，保障粮食安全是永恒的课题，十几亿人口要吃饭，这是我国最大的国情，手中有粮、心中不慌在任何时候都是真理，要确保国家粮食安全，把中国人的饭碗牢牢端在自己手中。

新中国成立后，党和政府始终把解决人民吃饭问题作为治国安邦的首要任务。70多年来，在中国共产党的领导下，经过艰苦奋斗和不懈努力，中国在农业基础十分薄弱、人民生活极端贫困的基础上，依靠自己的力量实现了粮食基本自给，不仅成功解决了中国人的吃饭问题，而且居民生活质量和营养水平显著提升，粮食安全取得了举世瞩目的巨大成就。

20世纪80年代以来，中国政府采取了一系列有利于粮食发展的政策和措施：坚持立足国内生产满足需求的方针，实行粮食省长负责制，提高粮食的综合生产能力，加大对农业和粮食领域的投入，完善财政奖补政策，大力加强农业科技创新和推广应用，加强耕地和水资源等基本生产要素的保护，加强粮食流通体制改革，推进粮食价格保护，健全粮食储备调控机制，全面落实粮食安全党政同责，严格粮食安全责任制考核等，逐渐建立了符合市场经济规律的粮食安全政策体系。2003年中共中央十六届三中全会提出，要保证国家粮食安全。2008年中共中央十七届三中全会指出，确保国家粮食安全和主要农产品有效供给，促进农业增产、农民增收、农村繁荣。2012年1月13日，国务院下发《全国现代农业发展规划（2011—2015年）》，提出稳定发展粮食和棉油糖生产，确保国家粮食安全。

党的十八大以来，以习近平同志为核心的党中央把粮食安全作为治国理政的头等大事，提出了“确保谷物基本自给、口粮绝对安全”的新粮食安全观，确立了以我为主、立足国内、确保产能、适度进口、科技支撑的国家粮食安全战略，走出了一条中国特色粮食安全之路。中国坚持立足国内保障粮食基本自给的方针，实行最严格的耕地保护制度，实施“藏粮于地、藏粮于技”战略，持续推进农业供给侧结构性改革和体制机制创新，粮食生产能力不断增强，粮食流通现代化水平明显提升，粮食供给结构不断优化，粮食产业经济稳步发展，更高层次、更高质量、更有效率、更可持续的粮食安全保障体系逐步建立，国家粮食安全保障更加有力，中国特色粮食安全之路越走越稳健、越走越宽广。在2013年的中央农村工作会议上，习近平总书记就要求“中国人的饭碗任何时候都要牢牢端在自己手上”。2017年10月党的十九大进一步提出“确保国家粮食安全，把中国人的饭碗牢牢端在自己手中”。在2020年中央农村工作会议上，习近平总书记强调“牢牢把住粮食安全主动权，粮食生产年年要抓紧”。2021年12月，习近平总书记主持召开中央政治局常委会会议专题研究“三农”工作并发表重要讲话，指出“保证粮食安全，大家都有责任”“党政同责要真正见效”。2021年12月召开的中央农村工作会议提出，要全力抓好粮食生产和重要农产品供给，稳定粮食面积，大力扩大大豆和油料生产。

2004年以来的中央一号文件尤其重视粮食生产和粮食安全问题，如2004年提出“加强主产区粮食生产能力建设”，2006年提出“确保国家粮食安全是保持国民经济平稳较快增长和社会稳定的重要基础”，2012 年提出“要切实落实‘米袋子’省长负责制，继续开展粮食稳定增产行动”，2013 年提出“确保国家粮食安全，保障重要农产品有效供给，始终是发展现代农业的首要任务”。2018 年中央一号文件提出“深入实施藏粮于地、藏粮于技战略，严守耕地红线，确保国家粮食安全，把中国人的饭碗牢牢端在自己手中”。2019 年中央一号文件提出“毫不放松抓好粮食生产，推动藏粮于地、藏粮于技落实落地”。2020 年中央一号文件提出“确保粮食安全始终是治国理政的头等大事……强化粮食安全省长责任制考核”。2021 年中央一号文件提出“地方各级党委和政府要切实扛起粮食安全政治责任，实行粮食安全党政同责。深入实施重要农产品保障战略，完善粮食安全省长责任制和‘菜篮子’市长负责制，确保粮、棉、油、糖、肉等供给安全”。2022 年中央一号文件提出“坚持中国人的饭碗任何时候都要牢牢端在自己手中，饭碗主要装中国粮，全面落实粮食安全党政同责，严格粮食安全责任制考核”。

即学即用

党的十九大提出：巩固和完善农村基本经营制度，深化农村土地制度改革，完善承包地“三权”分置制度。如何巩固和完善我国农村基本经营制度？

小思考

仓廪实，天下安。习近平总书记强调，只要粮食不出大问题，中国的事就稳得住。当今世界，世纪疫情与百年变局交织，我国发展环境面临深刻复杂变化，站在“两个一百年”奋斗目标的历史交汇点上，我国粮食安全受到前所未有的考验。请问应如何“筑牢国家粮食安全防线，确保中国人的饭碗始终牢牢端在自己手中”？

二、发展生产的农业政策

（一）农业劳动力就业政策

在过去的较长时期内，我国对农民进城就业实行的是以堵为主的政策，制定了各种限制农民进城务工的政策措施。改革开放前，我国实行城乡分割的户籍制度和就业制度，农民工进城受到严格限制。改革开放后，农村劳动力数量剧增，隐性剩余劳动力逐渐显性化。国家逐步放开农村劳动力流动就业政策，这种放开经历了从内到外、由紧到松、从无序到规范、由歧视到公平的过程。这些政策为农村劳动力流动创造了一个宽松的环境，农业劳动力市场化程度不断提高。进入 21 世纪以来，国家的农业劳动力转移就业政策发生了积极变化，主要包括提供农业劳动力转移就业服务、实行农民工权益保障、开展农业劳动力转移就业培训、改善农民工生活条件、解决农民工子女教育等。2002 年 1 月，中共中央、国务院《关于做好 2002 年农业和农村工作的意见》第一次提出了针对农民进城务工的“公平对待，合理引导，完善管理，搞好服务”十六字方针。2003 年 1 月国务院办公厅发出《关于做好农民进城务工就业管理和服务工作的通知》，提出取消对农民进城务工就业的不合理限制，多渠道安排农民工子女就学等。2003 年 4 月国务院公布《工伤保险条例》，首次将农民工纳入保险范围。2003 年 9 月，农业部等部门启动了农业劳动力转移培训“阳光工程”。2006 年出台的《国务院关于解决农民工问题的若干意见》指出，严格执行劳动合同制度，逐步实行城乡平等的就业制度。2008 年开始实施的《中华人民共和国就业促进法》，明确提出实行城乡统筹的就业政策。2009 年中央一号文件提出“积极扩大农业劳动力就业”。2010 年中央一号文件提出“努力促进农民就业创业”。2012 年中央一号文件提出“加强教育科技培训，全面造就新型农业农村人才队伍”“大力培育新型职业农民”。

2016 年《全国农业现代化规划（2016—2020 年）》提出“推动经营主体协调发展”：加快构建新型职业农民队伍，提升新型经营主体带动农户能力，促进农村人才创业就业。建立创业就业服务平台，加大政府创业投资引导基金对农民创业支持力度，实施农民工等人员返乡创业行动计划，开展百万乡村旅游创客行动，引导有志投身现代农业建设的农村青年、返乡农民工、农村大中专毕业生创办领办家庭农场、农民合作社和农业企业。2016 年 10 月，国家发展和改革委员会发布《全国农村经济发展“十三五”规划》，提出“促进农民就业创业”：(1) 建立多层次多样化的农民工返乡创业格局。通过引导产业转移、加强对口帮扶与合作等多种方式，带动农民工返乡创业。鼓励返乡人员共创农民合作社、家庭农场、农业产业化龙头企业、林场等新型农业经营主体，发展规模种养、农产品加工、农村服务业以及农技推广、林下经济、贸易营销、农资配送、信息咨询等产业。(2) 完善农民就业创业服务体系。进一步强化县乡基层就业和社会保障服务平台、中小企业公共服务平台、农村基层综合公共服务平台、农村社区公共服务综合信息平台的建设。改善农民工劳动条件，保障安全生产，加强职业病防治和农民工健康服务。及时将返乡创业农民工等人员纳入社保、住房、教育、医疗等公共服务范围。2018 年，国务院扶贫办、科学技术部、财政部、人力资源和社会保障部、农业农村部、中国人民银行、中国银保监会发布《关于培育贫困村创业致富带头人的指导意见》。农业农村部、财政部发布的强农惠农政策文件提出，要培育新型职业农民，全面建立职业农民制度，将新型农业经营主体带头人、现代青年农场主、农业职业经理人、农业社会化服务骨干和农业产业扶贫对象作为重点培育对象。2020 年 4 月 21 日，习近平总书记在甘肃省安康市平利县老县镇锦屏社区考察调研易地搬迁情况时指出：要住得下去就要靠稳定就业，务工是主要出路。要实实在在做好就业工作，不能搞形式主义。

党的十八大以来的中央一号文件对农村劳动力就业进行了不同方面的规定。如 2013 年中央一号文件提出“有序推进农业转移人口市民化”。2014 年中央一号文件提出“加快推动农业转移人口市民化”。2015 年中央一号文件提出：“必须促进农民转移就业和创业。实施农民工职业技能提升计划”。2016 年中央一号文件提出：“推进农村劳动力转移就业创业和农民工市民化。健全农村劳动力转移就业服务体系，大力促进就地就近转移就业创业，稳定并扩大外出农民工规模，支持农民工返乡创业。”2017 年中央一号文件提出：“健全农业劳动力转移就业和农村创业创新体制。完善城乡劳动者平等就业制度，健全农业劳动力转移就业服务体系，鼓励多渠道就业……支持进城农民工返乡创业，带动现代农业和农村新产业新业态发展。”2018 年中央一号文件提出：“促进农村劳动力转移就业和农民增收。健全覆盖城乡的公共就业服务体系，大规模开展职业技能培训，促进农民工多渠道转移就业，提高就业质量……加强扶持引导服务，实施乡村就业创业促进行动。”2019 年中央一号文件提出：“促进农村劳动力转移就业。落实更加积极的就业政策，加强就业服务和职业技能培训，促进农村劳动力多渠道转移就业和增收。”“稳定农民工就业，保障工资及时足额发放。加快农业转移人口市民化，推进城镇基本公共服务常住人口全覆盖。”2020 年中央一号文件提出：“稳定农民工就业。”“农民工失业后，可在常住地进行失业登记，享受均等化公共就业服务。出台并落实保障农民工工资支付条例。”“实施家政服务、养老护理、医院看护、餐饮烹饪、电子商务等技能培训，打造区域性劳务品牌。鼓励地方设立乡村保洁员、水管员、护路员、生态护林员等公益性岗位。”2021 年中央一号文件提出：“持续做好有组织劳务输出工作。统筹用好公益岗位，对符合条件的就业困难人员进行就业援助。在农业农村基础设施建设领域推广以工代赈方式，吸纳更多脱贫人口和低收入人口就地就近就业。”2022 年中央一号文件提出：“促进农民就地就近就业创业。落实各类农民工稳岗就业政策。发挥大中城市就业带动作用。实施县域农民工市民化质量提升行动。”“大力开展适合农民工就业的技能培训和新职业新业态培训。”

（二）农业科技政策

科学技术是第一生产力。新中国成立 70 多年来，我国农业农村发展取得了举世瞩目的成就，其中农业科技发挥了关键支撑作用。20 世纪 80 年代以来，中央明确提出农业技术要走传统与现代相结合的发展道路。国家编制了科技攻关计划，突出农业生物技术等重点领域。1992 年，国务院指出，农科教结合是实现农业现代化的重要途径。21 世纪以来，农业科技政策的主要内容包括：2004 年提出加强农业科研和技术推广，2005 年提出加快农业科技创新，2006 年提出大力提高农业科技创新和转化能力，2007 年提出强化建设现代农业的科技支撑，2008 年提出着力强化农业科技和服务体系基本支撑，2009 年提出加快农业科技创新步伐，2010 年提出提高农业科技创新和推广能力，2011 年提出强化水文气象和水利科技支撑。2012 年中共中央、国务院《关于加快推进农业科技创新 持续增强农产品供给保障能力的若干意见》提出“依靠科技创新驱动，引领支撑现代农业建设”；明确农业科技创新方向，力争在世界农业科技前沿领域占有重要位置；稳定支持农业基础性、前沿性、公益性科技研究；打破部门、区域、学科界限，有效整合科技资源，建立协同创新机制，推动产学研、农科教紧密结合；改善农业科技创新条件，推进国家农业高新技术产业示范区和国家农业科技园区建设；着力抓好种业科技创新等。

党的十八大以来，农业科技政策得到进一步加强，习近平总书记针对农业科技创新发表了一系列重要讲话。2013 年 8 月在听取科技部汇报时提出“走农业科技化工业化道路”，2013 年 11 月在山东考察时强调“要给农业插上科技的翅膀”“农业出路在现代化，农业现代化关键在科技进步”，2013 年在中央农村工作会议上强调“真正让农业插上科技的翅膀”，2015 年 5 月在华东 7 省市党委主要负责同志座谈会上强调“加快农业技术创新步伐，走出一条集约、高效、安全、持续的现代农业发展道路”。

2016 年《全国农村经济发展“十三五”规划》提出“强化农业科技创新和技术推广”：(1) 加强农业科技攻关。重点围绕生物育种、农机装备、智慧农业、生态环保等领域，组织实施农业科技创新重点专项和工程，全面提高自主创新能力。加强农业转基因生物技术研发和监管。健全农业科技创新激励机制。积极培育农业高新技术企业。建立和完善农业科技协同创新联盟。加快农业技术转移和成果转化。加强农业知识产权保护，严厉打击侵权行为。(2) 推动种业科技创新。(3) 增强农业技术推广能力。

2021 年 11 月 12 日，《国务院关于印发“十四五”推进农业农村现代化规划的通知》(国发〔2021〕25 号) 提出“强化现代农业科技支撑”：(1) 开展农业关键核心技术攻关。完善农业科技领域基础研究稳定支持机制，加强农业基础理论、科研基础设施、定位观测体系、资源生态监测系统建设。聚焦基础前沿重点领域，加快突破一批重大理论和工具方法。聚焦生物育种、耕地质量、智慧农业、农业机械设备、农业绿色投入品等关键领域，加快研发与创新一批关键核心技术及产品。加快动物疫病和农作物病虫害气象环境成因、传播机理、致病机制研究，提升农业重大风险防控和产业安全保障能力。(2) 加强农业战略科技力量建设。加强国家现代农业产业技术体系建设。打造国家热带农业科学中心。(3) 促进科技与产业深度融合。

2013 年中央一号文件提出“加强农业科技创新能力条件建设和知识产权保护”，2014 年中央一号文件提出“推进农业科技创新”，2015 年中央一号文件提出“强化农业科技创新驱动作用”，2017 年中央一号文件提出“强化现代农业科技创新推广体系建设”。2017 年中央一号文件又进一步提出“强化科技创新驱动，引领现代农业加快发展”，包括加强农业科技研发，强化农业科技推广，完善农业科技创新激励机制，提升农业科技园区建设水平，开发农村人力资源。2018 年中央一号文件提出“深化农业科技成果转化和推广应用改革”“发挥科技人才支撑作用”。2019 年中央一号文件提出“加快突破农业关键核心技术”。2020 年中央一号文件提出“强化科技支撑作用。加强农业关键核心技术攻关，部署一批重大科技项目，抢占科技制高点”。2021 年中央一号文件提出“强化现代农业科技和物质装备支撑”。2022 年中央一号文件提出“大力推进种源等农业关键核心技术攻关”“提升农机装备研发应用水平”“加快发展设施农业”。

(三) 农业金融政策

农业金融是与农业货币资金融通和信用活动相关的各种经济活动的总称，是以农业经济活动为基础，以农民和涉农经济组织为服务对象，通过信用手段实现货币资金在农业领域的筹集、分配和管理，在农业领域发挥流通手段和支付手段职能所形成的经济范畴。农业金融政策的总目标是通过执行国家宏观政策，满足农业生产和农村发展的各项资金需求，从而实现农业生产良好发展、农村社会稳定进步、农民收入持续增长。农业金融的政策工具主要包括财政税收政策和货币信贷政策两方面。改革开放以来，农业和农村发展的金融支持问题一直受到我国政府的高度重视。1978—1995 年，从恢复中国农业银行起，我国逐步形成了以中国农业银行为主导、以农村信用合作社（农村商业银行）为基础、以其他金融机构为补充的农业和农村金融体系。农业金融政策按照农村金融机构市场化和农村金融市场开放两条主线不断演化，经历了农村金融市场初步形成、各类金融机构分工协作、多元化农村金融体系初步形成和普惠金融体系建设几个阶段，总体上朝着建立多层次、广覆盖、可持续的农业和农村普惠金融体系这一目标不断发展。

进入21世纪以来，国家制定了一系列建设农业和农村金融体系的政策措施，包括完善农业金融的财税支持政策和货币支持政策，积极发展农业保险业，逐步建立农业灾害补偿制度，加强农业金融法律制度建设，将支持农业金融政策以法律的形式予以明确，使财政、税收、货币支持政策、农业保险等系统化、规范化。2004年以来的中央一号文件对农业和农村金融分别作了一些规定，如2004年提出“改革和创新农村金融体制”，明确县域内各金融机构为“三农”服务的义务等；2008年提出“加快农村金融体制改革和创新”，建立健全农业再保险体系等；2009年提出“增强农村金融服务能力”；2010年提出“提高农村金融服务质量和水平”；2012年提出“提升农村金融服务水平”，加大农村金融政策支持力度。

党的十八大以来，农业和农村金融得到新的重视，农业金融政策不断完善。2013年中央一号文件提出“改善农村金融服务”，充分发挥政策性金融和合作性金融的作用，创新金融产品和服务，加强财税杠杆与金融政策的有效配合，支持社会资本参与设立新型农村金融机构，建立多层次、多形式的农业信用担保体系等。2013年11月中共十八届三中全会提出“发展普惠金融”的目标。2014—2018年中央一号文件连续提出鼓励邮储银行等银行业机构拓展农村金融业务，建立“三农”金融事业部。2015年11月，中共中央、国务院印发《关于打赢脱贫攻坚战的决定》，将金融扶贫作为扶贫攻坚支撑体系的重要支柱，要求国家开发银行、农业开发银行要分别设立扶贫金融事业部。2016年中央一号文件提出：“推动金融资源更多向农村倾斜。加快构建多层次、广覆盖、可持续的农村金融服务体系，发展农村普惠金融，降低融资成本，全面激活农村金融服务链条。”2017年中央一号文件提出“加快农村金融创新”，积极推动农村金融立法。2018年中央一号文件提出“开拓投融资渠道，强化乡村振兴投入保障”，确保财政投入持续增长，拓宽资金筹集渠道，提高金融服务水平。2019年中央一号文件提出：“打通金融服务‘三农’各个环节，建立县域银行业金融机构服务‘三农’的激励约束机制，实现普惠性涉农贷款增速总体高于各项贷款平均增速。推动农村商业银行、农村合作银行、农村信用社逐步回归本源，为本地‘三农’服务。”2020年中央一号文件提出：强化对“三农”信贷的货币、财税、监管政策正向激励。鼓励商业银行发行“三农”、小微企业等专项金融债券。落实农户小额贷款税收优惠政策。发挥全国农业信贷担保体系作用，做大面向新型农业经营主体的担保业务。抓好农业保险保费补贴政策落实，督促保险机构及时足额理赔。2021年中央一号文件提出：“坚持为农服务宗旨，持续深化农村金融改革。运用支农支小再贷款、再贴现等政策工具，实施最优惠的存款准备金率，加大对机构法人在县域、业务在县域的金融机构的支持力度，推动农村金融机构回归本源”“发展农村数字普惠金融”“健全农业再保险制度”。2022年中央一号文件提出：“强化乡村振兴金融服务”“支持各类金融机构探索农业农村基础设施中长期信贷模式”“加快农村信用社改革”“积极发展农业保险和再保险”，优化完善“保险＋期货”模式。

2016年《全国农业现代化规划（2016—2020年）》提出“创新金融支农政策”：完善信贷支持政策，强化开发性金融、政策性金融对农业发展和农村基础设施建设的支持；

健全覆盖全国的农业信贷担保体系，建立农业信贷担保机构的监督考核和风险防控机制；建立新型经营主体信用评价体系，对信用等级较高的实行贷款优先等措施；开展粮食生产规模经营主体营销贷款试点，推行农业保险保单质押贷款；加大保险保障力度，逐步提高产粮大县主要粮食作物保险覆盖面，扩大畜牧业保险品种范围和实施区域，探索建立水产养殖保险制度，支持发展特色农产品保险、设施农业保险；建立农业补贴、涉农信贷、农产品期货和农业保险联动机制，扩大“保险＋期货”试点，研究完善农业保险大灾风险分散机制。2016 年《全国农村经济发展“十三五”规划》提出“建立现代农村金融制度”：健全农村金融体系，推进农村金融服务创新和产品创新，完善农业保险制度。2021 年 11 月 12 日，《国务院关于印发“十四五”推进农业农村现代化规划的通知》（国发〔2021〕25 号）提出“健全农村金融服务体系”：完善金融支农激励机制，鼓励银行业金融机构建立服务乡村振兴的内设机构。支持涉农信用信息数据库建设，基本建成新型农业经营主体信用体系。扩大农村资产抵押担保融资范围，提高农业信贷担保规模，引导金融机构将新增可贷资金优先支持县域发展。加快完善中小银行和农村信用社治理结构，保持农村中小金融机构县域法人地位和数量总体稳定。实施优势特色农产品保险奖补政策，鼓励各地因地制宜发展优势特色农产品保险。稳妥有序推进农产品收入保险，健全农业再保险制度。发挥“保险＋期货”在服务乡村产业发展中的作用。

（四）农业合作组织政策

农民合作社是带动农户进入市场的基本主体，是发展农村集体经济的新型实体，是创新农村社会管理的有效载体。新中国成立后，1949 年 9 月 29 日中国人民政治协商会议第一届全体会议通过的《中国人民政治协商会议共同纲领》，确立了发展合作经济的大政方针：“鼓励和扶助广大劳动人民根据自愿原则，发展合作事业。在城镇中和乡村中组织供销合作社、消费合作社、信用合作社、生产合作社和运输合作社，在工厂、机关和学校中应尽先组织消费合作社。”从新中国成立到 2007 年，中国一直没有完整统一的有关农业合作组织的法律规范。党的十六大以后，在坚持党的农村基本政策和农村基本经营制度的基础上，政府根据世情、国情、农情的变化，与时俱进地制定了一系列促进农民专业合作社发展的政策。2003 年十届人大第一次会议提出制定《农村专业经济组织法》的议案。2004—2006 年，连续三年的中央一号文件都明确提出要加快合作社立法进程。2006 年 10 月 31 日，第十届全国人民代表大会常务委员会第二十四次会议通过了《中华人民共和国农民专业合作社法》，与国务院颁布的《农民专业合作社登记管理条例》同时自 2007 年 7 月 1 日起在全国正式施行。自此以后，我国农业合作组织得到快速发展，农民专业合作社如雨后春笋般应运而生，成为领跑农村经济发展的新引擎。党的十八大以来，我国农业合作组织发展的一个明显趋势是从单个农户之间的合作向合作社与合作社之间的合作迈进，从最初只提供农业技术服务和信息服务，到把农业生产的产前、产中、产后环节都包含进来，让农户可以专心于农业生产，将农资采购、新技术选择、信息获取、产品分级包装加工、运输营销以及品牌化经营等农业经营活动交由合作社来统一经营和提供服务，形成“生产小规模，经营规模化”的格局，促进了现代农业的发展。

2013 年中央一号文件提出“大力支持发展多种形式的新型农民合作组织”：按照积

极发展、逐步规范、强化扶持、提升素质的要求，加大力度、加快步伐发展农民合作社，切实提高引领带动能力和市场竞争能力。鼓励农民兴办专业合作和股份合作等多元化、多类型合作社。2014 年中央一号文件提出“扶持发展新型农业经营主体”：鼓励发展专业合作、股份合作等多种形式的农民合作社，引导规范运行，着力加强能力建设。允许财政项目资金直接投向符合条件的合作社，允许财政补助形成的资产转交合作社持有和管护，有关部门要建立规范透明的管理制度。推进财政支持农民合作社创新试点，引导发展农民专业合作社联合社。2015 年中央一号文件提出：引导农民专业合作社拓宽服务领域，促进规范发展，实行年度报告公示制度，深入推进示范社创建行动。2016 年中央一号文件提出：积极培育家庭农场、专业大户、农民合作社、农业产业化龙头企业等新型农业经营主体。支持供销合作社创办领办农民合作社，引领农民参与农村产业融合发展、分享产业链收益。加强农民合作社示范社建设，支持合作社发展农产品加工流通和直供直销。2017 年中央一号文件提出：鼓励农村集体经济组织创办乡村旅游合作社，或与社会资本联办乡村旅游企业。支持有条件的乡村建设以农民合作社为主要载体、让农民充分参与和受益，集循环农业、创意农业、农事体验于一体的田园综合体。加强农民合作社规范化建设，积极发展生产、供销、信用“三位一体”综合合作。自 2018 年 7 月 1 日起施行的《中华人民共和国农民专业合作社法》专设农民专业合作社联合社一章，对联合社的登记、决策、分配等问题作出具体规定。2020 年中央一号文件提出：重点培育家庭农场、农民合作社等新型农业经营主体，培育农业产业化联合体，通过订单农业、入股分红、托管服务等方式，将小农户融入农业产业链。2021 年中央一号文件提出：突出抓好家庭农场和农民合作社两类经营主体，鼓励发展多种形式适度规模经营。推进农民合作社质量提升，加大对运行规范的农民合作社的扶持力度。发展壮大农业专业化社会化服务组织，将先进适用的品种、投入品、技术、装备导入小农户。2021 年 11 月 12 日，《国务院关于印发“十四五”推进农业农村现代化规划的通知》（国发〔2021〕25 号）提出“实施农民合作社规范提升行动，支持农民合作社联合社加快发展”。开展国家、省、市、县级农民合作社示范社四级联创，扩大农民合作社质量提升整县推进试点范围。

（五）农业社会化服务政策

农业社会化服务体系是指在家庭承包经营的基础上，为农业产前、产中、产后各个环节提供服务的各类机构和个人所形成的网络。改革开放以来，在党中央和国务院的高度重视下，我国农业社会化服务体系建设取得了快速发展，对于现代农业发展起到了重要的推动作用。1990 年中共中央、国务院在《关于一九九一年农业和农村工作的通知》中首次提出“农业社会化服务体系”的概念，并且将服务主体确定为“合作经济组织、国家经济技术部门和其他各种服务性经济实体”。1991 年颁布的《国务院关于加强农业社会化服务体系建设的通知》明确指出，“农业社会化服务，是包括专业经济技术部门、乡村合作经济组织和社会其他方面为农、林、牧、副、渔各业发展所提供的服务，是为农民提供产前、产中和产后的全过程综合配套服务”。1998 年，中共十五届三中全会全面总结农村改革 20 年基本经验，作出《关于农业和农村工作若干重大问题的决定》，提出了“建设有中国特色社会主义新农村”的目标，要求“基本建立以家庭承包经营为基础，以农业社会化服务体系、农产品市场体系和国家对农业的支持保护体系为支撑，适应发展社会主义市场经济要求的农村经济体制”。2008 年，中共十七届三中全会发布的《中共中央关于推进农村改革发展若干重大问题的决定》提出，“建设覆盖全程、综合配套、便捷高效的社会化服务体系，是发展现代农业的必然要求”。

党的十八大以来，我国农业社会化服务政策得到不断完善，农业社会化服务组织得到快速发展。2013 年中央一号文件提出“构建农业社会化服务新机制，大力培育发展多元服务主体”：建设中国特色现代农业，必须建立完善的农业社会化服务体系。要坚持主体多元化、服务专业化、运行市场化的方向，充分发挥公共服务机构作用，加快构建公益性服务与经营性服务相结合、专项服务与综合服务相协调的新型农业社会化服务体系。强化农业公益性服务体系，培育农业经营性服务组织，创新服务方式和手段。2014 年中央一号文件提出“健全农业社会化服务体系”：采取财政扶持、税费优惠、信贷支持等措施，大力发展主体多元、形式多样、竞争充分的社会化服务，推行合作式、订单式、托管式等服务模式，扩大农业生产全程社会化服务试点范围。通过政府购买服务等方式，支持具有资质的经营性服务组织从事农业公益性服务。扶持发展农民用水合作组织、防汛抗旱专业队、专业技术协会、农民经纪人队伍。2015 年中央一号文件提出“强化农业社会化服务”：增加农民收入，必须完善农业服务体系，帮助农民降成本、控风险。抓好农业生产全程社会化服务机制创新试点，稳定和加强基层农技推广等公益性服务机构，发挥农村专业技术协会在农技推广中的作用。采取购买服务等方式，鼓励和引导社会力量参与公益性服务。支持邮政系统更好服务“三农”。创新气象为农服务机制，推动融入农业社会化服务体系。2016 年中央一号文件提出：支持多种类型的新型农业服务主体开展代耕代种、联耕联种、土地托管等专业化规模化服务。加强气象为农服务体系建设。实施农业社会化服务支撑工程，扩大政府购买农业公益性服务机制创新试点。加快发展农业生产性服务业。2017 年中央一号文件提出：总结推广农业生产全程社会化服务试点经验，扶持培育农机作业、农田灌排、统防统治、烘干仓储等经营性服务组织。支持供销、邮政、农机等系统发挥为农服务综合平台作用，促进传统农资流通网点向现代农资综合服务商转型。2018 年中央一号文件提出“培育各类专业化市场化服务组织，推进农业生产全程社会化服务”。2019 年中央一号文件提出“发展乡村新型服务业”：支持供销、邮政、农业服务公司、农民合作社等开展农技推广、土地托管、代耕代种、统防统治、烘干收储等农业生产性服务。充分发挥乡村资源、生态和文化优势，发展适应城乡居民需要的休闲旅游、餐饮民宿、文化体验、健康养生、养老服务等产业。加强乡村旅游基础设施建设，改善卫生、交通、信息、邮政等公共服务设施。2021 年中央一号文件提出：发展壮大农业专业化社会化服务组织。支持市场主体建设区域性农业全产业链综合服务中心。深化供销合作社综合改革，开展生产、供销、信用“三位一体”综合合作试点，健全服务农民生产生活综合平台。2021 年农业农村部印发《关于加快发展农业社会化服务的指导意见》，明确要求要大力发展多元化、多层次、多类型的农业社会化服务。力争利用五到十年时间，基本形成组织结构合理、专业水平较高、服务能力较强、服务行为规范、全产业链覆盖的农业社会化服务体系。2021 年 11 月 12 日，《国务院关于印发"十四五"推进农业农村现代化规划的通知》（国发〔2021〕25号）提出"健全专业化社会化服务体系"：发展壮大农业专业化社会化服务组织，培育服务联合体和服务联盟，将先进适用的品种、投入品、技术、装备导入小农户。开展农业社会化服务创新试点示范，鼓励市场主体建设区域性农业全产业链综合服务中心。加快发展农业生产托管服务。推进农业社会化服务标准体系建设，建立服务组织名录库，加强服务价格监测。2022年中央一号文件提出：聚焦关键薄弱环节和小农户，加快发展农业社会化服务，支持农业服务公司、农民合作社、农村集体经济组织、基层供销合作社等各类主体大力发展单环节、多环节、全程生产托管服务，开展订单农业、加工物流、产品营销等，提高种粮综合效益。

（六）农业支持与保护政策

农业支持与保护政策是农村经济制度的重要组成部分，发挥着对农业农村乃至国民经济的导向、协调和控制作用，并服务于农业部门乃至整个国家的经济社会发展目标。《世界贸易组织农业协定》中规定的"农业支持保护"，包括农业国内支持、市场准入（进口配额）、出口补贴、动植物检疫四个方面的措施，其中，国内支持水平是指中央财政及地方财政对农业投入的总和。《中华人民共和国农业法》第三十七条规定："国家建立和完善农业支持保护体系，采取财政投入、税收优惠、金融支持等措施，从资金投入、科研与技术推广、教育培训、农业生产资料供应、市场信息、质量标准、检验检疫、社会化服务以及灾害救助等方面扶持农民和农业生产经营组织发展农业生产，提高农民的收入水平。"农业支持与保护政策主要有两大政策目标：促进农业产业发展和协调工农城乡关系。

农业税是国家对一切从事农业生产、有农业收入的单位和个人征收的一种税，俗称"公粮"。目前的主要政策措施有：取消农业税，取消农业特产税，取消屠宰税，取消物业税，取消"三提五统"，取消劳动积累工和义务工，推进配套改革等。1958年6月3日，第一届全国人民代表大会常务委员会第九十六次会议通过《中华人民共和国农业税条例》（以下简称《农业税条例》）。改革开放以后，自20世纪80年代中后期开始，农民负担问题显露出来，中央多次出台政策要求切实减轻农民负担，强调制止对农民的不合理摊派。1993年，国务院授权农业部宣布取消43项要求农民出钱、出物、出工的达标升级活动，纠正了10项错误收费和管理办法。同年6月，国务院宣布取消37项涉及农民负担的集资、基金、收费项目，提出对17项收费项目进行修改。1996年12月30日，中共中央和国务院联合下发《关于切实做好减轻农民负担工作的决定》，提出了13条切实减轻农民负担的政策。21世纪以来，中国开始了以减轻农民负担为中心，以取消"三提五统"等税外收费、改革农业税收为主要内容的农村税费改革。2000年起从安徽开始试点，到2003年在全国全面铺开。从2004年开始，农业税费改革进入深化阶段，吉林、黑龙江等8个省份全部或部分免征农业税，河北等11个粮食主产区降低农业税税率3个百分点，其他地方降低农业税税率1个百分点。2005年，全国有28个省份全面免征了农业税，河北、山东、云南也将农业税税率降到2%以下。2005年12月29日，第十届全国人民代表大会常务委员会第十九次会议通过决定，自2006年1月1日起废止《农业税条例》，取消除烟叶以外的农业特产税、全部免征牧业税。从2010年12月1日起，全国所有收费公路（含收费的独立桥梁、隧道）全部纳入鲜活农产品运输“绿色通道”网络范围，对整车合法装载运输鲜活农产品的车辆免收车辆通行费。自2012年1月1日起，免征蔬菜流通环节增值税。

党的十六大以来，党中央、国务院在深刻分析国内外形势、准确把握我国经济社会发展阶段特征的基础上，作出了我国总体上已到以工促农、以城带乡发展阶段的基本判断，制定了工业反哺农业、城市支持农村和多予少取放活的基本方针，出台了大量针对农业、农村和农民的补贴政策，初步形成了一个以粮食生产、农民增收和保护生态环境为目标，综合补贴与专项补贴相结合，覆盖基础设施建设、种子、农业机械、生产技术、农产品、灾害救助等环节和内容的农业补贴政策体系。对调动农民积极性、发展粮食生产、促进重要农产品稳定供给起到了关键性的支撑保障作用，也受到了广大农民的普遍欢迎，成为21世纪以来最令人振奋的惠农政策之一。

2004年，对种粮农民直接补贴工作在全国范围内全面推开，粮食直补机制初步确立，2004年补贴规模为116亿元，2011年达到151亿元。2005年，财政部等五部委《关于进一步完善对种粮农民直接补贴政策的意见》指出要“进一步完善对种粮农民的直补机制”。2006年，国家借燃料价格调整的契机，建立农资涨价综合补贴制度，当年补贴资金规模达120亿元。2009年，较大幅度增加农业补贴，实现水稻、小麦、玉米、棉花良种补贴全覆盖，扩大油菜和大豆良种补贴范围。2010年，扩大马铃薯补贴范围，启动青稞良种补贴，实施花生良种补贴试点；把牧业、林业和抗旱、节水机械设备纳入农机具购置补贴范围。2004—2016年，农业“四补贴”资金不断增加，到2016年达到1 679.9亿元。2007年开始，我国在内蒙古、吉林、江苏、湖南、新疆和四川6省份开展中央财政农业保险保费补贴试点，安排资金21亿元，主要用于粮棉油大宗农作物和能繁母猪保险费补贴。2011年，国家安排农业保险保费补贴达到91亿元。2012年进一步完善农业保险政策，加大对农业保险的支持力度，增加保费补贴品种；在现有的14个中央财政补贴险种的基础上，将糖料作物纳入中央财政农业保险保费补贴范围；开展设施农业保费补贴试点，对发展设施农业的农民给予保费补贴。《全国现代农业发展规划（2011—2015年）》提出“坚持和完善农业补贴政策”，建立农业补贴政策后评估机制，继续实施种粮直补，落实农资综合补贴动态调整机制，研究逐步扩大良种补贴品种和范围，扩大农机具购置补贴规模等。

2016年《全国农村经济发展“十三五”规划》提出“改进农业补贴制度”：盘活存量，用好增量，调整改进“黄箱”支持政策，逐步扩大“绿箱”支持政策的实施规模和范围，提高精准性、指向性和政策效能。将种粮农民直接补贴、良种补贴、农资综合补贴合并为农业支持保护补贴，重点支持耕地地力保护和粮食产能提升。完善农机购置补贴政策。优化补贴支持方向，重点向粮食等重要农产品生产倾斜，向种粮大户、农民专业合作社、家庭农场等新型经营主体倾斜。创新管理机制，健全快捷高效的补贴资金发放办法，鼓励有条件的地方探索对农民实行直接收入补贴。探索建立国家补贴与农户责任挂钩的办法。实施粮油糖生产大县、粮食作物制种大县、生猪调出大县、牛羊养殖大县财政奖励补助政策。

2016年《全国农业现代化规划（2016—2020年）》提出“完善财政支农政策”：健

全财政投入稳定增长机制，整合优化农业建设投入，调整优化农业补贴政策。逐步扩大“绿箱”补贴规模和范围，调整改进“黄箱”政策。完善农业三项补贴政策，将种粮农民直接补贴、农作物良种补贴、农资综合补贴合并为农业支持保护补贴。优化农机购置补贴政策，加大保护性耕作、深松整地、秸秆还田等绿色增产技术所需机具补贴力度。完善结构调整补助政策，继续支持粮改饲、粮豆轮作，加大畜禽水产标准化健康养殖支持力度，落实渔业油价补贴政策。健全生态建设补贴政策，提高草原生态保护奖补标准，开展化肥减量增效、农药减量控害、有机肥增施和秸秆资源化利用试点，探索建立以绿色生态为导向的农业补贴制度。完善主产区利益补偿政策，加大对产粮（油）大县、商品粮大省奖励力度，逐步将农垦系统纳入国家农业支持和民生改善政策覆盖范围。

2017 年中央一号文件提出“完善农业补贴制度”，深入推进农业“三项补贴”制度改革，“改革财政支农投入机制”。2018 年中央一号文件提出：落实和完善对农民直接补贴制度，提高补贴效能。健全粮食主产区利益补偿机制。探索开展稻谷、小麦、玉米三大粮食作物完全成本保险和收入保险试点，加快建立多层次农业保险体系。2019 年中央一号文件提出“完善农业支持保护制度”：按照增加总量、优化存量、提高效能的原则，强化高质量绿色发展导向，加快构建新型农业补贴政策体系。按照适应世贸组织规则、保护农民利益、支持农业发展的原则，抓紧研究制定完善农业支持保护政策的意见。调整改进“黄箱”政策，扩大“绿箱”政策使用范围。按照更好发挥市场机制作用取向，完善稻谷和小麦最低收购价政策。完善玉米和大豆生产者补贴政策。2020 年中央一号文件提出优先保障“三农”投入：加大中央和地方财政“三农”投入力度，中央预算内投资继续向农业农村倾斜，确保财政投入与补上全面小康“三农”领域突出短板相适应。中央和省级各部门要根据补短板的需要优化涉农资金使用结构。调整完善农机购置补贴范围，赋予省级更大自主权。研究本轮草原生态保护补奖政策到期后的政策。2021 年中央一号文件提出“强化农业农村优先发展投入保障”：继续把农业农村作为一般公共预算优先保障领域。中央预算内投资进一步向农业农村倾斜。制定落实提高土地出让收益用于农业农村比例考核办法，确保按规定提高用于农业农村的比例。2022 年中央一号文件提出“扩大乡村振兴投入”：继续把农业农村作为一般公共预算优先保障领域，中央预算内投资进一步向农业农村倾斜，压实地方政府投入责任。加强考核监督，稳步提高土地出让收入用于农业农村的比例。支持地方政府发行政府债券用于符合条件的乡村振兴公益性项目。提高乡村振兴领域项目储备质量。强化预算绩效管理和监督。

2021 年 11 月 12 日，《国务院关于印发“十四五”推进农业农村现代化规划的通知》（国发〔2021〕25 号）提出“完善农业支持保护制度”：（1）优化农业补贴政策。强化高质量发展和绿色生态导向，构建新型农业补贴政策体系。调整优化“绿箱”、“黄箱”和“蓝箱”支持政策，提高农业补贴政策精准性、稳定性和时效性。加强农产品成本调查，深化调查数据在农业保险、农业补贴、市场调控等领域的应用。（2）健全政府投入保障机制。推动建立“三农”财政投入稳定增长机制，继续把农业农村作为一般公共预算优先保障领域，加大中央财政转移支付支持农业农村力度。制定落实提高土地出让收入用于农业农村比例考核办法，确保按规定提高用于农业农村的比例。督促推进各地区各部门进一步完善涉农资金统筹整合长效机制。加大地方政府债券支持农业农村力度，用于符合条件的农业农村领域建设项目。(3) 健全农村金融服务体系。

即学即用

历史上,“皇粮国税”一直牵动着中国的兴衰。据史料记载,农业税始于春秋时期鲁国的“初税亩”,到汉初形成制度。这一古老的税种已延续了 2 600 年的历史。中华人民共和国成立以后,第一届全国人民代表大会常务委员会第九十六次会议于 1958 年 6 月 3 日颁布了《农业税条例》。2005 年 12 月 29 日,第十届全国人民代表大会常务委员会第十九次会议高票通过决定,自 2006 年 1 月 1 日起废止《农业税条例》,取消除烟叶以外的农业特产税,全部免征牧业税,中国延续了 2 600 多年的“皇粮国税”走进了历史博物馆。结合实际分析我国取消农业税、实施农业补贴政策的原因及其重大意义。

小思考

2021 年 11 月 12 日,《国务院关于印发“十四五”推进农业农村现代化规划的通知》(国发〔2021〕25 号)提出“健全专业化社会化服务体系”。请利用所学知识,分析我国农业社会化服务政策出台和发展的历程。

小思考

2021 年 11 月 12 日,《国务院关于印发“十四五”推进农业农村现代化规划的通知》(国发〔2021〕25 号)提出完善农业支持保护制度,优化农业补贴政策,健全政府投入保障机制,健全农村金融服务体系。试分析我国农业支持与保护政策的变化。

小思考

党的十九大报告提出“实施乡村振兴战略”,“要坚持农业农村优先发展,按照产业兴旺、生态宜居、乡风文明、治理有效、生活富裕的总要求,建立健全城乡融合发展体制机制和政策体系,加快推进农业农村现代化”。试分析我国农业农村现代化的着力点。

三、保护利益的农业政策

(一) 农业市场与价格政策

农产品市场和价格政策是指政府根据经济发展水平、农产品市场供求状况以及国家、集体和个人的经济利益,为了影响农产品价格形成和价格结构,通过各种经济杠杆并辅以行政和法律手段直接或间接调节价格,从而调节农产品供求、农业生产结构和社会集团的利益分配而制定的各种行为准则和措施的总称。从政策目的角度出发，现行的农产品价格政策大致可以分为价格稳定政策、价格支持政策、价格限制政策。中华人民共和国成立以后，长期实行的是农产品统购统销制度。改革开放前，我国农产品价格由政府确定，对农产品实行低价收购政策，通过工农产品价格“剪刀差”的方式，把农业剩余转移给工业，支撑国家工业化发展。改革开放以后，我国逐步放开农产品市场。1978 年开始的农村经济体制改革，首先突出表现在农产品流通和价格方面。1978—1984 年改革的主要内容是：提高农产品收购价格，压缩粮食征购基数，扩大市场调节范围，减少农产品统购派购品种，扩大农民生产自主权，恢复农副产品议购议销政策等。1985—1991 年，取消农产品统购派购制度，实行粮棉合同定购政策和生产资料奖售政策以及预购订金发放政策，压缩平价粮油供应，增加议价粮食供应，取消粮油票证。20 世纪 90 年代开始实行粮食等主要农产品保护价收购政策，逐步建立了粮食等主要农产品的价格保护政策。

进入 21 世纪以后，我国农产品市场与价格政策主要包括：培育多元化市场主体，促进流通形式多样化；加强各类市场建设，构建全国性流通网络；加强农产品质量监管，提高市场宏观调控能力等。从 2004 年开始国务院制定了粮食最低收购价政策，提出要健全粮食市场体系，转换粮食价格形成机制，实行最低收购价格（见表 14 - 2）。明确规定，在一般情况下，粮食收购价格由市场供求形成，国家在充分发挥市场机制作用的基础上实行宏观调控，发挥价格的导向作用。当粮食供求发生重大变化时，为了保障市场供应、保护农民利益，必要时可由国务院对短缺的重点粮食品种在粮食主产区实行最低收购价格。农产品价格与市场政策有力影响着农业部门经营状况和消费者的福利，在农业政策体系中发挥着重要作用。2006—2011 年，商务部会同有关部门实施了“双百市场工程”扶持政策、“农超对接”扶持政策、农产品现代流通综合试点等。2008 年中央一号文件提出“切实保障主要农产品基本供给”。2009 年中央一号文件提出“保持农产品价格合理水平”，继续提高粮食最低收购价。2012 年中央一号文件提出“提高市场流通效率，切实保障农产品稳定均衡供给”。2012 年《全国现代农业发展规划（2011—2015 年）》提出完善农产品市场调控机制。稳步提高稻谷、小麦最低收购价，完善玉米、大豆、油菜籽、棉花等农产品临时收储政策。完善主要农产品吞吐和调节机制，健全重要农产品储备制度，发挥骨干企业稳定市场的作用。继续加强生猪、蔬菜等主要“菜篮子”产品市场监测预警体系建设，完善生猪、棉花、食糖、边销茶等的调控预案，制定鲜活农产品调控办法。坚持“米袋子”省长负责制和“菜篮子”市长负责制。2012 年 8 月 3 日，国务院出台《关于深化流通体制改革加快流通产业发展的意见》，提出支持建设和改造一批具有公益性质的农产品批发市场、农贸市场、菜市场、社区菜店、农副产品平价商店以及重要商品储备设施、大型物流配送中心、农产品冷链物流设施等。

表 14 - 2　2004—2022 年主要粮食品种最低收购价格　　单位：元/50 千克

年份	早籼稻	中晚籼稻	粳稻	白小麦	红小麦	混合麦
2004	70	72	75	—	—	—
2005	70	72	75	—	—	—

续表

年份	早籼稻	中晚籼稻	粳稻	白小麦	红小麦	混合麦
2006	70	72	75	72	69	69
2007	70	72	75	72	69	69
2008	77	79	82	77	72	72
2009	90	92	95	87	83	83
2010	93	97	105	90	86	86
2011	102	107	128	95	93	93
2012	120	125	140	102	102	102
2013	132	135	150	112	112	112
2014	135	138	155	118	118	118
2015	135	138	155	118	118	118
2016	133	138	155	118	118	118
2017	130	136	150	118	118	118
2018	120	126	130	115	115	115
2019	120	126	130	112	112	115
2020	121	127	130	112	112	112
2021	122	128	130	113	113	113
2022	124	129	131	115	115	115

资料来源：根据历年《中国农业发展报告》和相关网站资料整理。

党的十八大以来，我国农业市场与价格政策得到持续完善。2013年中央一号文件提出“完善农产品市场调控”，健全重要农产品市场监测预警机制。2014年中央一号文件提出“完善粮食等重要农产品价格形成机制”“健全农产品市场调控制度”。2015年中央一号文件提出：“创新农产品流通方式”，加快全国农产品市场体系转型升级。“完善农产品价格形成机制”，增加农民收入，必须保持农产品价格合理水平。2016年中央一号文件提出：改革完善粮食等重要农产品价格形成机制和收储制度。坚持市场化改革取向与保护农民利益并重，采取“分品种施策、渐进式推进”的办法，完善农产品市场调控制度。2017年中央一号文件提出“深化粮食等重要农产品价格形成机制和收储制度改革”。2018年中央一号文件提出：深化农产品收储制度和价格形成机制改革，加快培育多元市场购销主体，改革完善中央储备粮管理体制。2019年中央一号文件提出“按照更好发挥市场机制作用取向，完善稻谷和小麦最低收购价政策”。2020年中央一号文件提出：调整完善稻谷、小麦最低收购价政策，稳定农民基本收益。完善新疆棉花目标价格政策。2021年中央一号文件提出：坚持并完善稻谷、小麦最低收购价政策。2022年中央一号文件提出“合理保障农民种粮收益”，健全农民种粮收益保障机制，2022年适当提高稻谷、小麦最低收购价。统筹做好重要农产品调控。健全农产品全产业链监测预警体系，推动建立统一的农产品供需信息发布制度，分类分品种加强调控和应急保障。

2016年《全国农村经济发展“十三五”规划》提出“完善农产品市场调控政策”。坚持市场化改革取向和保护农民利益并重，采取分品种施策、渐进式推进的办法，完善农产品价格形成机制和粮食等重要农产品收储制度。在东北地区积极稳妥推进玉米收储制度改革，完善“市场化收购加补贴”机制，保持优势产区玉米种植收益基本稳定。继续执行并完善稻谷、小麦最低收购价政策，增强政策的灵活性。总结评估棉花和大豆目标价格改革试点，调整完善补贴政策。改进农产品市场调控方式，搞活市场流通，增强市场活力。稳步有序消化超量库存，合理确定中央储备规模，完善中央和地方储备管理制度，提高储备安全性和轮换吞吐有效性。2016 年《全国农业现代化规划（2016—2020 年）》提出“健全农产品市场调控政策”：继续执行并完善稻谷、小麦最低收购价政策。积极稳妥推进玉米收储制度改革，综合考虑农民合理收益、财政承受能力、产业链协调发展等因素，建立玉米生产者补贴制度。调整完善棉花、大豆目标价格政策。继续推进生猪等目标价格保险试点。探索建立鲜活农产品调控目录制度，合理确定调控品种和调控工具。改革完善重要农产品储备管理体制，推进政策性职能和经营性职能相分离，科学确定储备规模，完善吞吐调节机制。发展多元化的市场购销主体。稳步推进农产品期货等交易，创设农产品期货品种。2021 年 11 月 12 日，《国务院关于印发“十四五”推进农业农村现代化规划的通知》（国发〔2021〕25 号）提出“加强农村市场建设，完善农村商贸服务网络，优化县域批发市场、集散中心、商业网点布局”。

（二）农业对外开放政策

农业对外开放是世界经济一体化在农业领域的直接体现，其要点是主张农产品贸易自由化，取消对农业领域特别是农产品贸易领域的一切干预造成的竞争和贸易的扭曲，在充分发挥本国经济比较优势、提高国内资源配置整体效益的基础上，实现国内农业生产、流通、消费与国际的对接，从而使全球农业资源配置最优、经济福利增长最多。农业对外开放是我国改革发展的一个重要组成部分，包括农业进出口贸易、利用外资和对外农业投资、农业国际合作与科技交流等多个方面的内容。2001 年 11 月 10 日世界贸易组织第四届部长级会议审议通过了中国加入世贸组织的决定，12 月 11 日《中国加入 WTO 议定书》生效，中国正式成为世贸组织成员，中国的农业对外政策也进入一个新的阶段。

2004 年中央一号文件提出“扩大优势农产品出口”，要进一步完善促进我国优势农产品出口的政策措施；鼓励和引导农产品出口加工企业进入出口加工贸易区；加强对外谈判交涉，签订我国与重点市场国家和地区的双边检验检疫与优惠贸易协定；加快建立健全禽肉、蔬菜、水果等重点出口农产品的行业和商品协会。2009 年中央一号文件提出把握好主要农产品进出口时机和节奏，支持优势农产品出口，防止部分品种过度进口冲击国内市场。2010 年中央一号文件提出“提高农业对外开放水平”，支持优势农产品扩大出口，提供出口通关、检验检疫便利和优惠。2012 年国务院出台的《全国现代农业发展规划（2011—2015 年）》提出“提高农业对外开放水平”，促进农业对外合作，提高农业“引进来”质量和水平，拓宽农业“走出去”渠道；“加强农产品国际贸易”，强化多双边和区域农业磋商谈判与贸易促进，做好涉农国际贸易规则制定工作。进一步强化贸易促进公共服务能力，积极推动优势农产品出口。建立符合世界贸易组织规则的外商经营农产品和农业生产资料准入制度。积极应对国际贸易摩擦，支持行业协会维护企业合法权益。进一步完善农业产业损害监测预警机制。运用符合世界贸易组织规则的相关措施，灵活有效调控农产品进出口。

中国是农业大国，也是国际农产品贸易大国。党的十八大以来，在国家对外开放的总框架下，服务国家政治外交大局和“三农”工作全局，我国农业与世界农业发展加快融合，进入全方位对外开放新阶段，对外合作水平迈上新台阶，对外合作机制日益完善，农产品国际贸易快速增长、结构不断优化，不断取得新成效，成为全球第二大农产品贸易国。2013 年中央一号文件提出：完善农产品进出口税收调控政策，加强进口关税配额管理，健全大宗品种进口报告制度，强化敏感品种进口监测。推动进口来源多元化，规范进出口秩序，打击走私行为。2014 年中央一号文件提出“合理利用国际农产品市场”，抓紧制定重要农产品国际贸易战略，加强进口农产品规划指导，优化进口来源地布局，建立稳定可靠的贸易关系。2015 年中央一号文件提出“提高统筹利用国际国内两个市场两种资源的能力”，加强农产品进出口调控，积极支持优势农产品出口，把握好农产品进口规模、节奏。2016 年中央一号文件提出“统筹用好国际国内两个市场、两种资源”，完善农业对外开放战略布局，统筹农产品进出口，加快形成农业对外贸易与国内农业发展相互促进的政策体系，实现补充国内市场需求、促进结构调整、保护国内产业和农民利益的有机统一。2017 年中央一号文件提出“创造良好农产品国际贸易环境”，统筹利用国际市场，优化国内农产品供给结构，健全公平竞争的农产品进口市场环境。2018 年中央一号文件提出“构建农业对外开放新格局”，提高我国农产品国际竞争力。实施特色优势农产品出口提升行动，扩大高附加值农产品出口。建立健全我国农业贸易政策体系。深化与“一带一路”沿线国家和地区农产品贸易关系。2019 年中央一号文件提出：统筹用好国际国内两个市场、两种资源。加快推进并支持农业走出去，加强“一带一路”农业国际合作，主动扩大国内紧缺农产品进口，拓展多元化进口渠道，培育一批跨国农业企业集团，提高农业对外合作水平。2020 年中央一号文件提出：拓展多元化进口渠道，增加适应国内需求的农产品进口。扩大优势农产品出口。深入开展农产品反走私综合治理专项行动。2021 年中央一号文件提出：优化农产品贸易布局，实施农产品进口多元化战略，支持企业融入全球农产品供应链。保持打击重点农产品走私高压态势。加强口岸检疫和外来入侵物种防控。

2016 年《全国农业现代化规划（2016—2020 年）》提出“促进农产品贸易健康发展”，促进优势农产品出口，加强农产品进口调控。2021 年 11 月 12 日，《国务院关于印发“十四五”推进农业农村现代化规划的通知》（国发〔2021〕25 号）提出“扩大农业对外开放”：发挥共建“一带一路”在扩大农业对外开放合作中的重要作用，深化多双边农业合作。加强境外农业合作园区和农业对外开放合作试验区建设。围绕粮食安全、气候变化、绿色发展、水产等领域，积极参与全球农业科技合作，建设上海合作组织农业技术交流培训示范基地。建设农业国际贸易高质量发展基地、农产品国家外贸转型升级基地、农业特色服务出口基地，推进农业服务贸易发展。深度参与世界贸易组织涉农谈判和全球粮农治理。如期完成全球人道主义应急仓库和枢纽建设任务。“稳定国际农产品供应链”：实施农产品进口多元化战略，健全农产品进口管理机制，稳定大豆、食糖、棉花、天然橡胶、油料油脂、肉类、乳制品等农产品国际供应链。

（三）农业资源环境与可持续发展政策

农业资源与环境是自然界中能满足农业生产需要的各种要素的总称，是农业生产存在和发展的重要物质基础。可持续发展是在世界经济迅速增长的同时，又面临诸如人口、资源、环境等重大危机的双重背景下产生的一种新的发展思想。可持续农业是可持续发展思想在农业领域的体现。改革开放以来，我国政府高度重视农业资源环境和可持续发展问题，将农业资源利用、环境保护、可持续发展纳入整个经济社会发展的重要议程，在耕地、淡水、草原、渔业及废弃物等农业资源的合理开发和有效保护以及节能减排等方面制定了一系列政策措施，形成了农业资源环境与可持续发展政策框架。其主要内容包括水资源合理利用与保护，草原资源合理利用与保护，渔业资源利用与生态保护，退耕还林（还草）工程，农田防护林网建设，农村可再生能源开发，推进农业绿色发展、循环发展、低碳发展等。2010 年中央一号文件提出“构筑牢固的生态安全屏障”，继续推进重点林业生态工程建设，大力增加森林碳汇，加强农业面源污染治理，发展循环农业和生态农业。

习近平总书记指出，推进农业绿色发展是农业发展观的一场深刻革命，也是农业供给侧结构性改革的主攻方向。党的十八大以来，在资源、环境两道“紧箍咒”越绷越紧的现实情况下，我国农业走出了以改革创新为驱动、以质量效益为核心的转型发展之路。大力发展以绿色环境为前提、以绿色生产为基础、以绿色产品为标志、以绿色生活为追求的绿色农业，实施了化肥农药使用量零增长行动，鼓励农民增施有机肥、种植绿肥，做好绿色防控；推进农业废弃物资源化利用，不断集成创新生态农业、循环农业等技术模式，农业可持续发展能力得到明显提升。

2013 年中央一号文件提出“推进农村生态文明建设”，加强农村生态建设、环境保护和综合整治，努力建设美丽乡村。2014 年中央一号文件提出“建立农业可持续发展长效机制”，促进生态友好型农业发展，开展农业资源休养生息试点，加大生态保护建设力度。2015 年中央一号文件提出“围绕建设现代农业，加快转变农业发展方式”：中国要强，农业必须强。做强农业，必须尽快从主要追求产量和依赖资源消耗的粗放经营转到数量质量效益并重、注重提高竞争力、注重农业科技创新、注重可持续的集约发展上来，走产出高效、产品安全、资源节约、环境友好的现代农业发展道路。“加强农业生态治理”，实施农业环境突出问题治理总体规划和农业可持续发展规划。2016 年中央一号文件提出“加强资源保护和生态修复，推动农业绿色发展”：推动农业可持续发展，必须确立发展绿色农业就是保护生态的观念，加快形成资源利用高效、生态系统稳定、产地环境良好、产品质量安全的农业发展新格局。2017 年中央一号文件提出“推行绿色生产方式，增强农业可持续发展能力”：推进农业清洁生产，大规模实施农业节水工程，集中治理农业环境突出问题，加强重大生态工程建设。2018 年中央一号文件提出“推进乡村绿色发展，打造人与自然和谐共生发展新格局”：乡村振兴，生态宜居是关键。良好生态环境是农村最大的优势和宝贵财富。必须尊重自然、顺应自然、保护自然，推动乡村自然资本加快增值，实现百姓富、生态美的统一。统筹山水林田湖草系统治理，加强农村突出环境问题综合治理，建立市场化多元化生态补偿机制，增加农业生态产品和服务供给。2019 年中央一号文件提出“加强农村污染治理和生态环境保护”：统筹推进山水林田湖草系统治理，推动农业农村绿色发展。2020 年中央一号文件提出“治理农村生态环境突出问题”：大力推进畜禽粪污资源化利用，深入开展农药化肥减量行动，加强农膜污染治理，推进秸秆综合利用，在长江流域重点水域实行常年禁捕，推广黑土地保护有效治理模式，稳步推进农用地土壤污染管控和修复利用，继续实施华北地区地下水超采综合治理，启动农村水系综合整治试点。2021 年中央一号文件提出“推进农业绿色发展”：实施国家黑土地保护工程，健全耕地休耕轮作制度，持续推进化肥农药减量增效，加强畜禽粪污资源化利用，全面实施秸秆综合利用和农膜、农药包装物回收行动，建设一批农业面源污染综合治理示范县，支持国家农业绿色发展先行区建设，巩固退耕还林还草成果，实行林长制，科学开展大规模国土绿化行动。2022 年中央一号文件提出“推进农业农村绿色发展”：加强农业面源污染综合治理，建设国家农业绿色发展先行区，开展农业绿色发展情况评价，开展水系连通及水美乡村建设，实施生态保护修复重大工程，科学推进国土绿化，实施生物多样性保护重大工程，构建以国家公园为主体的自然保护地体系。

2012 年《全国现代农业发展规划（2011—2015 年）》提出“加强农业资源和生态环境保护”，科学保护和合理利用水资源，加强农业生态环境治理，大力推进农业节能减排，树立绿色、低碳发展理念。2015 年，农业部印发《关于打好农业面源污染防治攻坚战的实施意见》提出：到 2020 年实现农业用水总量控制，化肥、农药使用量减少，畜禽粪便、农作物秸秆、农膜基本资源化利用的“一控两减三基本”目标任务。2016 年《全国农村经济发展“十三五”规划》提出“有效保护自然生态系统，构建生态安全屏障”：牢固树立尊重自然、顺应自然、保护自然的生态文明理念，着力发挥生态系统自我修复能力，加强重点区域山水林田湖综合治理，构建生态安全屏障，努力从源头上扭转生态环境恶化趋势，防范生态风险，增强生态承载力。2016 年《全国农业现代化规划（2016—2020 年）》提出“绿色兴农，着力提升农业可持续发展水平”，必须牢固树立绿水青山就是金山银山的理念，推进农业发展绿色化，补齐生态建设和质量安全短板，实现资源利用高效、生态系统稳定、产地环境良好、产品质量安全。“强化农业环境保护”，开展化肥农药使用量零增长行动，推动农业废弃物资源化利用无害化处理，强化环境突出问题治理。2015 年 5 月 20 日，农业部等八部委联合下发的《全国农业可持续发展规划（2015—2030 年）》（农计发〔2015〕145 号）提出：大力推动农业可持续发展，是实现“五位一体”战略布局、建设美丽中国的必然选择，是中国特色新型农业现代化道路的内在要求。到 2020 年，农业可持续发展取得初步成效，经济、社会、生态效益明显。农业发展方式转变取得积极进展，农业综合生产能力稳步提升，农业结构更加优化，农产品质量安全水平不断提高，农业资源保护水平与利用效率显著提高，农业环境突出问题治理取得阶段性成效，森林、草原、湖泊、湿地等生态系统功能得到有效恢复和增强，生物多样性衰减速度逐步减缓。到 2030 年，农业可持续发展取得显著成效。供给保障有力、资源利用高效、产地环境良好、生态系统稳定、农民生活富裕、田园风光优美的农业可持续发展新格局基本确立。2021 年 11 月 12 日，《国务院关于印发“十四五”推进农业农村现代化规划的通知》（国发〔2021〕25 号）提出“加强农村生态文明建设 建设绿色美丽乡村”：以绿色发展引领乡村振兴，推进农村生产生活方式绿色低碳转型，实现资源利用更加高效、产地环境更加清洁、生态系统更加稳定，促进人与自然和谐共生。包括三个方面的内容：推进质量兴农绿色兴农、加强农业面源污染防治、保护修复农村生态系统。

即学即用

2021年11月，《国务院关于印发“十四五”推进农业农村现代化规划的通知》（国发〔2021〕25号）提出：“以绿色发展引领乡村振兴，推进农村生产生活方式绿色低碳转型，实现资源利用更加高效、产地环境更加清洁、生态系统更加稳定，促进人与自然和谐共生。”结合我国农业发展实际分析我国农业资源环境和可持续发展政策的发展历程。

小思考

统筹利用国际国内两个市场、两种资源是40多年来我国实行对外开放的重要经验总结，是发展现代农业、保障国家粮食安全和主要农产品供给的必然要求。当前，我国经济正由高速发展向高质量发展转变，如何统筹利用国内、国际两种资源和市场，有效保障我国农业可持续发展，已成为值得重视的问题。如何统筹利用国际国内两个市场、两种资源来提升我国农业可持续发展能力？

四、 我国农业政策的实施效果

重农固本，是安民之基。改革开放以来，特别是党的十八大以来，在深入贯彻落实习近平新时代中国特色社会主义思想的基础上，中国政府全面推进“三农”理论创新、实践创新、制度创新、文化创新，全面确立重中之重、“五位一体”、“四个全面”、“五大发展理念”、乡村振兴等战略思想和布局，全面制定一系列城乡融合发展、精准扶贫、脱贫攻坚、乡村振兴、共同富裕等重大政策，全面构建农业产业体系、生产体系和经营体系等制度框架，农业生产得到很大发展，农村面貌得到很大改善、农民群众得到很大福祉，农业农村发展实现了历史性跨越，迎来了又一个黄金期，探索出一条具有中国特色的农业现代化道路。

(1) 农业综合生产能力实现新跨越。中国政府始终高度重视国家粮食安全，粮食等农产品的供求状况呈现出基本稳定状态。自2004年到2015年，中国粮食产量连续丰收，实现“十二连增”，粮食均衡供给能力增强，农业综合生产能力迈上新台阶，城乡居民食物消费品种日益丰富。2015年，全国粮食产量达到6.21亿吨，实现历史性的“十二连增”，连续3年超过6亿吨，产能站上120 000亿斤的新台阶，亩产达到366公斤。建成高标准农田4亿亩，农业物质技术装备水平明显提高，农业科技进步贡献率、农作物耕种收综合机械化率分别达到56%和63%，农田有效灌溉面积占比超过52%，灌溉水有效利用系数达到0.532。“十三五”期间坚持藏粮于地、藏粮于技战略，完成8亿亩旱涝保收、高产稳产的高标准农田建设任务，划定10.88亿亩粮食生产功能区和重要农产品生产保护区。2019年，我国粮食生产再上新台阶，稳定在1.3万亿斤以上，年产出肉类7 759万吨，禽蛋3 309万吨，牛奶3 201万吨，水果2.74亿吨，蔬菜7.21亿吨，水产品 6 480 万吨。老百姓的“米袋子”“菜篮子”越来越丰盈。2021 年 12 月，国家统计局公布的全国粮食生产数据显示，2021 年全国粮食总产量 13 657 亿斤，比上年增加 267 亿斤，增长 2.0%，连续 7 年保持在 1.3 万亿斤以上。其中，秋粮产量 10 178 亿斤，比上年增加 191 亿斤，增长 1.9%。粮食产量连续 7 年稳定在 1.3 万亿斤以上，为确保国家粮食安全、应对复杂多变的国内外形势、克服各种风险挑战提供了有力支撑，为“十四五”开好局、起好步，推动经济社会高质量发展，构建新发展格局奠定了坚实基础。

（2）农民收入实现新突破。党中央、国务院高度重视农民增收，不断强化强农惠农富农政策，培育壮大乡村产业，引导支持农民外出务工，持续深化农村改革。“十二五”期间，农民人均年收入迈上 1.2 万元台阶，农民收入来源结构日趋多元化，工资性收入对农民增收的贡献率达到 48%，成为增收的主渠道，电子商务等新型业态蓬勃兴起，发展生态友好型农业逐步成为社会共识。2016 年，全国农村居民人均可支配收入达到 12 363 元，增速连续 7 年高于城镇居民，城乡居民收入差距进一步缩小到 2.72∶1。“十三五”期间农民收入持续较快增长，城乡居民收入差距不断缩小。2019 年农村居民人均可支配收入达到 16 021 元，提前 1 年实现比 2010 年翻一番目标。2020 年面对新冠肺炎疫情冲击，各地各部门着力稳就业、促创业、兴产业，农民收入逐季好转，全年实际增长 3.8%，收入达到 17 131 元，较 2015 年增加 5 709 元。特别是贫困地区农民收入增长较快，2020 年达到 12 588 元，“十三五”期间年均增长 7.87%，高于全国农村平均水平 1.87 个百分点，与全国人民一道同步实现小康目标。“十三五”期间农民收入年均实际增长 6%，比城镇居民收入增速高 1.24 个百分点，增速已连续 11 年跑赢城镇居民，城乡居民收入倍差由 2010 年的 2.99∶1 缩小到 2020 年的 2.56∶1。

（3）农业现代化建设迈上新台阶。经过“十三五”期间的发展，截至 2020 年，农业科技进步贡献率突破 60%，全国农作物耕种收综合机械化率超过 70%，主要农作物良种实现全覆盖。全国家庭农场超过 100 万家，农民合作社达到 222.5 万家，农业社会化服务组织达到 89.3 万个，成为引领现代农业发展的主力军，有力推动了小农户与现代农业有机衔接。化肥、农药施用量连续 3 年实现负增长，农产品质量安全监测合格率稳定在 97%以上，认定绿色、有机和地理标志农产品超过 4.92 万个，质量兴农、绿色兴农成为现代农业的主旋律。

（4）脱贫攻坚取得决定性成就。2013—2016 年农村贫困人口年均减少 1 391 万人，累计脱贫 5 564 万人；贫困发生率从 2012 年底的 10.2%下降至 2016 年底的 4.5%，下降了 5.7 个百分点，为如期全面建成小康社会打下了坚实的基础。到 2020 年底，如期打赢脱贫攻坚战、全面建成小康社会，现行标准下贫困人口将全部脱贫，832 个贫困县将全部摘帽，区域性整体贫困问题将得到解决。产业扶贫政策覆盖了 98%的贫困户，贫困地区累计实施产业扶贫项目超过 100 万个，建成各类产业扶贫基地超过 30 万个，每个贫困县都形成了特色鲜明、带贫能力强的主导产业，产业扶贫成为覆盖面最广、带动人数最多、取得成效最大的扶贫举措。

（5）推动乡村新型服务业迅速发展。2019 年，农林牧渔专业级辅助性活动产值达 6 500 亿元，各类涉农电商超过 3 万家，农村网络销售额达 1.7 万亿元，其中农产品网络销售额达 4 000 亿元。在各项政策的有力支持下，乡村产业发展的平台载体加快培育，建立国家级现代农业产业园151个，带动各省和市县建立现代农业产业园3 000多个，发展农业产业化联合体1 000多家、农业产业强镇800多个。乡村产业加快发展，建设了一批产业超过10亿元的特色产业镇和超1亿元的特色产业村，发掘了一批乡土特色工艺。农村一二三产业加快融合，已经成为农民就业增收的重要支撑和乡村经济发展的重要增长极。乡村休闲旅游业加速发展，建设了一批休闲旅游精品景点，2019年休闲农业接待游客32亿人次，营业收入超过了8 500亿元。

(6) 全面推进乡村振兴实现良好开局。乡村振兴战略规划发布实施，《中国共产党农村工作条例》颁布施行，乡村振兴制度框架基本形成。截至2020年，农村卫生厕所普及率超过65%，行政村生活垃圾收运处置体系覆盖率超过90%，农村人居环境整治三年行动目标任务基本完成。农村水电路讯等基础设施加快建设，教育、医疗、养老等公共服务水平不断提升，乡村治理体系进一步完善，乡村面貌焕发新气象。

(7) 农村改革持续深化。农村基本经营制度进一步巩固完善，2亿多农户领到土地承包经营权证。第二轮土地承包到期后再延长三十年政策出台，农村承包地所有权、承包权、经营权"三权分置"取得重大进展，新一轮农村宅基地改革试点启动实施。农村集体资产清产核资基本完成，全国共清查核实农村集体资产6.5万亿元，土地资源总面积65.5亿亩。有43.8万个村完成了经营性资产股份合作制改革，确认集体经济组织成员6亿多人。农村土地征收、集体经营性建设用地入市、宅基地、农村集体资产股份权能改革试点稳步开展，国有林区、国有林场、集体林权、农垦改革等有序推开，农产品价格形成机制改革进一步深化，农业支持保护制度逐步健全，以绿色生态为导向的农业补贴制度初步建立，调整完善土地出让收入使用范围优先支持乡村振兴政策出台，农村改革"四梁八柱"基本构建起来。

即学即用

2021年12月，国家统计局公布的全国粮食生产数据显示，2021年全国粮食总产量达13 657亿斤，比上年增加267亿斤，增长2.0%，连续7年保持在1.3万亿斤以上。其中，秋粮产量达10 178亿斤，比上年增加191亿斤，增长1.9%。结合实际，分析这一成效的取得主要依靠的农业政策有哪些。

小思考

我国农业政策的实施效果是社会各界共同关注的焦点，在今后一个相当长的时期内，如何"全面推进乡村振兴 加快农业农村现代化"？

本章小结

本章介绍了市场失灵的含义及原因，分析了市场失灵的主要表现有公共产品问题、外部效应问题、市场垄断问题、信息不对称问题、分配不公问题、宏观经济问题、公共秩序问题、市场的不完全问题。从农业的外部性、农业的公共产品性、农业的弱质性、农业的不稳定性、农产品市场竞争力弱、农业发展相对滞后 6 个方面阐述了政府调节农业的必要性。阐述了现阶段我国农业政策的总目标和具体目标。把我国当前的农业政策划分为基本农业政策、发展生产的农业政策和保护利益的农业政策三个部分共 12 个方面。分析了我国农业政策的实施效果。

本章习题

1. 简述市场失灵的含义和原因。
2. 简述市场失灵的表现主要有哪些方面。
3. 政府对农业进行宏观调控的必要性有哪些?
4. 试述当前我国农业政策框架体系。
5. 分析阐述我国农业政策的实施效果。

参考文献

1. 斯蒂格利茨. 经济学（上）. 2 版. 北京：中国人民大学出版社，2000.
2. 潘明星，韩丽华. 政府经济学. 4 版. 北京：中国人民大学出版社，2015.
3. 郭小聪. 政府经济学. 4 版. 北京：中国人民大学出版社，2015.
4. 何江，等. 农业经济学. 江门：江门人民出版社，2000.
5. 张红宇，赵长保. 中国农业政策的基本框架. 北京：中国财政经济出版社，2009.
6. 钟甫宁. 农业政策学. 2 版. 北京：中国农业出版社，2011.
7. 何秀荣. 比较农业经济学. 北京：中国农业大学出版社，2010.
8. 李秉龙，薛兴利. 农业经济学. 3 版. 北京：中国农业大学出版社，2015.
9. 王雅鹏. 现代农业经济学. 3 版. 北京：中国农业出版社，2015.
10. 中华人民共和国农业部. 中国农业发展报告. 北京：中国农业出版社，2000—2020.
11. 孔祥智. 农业政策学. 北京：高等教育出版社，2014.
12. 全国农业现代化规划（2016—2020 年）.
13. 全国农村经济发展“十三五”规划.
14. “十四五”推进农业农村现代化规划.
15. 全国农业可持续发展规划（2015—2030 年）.
16. 中央一号文件（2004—2022 年）.
17. 中央宣传部. 习近平谈治国理政：第二卷. 北京：外文出版社，2017.
18. 中央宣传部. 习近平谈治国理政：第三卷. 北京：外文出版社，2020.
19. 中共中央党史和文献研究院. 习近平关于“三农”工作论述摘编. 北京：中央文献出版社，2019.
20. 习近平. 论“三农”工作. 北京：中央文献出版社，2022.

教学支持说明

1. 教辅资源获取方式

为秉承中国人民大学出版社对教材类产品一贯的教学支持，我们将向采纳本书作为教材的教师免费提供丰富的教辅资源。您可直接到中国人民大学出版社官网的教师服务中心注册下载——http://www.crup.com.cn/Teacher。

如遇到注册、搜索等技术问题，可咨询网页右下角在线QQ客服，周一到周五工作时间有专人负责处理。

注册成为我社教师会员后，您可长期根据您所属的课程类别申请纸质样书、电子样书和教辅资源，自行完成免费下载。您也可登录我社官网的“教师服务中心”，我们经常举办赠送纸质样书、赠送电子样书、线上直播、资源下载、全国各专业培训及会议信息共享等网上教材进校园活动，期待您的积极参与！

2. 高校教师可加入下述学科教师QQ交流群，获取更多教学服务

经济类教师交流群：809471792

财政金融教师交流群：766895628

国际贸易教师交流群：162921240

税收教师交流群：119667851

3. 购书联系方式

网上书店咨询电话：010-82501766

邮购咨询电话：010-62515351

团购咨询电话：010-62513136

中国人民大学出版社经济分社

地址：北京市海淀区中关村大街甲59号文化大厦1506室 100872

电话：010-62513572 010-62515803

传真：010-62514775

E-mail：jjfs@crup.com.cn